Ghaṡa
Damiette
Port Sa'îd
Mansûra
el-Arîsch
Sueskanal
Ṡagaṡîg
Isma'ilîja
enha
Bitterseen
Heliopolis
Kairo
Sues
Ain Mûsa
Helûan
Ain Suchna
Wâdi el-Arîsch
S I N A I
Akab
-Wasta
Dêr el-Maimûn
Ṡafarâna
Abu Senîma
A R A B I
Katharinen kloster
Râs Ghârib
Tôr
Râs Gemsa
Râs Mohammed

Emma Brunner-Traut

Die Alten Ägypter

Verborgenes Leben unter Pharaonen

3., durchgesehene Auflage

Verlag W. Kohlhammer
Stuttgart Berlin Köln Mainz

CIP-Kurztitelaufnahme der Deutschen Bibliothek

Brunner-Traut, Emma:
Die alten Ägypter :
verborgenes Leben unter Pharaonen /
Emma Brunner-Traut.
– 3., durchges. Aufl. –
Stuttgart ; Berlin ; Köln ; Mainz : Kohlhammer, 1981.
ISBN 3-17-007425-3

3., durchgesehene Auflage 1981

Stuttgart Berlin Köln Mainz
Verlagsort: Stuttgart
Gesamtherstellung: W. Kohlhammer
Druckerei GmbH + Co. Stuttgart
Printed in Germany

Inhaltsverzeichnis

Hellmut Brunner

quo vivo vivo

zum 11. Mai 1973

Vorwort

Das Buch verfolgt die Absicht, den vielen Bänden über die Hochleistungen Ägyptens und seine kulturellen Institutionen ein Werk an die Seite zu stellen, das die verborgenen Seiten ägyptischen Lebens ans Licht hebt. Karnak war nicht nur eine heilige Stätte mit tausend goldenen Statuen, um seine Mauern schlichen auch Bettler mit offenen Händen. Da allenfalls minutiöse Einzeluntersuchungen vorlagen, mußte der Stoff mosaikartig zu Figuren gefügt und vielfach erst erhoben werden. Das übliche Ägyptenbild dürfte dadurch nicht allein bereichert werden, sondern auch eine andere Färbung erhalten. Die Arbeit geht von Texten aus, nimmt das archäologische Material zu Hilfe und ist illustriert durch Zeichnungen und vielfach erstveröffentlichte Photos.

Die chronologische Übersicht bietet ein Gerippe der altägyptischen Geschichte, die kurzen Bildlegenden werden durch genauere Angaben zu den Bildern im Verzeichnis S. 263–268 notwendig vervollständigt. Um den Text detaillierter aufzuschlüsseln, ist das Inhaltsverzeichnis untergliedert, dem Fachmann kommt das Verzeichnis ägyptischer Personen- und Ortsnamen zu Hilfe. Auf ein Sachregister konnte daher verzichtet werden. Bei der Umschreibung der Namen ist starre Konsequenz unterblieben, manchmal durch verschiedene Umschreibung des gleichen Namens für verschiedene Personen bewußt differenziert, um dem Leser die Unterscheidung der Personen zu erleichtern. Die Bindestriche dienen als Lesehilfe, bei bekannteren Namen schien es geraten, sie entfallen zu lassen. Götter-, Königs- und Privatnamen sind ebenfalls bei gleichem ägyptischen Lautbestand gelegentlich voneinander unterschieden. Die Strichzeichnungen werden als »Abb.« geführt, Schwarzweiß-Bilder sind als »Tafel« mit arabischen Ziffern, Farbbilder als »Tafel« mit römischen Ziffern numeriert.

Die bildliche Ausstattung des Buches hätte nicht zustande kommen können ohne die Freundlichkeit vieler verehrter Kollegen und Freunde sowie hilfsbereiter Mitarbeiter. Ihnen allen zu danken, fühle ich mich gern verpflichtet.

Für die Veröffentlichungserlaubnis von Bildvorlagen sage ich herzlich Dank den Leitern der im Bildnachweis genannten Institutionen: dem Bildarchiv Photo Marburg, den Herren Dr. B. V. Bothmer, Brooklyn; Prof. Dr. H. Brunner, Tübingen; Mrs. Th. J. Canby, Baltimore; Frau Sv. Chodžaš, Moskau; den Herren Dr. I. E. S. Edwards, London; W. C. Hayes †, New York; Prof. Dr. E. Hornung, Basel; Prof. Dr. A. Klasens, Leiden; Dir. O. Koefoed-Peterson, Kopenhagen; Dir. Dr. E. Komorzynski, Wien; Prof. Dr. J. Leclant, ehem. Straßburg, jetzt Paris; Prof. Dr. S. Morenz †, Leipzig; Dr. W. Müller, Berlin (DDR); Dr. P. Munro, Hannover; E. Oppenländer, Waiblingen; Courtesy Petrie Collection, University College London; Dir. J. A. Pope, Washington; Syndics of the Fitzwilliam Museum, Cambridge; den Herren Dir. J. Vandier †, Paris; Prof. Dr. V. Wessetzky, Budapest und Frau Kurator R. Merhav, Jerusalem. Außerdem danke ich Herrn Verleger H. Günther für die freundliche Genehmigung, einige Karten, Pläne und Textabbildungen des in seinem Verlag erschienenen Ägypten-Bandes, den die Autorin und V. Hell verfaßt haben, wiederzuverwenden.

Die Bereitstellung einzelner Photos verdanke ich den Herren D. Johannes, Kairo; K. Lange †, Oberstdorf; Mme M. Maspero, Paris; Prof. Dr. S. Schott †, Göttingen; mehrere Farbphotos F. Teichmann, Stuttgart, und einige Aquarelle Mme J. Vandier d'Abbadie, Paris.

Für freundliche Hilfen bei der Photobeschaffung bin ich den Herren T. G. H. James, London; R. Nicholls, Cambridge; Frau Dr. B. Nolte, Bad

Homburg; den Herren Dr. B. Stricker, Leiden, und Dr. St. Wenig, Berlin (DDR) dankschuldig verbunden, für die Herstellung einiger Zeichnungen Herrn H. Pitsch, Tübingen, und für die überwiegende Anzahl der Strichzeichnungen Frau J. Dittmar, Stuttgart.
Besonderer Dank gilt auch dem, dem der Band gewidmet ist, für immerwährende Bereitschaft, auf Fragen einzugehen und mir bei der Beschaffung von Literatur beizustehen.
Schließlich sei meine Anerkennung Herrn Dr. J. Neubauer ausgesprochen für sein Verständnis, das er den besonderen verlegerischen Anforderungen der unüblichen Materie entgegengebracht hat.
Möchte es dem Einsatz so vieler Kräfte gelungen sein, den geneigten Leser mit dem Buch zu befreunden.

Prof. Dr. Emma Brunner-Traut, Tübingen
April 1973

Einleitung

Wer nicht weiß, was vor seiner Geburt geschah, bleibt ein Kind sein Leben lang. *Cicero*

Ausziehen, um Ägypten zu betrachten, heißt, mit einer Genickstarre heimkehren. Denn immer ist der Blick nach oben gewendet, nicht hinauf zur Obeliskenspitze, nicht die Pylone aufwärts bis zur bekrönenden Hohlkehle, nicht zum Scheitel der Memnonskolosse oder der Großen Sphinx oder gar zur Spitze der königlichen Pyramiden, sondern hinauf in die flimmernde Höhe des Geistes.

Durch Klimawechsel von Trockenheit bedroht, zogen nomadische Jäger von West und Ost nilwärts, wurden seßhaft, gründeten Städte, regulierten den Wasseranteil des Nahrung spendenden Stromes und gründeten einen Staat. Wie in einem schönen Traum ersteht eine Kultur mit Schrift und Kalender, mit Lebensphilosophie und den Grundwissenschaften, mit einer peinlich geordneten Verwaltung und einer verläßlich funktionierenden Wirtschaft. Die Bewohner der langgestreckten Niloase, sehnige, schlanke Leute mit geraden, breiten Schultern und mandelförmigen Augen, kaum mehr als eine Million im ganzen Lande, verwandelten das Land wie Hexer.

Sie schufen eine Kunst, die an innerer Kraft und Spannung und zugleich subtiler Oberflächenschönheit kaum ihresgleichen hat. Auch für die Geräte des Alltags oder doch die weniger bedeutenden Kleingegenstände: die Gläser (Tafel III a) und Tontöpfe, die Möbel und Sandalen (Tafel 70), für Kleider und Schmuck (Tafel III b, XV, XVI), für die Waffen und Toilettengeräte und für das Bekränzen ihrer Speisetische (Tafel 39) verwendeten sie kunstsinnig höchste Sorgfalt. Was immer sie dachten und taten, war eingebettet in heilige Ordnung. Rê, der Lenker der Zeiten und Schöpfer des Rechts, hat diese Ordnung in Urzeiten gestiftet als himmlisch legitimierte Herrschaftsform. Die Bewandtnisse des Himmels, der Natur und der Geschichte wurden gefaßt und wurden faßbar in mythischer Umschreibung. Das Volk am Nil war getragen von unversiegbarer Phantasie, es knüpfte seine Märchen wie seine Göttergeschichten und ebenso seine magischen Sprüche zu einem blühenden Teppich, dessen Muster aber keineswegs konturlos verschwimmen oder wild wuchern; sie sind aussagekräftig und anmutig zugleich, bestimmt und doch abwandlungsfähig umrissen.

Ägypten-Betrachten heißt Staunen. Staunen auch darüber, daß die Hochleistungen gelangen ohne nennenswerte Hilfsmittel. Außer Säge, Bohrer, Dechsel und Polierstein hielten die Schreiner kaum ein Werkzeug in der Hand. Die gewaltigen Monolithe wurden aus dem Fels gebrochen mit Steinhammer und quellendem Holzkeil, die Pyramiden aufgetürmt ohne Flaschenzug und Rad, die Stollen der Felsgräber in die Berge getrieben mit kupfernem Meißel und Holzhammer, die steinernen Wände ihrer nachtdunklen Gänge beim Schein von nur schwachen Öllampen verwandelt in die leuchtende Bildpracht überirdischen Lebens wie die minutiöse Zeichnung unterweltlicher Höllenkreise.

Die Ägypter haben keine überragenden technischen Erfindungen gemacht. Es ist, als hätte ihnen daran nicht gelegen; Werkzeuge und Waffen haben sie weitgehend bei Nachbarvölkern kennengelernt. Aber was sie mit dem wenigen eigenen und dem von anderen übernommenen technischen Hilfszeug gemacht haben, das sind Werke letzter Vollendung. Zu rühmen an dem Geschaffenen sind der Ordnungs- und der Formsinn; die Fähigkeit, aus der unendlichen Vielfalt reduzierend Paradigmen zu gewinnen, ohne durch Abstraktion die Anschauung zu verlieren oder Lebendiges zu zwingen. Ihr Geist ist voll spielerischer wie kombinatorischer Phantasie, kein Bastelgeist, sondern ein schöpferischer, der Impulse und Kraft aus einer tief verwurzelten Frömmigkeit bezieht. Ägypten ist nicht ein Ge-

schenk des Nils, Ägypten ist ein Geschenk der Ägypter.
Seine Hochkultur sprang aus der Vorgeschichte wie das Küken aus dem Ei, ausgestattet mit sämtlichen Potenzen. Mit dem Beginn ägyptischer Geschichte, dem Anfang des Mittleren Reiches und dem des Neuen Reiches ist sie dreimal angetreten zu ihrer Vollendung, ehe sie, altersschwach geworden, abendländischer Neuorientierung erlag. Was die neuen Völker kennzeichnete, die griechisch-römischen, und die westliche Komponente des Christentums, ist die mit dem neuen Selbstbewußtsein des Menschen verbundene perspektivische Geisteshaltung, die dem Menschen einen jeeigenen Standpunkt zuerkennt, auf den hin die Phänomene ausgerichtet sind, indes der Ägypter und seine Geistesverwandten sich einer gesetzten Ordnung einfügen; nicht die Fülle unter einem einzigen Blickpunkt subsumieren, vielmehr sie Teil um Teil erfassen und sie ohne vereinheitlichende Zusammenschau für sich als je Ganzes estimieren. Dieser aspektivische »Kindersinn« zeichnet die Gebilde ägyptischer Kultur aus, die Kunst, die Mythen, die Mathematik.

Was über ihre aspektivische Geisteshaltung gesagt wurde, äußert sich entsprechend in ihrem sozialen Verhalten. Sie lebten als einzelne ohne ständische Querverbindung. Zu ihrer Existenz gehörte dagegen notwendig ihre Umwelt, so wie im Bild ein Gegenstand Assoziierbares an sich reißt. Daher war eine Einzelreise für sie, das Fernsein von der Heimat und den Angehörigen, ein Vorgeschmack des Todes. Die starke Bindung, die sie in allen Nöten am Leben erhielt, war ihr Verhältnis zur Gottheit.
Auf seiner mentalen Ebene gelang dem Nilvolk ein Höhenflug, der kaum in der Geschichte der Welt wiederholt wurde. Und doch – auch die Kinder der Pharaonen waren Menschen wie andere, hatten ihr Elend und hatten ihre Trauer. Sie litten an Krankheit und Hunger, prozessierten um einen Esel viele Jahre und stritten vor Gericht um einen kupfernen Kessel. Sie waren wie andere, aber sie waren sie selbst, mit einmalig geprägtem Antlitz. Es zu zeichnen, habe ich mich aufgemacht.
Was nicht auf den Tempelwänden geschrieben steht, nicht in den Gräbern aufgezeichnet ist, nicht jene für die Nachwelt bestimmten Urkunden füllt, keinen Ewigkeitscharakter hat, was vielmehr in den Winkeln verborgen kauert und als nicht präsentierwürdig auf den Müll geworfen wurde, das ist es, was dieses Buch hervorkehrt. Aus scheinbar unbedeutenden, inoffiziellen Dokumenten, die keineswegs zur Schauseite Ägyptens gehören, ist versucht, das wirklich gelebte Leben der Alten gegenwärtig zu machen. Die alte Kultur wird dabei von innen und oft von unten gesehen. Die Beweisstücke sind derart zahlreich, daß sie fast bedrängen und nur exemplarisch zu Wort kommen können. Sie liegen wie ein schlafender See am Fuße der hochragenden Geistesgebirge. Aber einmal aufgestört, vermag ein sonst stilles Wasser sich zu spalten und die Geschichte eines versunkenen Vineta bloßzulegen. Auch wenn diese Geschichte nicht immer schön sein kann, sie ist für das Ägyptenbild unentbehrlich, neu und packend.
Damit die Ägypter möglichst unmittelbar gehört werden, ist der Buchtext durchschossen von Übersetzungen alter Texte, die hier nach den Originalen und teilweise erstmals übertragen wurden. Sie sind – versteht sich – wissenschaftlich getreu, aber sprechbar formuliert und in eine Gewandung gekleidet, die das Gemeinte verständlich machen soll. Damit ist nichts weiter getan, als wenn vertrocknete Blumen einer Vase durch die gleichen, aber frischen ersetzt werden, noch farbig und voll Duft, sie verfälschen nicht, sondern bringen das Ursprüngliche zu Gesicht.
Pharao erscheint in seinen menschlichen Schwächen, aber nur in einem Kapitel, der übrige Teil des Buches ist seinem Volk gewidmet. Geburt des Kindes und Pflege des Säuglings, die Torturen der Schulbank und die Seligkeit der Liebenden, Festesfreuden und stilles Glück, Notschreie an den Rettergott, Auseinandersetzungen mit dem Tod und abergläubische Furcht, häusliches Leben der Nekropolenarbeiter, ihre Arbeitswoche, ihre Ränke und Spitzbübereien und schließlich Streik und Leichenfledderei der »Söhne Niemands«, wie die lungernde Masse hieß, als Selbsthilfe in einer Niederzeit des Staates, der in der Abwehr fremdländischer Überfälle ausgeblutet war, das sind die Themen, die die Substruktur des kulturellen Gebäudes erkennen lassen wollen. Daß dabei Schönheiten aufleuchten wie die Lieder der Liebenden oder die Gebete der Bedrängten, und die Kunst sich mit den Ostraka-Skizzen in originärer Frische zeigt

wie in keinem akademisch-akkuraten Wandgemälde, ist kein Widerspruch zu den entfalteten dunklen Seiten des Lebens, sondern ihre notwendige Ergänzung.

Vokabeln wie Notschrei und Hunger und Leichenfledderei und Prozeß um einen Spiegel von Handtellergröße evozieren die Vorstellung von Bettlerelend unter blutsaugenden Sklavenhaltern. Es trifft zu, daß die Alten Ägypter, an unserem Standard gemessen, bescheiden lebten, aber in Normalzeiten waren sie vergnügt am Dasein und hatten satt. Ein Bier, das man selber braut, und ein Kleid, das man gesponnen und gewebt hat, erfreut sich anderer Wertschätzung als ein Stück von der Stange, gestanzt für eine Saison. Kupfer war kostbar, da fern im Sinai gebrochen, man kämpfte um seinen Besitz durch Generationen wie heute um einen Spitzweg. Und schließlich – die hierarchische Ordnung war von Gott gewollt, davon war auch Pharao zutiefst überzeugt. Und was sage ich – die genannten Nekropolenarbeiter konnten sich Sklaven halten, sie hatten ihr Haus und mehr Wohnraum darin, als sozialer Wohnungsbau heute zumißt. Das Klima unter einer alles durchwärmenden Sonne, der »Goldgießerin«, macht den Leib weniger bedürftig, und wenn man gegen Krankheiten nicht mehr tat, als man tat, so ist der geringere Kenntnisstand dafür verantwortlich. Kurz, es ist nicht von ungefähr, daß die Stämme der Bibel an den Nil gezogen sind, um aus den sprichwörtlichen Fleischtöpfen zu schmausen.

Wie zu allen Zeiten blieb indes Leid genug, Leid, das die Götter verhängten und das die Menschen sich selber antaten. »Ach, hätte er (Gott) doch ihren (der Menschen) Charakter im ersten Geschlecht erkannt, dann hätte er ... ihren Samen zerstört«, so lautet ein Vorwurf gegen Gott. »Dagegen wünschte er, daß weiter geboren würde, und so entstanden Herzlosigkeit und Bedrückung ... Handgemenge und Gewalttat gegen den Schwachen, das haben sie (die Götter) geschaffen ... Siehe« – der Sprecher wendet sich unmittelbar an Gott – »einer erschlägt den andern, man übertritt deine Gebote ... Gibt es denn aber einen Hirten, der am Sterben (seiner Herde) Freude hätte?« Der Schöpfer des ersten Geschlechts, der für die Unzulänglichkeit der Menschen verantwortlich gemacht wird, antwortet darauf, daß er, böse zu sein, nicht befohlen habe, er erinnert an den freien Willen des Menschen und gibt ihm die Verantwortung zurück. So kommt es, daß jeder im Jenseitsgericht vor Osiris die Herzwaage zu bestehen hatte, die darüber entschied, ob der Tote in die Hölle verdammt wurde oder in ewiger Glückseligkeit weiterleben durfte.

Kaum einer der folgenden Übeltäter wird freigesprochen worden sein, zweifellos nicht der grausame Vater, der seine Kinder verstieß. Von ihm erfährt die Nachwelt durch einen Brief, den seine beiden Kinder, ein Junge und ein Mädchen, an den Gott Ibis, den Falken- und den Paviangott gerichtet und in deren Heiligtum – vermutlich in den Galerien von Tuna el-Gebel – niedergelegt haben. Er ist in demotischer Handschrift geschrieben und lautet:

»Wir sind die Euren. Mögt Ihr gut für uns sprechen vor Gericht und mögt Ihr unser Ersuchen anhören: Elend bei Nacht und Unglück bei Tag durch einen grausamen Vater, einen gottlosen – er fühlt keinerlei Schuld; er wird »Horus-von-Ägypten« genannt, obwohl sein (Geburts-) Name »Scheraha, Sohn des Wenmont« ist, und er wird unser Vater genannt, obwohl er nicht barmherzig zu uns gewesen ist. Unsere Mutter hat viele Jahre mit ihm zusammen gelebt, und sie gebar uns; aber er hat den Tod unserer Mutter verursacht, als wir noch klein waren. Er nahm eine andere ins Haus und warf uns hinaus an dem Tage, da sie starb.

Er hat uns weder Essen gegeben noch Kleidung noch Öl. Wer Mitleid mit uns und wer Gott im Herzen hat, wenn er uns hungrig sieht, der gibt uns zu essen. Wer uns am Abend in einer Mauerecke der Straße findet und Mitleid mit uns und Gott im Herzen hat, der nimmt uns in sein Haus bis zum Morgen.

Obwohl er uns die Mitgift unserer Mutter schuldig ist, enthält er sie uns vor. Wir haben niemanden gefunden, der uns vor ihm schützt, außer Euch. Ihr seid es, die ihr uns (bis jetzt) gerettet habt.

Wenn er sich vor Euch sollte freischwören wollen, so verhört ihn und richtet zwischen uns und diesem Mann. Viele Missetaten sind es, die er uns angetan hat. Wenn uns ein böser Mensch auf der Straße schlägt, dann sagt er: ›Schlag sie nur!‹, er sagt nicht: ›Tu das nicht!‹ Wenn er uns am Tor seines Hauses sieht, so wirft er einen Scheffel nach uns. Dieser Mann hat Geld, Getreide und Güter; es würde ihm nichts abgehen, wenn er uns zu essen gäbe.

Sie (seine Missetaten) sind zu zahlreich, um sie aufzuschreiben, noch würde der Papyrus sie fassen: die Härte, die Beraubungen, die Nöte und die Entbehrungen, die Horus, dieser grausame, unser oben genannter Vater, uns auferlegt.

Elend bei Nacht und Unglück bei Tag durch diesen Mann!
Verhört ihn und richtet zwischen uns und ihm ...
Wir sind gestürzt, richtet uns wieder auf.
Wir werden unterdrückt, sorgt, daß er aufhört.
Wir werden mißhandelt, sorgt, daß uns Recht widerfährt! ...«

Nicht ebenso streng werden die Götter geurteilt haben über einen kinderlosen Geizhals des späten Neuen Reichs, dem ein Ostrakon einen Spiegel seiner »großen Wunderlichkeit« vorhält mit den Worten, die »in aller Leute« Munde sind: »Du bist kein rechter Mann; du hast es nicht fertiggebracht, deiner Frau ein Kind zu geben. Außerdem bist du ungewöhnlich reich, aber du gibst keinem auch nur einen Deut. Wer keine Kinder hat, der sollte eins annehmen, einen Waisenjungen, und ihn aufziehen. Der wird dann Wasser auf deine Hand gießen (bei Tisch und später am Grab im Totendienst) wie ein eigener Sohn.«

Mit Kindern gesegnet zu sein, war schon damals ein heißer Wunsch der Ägypter. Und wie waren sie um ihre Kleinen besorgt! Thuthmosis-Tscharoi, der als Vertrauensmann des Generals Pai-anch häufig reisen mußte, war unterwegs halbkrank aus Sorge um die Seinen und bat jeden, dem er schrieb, sich ihrer anzunehmen, seiner ganzen zahlreichen Familie und besonders der Kleinen, derentwegen er aus Sorge nicht schlafen konnte. Er bat, darauf zu achten, daß »die Kinder, die in der Schule sind, nicht vom Schreiben ablassen«.

Wie hart mag es diesem zärtlichen Familienvater angekommen sein, als derselbe General ihn eines Tages durch einen geheimen Brief anweist, mit zwei Polizisten, die offenbar Hochverrat geübt haben, kurzen Prozeß zu machen. Sie sollen in seinem Hause noch einmal mit einem Ohrenzeugen konfrontiert, dann von zwei Burschen nachts heimlich in zwei Körbe gepackt und in den Nil geworfen werden. Dieser Fall abgekürzter Justiz ereignete sich im Anfang der 21. Dynastie und gibt dem wirtschaftlich-moralischen Verfall Ausdruck, der mit der Überforderung des Landes durch die Invasion der Seevölker eingeleitet war.

In Zurufen bei der Arbeit, die den Bildszenen der Gräber beigeschrieben sind, wird die Alltagssprache und wird die Alltagspraxis offenbar. Da fordert in Beni Hasan ein Steuerbeamter bei der Abrechnung die Büttel auf, die Bauern zu verprügeln, denn er habe kein Bestechungsgeld bekommen. Während ein alter Arbeiter nach einem Grabbild des Antefoker Datteln durch ein Sieb preßt, bettelt ein Junge, der für sein Alter ein ungewöhnlich rundes Bäuchlein hat: »Gib mir Dattelbrei, ich hab Hunger!«, worauf der Alte ihn anfährt: »Soll dich und die dich gebar doch das Nilpferd holen! Du frißt ja mehr als ein Königssklave beim Pflügen, und du hältst mich dazu von der Arbeit ab.« – Eine Ährenleserin (S. 11) bettelt auf einem Wandbild im Grabe des Paheri beim Schnitter: »Gib mir eine Handvoll, sonst kommen wir am Abend wieder. Laß nur das Geschimpfe von gestern sein! Sei heute still!« – Lebendig fliegen die Reden auf den Grabwänden hin und her. Nicht selten ist eine der dargestellten Personen verstümmelt oder gar getilgt, und der diese Tilgung vornahm, schreibt dazu, daß er damit Rache geübt habe, weil der Verewigte ihm den Vater verprügelt hatte. Tilgung des Bildes bedeutet Vernichtung der Existenz.

Aufschlußreich beleuchten die Rechtsurkunden die hochgeachtete Stellung der Frau und ihren Schutz. Wir erfahren durch sie farbenreich von den Strafen bei Ehebruch und beim Verstoßen der Frau. Aus anderen Blättern blitzen und donnern die Wetter herauf, die die Eheleute miteinander hatten.

Eine weitere Seite des Lebensbuches wird aufgeschlagen mit den biographischen Inschriften, die meist auf den Grabstelen stehen, um den Besucher mit dem Bestatteten bekanntzumachen und ihn um ein Opfer oder wenigstens ein Gebet zu bitten, wie es vergleichbar die in Blumloh (Niederbayern) 1906 verstorbene »Bauernfrau« Elisabeth Meixenberger auf ihrem Totenbrett tut:

Wie ich bin
so werd ihr
geht nicht vorbei
und betet ein Vaterunser mir.

Wir lesen in den Autobiographien von dem untadeligen Wandel der Dahingegangenen, ihrer Mildtätigkeit, ihrem Schicksal und wie sie es tapfer bestanden.

Die Toten klagen aus dem Grab heraus über ihr schreckliches Alleinsein in der dunklen, wasserlosen Gruft; Licht und Wasser waren ja im Diesseits die wichtigsten Lebenselemente. Taimhotep aus der Zeit Ptolemaios' XI. ruft durch das Medium ihres Grabsteins herauf: »Was sind die Jahre, die nicht auf Erden (gelebt) sind? Der Westen (Totenland), das ist das Land des Schlummers, eine lastende Dunkelheit... Schlafen ist die Beschäftigung (der Toten). Sie erwachen nie, um ihre Brüder zu sehen, sie können ihre Väter und ihre Mütter nicht erblicken, ihre Herzen entbehren ihre Frauen und ihre Kinder. Das Wasser des Lebens, in dem die Nahrung für das Leben ist, für mich ist es Durst... Ich dürste, während Wasser neben mir steht... Gib mir fließendes Wasser!... Drehe mein Gesicht gegen den Nordwind am Ufer des Wassers!...

Der Tod – ›Komm!‹ ist sein Name – er ruft jeden zu sich. Sie folgen ihm sofort, obwohl ihre Herzen aus Furcht vor ihm schaudern. Keiner erblickt ihn unter den Göttern und Menschen. Die Großen sind ebenso in seiner Hand wie die Geringen. Keiner kann seinen Fluch fernhalten von irgendeinem, den er liebt. Er raubt den Sohn von seiner Mutter lieber als den Greis, der in seiner Nähe umhergeht... Zu dem, der zu ihm fleht, kommt er nicht... Man sieht ihn nicht, so daß man ihm irgendwelche Geschenke machen könnte.

O ihr alle, die ihr zu dieser Nekropole kommt, spendet mir Weihrauch... und Wasser an allen Festen des Himmels!«

Eindringlicher noch kommt das Grauen vor dem Tode zum Ausdruck aus dem Munde eines früh verstorbenen Kindes, das seine Klage an den Herrn der Götter wendet mit den Worten: »Das Leben wurde mir genommen, als ich noch ein unschuldiges Kind war... Ich schlafe (jetzt) im Wüstentale als ein Kind. Ich dürste, obwohl Wasser neben mir steht. Ich wurde aus der Kindheit gerissen, ehe es Zeit dazu war. Ich mußte meinem (Eltern-)Hause den Rücken kehren als ein Kleines, ohne daß ich mich am Leben gesättigt hatte. Die Dunkelheit, der Abscheu eines Kindes, kam über mich, als noch die Brust in meinem Munde war. Die Totendämonen dieser (Grab-)Halle scheuchen jeden weg von mir, die ich doch noch nicht in dem Alter war, wo man gern allein ist. Vielmehr war mein Herz zufrieden, wenn es viele Menschen sah, da ich die Munterkeit liebte.

O König der Götter, Herr der Ewigkeit... gib mir Brot, Milch, Weihrauch und kühles Wasser, denn ich war noch ein unschuldiges Kind.«

Vielfach mahnen die Toten ihre Hinterbliebenen, das Dasein zu genießen, zu essen, zu trinken und frohe Tage zu feiern, solange das Fest des Lebens anhält. Das mag jener Trunkenbold beherzigt haben, der statt zum Unterricht in die Kneipe ging. Ihn umschreibt ein Schultext drastisch: »Wo du dich herumtreibst, stinkt es nach Bier... Du bist wie ein krummes Steuerruder im Schiff, das nach keiner Richtung hin gehorcht... Man trifft dich, wie du über eine Mauer kletterst, nachdem du den Block (in den er festgesetzt war) zerbrochen hast. Die Leute laufen vor dir fort, weil du sie blutig schlägst. So erkenne doch, daß der Wein verabscheuungswürdig ist, und schwöre dem Rauschtrank ab. Hab doch nicht die Bierkrüge in deinem Sinn und vergiß das Bockbier... Du bist im Bordell, und die Dirnen umgeben dich... Dein (Stirn-)Kranz hängt dir um den Hals, und du trommelst auf deinem Bauch. Du torkelst und fällst auf den Bauch, du bist mit Unrat gesalbt.«

Drei Monate lang – so behauptet ein Lehrer von sich – habe er als Schüler im Block gebändigt gesessen und es auf diese Weise zum Klassenbesten gebracht. Mit diesem Hinweis versucht er, seinem Zögling die Nilpferdpeitsche als das mildere Erziehungsmittel zu versüßen.

Persönliche Briefe, Rechtsurkunden, Notizen, zumeist auf Ostraka, handgroßen Steinsplittern, geschrieben, Reden und Rufe sind die vornehmlichsten Quellen dieses Buches. Listen nennen die Kleider- und Wäschestücke, die der Wäscher aus den Häusern vor 3500 Jahren sammelte: Schürze, Dreieckstücher, Hüftschals und Gürtel. Andere Aufstellungen lassen ersehen, welche Aufträge beim Handwerker anstanden: Lehnstuhl, Klapphocker, Büchse, Truhe beim Schreiner oder beim Lederarbeiter Säcke. Rechnungen, Mahnungen und Tauschhandelsbelege geben Aufschluß über Wert und Preis der Waren. Ein Kaufgeschäft zieht sich nicht selten über Jahre hin, besonders wenn

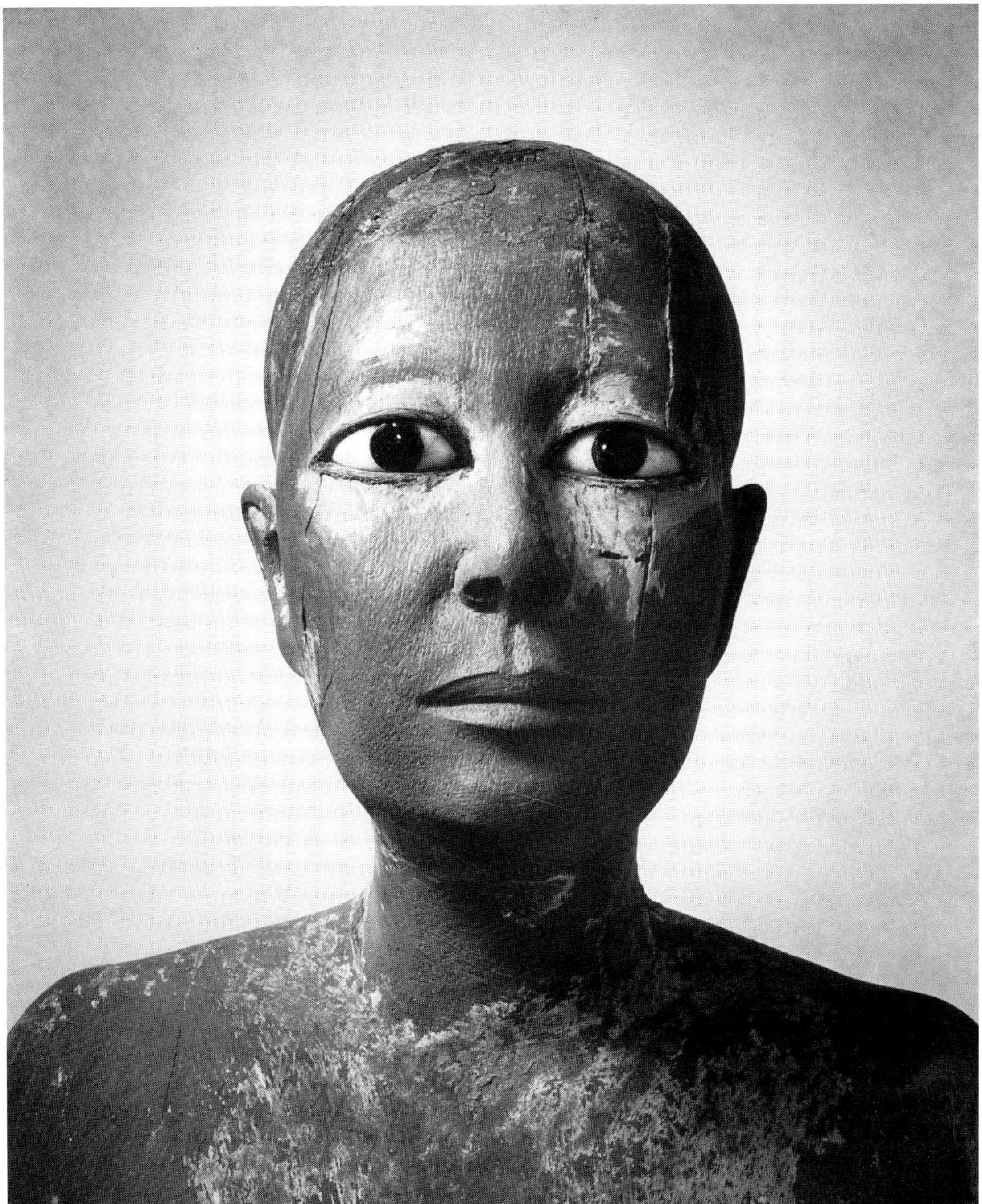

1 Auge in Auge mit einem Ägypter.

ein Partner mit seiner Gegenleistung im Rückstand bleibt. Statt eines jungen Esels liefert er einen alten Klepper, statt einer guten Schminke nur deren Beimengung oder statt Gerste billigen Emmer. In einer Quittung für Uschebtis, den meist aus Fayence geformten Gehilfen für den Toten im Jenseits, fügt der Hersteller die Aufforderung hinzu: »O Ihr Uschebtis, geht schnell an die Arbeit zugunsten von... Ihafi (dem Empfänger); wenn immer er euch aufruft, sprecht: ›Wir sind (an seiner Stelle) dienstbereit‹. (Denn) ich habe von ihm das Silber (-geld) für euch bekommen.

In teils humordurchsetzte Geistesgefilde führen Besucherinschriften. Paradoxerweise klagen sie darüber, daß Schmierfinke beim Besuch der erhabenen Steinmonumente die Wände bekritzelt haben. Ein Schreiber meint zu einer kleinen Schandtat im Djoser-Bezirk in Sakkâra, das sei »wie das Werk einer Frau, die keinen Verstand hat«. Ein griechisches Graffito in Abydos meldet, daß Thomas Kallistratos und Akannon Apollonios dort in der Horuskapelle einen Fuchs gefangen haben.

Dieselben Besucherinschriften lassen auf ihre bescheidene Weise den Gesinnungswandel der Ägypter durch den Lauf ihrer langen Geschichte erkennen. Besuchen die Alten die Gräber zunächst, um für die Seligkeit der Verstorbenen und ihr eigenes Heil Opfer darzubringen und Gebete zu sprechen, so zieht sich mit dem Verlust an unmittelbarer Beziehung zu den längst Verstorbenen der Antrieb zum Grabbesuch auf ein ästhetisches Interesse zurück, verschiebt sich mit noch größerem Abstand von der Entstehung der Bauten zugunsten eines historischen Wissensdranges, bis man schließlich den geheiligten, aber teils verfallenen oder verwehten Monumenten archäologisch nachgeht. Wie Cha-em-Mennofer schreibt, besuchte er die Stufenmastaba von Sakkâra, um »das Wunder« zu schauen. Einer Formel der Bewunderung: »Ich fand es drinnen wie im Himmel, wenn die Sonne an ihm scheint« folgt abschließend der Wunsch: »Der Himmel regne Myrrhen, und Weihrauch tropfe darauf«. Das Interesse an den alten Bauwerken war schließlich so groß, daß man eigene »Touristeneingänge« anlegen mußte. 2500 Jahre später stehen heute die Besucher an diesen Touristeneingängen Schlange.

Erstes Kapitel

Große Häuser, von innen beleuchtet

Pharao war übernatürlicher Herkunft. Er war Gottes Sohn, geboren von der Königin, deren Gemahl noch ein Kind war. Himmlische Genien umhüllten den Neugeborenen mit ihrem Schutz, göttliche Ammen nährten ihn. Kaum ein Zug von Lukas' Weihnachtslegende fehlt in der Zeichnung des hohen Eintritts in die Welt.[1] Die Berührung durch Pharaos Stab konnte einem Menschen den Tod bringen,[2] in der Krone des Königs wohnte überirdisches Leben; der königliche Bart war für sich selbst eine Gottheit. Als Sinuhe »vor ihm (Pharao) ausgestreckt auf seinem Leibe lag (in Proskynese), verlor er die Besinnung«.

»Das Große Haus« (Tafel 2), auf ägyptisch »Pharao« – dieser ursprünglich den Palast bezeichnende Name wurde auf seinen erhabenen Bewohner übertragen wie ähnlich die »Hohe Pforte« von der Residenz des Sultans auf die türkische Regierung oder das »Weiße Haus« auf den Präsidenten der Vereinigten Staaten – vermochte die Nilflut steigen zu lassen oder Regen hervorzurufen, auch wenn bei genauem Hinsehen die Elemente nicht ihm selbst, sondern der hinter ihm stehenden Gottheit gehorchten, die er anrief.[3] Alles und alle dieser Erde waren ihm untertan, niemand vermochte, Pharao zu bezwingen. »Die Furcht, die von ihm ausgeht, erschüttert die Barbaren in ihren Ländern«. »Siebenmal warfen sie sich vor ihm auf den Bauch und siebenmal auf den Rücken« (Tafel 3). Er läßt atmen, wen er will.

Doch auch die Güte des Herrschers ist ohne Grenzen. Der König war »das lebende Bild Gottes auf Erden«. »Das ganze Land Ägypten« freute sich, wenn mit einem neuen Herrscher »die glücklichen Zeiten« wieder anbrachen nach der chaotischen Nacht eines herrscherlosen Interregnums. Ein Priester berichtet, daß er den Tod des Königs erfahren habe durch eine Sonnenfinsternis.[4]

So will es das Königsdogma, so umschreiben Mythen und Legenden das hochgeborene Haupt, so besingen Hymnen des Königs Herrlichkeit, und so formuliert der Hofstil.[5]

Gleichzeitig wußten die Ägypter, daß ihr Oberhaupt ein menschliches Antlitz trug, daß es fehlte und den Schwachheiten des Leibes ausgeliefert war. Der menschliche Aspekt wird, wenn nicht der Zufall der erhaltenen Denkmäler trügt, um so mehr gesehen, je weiter die Geschichte fortschreitet, wie vornehmlich den volkstümlichen Erzählungen zu entnehmen ist. Doch auch offizielle Dokumente lassen erkennen, daß sich die Ägypter der irdisch-realen Grenzen der königlichen Macht bewußt waren: Auf den Mauern der Tempel lesen wir nebeneinander sowohl das ausgebreitete Formular, das die Weltherrschaft Ramses' II. preist, wie auch den Text des Hethitervertrages, der den Hethiterkönig gleichberechtigt neben Pharao stellt. Gerade dies ist ägyptischem Denken eigentümlich, daß in ihm verschiedene Aspekte unverknüpft nebeneinander Platz haben.

Wenn es nach einer demotischen Erzählung einem äthiopischen Zauberer gelingt, Pharao Ramses II. »angesichts des Häuptlings (der Neger) ganz öffentlich mit 500 Peitschenhieben« zu traktieren,[6] so mag man einwenden, daß der Bösewicht aus einem barbarischen Lande im Süden stammt und daß er für seine Tat souverän bestraft wird. Doch auch Sethos II. vertraut der Macht der Zauberer mehr als sich selbst und seinen göttlichen Helfern. Als zu seiner Zeit Arbeiter ihren Kapo anschwärzten, weil er über den König gelästert habe, beruft Sethos II. Zauberkünstler zu sich, damit sie ihn gegen dessen Flüche schützten. Ebenso wie sein Vorgänger Ramses II. erkennt er deren Leistung bewundernd an. Daß schon die Pyramidenerbauer Zauberer zu Hilfe geholt haben, erfahren wir aus den Märchen des Papyrus Westcar.[7] Wie der Kronprinz Seton-Chaemwêse (Tafel 60) vom Zauberer überwältigt wird, weiß ein kunstreicher demotischer Märchenroman darzustellen.[8]

Der Schadenzauber an hohen Persönlichkeiten wird über das Mittelalter hinaus bis in die Neuzeit auch im Abendland gefürchtet. So lebte beispielsweise Papst Johannes XXII. (1316–1334) in ständiger Angst, durch einen Bildzauber ums Leben zu kommen; Maria von Medici stand unter dem Verdacht, das Leben Ludwigs XIII. von Frankreich (1610–1643) durch Nadelzauber zu gefährden. Shakespeare spielt in Richard III. (3. Akt, 4. Szene) auf ein ähnliches Verbrechen der Herzogin von Gloucester unter Heinrich VI. an, und im Jahre 1869 wurde ein »Corps cré«, der bestimmt war, durch magische Handlung getötet zu werden, in der Grafschaft Inverness gefunden. Im Aberglauben so mancher Länder lebt die Vorstellung noch heute, man vermöge den Herrscher, dessen man sich ja auf keine andere Weise bemächtigen kann, durch Zauberhandlung zu beseitigen oder ihm wenigstens Schaden zuzufügen.

Die Vernichtung von Personen durch magische Handlung war im Alten Ägypten durch alle Zeiten üblich, von der Vorgeschichte bis in die Spätzeit. Man schrieb die Namen der zu vernichtenden Person auf Papyrus, auf eine Scherbe oder einen Tonkrug oder auch auf die rohe Tonfigur eines Gefesselten, dazu die Vernichtungsformel, und setzte das Objekt nach magischer Handlung bei. Die zur Vernichtung gearbeiteten Statuetten des Alten Reichs waren sogar wundervoll aus Kalkstein gehauen. Zumindest die späten Figuren hatten aus Wachs zu sein, wie der Papyrus Salt 825 lehrt,[9] und dann rituell verbrannt zu werden, nachdem man mit dem linken Fuß auf sie getreten, sie geschlagen, gestochen und besprochen und sie im Feuer nochmals bespien hatte; das Verbrennen galt in Ägypten als der sicherste Tod. Da diese Wachsfiguren zur Vernichtung bestimmt waren, dürfen wir vermuten, daß die erhaltenen Corps crés, einige Hundert Stücke, nur einen Minimalrest ausmachen.

So verschieden Materialien und Techniken waren, noch mannigfaltiger waren die Feinde, die man zu töten trachtete. Die sogenannten »Ächtungstexte« zielen auf Ausländer, d. s. Nubier und andere Afrikaner, auf Asiaten und Libyer, aber auch auf Ägypter, dabei auf Tote, die ihr Unwesen trieben, ja auf Dinge und Gedanken, auf Ränke, Pläne und Worte, auf Träume und Schlaf. Unter den Feinden, die durch Staatsakt vernichtet wurden, befanden sich ausländische Herrscher, Fürsten und »alle Vertrauten, die mit ihnen sind«, auch ihre »Helden, Schnelläufer und Verbündeten.«[10]

Verrät Pharao durch seine Zuhilfenahme des Zauberers, daß er nicht allmächtig ist, so bekundet die Geschichte darüber hinaus ernsteren Zweifel an Pharaos Unbedingtheit: Sie ist durchzogen von Usurpationen, Verschwörungen, Haremsintrigen und selbst Königsmorden. Die literarische Überhöhung der königlichen Person verhinderte nicht, einen »von Gott Erwählten« zu erdolchen. Fielen Amenemhêt I. und Ramses III. einem Anschlag mit Sicherheit zum Opfer, so darf zumindest für Hatschepsut, Echnaton, Semenchkarê und Tutanchamun das gleiche Schicksal vermutet werden.

Üblicherweise jedoch halten sich die Übergriffe auf das hohe Haupt in den Schranken gutmütigen Spottes, wenigstens solange die Politik in Ordnung ist. Auf anderer Ebene stehen die verbalen Angriffe auf den Weltenlenker in der literarischen Gestaltung fiktiver Ereignisse in den »Admonitions«: Der Weise Ipuwer schreckt nicht davor zurück, dem allmächtigen Herrscher, unter dessen Regiment sich am Ende des Alten Reiches das Land »umdrehte wie eine Töpferscheibe« und das Unterste zu oberst kam, seine Kritik ins Gesicht zu schleudern.[11] Tat er es in der Form von Mahnreden mit allgemeinen Sentenzen, so war der Zauberer Djedi, als er auf königlichen Befehl an einem Gefangenen das Kunststück vorführen sollte, einem Lebewesen den Kopf abzuschneiden und ihn wieder aufzusetzen, beherzt genug, den nicht eben jovial geschilderten Pyramidenerbauer Cheops (4. Dyn.) vor dem versammelten Hofstaat in die Schranken zu weisen. »Nicht doch an einem Menschen, König, mein Herr. Noch nie hat Man (ein König) befohlen, so etwas an der heiligen Herde (Gottes = Menschen) zu tun.«[12]

Eine Reihe von inoffiziellen Urkunden und literarischen Geschichten zeichnet die königliche Hoheit

2 »Das Große Haus«, Palastfassade mit dem Eingangsportal.

als fröhlichen Zecher, auch wenn nicht gesagt ist, daß jeder, der sich »einen vergnügten Tag« machte, sogleich betrunken war, und wenn auch das Gebet Ramses' IV. an Osiris, »er möge ihm Gesundheit schenken, Leben, ein hohes Alter, eine lange Regierung ... zu essen bis zum Überdruß und zu trinken bis zur Trunkenheit«[13] nur die Fülle der erbetenen Gaben zeichnen sollte.

Eine knapp 1 m hohe Kalksteinstele im Museum of Fine Arts in Boston, auf der ein Vizekönig von Nubien mit Namen User-Satet stolz einen Privatbrief seines Königs Amenophis' II. veröffentlicht, gibt den als tüchtigen Sportler[14] bekannten Pharao der 18. Dynastie als einen leutseligen Mann zu erkennen. User-Satet ist als Page am Hofe zusammen mit dem Kronprinzen aufgewachsen und nach dessen Thronbesteigung vom Melder über einen Besitzverwalter zum Vizekönig aufgestiegen, sich mehr und mehr die Freundschaft seines Herrn erwerbend, der sich auch sonst mit Männern umgab, die ihm von Jugend an vertraut waren.

In einer weinseligen Stimmung, am 23. Jahrestag seiner Thronbesteigung, schrieb Pharao, und zwar nicht im Hofstil, sondern in der damaligen Umgangssprache, am Abend der offiziellen Festivität »mit seinen beiden Händen«, d. h. persönlich, an den Vizekönig User-Satet, »wobei er dasaß und trank und sich einen (vergnügten) Tag machte.«[15] Er adressiert seinen Brief an den Freund, der ihm als Begleiter auf seinen Feldzügen in Asien lebhaft vor Augen steht, der »Besitzer war einer Dame aus Babylon und einer Magd aus Byblos, eines kleinen Mädchens von Alalach und eines alten Weibes von Arapach«, und spielt damit auf des Freundes Erfolge bei den Frauen und wohl auch auf gemeinsame Abenteuer an.

Auf diese übermütige Einleitung folgt, weil User-Satet der Residenz einen ungeeigneten Mann aus Nubien zum Beamtenanwärter geschickt hat, ein in die Form eines Rates gekleideter Tadel: »Sei ja nicht nachsichtig gegen den Nubier«, schreibt er, »sondern hüte dich vor ihren Leuten und ihren Zaubereien. Sieh doch den Diener (= Kind) kleiner Leute an, den du geschickt hast, um ihn zum Beamten zu machen, ohne daß er irgend dazu geeignet wäre..., oder auf den man wenigstens (das Sprichwort) hätte anwenden können ›Fehlt ein goldenes Kriegsbeil, mit Bronze eingelegt, so (nimmt man in der Not) einen Knüppel ...‹. Höre nicht auf ihre Reden und kümmere dich nicht um ihre Meldungen«. Dem Ton des Briefes ist es abzulauschen, daß der Pharao bei diesen Worten seinem Beamten im Geiste auf die Schulter klopft und mit einem »Prosit« endet. Was Zeremoniell und Königstheologie verdecken: das persönliche Verhältnis zwischen dem Herrscher und seinem Freunde, es wird hier einmal dem Blick freigegeben.

Wie fürsorglich Pharao gegenüber seinen Beamten sein konnte, wird durch eine ganze Anzahl von Nachrichten überliefert. So steht am Eingang der Mastaba des Wesirs Uasch-Ptah in Sakkâra ein besonderes Ereignis zu lesen. Als bei einer Besichtigung der im Bau befindlichen Pyramide unter König Neferirkarê der Wesir in Gegenwart des Königs einen schweren Unfall erlitt, ließ Neferirkarê sofort Ärzte mit ihren Medizinbüchern herbeiholen und den Verunglückten untersuchen. Da sie ihn nicht retten konnten, betete der König zu Rê, rühmte die Verdienste des Wesirs und sorgte schließlich für dessen Bestattung.[16]

Liebenswürdig und als einzigartiges Dokument in der Wissenschaft geschätzt ist der gleichfalls aus dem Alten Reich (6. Dyn.) stammende königliche Brief, den Chuefhor auf der Fassade seines Grabes in Assuân, beiderseits der Eingangstür, hat anbringen lassen. Wie die Nachwelt durch diesen Text erfährt, hat sich der Gaufürst Chuefhor, der tüchtigste aller Karawanenleiter der damaligen Unternehmen in den Süden, verdient gemacht durch vier erfolgreiche Handelsreisen nach Nubien und in den Sudân, besonders aber dadurch, daß er von seiner letzten Expedition für den achtjährigen König Pepi II. einen Tanzzwerg für den Kult mitgebracht hat. Der Dankesbrief des von Glück überschäumenden Kindes, jetzt in schönen Hieroglyphen in weißen Kalkstein geschnitten, lautet folgendermaßen:[17]

»Vom König selbst gesiegelt, im Jahre 2, 3. Monat der 1. Jahreszeit, am 15. Tag.

Königliches Dekret für den einzigartigen Gefährten, den Vorlesepriester und Karawanenführer, Chuefhor.

Ich (der König) habe die Angelegenheit deines Briefes zur Kenntnis genommen, den du dem König (mir) in die Kanzlei gesandt hast, damit Man (ich) wissen solle, daß du wohlbehalten aus Jam zurück-

3 Huldigung vor Pharao.

gekommen bist, zusammen mit der Truppe, die bei dir war. Du hast in diesem deinem Brief gesagt, daß du alle großen und schönen Gaben gebracht hast... Weiter hast du in diesem deinem Brief gesagt, daß du einen Zwerg (Pygmäen) der Gottestänze mitgebracht hast aus dem Geisterland ähnlich dem Zwerge, den der Schatzmeister des Gottes (Königs) Ba-wer-ded zur Zeit des Königs Asosi aus Punt gebracht hat. Du hast Meiner Majestät mitgeteilt: ›Niemals zuvor ist seinesgleichen gebracht worden durch irgendjemand, der jemals Jam besucht hat‹... Komm unverzüglich nordwärts an den Hof. Du sollst diesen Zwerg mitbringen, den du aus dem Geisterland lebend, heil und gesund hergebracht hast, für Gottestänze, um Freude zu bereiten und um das Herz des Königs von Ober- und Unterägypten, Neferkarê (Pepi II.), der ewig lebe, höher schlagen zu lassen. Wenn er mit dir ins Schiff steigt, so bestelle zuverlässige Leute, die bei ihm sein sollen auf jeder Seite des Schiffes und die verhüten sollen, daß er ins Wasser fällt. Wenn er nachts schläft, so bestelle zuverlässige Leute, die bei ihm in der Kajüte schlafen, und kontrolliere zehnmal in der Nacht. Meine Majestät wünscht diesen Zwerg mehr zu sehen als die Schätze des Sinai und von Punt.

Wenn du an den Hof kommst und der Zwerg ist lebend, heil und gesund bei dir, dann wird Meine Majestät für dich Größeres tun, als was für den Gottesschatzmeister Ba-wer-ded zur Zeit des Königs Asosi getan wurde, entsprechend dem Verlangen des Herzens Meiner Majestät, diesen Zwerg zu sehen. Befehlsschreiben sind an die Bürgermeister der neuen Städte und an die Priestervorsteher ergangen mit der Weisung, daß jedem städtischen Vorratsspeicher und jedem Tempel Verpflegung (für dich) entnommen werden kann. Alle Freibriefe sind für diesen Fall aufgehoben«.

Daß die Reise mit dem Tanzzwerg an Bord vom Süden des Landes bis zur Residenz Memphis gut verlaufen ist, geht aus der Tatsache hervor, daß Chuefhor den Brief hat verewigen lassen: Der junge Pharao konnte den begehrten Gottestänzer in seine Arme schließen. War Pepi II. auch ein Kind im Spielalter, so doch schon fähig, die Verdienste Chuefhors zu würdigen. Die Expeditionen waren wegen der Unruhe der Nomadenstämme nicht ungefährlich, und Chuefhor mußte auf einem seiner Züge in den Süden sogar kriegerisch eingreifen. Doch sein Einsatz hat sich gelohnt, der kindliche König selbst hebt die Freibriefe auf und überhäuft den tapferen Mann mit Schätzen.

So glücklich die Herrschaft des Pharao begann, so problematisch endete sie, wie wir noch hören werden. Pepi II. hat nicht weniger als 94 Jahre regiert, ist ungefähr 100 Jahre alt geworden; sein Leichnam wurde in der Pyramide von Sakkâra beigesetzt, die jeder Ägyptenfreund kennt. Das »schöne Alter von 110 Jahren« war dem König nicht beschieden, ihm fehlten die 10 Prozent Zulage, die nach Ansicht der Ägypter dem Glücklichen nach vollendeter Arbeit als eine Zeit reinen Lebens geschenkt wurden.

Die »ganze« Lebenszeit beträgt 100 Jahre. Davon »geht fast die Hälfte verloren«, lehrt Papyrus Insinger.[18]

»Der Mensch verbringt 10 Jahre, indem er klein ist, bevor er herausgefunden hat, was Leben ist und was Tod.

Er verbringt weitere 10 Jahre, indem er das Handwerk lernt, von dem er leben kann.

Er verbringt weitere 10 Jahre, indem er spart, um ein Vermögen zu erwerben, von dem er leben kann.

Er verbringt weitere 10 Jahre, bis er das Alter erreicht, in dem sein Herz vernüftig ist.

So bleiben 60 Jahre übrig von der ganzen Lebenszeit, die Thoth für den Gottesfürchtigen eingetragen hat.

Aber nur einer unter Millionen, die Gott segnet, erlebt sie, wenn das Schicksal gnädig ist.«

Wer erinnert sich bei dieser Betrachtung nicht an den volkstümlichen Spruch, der in mancherlei Abwandlungen heutzutage umläuft:

»Mit 10 Jahrn ein Kind,
Mit 20 Jahren junggesinnt,
Mit 30 Jahrn ein Mann,
Mit 40 Jahren wohlgetan.
Mit 50 Jahren stille stahn,
Mit 60 Jahrn fängt's Alter an.
Mit 70 Jahrn ein Greis,
Mit 80 Jahrn schneeweiß,
Mit 90 Jahrn gebückt zum Tod,
Mit 100 Jahren Gnad' vor Gott.«

Die Zulage von 10 weiteren Jahren war nur dem besonders begnadeten Ägypter zugedacht, damit er »10 Jahre nach seiner Last, seiner Unreinheit, seinem Vergehen und seiner Unwahrhaftigkeit« noch Zeit hat, frei von Unzlänglichkeit und Befleckung, ohne Widerwärtigkeit dazusein.[19] Pepi II., nur mit 100 Lebensjahren gesegnet, hat den Stand dieser Unschuld nicht mehr erreicht, so daß es die Fama um so leichter hatte, dem König der Untergangsperiode schlechte Witze nachzurufen. Mag sein, daß die Müdigkeit des Greises tatsächlich am Zusammenbruch des Alten Reiches teilhatte.

Eine aus dem Neuen Reich und später überlieferte Geschichte weiß, daß das Gericht unter einem Neferkarê, in dem Pepi II. vermutet werden darf, nicht in Ordnung war. Um sein Recht durchzusetzen, hilft sich der Kläger dadurch, daß er auf Unzucht des Königs hinweist. Ein Freund des Klägers mit Namen Teti ist bereit, dem Pharao auf seinen nächtlichen Spaziergängen nachzusteigen, und findet die Verleumdung bestätigt.

Er bemerkte, so erzählt der Text,[20] »die Majestät des Königs ..., wie sie ausging in der Nacht auf einsame Promenade, ohne daß irgend jemand bei ihm war. Er hielt sich von ihm (dem König) entfernt, um zu vermeiden, daß der ihn sah. Teti wartete und dachte dabei nach und sagte sich: »Da es so ist, so ist es die Wahrheit, was man sich erzählt: Er geht aus bei Nacht!« Teti folgte dem Gott (König), ohne daß er sich daraus ein Gewissen machte, um alles zu beobachten, was er tun würde. Er (der König) kam zum Haus des Generals Sisene. Er warf einen Ziegelstein, und er pochte mit dem Fuß, worauf man ihm eine Leiter hinunterließ. Er stieg hinauf, indes Teti wartete, bis Seine Majestät wieder fortging. Nachdem Seine Majestät getan hatte, was sie bei ihm (dem General) wünschte, wandte er sich nach seinem Palast, und Teti folgte ihm. Als Seine Majestät in das Große Haus zurückgekehrt war, ging auch Teti wieder nach Hause.«

Wie der Detektiv im folgenden errechnet, hat sich der König vier Stunden im Hause seines Generals aufgehalten. Nacht für Nacht tat er so, und was er tat, zählte im Alten Ägypten zu den schwersten Sünden (vgl. Kap. 10). Den Untergang der glanzvollsten ägyptischen Epoche meinte man, wenigstens in späterer Zeit, mit des Großen Hauptes Verderbtheit zusammenbringen zu müssen.

Gegen die Verfehlung Neferkarês ist die eines nicht sicher zu lesenden Pharaos vergleichsweise harmlos, denn sein Interesse galt nicht einem Mann, sondern nur einer verheirateten Frau. Wie sich der König ihrer zu bemächtigen suchte, das allerdings hat imperialen Stil. Die Kunde davon ist eingebettet in eine Rahmenerzählung aus dem Anfang der Ptolemäerzeit.[21]

Einleitend ist erzählt, daß der trinklustige König Amasis aus der 26. Dynastie einen Ausflug mit seinen Frauen zum Lusthaus auf dem See befiehlt, wo er keinen anderen als ägyptischen Kolibi-Wein, einen sehr schweren Tropfen, zu trinken begehrt. »Und man tat«, so fährt die Erzählung fort, »wie Pharao befohlen hatte. Pharao speiste (dort) mit seinen Frauen, und dabei stand kein anderer Wein der Welt vor ihnen als ägyptischer Kolibi-Wein. Bald war das Antlitz Pharaos heiter bei seinen Frauen. Er trank ein große Menge Wein, weil Pharao große Lust auf ägyptischen Kolibi-Wein hatte. Da schlummerte Pharao in der nämlichen Nacht auf dem See ein, und er schlief unter einem Weinstock an der Nordseite (des Lusthauses, auf daß ihm die Winde den Kopf kühlten).

Am Morgen aber konnte sich Pharao wegen des großen Katzenjammers, den er hatte, nicht erheben. Als die Zeit (aufzustehen) kam, konnte er sich also nicht erheben. Da wehklagte der Hof: ›Ist so etwas möglich! Pharao hat, ja er hat einen großen Katzenjammer. Kein Mensch auf Erden kann zu Pharao gehen, um ihn zu sprechen‹. Da ging der Hof zu Pharao und sagte: ›Unser hoher Herr, was hat Pharao betroffen?‹ Da sagte Pharao: ›Ich habe bloß einen Katzenjammer, und ich vermag überhaupt nichts zu tun. Seht euch um, ob einer unter euch ist, der mir eine Geschichte erzählen kann, damit ich mich zerstreue.‹« Und hier beginnt eine neue, die eben angedeutete, nicht bis zu ihrem Ende erhaltene Geschichte von dem Pharao, der den jung und glücklich verheirateten Schiffer Pete-Isis unvermutet auf eine Reise nach Daphne schickt.

Pete-Isis »war tief betroffen, weil er sich ja dem Befehl nicht entziehen durfte, den Pharao ihm erteilt hatte. Er fragte sich aber, warum ihn Pharao wohl ausgeschickt habe. Dann ging er nach Hause und aß mit seiner Frau. Doch er vermochte nicht, wie üblich zu trinken. Als die Zeit des gemeinsamen

Schlafens kam, vermochte er auch nicht, sie zu berühren, um ihr beizuwohnen, weil er so sehr betroffen war. Da sagte sie (seine Frau) zu ihm: ›Möge er bewahrt bleiben vor den Gefahren des Stromes‹ ...«

Mit diesem Segenswunsch bricht der Schwank ab. Sein Ende kann bis zum Auftauchen neuer Textquellen nur durch unsere Phantasie ergänzt werden, die sich anschickt, ein David-Bathseba-Motiv auszuspinnen, wenn der Ausgang nicht ähnlich moralisch war wie in der »Geschichte von dem König und der Frau des Wesirs« aus der 578. Nacht von Tausendundeinernacht, wonach der lüsterne Herrscher durch die gleichermaßen tugendsame wie kluge Ehefrau beschämt und abgewiesen wurde.[22]

Dessen ungeachtet galt der Held der Rahmenerzählung Amasis, gleich Pepi II. in einer Spätepoche stehend, als frivoler Herrscher, wie ihn Herodot durch einige Anekdoten umschreibt. Seiner unköniglichen Herkunft wegen war dieser König von den Ägyptern verachtet, bis er das Volk durch einen ebenso originellen wie drastischen Einfall belehrt hatte.[23] »Er besaß nämlich unter vielen tausend anderen Schätzen auch ein goldenes Fußbecken, in dem sich Amasis selber und alle seine Tischgäste die Füße zu waschen pflegten. Dieses ließ er einschmelzen und daraus ein Götterbild machen und stellte es im verkehrsreichsten Teil der Stadt auf. Die Ägypter gingen zu dem Bilde und erwiesen ihm große Verehrung. Als Amasis erfuhr, was die Leute der Stadt taten, ließ er sie zu sich rufen und erklärte ihnen, daß das Bild aus dem Fußbecken gemacht sei, in das sie zuvor gespien[24] und ihr Wasser gelassen und in dem sie sich die Füße gewaschen hätten; nun aber bezeigten sie ihm große Verehrung. Und er fuhr fort: Wie mit dem Fußbecken, so sei es auch mit ihm ergangen. Einst sei er ein gemeiner Mann gewesen, jetzt sei er ihr König, und darum seien sie ihm Ehre und Achtung schuldig. Auf diese Art brachte er die Ägypter dazu, daß sie ihm willig dienten.«

Im folgenden Kapitel Herodots wird deutlich, wie sehr dieser Throninhaber aus dem altägyptischen Fürstenspiegel fiel.[25] »Am Morgen«, so berichtet der Vater der Geschichte, »bis zu der Zeit, da der Markt voll wird, waltete er seines Amtes mit großem Eifer. Danach aber trank er, spöttelte mit seinen Zechgenossen und machte frivole Scherze und Witze. Das bekümmerte seine Freunde, und sie ermahnten ihn: ›O König, du benimmst dich nicht recht, indem du dich dem nichtigen Leben derart hingibst. Denn du müßtest eigentlich erhaben auf einem erhabenen Thron sitzen und den ganzen Taglang deines Amtes walten. Dann würden die Ägypter erkennen, daß sie von einem großen Manne beherrscht werden und dein Ansehen wäre größer. Jetzt aber benimmst du dich ganz und gar nicht königlich‹.

Er aber antwortete ihnen: Wer einen Bogen führt, spannt ihn nur, wenn er ihn braucht. Hat er ihn gebraucht, so spannt er ihn ab. Wenn ein Bogen dauernd gespannt wäre, würde er zerbrechen, so daß man ihn nicht brauchen könnte, wenn man ihn nötig hat. Ebenso verhält es sich mit dem Menschen. Wenn er immer arbeiten und sich niemals ein bißchen dem Scherz überlassen wollte, dann würde er unvermerkt überspannt oder schlaff. Und weil ich dies einsehe, so gebe ich einem jeden seinen Anteil«.[26]

Außer durch einen solch gesunden Menschenverstand hat sich der späte Emporkömmling durch unerschrockenen Mut zur Wahrhaftigkeit ausgezeichnet, wenn die nächste sympathischere Anekdote recht hat.[27] »Man erzählt«, so heißt es, »daß Amasis, als er noch ein einfacher Mann war, gern getrunken hat und lustig war und gar kein arbeitsamer Mensch gewesen sei. Und wenn ihm die Mittel zum Trinken und zum Wohlleben ausgingen, streifte er umher und stahl. Und wenn die Leute ihn beschuldigten, er hätte sie bestohlen und er dann leugnete, so führten sie ihn zu einer Orakelstätte, jeder zu der seinen. Oft ward er verurteilt von den Orakeln, oft aber auch freigesprochen.

Als er nun König geworden war, tat er folgendes. Um die Tempel jener Götter, die ihn von der Anklage des Diebstahls freigesprochen hatten, kümmerte er sich nicht im geringsten und gab auch nichts dafür aus, sie instandzuhalten, ging auch nicht hin zu opfern. Denn sie taugten nichts, da ihre Orakel gelogen hätten. Um jene aber, die ihn als Dieb verurteilt hatten, kümmerte er sich außerordentlich, denn sie seien wahrhaftige Götter und erteilten ungelogene Orakel«.

Der Lebensweg des Amasis macht die Charakterisierung durch Herodot glaubwürdig. In den kriegerischen Auseinandersetzungen zwischen Libyern und Griechen von seinem König als General ausgeschickt, macht Amasis mit Aufständischen gemeinsame Sache und läßt sich zum König ausrufen. Die Vorstellung des Gottkönigtums war zu seiner Zeit verspielt, Amasis ist ein ausschließlich säkularer Herrscher, ein gekröntes Haupt, aber kein »Großes Haus«. 24 Jahre seiner Regierung hat er sich geschickt ebenso den Ruf eines »Griechenfreundes« erworben, wie er die Ägypter »mit Klugheit und ohne Schärfe« für sich gewann und auch auf die libyschen Stämme erfoglreich Einfluß nahm. Er war ein Jongleur ohne moralische Hemmungen, geschweige denn ein Regent mit religiösen Bindungen nach dem Muster der alten Pharaonen. Daß er die Götter immerhin noch als Weissager ehrte, entnehmen wir seiner Bautätigkeit an der Orakelstätte der Oase Siwa.

Die Lustfahrt seines Ahnherrn Snofru (4. Dyn.) auf dem See, die in dem Märchen des Papyrus Westcar überliefert ist,[28] war bezeichnenderweise eine andere als die seine, auch wenn die Unternehmen sich äußerlich weitgehend geglichen haben mögen. Der Pyramidenerbauer machte den Ausflug mit seinen Haremsmädchen, »zwanzig Frauen, die noch nicht geboren haben, mit schönem Körper und (junger) Brust und mit Zöpfchenfrisur«. Diese Lustfahrt hat einen mythologischen Hintergrund, indem diese Mädchen als Hathorfiguren ihn, den irdischen Rê, zu symbolischen Gefilden gerudert haben.[29] Wenn die Mädchen Perlennetze »anstelle ihrer Kleider« trugen und nicht, wie Hathor »über ihrem Gewand«, so mag selbst darin kaum eine Abwandlung ins Profan-Sinnliche erblickt werden, denn Hathor liebt die Entblößung. Hathortänzerinnen tragen einen vorn offenen und abgerundeten, kurzen Schurz,[30] und Hathor zeigt ihre Scham, als sie ihren Vater Rê heiter stimmen will.[31] Des Amasis Unternehmen aber dürfte kaum mehr mythisch unterfangen gewesen sein.

Einzig in ihrer Art ist eine Darstellung im Festungstor des Tempels Ramses' III. in Medinet Hâbu, im dritten Stockwerk, wo der König bei seinem Aufenthalt in Theben mit seinen Töchtern gewohnt hat. Dort zeigen Wandreliefs Pharao auf einem königlich ausgestatteten Klappstuhl und vor ihm, nur mit Krone, Schmuck und spitzschnabeligen Sandalen angetan, ein stehendes Mädchen (Abb. 1). In zarter Gebärde krault der König dem geliebten

Abb. 1 Ramses III. krault seine Tochter am Kinn.

»Kind« das Kinn, während die junge Dame im Begriff ist, den Arm ihres Vaters zu liebkosen. Dabei nennen die Mädchen den erhabenen Pharao Ramses schlicht »Sesi«. Solche Intimitäten im Bilde auszudrücken, ist für die ägyptische Kunst aus dem Rahmen, auch wenn sie unnachahmlich verhalten zum Ausdruck kommt.[32] Daß die Wirklichkeit nicht ebenso scheu gewesen ist, entnehmen wir der Zahl der königlichen Nachkommen: Ramses II. hatte in seiner allerdings 67 Jahre währenden Regierungszeit nicht weniger als gut 100 Kinder, darunter vermutlich auch welche aus dem Schoß seiner Töchter.

Wer Ägypten kennt, weiß, daß es eine Periode gibt, die, wenn sie auch geschichtlich vorbereitet war, wie eine Orchidee im Blumengarten ägyptischer Kultur herausfällt: Amarna. Der Sonnenkönig Echnaton hat seine Stadt auf jungfräulichem Boden angesiedelt und hat mit seiner Konzeption der Neugestaltung sämtliche Lebensgebiete er-

4/5 Echnaton und Nofretete mit drei Töchtern. Echnaton küßt seine Tochter. Nofretete mit zwei Töchtern auf dem Schoß. Die eine weist nach ihrem Vater, die andere spielt mit dem Uräus der Krone ihrer Mutter.

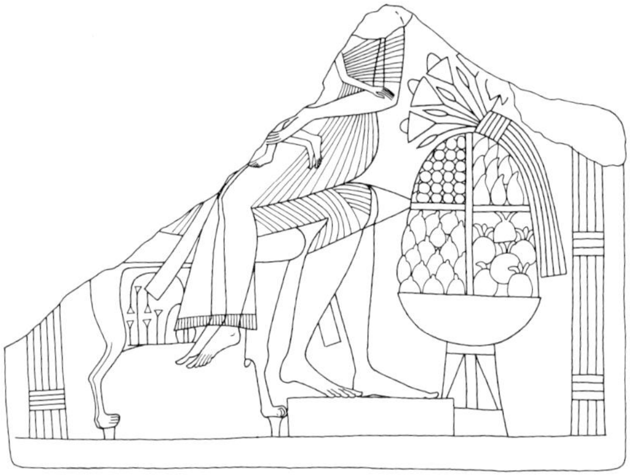

Abb. 2 Nofretete sitzt auf den Knien Echnatons und hat selber Kinder auf ihrem Schoß.

faßt. Ikonographisch zeichnet sich die Kunst seiner Zeit durch intime Familien-Szenen aus (Tafel 4, 5, 6). Der König hält seine Gemahlin Nofretete auf dem Schoß[33] (Abb. 2), er küßt sie im offenen Wagen (Abb. 3), wenn er durch Amarnas Straßen fährt.[34] Wird das Paar beim Mahl dargestellt, so nicht, wie es die Sitte will, indem die Hand des Speisenden sich nach den aufgetischten Gaben streckt, sondern ganz unkonventionell so, daß die beiden in ein Rippenstück oder in eine gebratene Gans herzhaft hineinbeißen. Ihre Töchter stehen keineswegs respektvoll wartend neben den Eltern, sondern schmausen unbekümmert mit.[35]

In derselben Offenheit spricht Amarnas Kunst vom Tod der ältesten Prinzessin Maketaton (Abb. 4). Von Trauer überwältigt steht das Königspaar am Totenbett der geliebten Tochter. Echnaton faßt den Arm der Königin, beide beugen sich mit der Geste der Totenklage über den Leichnam. Daß

Abb. 3 Echnaton küßt Nofretete bei einer Wagenausfahrt.

6 Echnaton mit seinem Schwiegersohn Semenchkarê vor einem Speisetisch.

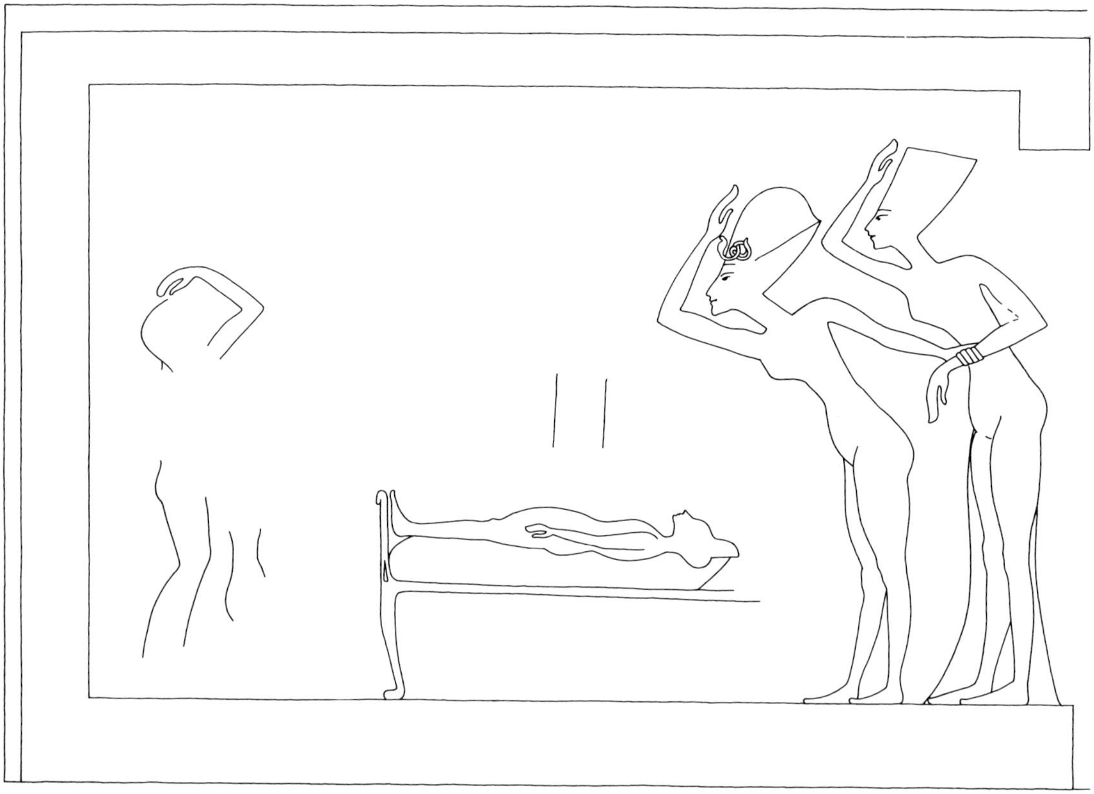

Abb. 4 Echnaton und Nofretete beklagen den Tod ihrer Tochter Maketaton an deren Bahre.

Maketaton bei der Geburt eines von ihrem Vater Echnaton empfangenen Kindes gestorben sei, entbehrt der Beweisführung.[36] Doch bleibe nicht unerwähnt, daß Amarnas König seine dritte Tochter Anches-en-pa-Aton geheiratet und diese seine legitime Ehefrau ein Kind von ihm zur Welt gebracht hat.[37] Ein solches Verhältnis ist im ägyptischen Königshaus keineswegs vereinzelt, wenn auch nicht so häufig wie die Geschwisterehe.

Dieselbe Anches-en-pa-Aton wurde die Gemahlin des etwa neunjährigen Königs Tutanchamun. Als dieser ihr Gatte nach zehnjähriger Ehe vermutlich durch Gift starb, erniedrigte sich die immer noch junge Witwe, in zwei Briefen den Hethiterkönig Schupiluliuma zu bitten, er möge ihr einen hethitischen Prinzen zum Gemahl senden, da sie keinen Sohn habe und sich nicht überwinden könne, einen »Diener« zu heiraten. Denn das ägyptische Königshaus war nach der unglückseligen Periode »jenes Frevlers von Amarna«, wie die Nachwelt Echnaton haßerfüllt nannte, völlig verwaist. Tatsächlich brach der hethitische Prinz auf, kam aber niemals in Ägypten an, wohl weil er unterwegs von dem damaligen General und übernächsten Herrscher Haremhab beseitigt worden war. Stattdessen scheint Anches-en-pa-Aton als Nebenfrau noch dem greisen Eje, dem Nachfolger Tutanchamuns, anvertraut worden zu sein.

So kurz die Episode von und nach Amarna gewesen ist, sie hat unschätzbare menschliche Dokumente hinterlassen. Ein Gefühl der Rührung ruft die Locke hervor, die man dem jugendlich verstorbenen Tutanchamun von seiner Schwiegergroßmutter ins Grab mitgegeben hat, jener großen königlichen Gemahlin Amenophis' III. mit Namen Teje, die bei der unheilvollen Politik ihres Sohnes Echnaton einen kühlen Kopf behalten hat und von

7 Stele in der Gestalt eines Pavillon mit Amenophis III. und seiner Gemahlin Teje vor einem Opfertisch.

Abb. 5 Hethitische Soldaten stellen einen bei der Schlacht von Kadesch in den Orontes gefallenen Fürsten auf den Kopf, »um ihn auszuleeren«.

allen Orthodoxen hochverehrt wurde. Der überraschend gestorbene Tutanchamun, für den noch keine Grabausrüstung vorbereitet war, nahm in seine letzte Ruhestätte eine Reihe von Gegenständen mit, die ihm gehörten, »als er noch ein Kind war«: einen weißen Holzkasten für Toilettengeräte, einen anderen, mit Ebenholz und Elfenbein eingelegt, für Weihrauch und Harz, dazu ein Gegenstück für goldene Figuren und schließlich »zwei goldene Ringe und Verzierungen des Kastens Seiner Majestät, als er noch ein Junge war«.[38] Nach seinen Maßen zu schließen, war der berühmte goldene Thronsessel für den kindlichen König gemacht; einen Rohrstock hatte Seine Majestät in einem bestimmten Tempelteich »mit eigener Hand geschnitten«.[39]

Wie die Großen aller Zeiten und diese nicht anders als die Kleinen hatten auch die altägyptischen Pharaonen ihre Sorgen und Nöte, Krankheiten und Pech. So meint man, dem vielleicht postumen Bild Amenophis' III. auf einer Kalksteinstele des Britischen Museums[40] anzusehen, daß er infolge eines Schlaganfalles zusammengesackt ist (Tafel 7). Siptahs Mumie läßt erkennen, daß der Pharao, der unmündig auf den Thron kam und niemals viel Energie entwickelt zu haben scheint, mit einem kurzen Bein durchs Leben gehen mußte. Die Regeln der Kunst haben indes solche Mißbildungen Großer Häuser verschwiegen. Der König erscheint, wie die Idee es will. Und nicht zuletzt ist die altägyptische Kultur deshalb eine hohe, weil sie am Kanon festhielt, einerlei durch welche Niederungen der Weg auch führte. Die Leitbilder blieben, die Höhen zogen hinan.

Dessen ungeachtet mag sich ein Künstler gefreut haben, wenn er seine Lust am Spott befreien durfte bei der Darstellung unzulänglicher Feinde. Als Ramses II. in der Schlacht gegen die Hethiter bei Kadesch den gegnerischen Fürsten von Aleppo in den Orontes gejagt hatte, zogen dessen Soldaten ihn aus dem Fluß und stellten den nahezu Ertrunkenen auf den Kopf (Abb. 5), um ihn »auszuleeren«.[41] Ein hohes Haupt auf dem Kopf! – welch ein Paradoxon! Nur Tote, seien es Ausländer in der Schlacht oder Tiere auf der Jagd, durften so dargestellt werden. Auf-dem-Kopfe-stehen heißt in der Sprache der Kunst »tot-sein«. Aber so zeigt man nicht einmal die eigenen Soldaten, bei ihnen

Abb. 6 Ein in die Zedern des Libanon geflohener syrischer Fürst wird von einem Bären am Bein gepackt, während er den Dolch zückt, um ihn zu erlegen.

herrscht Ordnung, sie stehen auf den Füßen, sind nicht unterlegen oder gar tot. Und hier ...

Auch dies wäre in den eigenen Reihen nicht vorgekommen, was ein Künstler auf dem Pylon des Luksor-Tempels von einem syrischen Prinzen ins Bild gesetzt[42] und worauf Hori in einer wohl fingierten Streitschrift an seinen Kollegen Amenemope überheblich angespielt hat.[43] Daß nämlich Kedjerdi, der Prinz von Iser, bei der Schlacht von Schatuna sich durch die Flucht in einen Wald dem Kampf entziehen wollte, er aber einem Bären in die Fänge lief (Abb. 6). Die Szene spitzt sich dramatisch zu. Der Prinz versucht, sich auf einen Baum zu retten, aber der Bär klettert behender. Schon beißt er dem Fliehenden ins Bein, und es bleibt offen, ob der Prinz seinen Verfolger mit dem bereits gezückten Dolch zu erlegen vermag oder ihm der Soldat zu Hilfe kommt, der von den Zinnen der Burg herüber seinen Pfeil auf den Petz angelegt hat.

Solche kleinen Ventile mögen den immer zuchtvollen Bildnern wohlgetan haben, aber auch hier bleibt ihre Kunst unverringert in Form.

Zweites Kapitel

Mit den Tieren ins Himmelreich

1976. Ein Ferienkind auf dem Bauernhof. Es schüttelt sich, als ihm die Bäurin Milch anbietet, denn es hat zugesehen, wie die Kuh gemolken wurde. »Keine Kuhmilch, bitte«, sagt der Junge, »Milch aus dem Automaten«.

Daß der Kleine den eigentlichen Spender der Milch nicht kannte, ist bei einem Großstadtkind nicht verwunderlich, aber daß er das Tier abgelehnt hat, ist ein Zeichen von soviel Bezugsverlust zur Natur, daß es ihm schwerfallen dürfte, das Bild aus einem Felsgrab von Beni Hasan zu verstehen, wo Junge und Kälbchen nebeneinander aus dem Euter der Mutterkuh trinken (Abb. 7).[1]

Wo wir Heutigen inmitten von glitzerprächtigen Vehikeln aus Blech – diese noch immer nach Pferdestärke (PS) berechnet! – nach Sauerstoff ringen, da atmeten die Alten im Gewoge ihrer Tiere. Das Land wimmelte von Wild und Zuchtvieh (Tafel 8a und 8b). Vögel und Fische, Wild im Nil, in den Papyrussümpfen und in der heutigen Wüste, die damals teils noch Savannen- und Steppencharakter hatte, bevölkerten Ägypten in kaum vorstellbarer Menge.

Wie außerordentlich der Bestand an Vieh war, ist den Listen zu entnehmen. Die Viehsteuer war einer der wichtigsten Steuerposten, und die Viehzählung, die alle zwei Jahre durchgeführt wurde, hatte kalendarischen Wert: Durch das Alte Reich hindurch wurden die Jahre nach der Viehzählung datiert, bevor man nach Regierungsjahren rechnete. Um 2900 v. Chr. werden 400000 Stück Großvieh und 1,4 Millionen Stück Kleinvieh als Gesamtbestand registriert.[2] Auch heute noch wuselt es auf den ägyptischen Feldern von Tieren. Da der Nillandbewohner den Vorzug hat, zumeist unter freiem Himmel zu wohnen, und da das altägyptische Volk zum größten Teil ein Volk von Bauern war, lebten Mensch und Vieh innig beisammen, teilten sich die Arbeit und teilten sich das Brot. Sie teilten sich auch Sorge und Freude: »Sagt es den Fischen im Wasser und den Vögeln am Himmel«, spricht Neb-Rê in seinem Dankgebet für die Errettung seines Sohnes (Tafel 45).[3]

Zu Kuh und zu Kalb hatte der Ägypter ein besonders enges Verhältnis, das Kälbchen wurde nahezu verzärtelt. Wenn die Grabbilder das Blöken des Kalbes zeigen, das auf der Weide angepflockt wurde, so hält der Künstler damit das Unbehagen des Jungtiers fest. Ist das Kälbchen müde, so nimmt es der Hütejunge auf seinen Arm; in der Spätzeit trägt es der »gute Hirte« auf seinen Schultern.[4] Hängt sich der Hirt beim Durchwaten einer Furt das Kälbchen auf den Rücken, so einmal, um durch das Blöken des zurückgewendeten Tier-

Abb. 7 Junge und Kälbchen trinken gemeinsam an einer Kuh.

8a Säbelantilope (oryx algazel).
8b Vorführen eines Ochsen bei der Viehzählung.

jungen die Kuhmutter und mit ihr als Leittier die Herde nachzulocken, zum andern aber auch, um das Kalb vor Krokodilen zu schützen.[5] Ein ägyptisches Wort für »tanzen (jbꜣ), vergnügt sein« wird determiniert mit einem springenden Kälbchen, ein anderes für »sich freuen (ꜣmś)« mit dem Bild einer Kuh, die sich nach dem an ihr saugenden Kalb umdreht.

Die sich zum Kälbchen umwendende Kuh ist – sicher von der Hieroglyphe ausgehend – auch ein sprachliches Bild geworden: »Ihre (meiner Mitbürger) Herzen neigen sich mir zu, wenn sie mich sehen, wie eine Kuh ihren Sohn ansieht«.[6] Die kuhmütterliche Sorge um ihr Junges findet ebenso sprachlichen Ausdruck in dem Bilde »Er sehnt sich danach wie die Kuh, die ihr Kälbchen ruft, wenn es von ihr fern ist«. Kurz, Kuh mit Kalb galt als das von der Natur geschenkte Symbol für das Mutter-Kind-Verhältnis und als würdig, zum Emblem des Gaues von Sebennytos erhoben zu werden, des heutigen unterägyptischen Samanûd, von wo es vermutlich in die Rolle des »Goldenen Kalbes«[7] eingegangen ist – wenn es nicht der Apis war, der so unrühmlich endete.

Der Ägypter liebte seine Tiere, und er kannte sie, kannte »die Oberen« und »die Unteren« und »die, die auf dem Rücken des Erdgottes hausen«. Die Oberen waren nicht die Vögel allein: die Wasservögel, die flatternden und die fliegenden, wie er sie unterschied, sondern auch alle anderen Tiere, die Flügel haben, die Bienen, Mücken, Fliegen und Schmetterlinge, die Heuschrecken und auch die Fledermäuse. Die Unteren, das waren sämtliche Wasserbewohner. Die Erde trug auf sich »Kleinvieh« und »Großvieh« und in sich alles »Gewürm« einschließlich der Schlangen. Zum Kleinvieh zählten die Tiere des armen Mannes: Ziege, Schaf, Schwein und Esel, aber auch das kleine Wild der Wüste. Die Klassifizierung der Lurche schwankte entsprechend der amphibischen Lebensweise dieser Zweireichewesen.[8]

Wenn diese aus der Beobachtung ihrer Lebensbereiche resultierende Gruppierung der Tiere zoologisch primitiv anmutet, so sei zugunsten der Alten gesagt, daß ihre Kenntnis vom Verhalten der Tiere die unseres Durchschnittszeitgenossen bei weitem übertraf. So wußten die Ägypter, daß es im Nil zwei Arten von wandernden Meeräschen gab: Mugil cephalus und Mugil capito. Diese aus den Weltkammerbeischriften des Sonnenheiligtum von Ne-user-Rê (um 2400 v. Chr.) besonders gut bekannt gewordenen Mugilidenarten sind auch heute noch, genauer: bis zum Ende des letzten Jahrhunderts, die einzigen, die jährlich nilauf und nilab wandern.[9] Der Ägypter hat dies Aus-der-Reihe-Tanzen der Wanderfische ebenso staunend festgestellt wie das ungewöhnliche Verhalten der Maul- oder Substratbrüter.[10] Die Differenzierung nach Arten wie die gleichzeitige Zusammenfassung zu Gattungen, die anatomischen Bezeichnungen der einzelnen Fischteile, auch der Skelette, verraten eine überraschende ichthyologische Kenntnis, eine Kenntnis, die gewonnen war nur mit dem bloßen Auge – nicht mit dem Mikroskop – nur mit Geduld – nicht durch Experimente – nur durch Hingabe – nicht mithilfe von Vivisektion. So konnte die Beobachtung »nur« zu Ergebnissen führen über Aussehen, Nahrung, Verbreitung und Vermehrung der Tiere, über Feinde und biologisches Verhalten – wie bei den »Unteren« so auch bei den »Oberen« und bei denen, die »auf dem Rücken der Erde hausen«. An Spitzmäusen beispielsweise unterschieden die Alten mindestens fünf Arten, und manche Kenntnis über deren Genetik werden erst von der modernsten Naturwissenschaft wieder eingeholt.[11] Doch genug der Zoologie! Die Verfasserin könnte verleitet werden, diesem Teilthema allein ein Buch zu widmen.

Die vortreffliche Beobachtung der Fauna schlägt sich vordergründig nieder in der jedermann vertrauten bildlichen Darstellung der Tiere (Tafel 9a und 9b). Bei aller Abstraktion steht die Gestalt doch vollkommen da, mit einem einzigen Schwung prägnant und formsicher umrissen, determinierend abgegrenzt gegen den nächsten Verwandten, aber ohne das geringste überflüssige Detail. Wie sind Haltung und Gang erfaßt, die Eigentümlichkeiten jedes Genus artikuliert! Die nirgends in der Welt übertroffenen Tierbilder sind bisher von der Forschung weder künstlerisch noch zoologisch ausgewertet noch gar in ihrer mythischen Bedeutung erfaßt. Nur der kann ein Tier so zeichnen, der ständig mit ihm umgeht und sich in sein Wesen einlebt. Tiere wurden als ein bedeutender Bestandteil der Hieroglyphenzeichen tagtäglich von den Schreibern auf Papyri geschrieben oder auf Wände ge-

9a Falke des Gottes Horus von Edfu.

9b Detail des Horusfalken.

malt, in Stein gehauen oder in Goldblech gepunzt. Der Höhepunkt der Tierdarstellung liegt unbestritten in den fast naturwissenschaftlich genau zu nennenden Bildern des Alten Reiches.
Seien es die Gänse von Medûm mit ihrem schwerfälligen Watscheln, der goldene Falkenkopf aus Hierakonpolis mit dem Königsblick im Obsidianauge, die gemeine Kröte auf einem Berliner Elfenbein-Amulett oder die späte Giraffe aus Blei mit dem im Lauf unnachahmlich vorgeschobenen Hals – an allen haftet die Sorgfalt der Beobachtung und auch der Friede eines liebenden Erkennens. Das Bildhauermodell eines Pferdekopfes in Berlin enthüllt bei aller Treue der sinnlichen Erfassung soviel vom Wesen dieses Tieres, daß es Urbild und Apotheose des Pferdes zu vereinen scheint. Die Sandstein-Plastik der Dêr el-bahri-Kuh ist trotz Reduktion auf das Essentielle derart lebenswahr, daß die Fellahen bei deren Freilegung erschrocken aufschrieen und daß einer nachher behauptete, die Kuh habe vor Freude laut gebrüllt, da sie nach langer Finsternis – sie hatte 3400 Jahre in der Kapelle dunkel gestanden – zum ersten Mal die Sonne wiedergesehen habe. Der Litanei des Rühmens wäre kein Ende. Zwar nicht jeder Ägypter war ein Bildner und kraft dieses Berufes unterwiesen in zoologischen Kenntnissen oder gar selbst forschend tätig, aber jedem einzelnen war die Fähigkeit zu beobachten in einem Maße gegeben, wie dies unser artifizielles Leben kaum mehr aufkommen läßt. Wo nähme der heutige Mensch den Ansporn her, einzudringen in das Wesen des Tieres, das er nur als Konsumgut schätzt oder als Energiequelle nützt, aber nicht mehr wie der Ägypter als ein Glied der Schöpfung preist?
In der Tat, der Ägypter wußte um das geheimnisvolle Einssein der Tiere mit den Menschen vom Ursprung her. Gott hat sie gleichermaßen geschaffen, die Menschen und die Tiere, auch wenn er »Pflanzen, Vieh, Vögel und Fische« nach der Lehre für Merikarê (um 2060 v. Chr.) dem Menschen als Nahrung zugewiesen hat. Die Tiere sind Gottes Geschöpfe, der Allmächtige sorgt für sie. Er erhält sie am Leben, gibt ihnen allen, dem Küken im Ei wie selbst dem Schmarotzer, wovon sie leben.[12]
In einem Hymnus der 18. Dynastie heißt es:
»Du hast die Erde geschaffen nach deinem Wunsche ...
mit Menschen, allem Großvieh und allem Kleinvieh,
allem, was auf der Erde ist und auf seinen Füßen geht,
was in der Höhe ist und mit seinen Flügeln fliegt,
Du Einziger ...
der das Kraut für die Herden schuf
und den Fruchtbaum für den Menschen;
der hervorbringt, wovon die Fische leben im Strom
und die Vögel am Himmel;
der dem Kücken Luft gibt im Ei
und der das Junge der Schlange ernährt;
der schafft, wovon die Mücken leben,
und ebenso die Würmer und die Flöhe;
der schafft, was die Mäuse in ihren Löchern brauchen,
und der die Vögel in jedem Baum ernährt...
Heil dir! sagt alles Getier ...
Heil dir, der alles Seiende schuf...
der die Menschen bildete und auch das Vieh ins Leben rief...
und der dafür sorgt, daß auch die Wüstentiere leben ...«[13]

In dem Sonnenhymnus Echnatons aus der Amarnazeit (1364–1347 v. Chr.), mehrfach verglichen mit dem 104. Psalm bzw. dem Sonnengesang des Franz von Assisi, betet der König zu seinem einzigen Gott, der Sonne Aton, ähnlich:
»Gehst du unter im westlichen Horizont,
so liegt die Erde im Dunkeln wie im Tode...
Alle Löwen sind aus ihren Höhlen gekommen,
alles Gewürm sticht.
Kalt (?) ist das Dunkel, die Erde liegt schweigend,
denn der sie schuf, ist in seinem Horizonte zur Ruhe gegangen.
Hell wird die Erde, wenn du im Horizont aufgehst...
Alles Vieh freut sich über sein Futter,
Bäume und Kräuter grünen.
Die Vögel flattern in ihren Nestern,
ihre Flügel erheben sich in Anbetung vor deinem Ka (Geist).
Alle Lämmer hüpfen umher,
die Vögel und alles was flattert, sie leben,
denn für sie bist du aufgegangen ...
Die Fische im Strom springen vor deinem Angesicht,

denn deine Strahlen dringen in die Tiefen des
Meeres ...
Das Küken im Ei, das schon in der Schale piept,
dem gibst du drinnen Luft, um es am Leben zu
erhalten.
Du hast ihm seine Frist festgesetzt, es (das Ei)
zu zerbrechen,
und es läuft auf seinen Füßen, sobald es
herausgekommen ist ...«

Wie das Verhältnis Gott-Mensch ist auch die Beziehung Gott-Tier reziprok. Der Sorge Gottes für das Tier entspricht die Hinwendung der Tiere zu dem Höchsten. In einem Notjahr beten die Gazellen der Wüste um Gottes Hilfe.[14] Es tanzen die Paviane bei der Geburt des Sonnengottes; bei seinem Aufgang erheben sie preisend ihre Pfoten, wie der Ägyptenreisende an der Stirn des Felsentempels von Abu Simbel sehen kann; und »in den Tälern tanzen die Strauße, wenn Atum sich im Osten des Himmels befindet«.[15] Das Tier ist Gottes Geschöpf, ist des Menschen Mitgeschöpf. Mensch und Tier haben den gleichen Herrn, nicht ist der Mensch Herr über das Tier. Nein, er erkennt im Tiergenossen sogar Kräfte, über die er selbst nicht verfügt und die ihn daher veranlassen, im Tier eine Manifestation des Numinosen zu verehren (Tafel 10a und 10b). Allerdings wäre die Verehrung ganzer Tiergattungen in der Spätzeit dennoch kaum denkbar ohne die Überhöhung des verstorbenen Tieres zum Mittler zwischen den Menschen hinieden und den Göttern. Das Tier konnte in den Himmel eingehen gleich den Menschen, jedes an seinen »Verborgenen Platz« und dort – seit dem Neuen Reich – durch das Erleiden des Todes erlösend wirken. Wie verstorbene Menschen und Götter konnten so auch verstorbene Tiere den Titel Osiris erhalten.[16] Auch glaubte man, daß Tiere nach kultischer Ertränkung »Götter« wurden.[17] Tiere konnten demnach nicht einzig auf der Erde übernatürliche Mächte repräsentieren.

Während Goethe die »hundsköpfigen Götter« verabscheut, ist Herodot weiser, wenn er sich des Urteils über den Tierkult enthält, indem er überliefert:[18]

»Die Tiere, die da (in Ägypten) sind, gelten alle als heilig, Haustiere und wilde. Warum sie dieselben für heilig halten – wenn ich das sagen wollte, dann würde ich mich mit meiner Erzählung in die göttlichen Dinge vertiefen, davon ich mich doch zu sprechen sehr in acht nehme ... Der Brauch um die Tiere ist nun folgender: Jedes Tier hat seine Wärter ... Und alle Leute in den Städten bringen ihnen ihre Gaben dar, und zwar auf folgende Art: Sie beten zu dem Gott, dem das Tier geheiligt ist ... Wenn aber jemand eins dieser Tiere vorsätzlich tötet, so steht darauf die Todesstrafe ...
Und wenn in einem Hause eine Katze eines natürlichen Todes stirbt, so scheren sich alle, die darin wohnen, die Augenbrauen ab; wo aber ein Hund stirbt, die scheren den ganzen Leib und den Kopf kahl. Die gestorbenen Katzen bringen sie in heilige Häuser, und da werden sie einbalsamiert und zu Bubastis begraben. Die Hunde begraben sie, ein jeglicher in seiner Stadt, in heiligen Särgen. Und wie die Hunde werden auch die Ichneumone begraben. Die Spitzmäuse und Habichte aber bringen sie nach Buto, die Ibisse nach Hermopolis ...«

So abstrus die Außenseite dieses Tierkultes anmutet, hinter ihm pflegt eine hohe Theologie zu stehen, in ihrem Reichtum ebenso genährt durch umfassende und minutiöse Beobachtung wie durch die unbewußte Verbundenheit aller Geschöpfe.[19] Einen Ausländer freilich mußte das Brauchtum befremden – wie religiöses Brauchtum den Außenstehenden in der Regel befremdet –, so daß der römische Bürger nicht begriff, daß er gelyncht wurde, weil er eine Katze getötet hatte.

Dem Ägypter war es in der Spätzeit der Geschichte Pflicht, für die Bestattung der Tiere zu sorgen, einerlei ob es heilige Tiere, geliebte Haustiere oder Findlinge waren, und er mußte sich folgerichtig im Jenseits nicht nur zu dem Spruch bekennen: »Ich habe dem Hungrigen Brot gegeben und Wasser dem Durstigen, den Nackten habe ich bekleidet«, sondern fortfahren: »Ich habe für heilige Ibisse, Falken, Katzen und Hunde gesorgt und sie nach dem heiligen Ritus, gesalbt mit Ölen und in Leinen gewickelt, bestattet«. Die Tiere waren jedoch keineswegs Götter, vielmehr Sinnbilder göttlicher Kräfte, *aenigmata*. Doch eingedenk meines Themas will ich mich hier mit Herodot »in acht nehmen, mich in die göttlichen Dinge zu vertiefen«.[20]

Das Volk war dem Tier als kultischem Thema keineswegs erst seit der Spätzeit, sondern von jeher und durch den ganzen Lauf der Geschichte zugeneigt, indes Hof und Priesterschaft den Tierkult erst vom Ende der 18. Dynastie an förderten.

10a Ichneumon, Detail.

10b Ichneumon-Bronze, Weihgabe.

Damals wurde das Serapeum als Begräbnisstätte der Apisstiere angelegt, eine Katze erstmals in einem Steinsarg beigesetzt. Errettete stifteten ihre Dankstele der Gans des Amun oder dem Widder des Chnum oder beteten auf Weihstelen gar vor einem ganzen Volk von Schakalen, Ibissen oder Schlangen. Wenn gegen die auf das Podest der Heiligkeit erhobene Katze die gebratene Opfergans losfährt und die Erhabene herausfordernd anzischt,[21] so klingt aus solchen Ostrakonstelen der armen Leute[22] ein leiser Spott mit auf, der deutlich anzeigt, wie die Gefühle der Ehrfurcht sich mit ketzerischem Zweifel mischen. Dessenungeachtet beweisen für die Spätzeit die Tausende und Abertausende an mumifizierten Tieren und Beisetzungen in Särgen aus Ton, Stein, Holz oder Bronze eine an Besessenheit grenzende Leidenschaft für Tierverehrung.[23] Die Macht des Tieres, die man zu Beginn der Geschichte in einem grandiosen Akt der Bewußtwerdung auch religiös bewältigt hatte und die fortan, offiziell in Relikten wie dem Königsschweif und subkutan im Volksglauben, ihren Ort behauptete, überwältigt das Denken der Spätzeit in dem Maße, wie die Menschen zurücksinken in eine neue Lebensangst.

Kaum eine andere Kultur vermag über die Rolle des Tieres im Denken der Menschen soviel beizutragen wie die ägyptische, deren Auseinandersetzung mit dem sprachlosen Mitgeschöpf des Menschen in der Steinzeit begann und mit ihren letzten Ausläufern die Schwelle zum Christentum erreichte. Vom Neolithikum bis zur Zeitenwende – war diese Spanne von 5000 Jahren ein zoologisches Kontinuum? Nein. Doch ist hier nicht der Ort, mit einem Pinsel ein Bild der Tiergeschichte des Landes zu malen oder auch nur die Vielfalt der Fauna zu skizzieren, wo es gilt, das persönliche Verhältnis des Ägypters zum Tier zu zeichnen.[24] Soviel nur: Ein Ägypter aus der Vorgeschichte hätte um die Zeitenwende über die veränderte Fauna ebenso erstaunt den Kopf geschüttelt, wie sich über die heutige ein früher Kopte verwundern würde.

Ein paar Streiflichter fallen auf die Fauna der Wüste, wenn wir im folgenden einiger Jagdepisoden gedenken.[25] Die ägyptischen Jagdgründe waren so reich, daß der Jäger ins Volle schoß, besonders wenn ein Kommandotrupp, wie ein Text des Mittleren Reiches aus dem Wâdi Hammamât überliefert, vor der Jagd des Pharao ein Wüstengebiet vorbereitete, um das Wild anzulocken. »Ich verwandelte die Wâdis des Berglandes in Auen und seine Höhen in Wasserströme«, berichtete der Truppführer, »die Wâdis waren voll mit jungem Wild«.[26] Wenn gar beim eingelappten Treiben das Wild dicht bei dicht in einem Gehege zusammengetrieben war, kam die Jagd einem Scheibenschießen gleich. Mit der Einführung von Pferd und Wagen – Thuthmosis IV. erwähnt die Jagdtechnik zum ersten Mal – war dem Jäger neuer Erfolg beschieden. »Einem Falken gleich, der kleinen Vögeln nachspürt«, rühmt metaphorisch ein Jagdbericht König Ramses III., der hinter dem Wüstenwild her ist.

Es ist kein Jägerlatein, wenn es von Thuthmosis III. heißt, daß er noch vor dem Frühstück (»zur Stunde des Mundgeruchs«) 12 Wildstiere zur Strecke gebracht hat, und »er hing sich ihre Schwänze hinten an seinen Schurz«. Auf dem Feldzug gegen die Mitanni hat er »im Sumpfland von Nii« am Orontes 7 Löwen (Tafel Ia) und 120 Elefanten erlegt. Allerdings wäre der tollkühne Pharao fast ums Leben gekommen, als ihn ein Elefantenbulle angriff. Hätte der Offizier Amenemheb dem Tier nicht »die Hand« (d. i. den Rüssel) abgeschlagen, während er »im Wasser stand zwischen zwei Felsen«, so hätte der ägyptische Alexander sein Leben unter den Stampfern des Dickhäuters verhaucht. Seine Majestät belohnte seinen Lebensretter »mit Gold«. In Obernubien, einem der damaligen Rückzugsgebiete des ägyptischen Großwildes, gelang es ihm, ein Nashorn zu stellen,[27] einen Dickwanst, dessen Körpermaße die Ägypter in Erstaunen gesetzt zu haben scheinen. Oder war es lediglich das damals neu erwachte wissenschaftliche Interesse, dem wir die detaillierten Angaben des Berichts zu verdanken haben: »Die Länge des Horns, die Höhe seines Vorderbeines bis auf den Boden, sein (des Vorderbeins) Umfang, der Umfang eines Fußes auf der Erde, die Gürtellinie seines Bauches und schließlich der Umfang (seines Hinterbeines)«?

Amenophis III. rühmt sich, 96 Urstiere aus einer Herde von 176 Tieren im Delta erlegt und im ersten Jahrzehnt seiner Regierung, wie er auf einem Gedenkskarabäus bekanntgibt, 102 Löwen erbeutet zu haben. Der schöne Straußenfächer Tutanchamuns, aus Holz, mit Goldblech beschlagen, bietet das Bild einer Straußenjagd des Königs; eine Reliefwand im Festungstempel von Medinet Hâbu, eine ikonographische Kostbarkeit, zeigt im unteren Teil die geradezu berühmt gewordene Wildstierjagd Ramses' III. und darüber des Königs Jagd auf Antilopen und Wildesel.

Mit den Reliefs von Medinet Hâbu reißt die Überlieferungskette ab. Eine fast ausschließliche Hinwendung zu religiösen Themen zieht einen Vorhang vor die Ereignisse in den Jagdgründen. Das spätzeitliche Grab des Petosiris in Mittelägypten erweckt den Anschein, daß sein Künstler die in einer Sumpflandschaft dargestellten Tiere kaum mit eigenen Augen gesehen hat – die fröhlich grunzenden Nilpferde wirken wie ein bürgerlicher Männergesangsverein –, und die römischen Mosaiken stellen die Nillandschaften von Alexandrien bis tief in den Sudân und ganz Nordafrika als eine Einheit dar, dürfen also nicht zu Zeugen für Ägypten aufgerufen werden.

Von einer Fischjagd im Papyrusdickicht des Nildeltas lesen wir in einem fröhlichen Text des Mittleren Reiches, der das Jagdvergnügen zweier Kameraden schildert, die es sich fern von zu Hause in einer primitiven Uferhütte bequem machen: »Ich lasse mich an der Furt (?) nieder ... und lege meinen Köder aus. Ich sitze im kühlen Wind, während meine Fische in der Sonne sind ... Ich sehe sie wohl, aber sie können mich nicht sehen. Ein Fisch ist von der Speerspitze durchbohrt. Mit jedem Stoß töte ich. Der Schaft meines Speeres ruht nicht, und ich bündle die Fische (zum Forttragen)«.[28] Der ungeheure Fischreichtum des Nils steht dafür, daß es nicht ein Prahlhans war, der hier von seinem Jagdglück erzählt.

Die Alten Ägypter waren klug genug, die sumpfigen Jagdgründe zu erhalten, auch wenn dort Schlangen glitten, Krokodile feindselig lauerten oder das Prusten der Nilpferde inmitten der Lotos den Jäger unheilvoll erschrecken konnte (Tafel 11a). Während der Ägypter das Nilpferd (Tafel Ib) durch Harpunieren zu tilgen suchte, wehrte er dem Krokodil allein durch Zauber, offensichtlich aber mit Erfolg. Denn beide Tiere, nicht nur das Flußpferd, sind zur Römerzeit in Ägypten ziemlich selten und nur noch auf bestimmte Gebiete beschränkt, auf Teile Oberägyptens und den Damiette-Arm. Nach Plinius (XXVIII 121) war der saitische Gau in der Kaiserzeit der Hauptfangplatz der Nilpferde für die Spiele in Rom. Die letzten Artgenossen wurden im Delta 1658, in Oberägypten 1850 erlegt, und heute leben beide, Nilpferd und Krokodil, auf ägyptischem Boden nur noch im Zoologischen Garten von Kairo.

Daß der Ägypter über den Zwiespalt zwischen Tierliebe und -verehrung einerseits und der Notwendigkeit, Tiere zu schlachten, zu jagen und für den Gott zu opfern, andererseits, je mehr er darüber sann, um so mehr in Bedrängnis geriet, ist nicht verwunderlich.[29] Es kann hier nur angedeutet werden, daß Jagd wie Opfer vor einem religiösen Hintergrund spielten und in den beiden quasikultischen Schauspielen die Tiere rituell zu »Feinden« erklärt wurden.

Nächst den fernöstlichen Religionen hat der Ägypter einen Pentateuch zum Verhalten gegen das Tier entwickelt. Seine Ethik gebot es, dem Tier nichts zuleide zu tun. Im Jenseitsgericht, wo die Götter das Herz des Toten gegen die Wahrheit (hier etwa = Verhaltenskodex) wiegen, wird des Menschen Verhalten nicht nur gegen seinen Mitmenschen, sondern auch gegen die Natur auf die Waagschale gelegt. Der Tote, der sich weder in abstrakten Lehrsätzen noch in kasuistischer Fülle, vielmehr in exemplarischen Normen zum ethischen Ideal zu bekennen hat, spricht den Spruch: »Ich habe weder Futter noch Kraut aus dem Maule des Viehs weggenommen« und weiter: »Ich habe kein Tier mißhandelt«.

Jeder Verstoß gegen die Achtung des Tieres als eines Geschöpfs galt als Sünde.[30] Folgerichtig räumt die ägyptische Ethik dem Tier das Recht ein, den Menschen zu verklagen. In einem Pyramidenspruch wird der verstorbene König gerechtfertigt mit dem Freispruch:

»Nicht liegt gegen NN die Anklage eines
Lebenden vor,
Nicht liegt gegen NN die Anklage eines
Toten vor,
Nicht liegt gegen NN die Anklage einer Gans
vor,
Nicht liegt gegen NN die Anklage eines
Rindes vor.«

Gans und Rind stehen als Stellvertreter des Tierreiches. Der Spruch findet sich in den Pyramiden von Unas (5. Dynastie, um 2300 v. Chr.) bis zu Pepi II. (6. Dynastie, um 2200 v. Chr.).[31] Wird das

11 a Nilpferdjagd mit Harpunen in einem Papyrusdickicht.

11 b Eselherde.

Verhalten der Könige auch mit hohem Maßstab gemessen, so hatte doch zu allen Zeiten der einzelne in verschiedenem Grade an dem ethischen Wissen teil, das den Tieren den Rang eines Gottesgeschöpfes zuerkannte. Die Mitgeschöpflichkeit aller Kreatur war allgemeines Richtmaß.

Dieser Hochschätzung des Tieres entspricht es, daß die Anfänge der Veterinärmedizin nach Ägypten führen. Weniger darauf berufen kann sich die Humanmedizin mit Verordnungen von Fliegenbeinen, Eselshaaren oder zerstampften Rattenköpfen. Wenn im Magen verstorbener Ägypter Mäuse gefunden wurden, so heißt das gewiß nicht, daß sie das Tierlein zum Fressen gern hatten, aber viele der kleinen Nager mögen wohlgelitten in der Hausgemeinschaft gelebt haben.

Lieblingstiere erhielten Namen, wurden bestattet und durch Gedenksteine gewürdigt wie die Hunde auf dem Friedhof von Lissabon. Die in einem Schacht des Königsgräbertales entdeckten Mumien

Abb. 8 Lieblingstiere unter einem Stuhl. Katze umschlingt eine Gans, über beide springt ein Äffchen.

eines Affen und eines Hundes scheinen die einbalsamierten Lieblinge Amenophis' II. zu sein. 67 Hunde sind bis jetzt namentlich bekannt,[32] hießen »Nichtsnutz«, »Flinkbein«, »guter Wächter«, »Schönkopf« oder »Das Ruder ist am Hintern«. Auch Kühe, Affen und Pferdegespanne wurden individuell mit Namen gerufen, und zu guter Letzt trugen Menschen häufig Namen von Tieren, vom »Floh« bis zum »Nilpferd«, oder wurden »Skorpion«, »Fröschlein« und »Mäuschen« geheißen.[33]

Die Tierlieblinge wurden wie das Gesinde im Grab des Hausherrn mit ihren Namen verewigt und blieben dadurch auch im jenseitigen Leben mit ihrem Herrn vereint. In den Grabbildern nahmen sie Platz unter ihres Herrn Stuhl, wo sie auch im Leben, so sie sittsam waren, gegessen haben. Welcher Ägyptenfreund kennte nicht die Katze des Herrn Nacht, die mit Vergnügen ihren Fisch verzehrt.[34] Andere Katzen halten sich musterhaft wie das Modell zu einer Hieroglyphe. Eine weitere hingegen umarmt in stürmischer Liebe eine Gans, indes ein Äffchen, das Idyll kaltsinnig mißachtend, über das Paar hinwegspringt (Abb. 8).[35] Im Grabe des Ipi (Nr. 217) sitzen die beiden, Katze und Gans, in munterem Geplauder, und auch die Ostraka haben dies reizvolle Motiv in ihrem Bildschatz bewahrt.[36] Ob sie wohl maulen, die da unterm Stuhl?

Wie die demotische Erzählung von Seton-Chaemwêse lehrt, gelingt es mit Hilfe eines Zauberbuches, die Sprache der Tiere zu verstehen.[37] Daß diese Kunst zu einem heißen Wunsch werden konnte, nimmt nicht wunder, wenn man bedenkt, daß der göttliche Rinderhirte Bata im Brüdermärchen[38] sein Leben der Warnung einer Kuh verdankt. Kühe sagten ihm auch, wo gute Weide war. Eine andere Form der Mitteilung wählte eine trächtige Gazelle im Wâdi Hammamât: »In großen Sprüngen« jagte sie von den Bergen herab und warf vor den Männern der Expedition auf einem Stein ihre Jungen, um dadurch jenen Block zu bezeichnen, den der Gott der Wüste selbst als Deckel für den königlichen Sarkophag bestimmt hatte.[39]

Das Reich des ägyptischen Geistes hat keinen Winkel, in dem es nicht blühte von Poesie um das Tier. Im Munde der Ägypter formten sich erstmals die Tiergeschichten (Abb. 9), Humoresken und Satiren, Bilder der verkehrten Welt, Tiermärchen und Ätiologien, die von dort ihren Siegeslauf nahmen

12 Kalksteinfigürchen eines Pavians mit Nußsack.

durch die großen Kulturen der Welt und über Äsop, Babrius, Lafontaine bis in die Fibeln unserer ABC-Schützen wanderten.[40]

Auch an anderer Stelle begegnet der abendländische Mensch den altägyptischen Tieren: Aus Taufstein, Säulenkapitell und Chorgestühl, aus Tapisserien, Wappen und Hausschildern lugen, bald ernst, bald verschmitzt, die heraus, die nach langer Reise über Horapollo und den Physiologus ihre Pfoten müde zur Ruhe ausgestreckt haben. Der Physiologus, d. i. »Der Naturkundige«, die Hauptschrift christlicher Natursymbolik, hat von Tieren in vielen seiner 55 Kapitel Mythen, Fabeln und Geschichten überliefert, die vor 5000 Jahren am Nil entstanden sind. Was dort in dem Büchlein, das nach Wirkung und Verbreitung bis ins hohe Mittelalter allein von der Bibel übertroffen wurde, heute wie verstiegene Gedankenalchemie anmutet, geht zurück auf sinnvolle Vorstellungen pharaonischer Zeit. Aber nur dem, der in dem vielstöckigen geistigen Gebäude bis ins Kellergeschoß hinabzusteigen bereit ist, wird sich das Fundament der wunderlichen Geschichten klären.[41] Er wird erkennen, daß die Griechen mit dem Physiologus viel ägyptisches Gedankengut als Naturlehre in die christliche Welt getragen haben, wo es mit seinen letzten Ausläufern bis in unsere Tage herüberrankt.

Abb. 9 Eine Maus jongliert mit zwei Bällen, die sie einem Kasten entnommen hat.

Wo wir dem Tier in der ägyptischen Kultur begegnen, sei es in der Religion, in der Kunst, im Denken der Alten, stoßen wir auf hingebendes Beobachten, auf Zärtlichkeit oder gläubige Scheu. Damit die Behauptung von der Ehrfurcht der Ägypter vor dem Tiere als einem Mitgeschöpf kein leeres Gerede bleibe, seien zum Vergleich der ägyptischen Tierbilder die Reliefs im Palast des Königs Assurbanipal gewürdigt, die vielgerühmten Jagdbilder, die die Alabasterwände der Residenz zu Ninive überzogen. Realistik wie die Kunst des Stilisierens prachtvoll vereinigend, technisch geradezu raffiniert, zählen diese Bilder zur Gipfelkunst Assyriens, mehr noch: sie sind Meisterwerke von Weltrang. Und doch werden diese Reliefs von den ägyptischen überstrahlt, überstrahlt durch das innere Verhältnis des Künstlers zur Kreatur. Während sich über jedes ägyptische Tierbild das verborgene Wissen um die Wesensverwandtschaft von Mensch und Tier wie geheimes Leuchten breitet, läßt in den assyrischen Wiedergaben jede einzelne Umrißlinie spürbar werden, wie der Mensch die Kreatur vergewaltigt.[42]

Für den Assyrer ist das Leben ein Kampf, den es rücksichtslos zu führen gilt. Assurbanipal, der tatkräftige Leiter eines bedeutenden Staatswesens, der feinsinnige Kunstförderer, der geniale Schöpfer der umfassendsten Bibliothek der vorgriechischen Welt, war nicht weniger grausam als seine Vor- und Nachfahren, deren bloße Namen panischen Schreck verbreitet haben. Systematischen Terror gegen ihre Feinde bildeten sie bis zur Vollkommenheit aus. Eroberte Städte und Dörfer wurden vollständig ausgemordet, Gefangene entsetzlich gemartert. Gelangweilt erzählen die Berichte, wie sie nach dem Sieg lebend geschunden, zu Hunderten gepfählt und nach gräßlicher Verstümmelung in Käfige gesperrt zu werden pflegten.

Von der gleichen Tyrannis sehen wir die Kreatur beherrscht. Davon spricht der Blick der Pferde, davon zeugt die sterbende Löwin, die motivisch ihr Vorbild auf der Schatztruhe Tutanchamuns hat. Brüllend vor Schmerz schleppt sich das todwunde Tier auf den Vorderbeinen weiter, nachdem zwei Jagdpfeile Assurbanipals ihr Rückgrat

13 Stopfen von Geflügel.

getroffen haben, so daß sie die gelähmten Hinterbeine langsam nur noch nachschleifen kann. Ein bewegendes Bild verletzter Majestät. – Welche Würde dagegen beläßt der ägyptische Künstler dem vergleichbaren Tier der Tutanchamun-Truhe! Doch zählt er nicht zu jenen, die mit Heinrich Böll urteilen würden, daß hundert kriegsverschonte Abteibauten nicht den Verlust eines einzigen geliebten Lebewesens aufwiegen.[43]

Liebe zu den Tieren schließt nicht aus, daß man sie fürchtet. Die Frau des Verwunschenen Prinzen serviert der Schlange Milch mit der Arglist, das Tier zu töten! Das Schicksal des Verwunschenen Prinzen war drei Tieren überantwortet: einem Hund, einer Schlange und einem Krokodil.[44] Indem die Frau die Schlange tötete, tötete sie den Tod, den die Schlange für den Prinzen bereit hatte. Der Ägypter verfügte über eine Unmenge von Zaubersprüchen gegen Schlangen und Skorpione. Mit Hilfe kleiner Horusstelen wehrte er sich auch gegen Löwen und Gazellen. Stolz verewigt Amenemheb[45] seine Unerschrockenheit gegenüber einer Hyäne. Allerdings war das Muttertier einer ungewöhnlichen Art besonders gefährlich.[46]

In Tieren konnte sich gar das Böse selbst verkörpern: Schlange, Krokodil und Gazelle waren die Erzfeinde des Lichtgottes, auch Nilpferd und Schildkröte waren zu dieser Rolle verdammt. Am ärgsten aber erging es dem Esel (Tafel 11 b), dem viel geprügelten »störrischen Tier«: Er mußte seine Gestalt dem Gotte Seth leihen, dem Unhold der Wüste.

Daß gerade der Esel als Sinnbild des Widersachers figuriert, ist dem nicht verständlich, der ihn kennt. Wer mit dem ägyptischen Esel gelebt hat, schließt sich der – von manchem »peinlich« genannten – Bitte Francis Jammes' an, der mit den Eseln, seinen »sanften Freunden, die mit einem kurzen Schlagen / des Ohrs die Fliegen und die Prügel und die Bienen / von sich jagen«, ins Paradies gehen möchte, mit ihnen, die er so liebt, / »weil den Kopf so sänftiglich sie neigen / und ihre kleinen Füße aneinanderstemmen, / wenn sie stille stehn«. / Mit ihnen will vor Gott er treten »in dieser tausend Ohren Zug, / gefolgt von solchen, denen einst der Korb / um ihre Lenden schlug / die zerbrochenen Schrittes wankten / ... . Und gib«, so bittet er, »daß ich in jenem Seelenreiche, / zu deinen Wassern hingebeugt, den Eseln gleiche, / die alle sanfte arme Demut ihres Gangs auf Erden / im lautern Quell der ewigen Liebe spiegeln werden«.[47]

Der Esel, der seine unglückliche Rolle bis zum Goldenen Esel des Apuleius weiterspielt, ja noch heute Schimpfwort ist für einen Tölpel, nicht er war ursprünglich mit dem Sethischen gemeint. Er hat vielmehr ein früh ausgestorbenes, wie es scheint, trotz allen Forscherfleißes nicht mehr zu identifizierendes Tier ersetzt; aber man applaudierte dem Lückenbüßer ebenso willig, wie er selbst sein Joch auf sich nahm. Spott fiel über ihn her wegen »seiner lauten Stimme«, aber dieselbe laute Stimme hat ihm auch die Ehre verschafft, mit den »Bremer Stadtmusikanten« in unsere Kindergärten eingezogen zu sein (Abb. 45). Seine leichte Erigierbarkeit brachte ihn in das böse Sprichwort »Der Esel soll mit seiner Frau verkehren«. Dazuhin hat er das Bild abgegeben für einen schlechten Schüler. »Bist du denn wie ein Esel?«, tadelt der Lehrer den Faulpelz, »Den wird man schon bändigen, obwohl er kein Herz (Vernunft) im Leibe hat«.[48] Das Los des Esels gilt einer Schulschrift[49] als Bild für das Hundeleben des Soldaten (vgl. Kap. 4).

Nicht der Esel allein mußte herhalten, wenn es den ungezogenen Schüler zu bespiegeln galt, eine ganze Schar von Tieren teilt mit ihm die Schmach. Andere Vierbeiner dagegen werden von den Erziehungstexten als Muster an Zöglingen apostrophiert. »Der stößige Stier, der seine Stallgenossen (einst) getötet hat, der kann (sie) nicht (einmal) mehr zu Boden werfen (wenn er belehrt ist); er überwindet seine Natur und behält das Angelernte unverlierbar; er ist ganz (zahm) wie ein Mastochse.[50] – Der grimmige Löwe legt seine Wut ab und geht scheu an einem Esel vorbei. – Der Hund ... gehorcht auf Befehl und läuft hinter seinem Herrn her. – Der Affe schwingt das Krummholz (zum Tanzen), das doch seine Mutter noch nicht geschwungen hat. – Die Gans kommt vom kühlen Teich zurück, wenn man sie heimholt ... Sage: Ich werde es wie alle Tiere machen und sei gehorsam!« Ein etwas späterer Text, eine Schülerhandschrift der 20. Dynastie,[51] ermahnt den faulen Schüler mit ähnlichen Hinweisen auf dressierbare bzw. willfährige Tiere: »Man lehrt sogar einen Affen das Tanzen und richtet Pferde ab; man setzt eine Weihe ins Nest und greift einen Falken an den Flügeln«.

I Zwei bemalte Ostraka.

a Pharao auf Löwenjagd.

b Nilpferd.

II Damen beim Gastmahl, reich geschmückt, mit parfümierten Salbkegel auf dem Scheitel und eine Lotosblüte zum Riechen.

Papyrus Sallier I[52] spielt wieder auf die viel zitierte Halsstarrigkeit des Esels an, wenn er einem Schüler vorwirft: »Du bist mir wie ein verprügelter Esel, der nach einem Tage wieder stark (d.h. der alte), ist«. Der zähmbare Löwe indes wird als Vorbild gepriesen[53] wie wiederholt Affe, Pferd, Kuh und Vogel. Nicht gut zu sprechen ist der Bauer auf die Nilgans, denn von ihr heißt es[54] in der Lehrerpredigt verächtlich: »Du bist übler als die Nilgans am Ufer, die doch genug Schaden anrichtet. Im Sommer ist sie der Verderb der Datteln, im Winter ist sie der Verderb des Emmers. Und in der Jahreszeit, da es keine Früchte gibt, da geht sie hinter dem Landmann her und läßt (ihn) das Saatgut nicht auf den Acker werfen, ohne daß sie seine Kornfahne aufpickt. Man kann sie nicht mit Fallen fangen, man opfert sie (weil unrein) nicht im Tempel, den schlechten Vogel mit den bohrenden Augen, der keine Arbeit verrichtet« (vgl. Kap. 4).

In vielen Sprachbildern wird der Ägypter seine Wut los über die nicht dressierbaren Tiere. Das Wild, das man in der Wüste fing, band man zunächst an eine Futterkrippe und mästete es dazu mit der Hand, mästete selbst eine Hyäne, aber ohne dem Tier, wie es der Mann im Märchen von Kordofan tat, die Zähne auszubrechen.[55] Erst im Mittleren Reich hatte man es satt, die Wildfänge zu züchten, denn auf der Weide rissen sie Hals über Kopf wieder aus in die Freiheit – Grund genug, die Gazelle zu verfemen.

Der Esel wurde in vorgeschichtlicher, die Katze erst in geschichtlicher Zeit unter ägyptischen Händen zum Haustier, der Löwe zog als Begleittier Pharaos mit in die Schlacht und später als Kampfgenosse auch der Elefant. Den Affen, der, mit Zwergen und Krüppeln im Wettstreit, den Kleidersack der Dame bewachte, hat man dressiert zum Helfer bei der Baumernte und auch zum Wasserschleppen (Abb. 58) oder ihn erzogen zu einem possierlichen Tänzer und Spaßmacher im Haus. In vielen Posen zierte er die Borde (Taf. 12). Allerdings wurden ihm meist die Zähne gezogen. »Den Vogel, der jeden Tag gebiert« (d.i. ein Ei legt) wie das Huhn in den Thuthmosis-Annalen heißt, sowie das Pferd verdankten die Ägypter den Domestikationskünsten Vorderasiens. Von dort, aus dem Sudân und aus Libyen hat Ägypten seit dem Mittleren Reich laufend Tiere eingeführt und damit sowohl ausgestorbene Arten ersetzt als auch fremde eingebracht. Denn Pharao schätzte nicht nur einen großen Harim, sondern auch einen schönen Zoo. Freilich war sein Wildpark keine Schausammlung von Tieren wie die heutigen zoologischen Gärten, sondern Signum der weltweiten Macht des Königs.[56] Der Ägypter freute sich mit den aus Asien eingeführten Tieren, daß sie nicht mehr »im Sande stapfen« mußten, sondern nunmehr »auf Kräuter treten« durften.[57]

Ob der Ägypter das Tier gejagt hat, gemästet (Tafel 13) oder geopfert (Tafel 14), es vor den Pflug spannte oder es schlachtete, ob er es störrisch schalt, es auf dem Schoße kraulte oder auf den Knien verehrte – in all seinen Aussagen klingt die Ehrfurcht vor der Kreatur mit. Die abschätzigen Urteile über sie verschwinden angesichts der überwältigenden Fülle liebenden Bekennens.

Der Quell dieser Tierliebe, ins Profane übersetzt, wird aufgedeckt mit Aussagen wie die der Gisa-Stele Amenophis' II., die der König bei der großen Sphinx errichtet hat.[58] Dort heißt es: »... Seine Majestät ... kannte das Pferd wie niemand in der großen Armee ... Als er noch ein Junge war, da liebte er seine Pferde und jubelte über sie. Er war geduldig dabei, sie abzurichten und ihre Art zu verstehen, bis er erfahren war, sie zu schulen, und in ihr Wesen eingedrungen war ... Als sein Vater dies gehört hatte ... sprach Seine Majestät ... 'Man soll ihm das schönste Pferd geben aus dem Stall Meiner Majestät in Memphis und ihm sagen: Nimm es in deine Obhut und richte es ab; laß es galoppieren, und wenn es danach gegen dich bockt, behandle es pfleglich ...' Er zog Pferde auf, die nicht ihresgleichen hatten. Sie ermüdeten nicht, solange er die Zügel führte, und sie gerieten auch bei hoher Gangart nicht in Schweiß ...«

Wenn man dagegen erfährt, daß die Pferde heutzutage im gleichen Land durchschnittlich nur halb so alt werden, wie ihrer Lebenserwartung entspricht, weil man sie, die edlen Araber, in kindlicher Unwissenheit wie Ware behandelt und ihre Empfindsamkeit unschuldig grausam mißbraucht, dann ermißt man, welch hohes Ethos das Nilvolk bei seiner Tierverehrung geleitet hat. Die Alten Ägypter waren davon überzeugt, daß ein jedes Geschöpf im Jenseits an seinen »Verborgenen Platz« gehe, eingehe wie sie in den Himmel.

Drittes Kapitel

Familienzuwachs

»Sie legte sich nieder an die Seite ihres Gemahls und empfing von ihm ein Kind. Als die Zeit ihrer Reinigung kam, hatte sie das Anzeichen einer Frau, die empfangen hat. Das Herz des Mannes war darüber sehr, sehr froh. Er hing ihr ein Amulett um und las einen Spruch über sie«.[1]

»Eines Nachts legte sich der Mann nieder und träumte in einem Traum, daß man mit ihm sprach und ihm sagte: ›Deine Gemahlin hat von dir ein Kind empfangen in jener Nacht. Das Kind, das geboren wird, des Name soll Osirissohn heißen.‹«

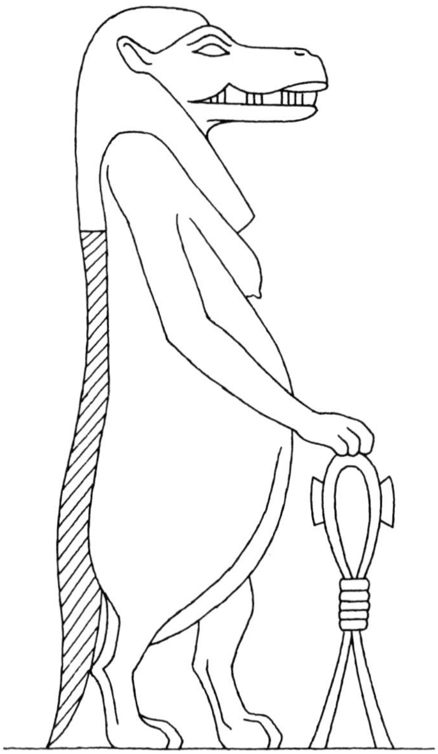

Abb. 10 Nilpferdgestaltige Göttin Toëris, die sich auf ein Schutzsymbol stützt.

Nur Götterkinder scheinen im Traum verheißen worden zu sein, für die üblichen Sterblichen stellte man Schwangerschaftsprognosen mit Hilfe von Quacksalberei. Ein Rezept lautet: »Eine Bededuka-Pflanze werde zerrieben, eingeschüttet in die Milch einer, die einen Knaben geboren hat, zu einem Schluckmittel verrührt und von der Frau geschluckt. Wenn sie erbricht, so gebiert sie; wenn sie dagegen Blähungen bekommt, so gebiert sie nicht«.[2] Auch die Augenfarbe der Frau unter bestimmten Umständen ließ ihre Schwangerschaft erkennen.[3] Um vorzeitig zu erfahren, ob man sich auf einen Sohn oder eine Tochter freuen durfte, gab es verschiedenartige Untersuchungen. So sollte die Frau »mit ihrem Harn Gerste und Emmer befeuchten ... Wenn die Gerste wächst, bedeutet es einen Knaben; wenn dagegen der Emmer wächst, bedeutet es ein Mädchen«.[4]

Wenn es auch medikamentöse Verhütungsmittel gab,[5] so war aber in der Regel das Herz der Eltern »sehr, sehr froh«, wenn die Frau ein Kind erwartete, und der Vater träumte über dessen Namen ebenso wie der Vater von Osirissohn. Doch vorerst galt seine Fürsorge der Frau. Er versah sie mit Ölen und Spezereien, mit Amuletten (Tafel 15) und Sprüchen. War er reich, so brachte er sie vor einen großen Zauberer.

Denn ägyptische Frömmigkeit umschließt beides: Gebet und Magie. Man bittet Gott, aber man hilft nach durch Hinweis auf Analogie im Himmel. Wie es dereinst in der Welt der Götter geschah, so soll es sich hinieden wiederholen. Man leistet Gott technische Hilfe; ähnlich wie der Baumeister zwar plant, aber sein Schüler die Pläne zu Papier bringt. Nicht tatenlos warten, selber Hand anlegen und mittun, das ist ägyptische Zauberpraxis.

Unter den Amuletten befand sich immer ein Horusauge, denn es hatte die Kraft, den bösen Blick ab-

14 Höfling bringt Graukranich als Opfergabe.

Abb. 11 Bärtiger, krummbeiniger Gott Bês mit Federkrone.

zulenken. Der böse Blick eines Neidischen oder Mißgünstigen konnte das Kind im Leib verderben. Das Horusauge vermochte ihn unschädlich zu machen, wie es heute am Nil die Geste des Abspreizens des Zeigefingers vom Mittelfinger vermag, so daß im Winkel zwischen beiden der Blick sich fängt.

Götter schenkten und schufen das Kind, aber allerlei Geister hatten ihre Hand mit im Spiel, gute wie böse. Da die Frau in keinem Abschnitt ihres Lebens als so stark gefährdet galt wie während Schwangerschaft, Geburt und Kindbett, hieß es, alle Kräfte dienstbar machen: Ipet-Toëris, die fettleibige Nilpferdgestalt (Abb. 10), die den Leib anschwellen läßt, Heket, die Froschköpfige aus dem Ursumpf, die ewiges Leben zuspricht, und Bês, den krummbeinigen Zwerg (Abb. 11) mit der ummähnten Fratze, der die Dämonen bezwingt. Von ihnen besorgten sich die Eltern kleine Figuren, teils so winzig, daß die Frau sie an einer Kette um den Hals trug, teils größer, wie sie als Figurinen im Schlafgemach der werdenden Mutter aufgestellt zu werden pflegten. Arme Leute malten deren Bild auf einen aufgelesenen Felsstein, schrieben ein Gebet darunter und stellten diese kleine Weihgabe im Hause oder auch in einem Tempel auf. Kleine Papyrusrollen in hölzernen oder ledernen Behältern (Abb. 50) trug die Frau um den Hals gehängt. Nach deren Text versprechen ihr die Götter einen Jungen oder ein Mädchen, ohne daß ein Geschlecht den Vorzug hätte, schützen sie vor einer Horusgeburt, d.i. einem vaterlosen Kind, sowie vor Fehl- und Mißgeburt.[6] Um die Schwangere im Schlaf vor bösen Zugriffen zu schützen, wurde ihre Bettlade rings bemalt mit Unheil abwehrenden Gestalten oder die Bettpfosten geschnitzt zu Figuren wachender Dämonen.

Nie aber ist ein Sicherungsnetz so dicht, daß nicht ein Unhold hindurchschlüpfen könnte. Allerlei Übel befällt die werdende Mutter, neuer Zauber setzt ein. Medizinische Hilfe, magische Mittel; Glaube und Aberglaube, sie sind nicht voneinander zu scheiden. Die meisten Anwendungen lassen den heutigen Beobachter fragen, ob sie nicht die Störung verschlimmert oder sogar zum Tode geführt haben. So erfahren wir mit Bedenken aus den medizinischen Texten als Rezept gegen Blutung: »Zwiebeln und Wein zu je einem Teil werden zu einer Masse gerührt und in das Genital der Frau gegossen«. Oder »Ein anderes Heilmittel: Blatt der Dornakazie, Behenöl und ein anderes Öl sowie eine andere Pflanze, Erbsfrüchte und Honig werden (zu einer Masse gemacht und) in ihr Genital gegossen«.[7] Auch besprochene Gewandfäden werden verknotet und eingeführt; Gefieder einer schwarzen Taube, Haar eines falben Esels, nach links zusammengedreht und verknotet und mit der Leber eines Schweines geschmiert, anal verabreicht.

Zum »Zusammenziehen der Gebärmutter« wurden Vaginalpräparate aus ziemlich allem hergestellt, was die Natur an Pflanzen bot: aus Koloquinthen, Laichkraut, Sellerie; Emmer und Zyperngras oder Hanf. Terebinthenharz, Honig, Wasser, Öl und Milch waren Lösungs- und Bindemittel. Gegen Gebärmutterentzündung half das Gekröse eines

15 Verschiedene Amulette.

Rindes, gegen Geschwüre Datteln, nachdem sie präpariert und nachts dem Tau ausgesetzt waren, oder gegen Vorfall das Sägemehl der Föhre. Manche Drogen wurden getrunken, manche verbrannt, »so daß der Rauch davon ins Innere der Frau eintritt«. Gegen Brusterkrankungen halfen Salben, die hergestellt waren aus Fliegenkot, Rindergalle, aus Honig, Salz und mancherlei Pflanzen.

Sobald die Schwangere Dehnungsstreifen (Striae) an ihrem Leib bemerkte, rieb sie ihn mit einem Öl. Die wohlhabenden Damen verwendeten feines Behenöl aus der Frucht der Moringa, das von Zypern und Kleinasien, meist durch Vermittlung der Syrer, in hohlen Elefantenzähnen geliefert und zum täglichen Gebrauch in Bockshörner umgefüllt wurde (Tafel 16a). Diesem Öl mischten sie ein Ingredienz bei, wohl pulvrisierte Kräuter. Es haben sich Reste davon gefunden in eigens dafür gefertigten Alabastergefäßen in der Form einer graviden Frau (Tafel 17). Die Gestalt des Behälters ließ nicht nur seinen Inhalt erkennen, sondern verlieh ihm zugleich die nötige Wirkkraft. Das Gefäß aus Alabaster ist eine am Boden hockende – seltener stehende – Schwangere, die sich entkleidet hat, das Öl aus dem Horn in ihre Hand träufelt und es dann mit beiden Händen auf den Leib streicht.[8]

Es ist die Zeit gekommen, die Frau mit allen Mitteln gegen einen Abort zu schützen. Sie wird verknotet, gebunden. Ihre Haare werden stramm an den Kopf gezogen und hinten zu einem Zopf festgeflochten. Manchmal trägt sie am Zopfende eine Lotosblüte. Zum andern wird sie verstopft. Sie trägt einen Tampon aus Stoff. Das mit einem Zauber besprochene Gewebe wird zu einem Knoten gedreht und in das Innere »ihres Genitals gestopft«;[9] wir wissen nicht, ob erst nach eingetretener Blutung, oder bereits vorbeugend. Knotenamulette tun das übrige.

Die schwere Stunde naht. Es ist höchste Zeit, die Wochenlaube aufzuschlagen, einen leichten Pavillon[10] im Hausgarten oder im Hof (Abb. 12), wo wie heute benachbart auch Ochs und Esel zu Hause sind, oder aber, wenn der Garten fehlt, auf dem Dach. Denn durch die Geburt und die Reinigung der Frau in der Zeit des Wochenbettes darf das Haus nicht beschmutzt werden. Auch das Götterkind kommt abseits vom Gotteshaus auf die Welt, draußen vor dem großen Tempel in einem Kiosk, der Würde des Kommenden gemäß aus Stein gebaut und mit Edelmetall beschlagen. Die Laubhütte für die Frau aus dem Volk ist schnell errichtet und später auch rasch wieder abgebaut. Ein paar starke Papyrusstengel oder einfach geschnitzte Säulchen aus Holz tragen ein Dach aus Matte, Blumen und Girlanden schmücken die Laube zu einem festlichen Gemach.[11]

Bett und Schemel stehen vorerst in der Ecke, denn die Mitte des Raumes behaupten die Geburtsziegel. Hier wird die Frau niederkommen, über deren Leib noch das »Zaubermesser« (Tafel 16b) seinen Bogen schlägt.[12] Aus Elfenbein gearbeitet, trägt dieses Apotropaion eingeritzt die schon genannten Gestalten der Geburtshelfer Ipet, des Bês und der froschköpfigen Heket, aber dazu Schlangenwesen, Löwe, Krokodil und Dämonen sowie Fabeltiere; die meisten mit Messern bewehrt oder mit Schutzsymbolen ausgestattet, sämtlich bekannt als Feinde oder Helfer des Sonnengottes und dessen Hypostasen. Wie die Lichthelden sich im Kampf gegen die Mächte der Finsternis bewährt haben, so auch sollen sie die Widersacher tilgen, die Mutter und Kind bedrohen. »Sie sind gekommen«, so und ähnlich heißt es gelegentlich auf der Rückseite, »um magischen Schutz zu bringen für die Mutter NN und das Kind, das von NN geboren wird (bzw. wurde).«[13] Beim Auflegen des unsymmetrischen Gerätes spricht der Zaubernde einen Spruch. Etwa gegen Rerek, eine dem Sonnengott Rê feindliche Schlange: »Halte dich fern von diesem Geburtsplatz des Rê, du in deinem Zittern. Ich bin Rê, du in deinem Zittern (du Erbärmliche, die du zitterst) vor ihm.«[14] Analog zu dem Geschehen unter den großen Mächten der Götterwelt wird die Stätte der Geburt des Kindes befreit von Übeltätern. Rê, der allmorgendlich Neugeborene, ist dafür das leuchtende Vorbild am Himmel.

»Mit gelöstem Schurz« steht der Mann in tausend Ängsten draußen, während Geburtshelferinnen und Wehmutter die Kreißende zu den Ziegeln führen, die in geringem Abstand voneinander auf

16a Ölhorn.
16b Zaubermesser aus Elfenbein.

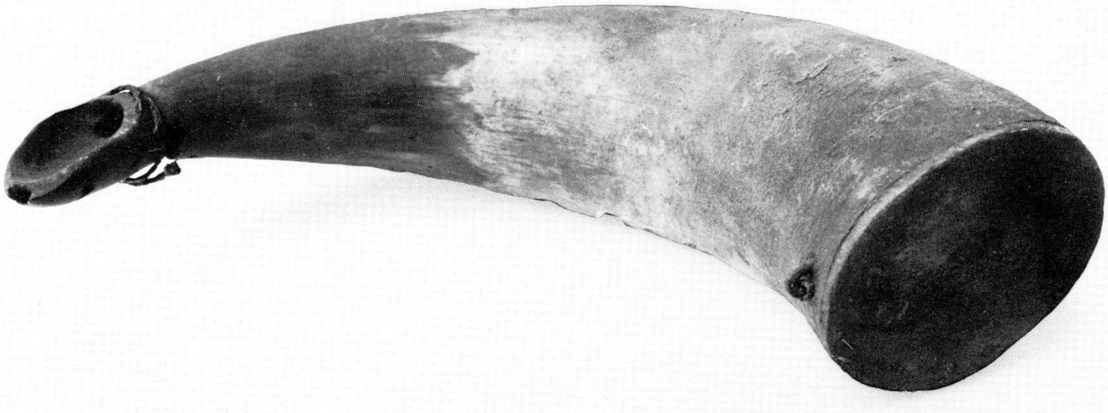

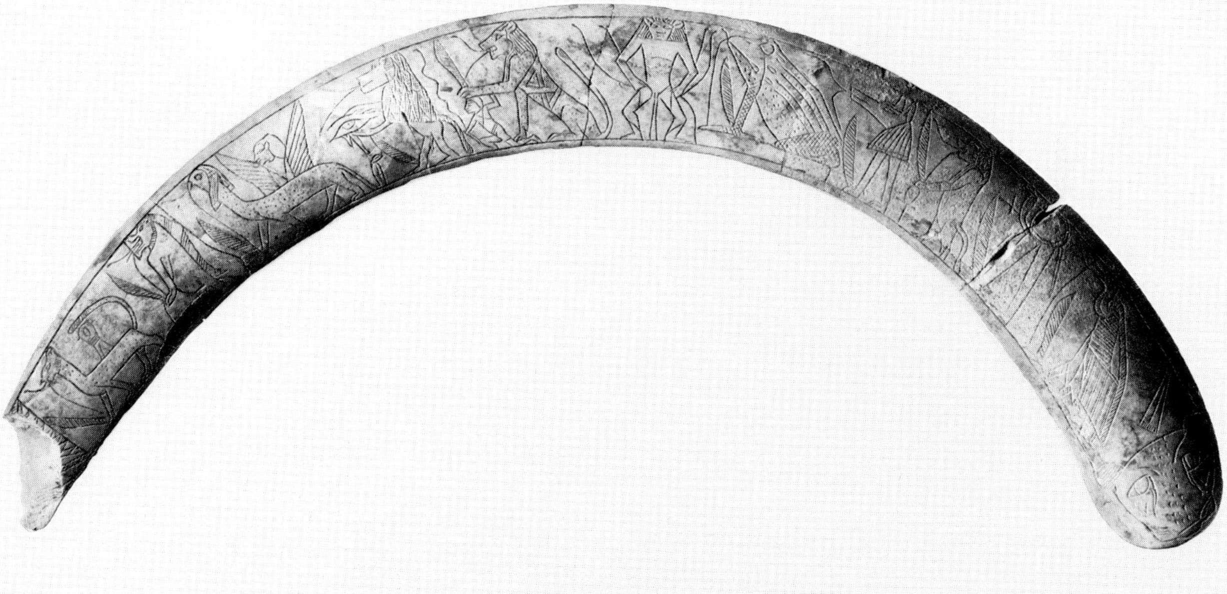

der Erde liegen zu der einfachsten Form eines Gebärstuhles.
»Über den Ziegeln bei der Geburtsstätte ... spricht einer, in eine Umhüllung aus feinstem Leinen gekleidet und mit einem Stab versehen ... die Beschwörungsformel: ...
›O (Göttin) Mesechnet, du seist gerüstet ... einen Ka (inneren Leib) zu machen für dieses Kind, das im Leibe dieser Frau ist ...
Windeln für das Kind dieser NN ...
Du hast jeden Gott in dich aufgenommen ...
Ihr Schutz komme, daß ich diese NN schütze‹.«
Gleichzeitig bringt er (der Magier) ein Opfer dar an »Fleisch, Gänsen und Weihrauch auf dem Feuer.«[15]
Die Kreißende kniet auf den Ziegeln nieder, eine Helferin »stellt sich vor sie«, eine andere »hinter sie, und die Wehmutter beschleunigt die Geburt.«[16] Die Gebärende wird aufgefordert, »den Atem in den Leib zu drängen, ohne zu schreien, vielmehr mit Seufzen und Atemanhalten; denn manche unerfahrenen Frauen«, so überliefert der Geburtshelfer

Abb. 12 Stillende Mutter mit Dienerin in der Wochenlaube.

Soranus, der in Alexandria studiert hat,[17] »halten den Atem in den oberen Teilen (der Brust), anstatt ihn nach unten zu pressen, und haben dadurch Kehlgeschwulste bekommen. Um der Luft ungehinderten Durchgang zu verschaffen, ist es daher zweckmäßig, ihnen den Gürtel zu lösen und die Brust von aller Umhüllung freizumachen ... und ihnen auch das Haar aufzumachen. Denn aus vorgenanntem Grunde bewirkt auch das Lösen der Haare eine Wohlspannung des Kopfes ...«
Der Akt der Ent-bindung ist also das Lösen aller Binden und Flechten und Knoten,[18] freilich damit die Frau von der Beengung frei werde, aber zugleich umgedeutet in dem Sinne, daß sie magisch aufgeschlossen werde für das Heraustreten des Kindes. Endlich »gleitet das Kind auf ihre (der Wehmutter) Arme«, und was ein rechter Junge ist, so mißt er »eine Elle«, d. s. 53 cm, und er hat »feste Knochen«. Die Nabelschnur wird abgeschnitten, das Kind auf Stoffziegel gelegt – ein Brauch, der sich aus der Geste einer symbolischen Übergabe an die Erde entwickelt haben mag; oder sind einfach Stoffpolster gemeint?[19] – und gewaschen.[20] Wenn das Gesicht des Kindes »nach unten hängt, bedeutet dies, daß es stirbt«. Ob das Kleine ein Getränk aus seiner Plazenta und Milch ausbricht oder verträgt, gilt als weiteres Erkennungsmittel. Auch durch seine Stimme gibt das Neugeborene seine Lebenskraft zu erkennen. »Sagt es mebi, so bedeutet dies, daß es stirbt, sagt es nii, so bedeutet es, daß es lebt.«[21]
Die sieben Hathoren, die Parzen Altägyptens, treten herein und bestimmen dem Kinde Schicksal und Lebensjahre. Der Vater wird gerufen und belohnt die Geburtshelfer. Er wiegt sein Kind auf den Armen und gibt ihm seinen Namen. Auch die Mutter kann den Namen aussprechen, der, wie wir aus dem Geschehen in der Götterwelt schließen dürfen, im Leibe des Kindes verborgen bleibt bis nach seiner Geburt, »damit weder Zauberer noch Zauberin Macht gegeben werde« über es.[22] Am Namen haftet das Wesen, mit dem Namen wird der Mensch zum Individuum, mit seinem Namen wird er gegebenenfalls getilgt. Namen können Danksprüche sein an die Gottheit, die das Kind geschenkt haben; doch kann das Kind auch einfach »Mäuschen« heißen oder mit Anspielung auf seine Tollpatschigkeit (kleines) »Nilpferd«. Es kommt vor,

17 Alabastergefäß in der Gestalt einer Graviden.

daß Mädchen und Jungen den gleichen Namen tragen. Eine Familie hat sogar ihre sieben Kinder sämtlich gleich geheißen und sie nur durch Zusätze wie »der Rote« oder »der Lange« voneinander unterschieden.[23] Andere Beinamen unterscheiden den »Knirps«, den »Schwerhörigen« oder »Krummbeinigen« von seinen gleichnamigen Geschwistern, wie es in Europa noch bis ins 17./18. Jhdt Brauch gewesen ist.[24] Viele Ägypter haben nicht nur einen, sondern zwei Namen. Mit seinem Namen ist das Neugeborene erst wirklich existent.

Von neuem ist der Zauber am Werk. Das Kind wird gliedweise den Göttern zugeordnet:

»Dein Scheitel ist Rê, du gesundes Kind,
dein Hinterkopf ist Osiris,
deine Stirn ist Satis, die Herrin von Elephantine,
deine Schläfe ist Neith,
deine Augenbrauen sind der Herr des Ostens,
deine Augen sind der Herr der Menschheit,
deine Nase ist der Götterernährer,
deine Ohren sind die beiden Königsschlangen.
deine Schultern sind lebende Sperber,
dein Arm ist Horus...
dein Nabel ist der Morgenstern,
dein (eines) Bein ist Isis,
das andere ist Nephthys...
kein Glied an dir ist ohne (Gotteskraft).

Jeder Gott wird deinen Namen schützen (und alles was zu dir gehört?):
jede Milch, von der du saugst,
jeden Schoß, auf den du genommen wirst,
jedes Bein, auf dem du dich breitmachst,
jedes Gewand, in das du gekleidet wirst...,
jedes Schutzmittel, das an deinen Hals gehängt wird.
Er schütze dich durch sie,
er erhalte dich heil durch sie,
er mache dir jeden Gott und jede Göttin geneigt durch sie«.[25]

Unter solchen Sprüchen wird dem Neugeborenen ein Amulett um den Hals gehängt, vornehmlich Schnüre mit Knoten, sieben Knoten an der Zahl. Besorgen die einen geschäftig das Kind, so die an-

Abb. 13 Mutter und Kind während der »Zeit der Reinigung«.

18a Malerei eines Bettes mit Kopfstütze und Tritt.

18b Kopfstütze aus Alabaster.

Abb. 14 Fußwaschung der Wöchnerin.

dern die Mutter. Ihr Haar wird über einer Stütze hochfrisiert und mit einem Band über der Stirn gehalten. Zwei volle Schöpfe fallen ihr seitlich herab, zwei kordeldünne Strähnen über die Wangen auf die Brust. Ihr Hals wird mit einem Amulettkragen, ihr Leib mit einem Gürtel versehen. So bringen die Frauen sie ins Bett (Abb. 13 und Tafel 18a). Das Lager ist bequem. Die Beine am Kopfende sind höher, so daß das Bett eine leichte Schräge hat. Um den Ruhenden vorm Abrutschen zu bewahren, ist die Fußlade besonders hochgezogen. Das weiche Polster, das über dem Mattenrost liegt, hängt meist bis über die Fußlade über. Für den Nacken steht eine Stütze bereit (Tafel 18b). Die Überdecke ist ein Teppich mit bunten Mustern. Wenn die Bêsfiguren, die die Bettfüße bilden, das Lager gegen Feindeinwirkungen aus der Tiefe isolieren, und die Schlange, die rundum auf das Bett gemalt ist, den Schlafplatz auskreist aus der Welt bösen Zugriffs, dann bleiben Mutter und Kind wohlbehütet. Tägliche Gebete und Zauber, Opfer für die Gottheiten sowie Amulette machen den Schutz vollkommen.

Die Mutter »reinigt sich in einer Zeit von vierzehn Tagen.«[26] Diese Zeit verbringt sie mit ihrem Kind in der Wochenlaube.[27] Der luftige Pavillon ist wohl ausgestattet. An der Wand hängen Kränze,[28] unter dem Bett sind Töpfchen für Schminke und Salben, ein Spiegel und eine Waschschüssel versammelt (Abb. 13). Stillhocker und Fußschemel stehen bereit, dazu eine Matte als Bettvorleger.

In der Wochenlaube geht es geschäftig zu. Diener und Dienerinnen laufen eilfertig. Auch sie sind bestimmten Trachtvorschriften unterworfen. Die Mägde tragen eine anmutige Pferdeschwanzfrisur, die männlichen Gehilfen einen Ponykopf. Nicht genau, denn den Mädchen – im übrigen nur mit Schmuck behängt und manchmal mit einem Kreuzband über der Brust, sonst nackt[29] – fallen zusätzlich zierliche Flechten über die Wange auf die Brust, den Männern steht oft über der Kalotte kurz geschnittenen Haares ein Büschel vom Scheitel hoch

19 Negermädchen
als Dienerin mit Schale,
die von einem Affengehilfen
gestützt wird.

Abb. 15 Flötenblasende Tänzerin, von Winden umspielt.

(Abb. 14). Diese Männer, mit einem langen Schurz angetan, sind keine Ägypter, sondern Südländer, kenntlich an der dunklen Hautfarbe, dem negroiden Profil und den runden Ohrgehängen. Sie gelten nicht als vollwertige Menschen, sondern rücken in der Achtung der Ägypter den Affen nahe, so daß sie als quasi-geschlechtsneutral Zutritt haben. Auch nubische Mädchen sind angestellt; sie gehen wie die ägyptischen nackt (Tafel 19). Außer den Dienern haben zu der Wochenstube schließlich die Tierlieblinge der Herrin Einlaß, Äffchen wie Katze (Abb. 14)[30]. Die Wochenhelfer waschen die Mutter, frisieren sie, reichen ihr Schminke und Hautöl, den Spiegel und warten das Kind. Das Kleine liegt üblicherweise nackt am Fußende des Bettes bei der Mutter. Wird es zum Stillen gebracht, so setzt sich die Mutter auf das Bett oder auf einen Hocker, der aus einem Palmstumpf zugeschnitten ist. Ihre Füße ruhen auf einem Schemel oder stehen zumindest auf einer Matte. Sie hat einen Stillumhang umgenommen, den sie zurückschlägt, wenn sie das Kind anlegt.

Frühmorgens und »am Abend, wenn Rê untergeht im Lebenslande, spricht man einen Spruch über das Kind«,[31] vielleicht nicht regelmäßig, sondern nur im Krankheitsfalle.

Du gehst auf, o Rê, du gehst auf...
Wenn du ... siehst, daß die Tote kommt,
um ihren Spruch auf es (mein Kind) zu werfen und
(ihre böse) Absicht auszuführen,
dann soll sie mein Kind nicht in ihren Arm nehmen.
Steh mir bei, o Rê, mein Herr!
Ich gebe dich nicht her.
Ich gebe das Kind nicht her...
Siehe, ich schütze dich, (mein Kind) (vgl. Kap. 11).

Abb. 16 Kemenatenszene in die Welt der Tiere übertragen.

20 a/b Bemaltes Tonkrüglein in Gestalt einer Frau.

20 c Nackte Dienerin bläst einen Ofen an.

Man spricht diesen Spruch über einem Siegel und über einer Hand, die als Amulett gemacht sind, knotet sieben Knoten; einen Knoten am Morgen, einen anderen am Abend, bis es sieben Knoten sind.«

Außer solchem allgemeinen großen Zauber gab es Arzneien und Sprüche die Menge gegen bestimmtes Verhalten oder Krankheiten des Kindes. So gegen sein Geschrei außer Fliegenkot anscheinend Mohnpräparate, gegen seinen Durst und Hunger übel(?)-schmeckende Lutscher und Tränklein, gegen Verweigern der Brust, gegen Husten, Schleim, Bettnässen oder Hartleibigkeit Salben und Schluckmittel von zweifelhaftem Wert.[32] Bei ungenügender Flüssigkeitszufuhr trocknen auch heute bei der Hitze des Landes noch viele Kinder (und Erwachsene) derart aus, daß sie nichts mehr ausscheiden. Daher die vielen Blasen- und Nierensteine schon von Kindesalter an! Die Medikamente wurden in symbolisch geformten Arzneiflaschen aufbewahrt (Tafel 20a und b).

Die Säuglingssterblichkeit war bei all der Hexerei und bei den hygienischen Verhältnissen (vgl. Kap. 9) zweifellos sehr hoch, ebenso der Tod im Wochenbett. Rezepte und magische Sprüche sind beredt. Eine tödliche Gefahr für das Neugeborene bedeutete das Versiegen der Muttermilch. Das Wetterglas meldete Sturm. »Das Rückgrat des Nilbarsches wurde zerkocht in Öl und damit das Rückgrat (der Mutter) eingerieben«. Ein anderes Heilmittel bestand aus dem Gärungsprodukt von Gerste, mit bestimmten Pflanzen untermischt; es wurde von der Mutter »gegessen, indem ihre beiden Füße in der nini-Stellung sind.«[33] Außerdem werden »vier Leinenfäden zu einem Amulett gedreht und gesponnen, mit vier Knoten versehen und dem Kinde um den Hals gehängt«, damit es vor seinem Feinde gefeit sei, »einem Toten« oder »einer Toten«, die etwas »gegen die Milch getan haben.«[34] Sollte die Brust sich entzünden, so hielt die Dreckapotheke eine Menge Rezepte bereit. U. a. halfen Rindergalle und Fliegenkot.[35]

Läuft aber alles in schöner Ordnung ab, so besteht Anlaß zu einem Freudenfest. Die Mutter trägt ein langes weißes Gewand, die übliche Gesellschaftsrobe der Zeit, auf dem Kopf eine Perücke, darauf einen parfümierten Salbkegel, um die Stirn ein Band mit Lotosblumen und um den Hals einen

Abb. 17 Kinder werden in einem Tragtuch zur Beerdigung mitgenommen.

breiten Schmuckkragen. Mit ihrem Kind auf dem Arm erwartet sie auf dem Bette sitzend die Gäste. Damen erscheinen mit Gaben und Blumen, ein kleiner Nubierbub springt und tanzt vor Vergnügen.[36] Mutter und Kind scheinen gerettet und werden der Familie zurückgegeben.

Im Hause schläft die Mutter wie üblich auf einer in eine Wandnische eingebauten Lehmbank. So karg der Raum ausgestattet ist, es fehlt nicht an Hausgöttern und magischer Vorsorge gegen feindliche Einwirkung. Bilder der Liebesgöttin Hathor und der Fruchtbarkeitsgöttin Ipet sind aufgestellt[37] und lassen die Frau hoffen, recht bald erneut Mutter zu werden. Die Wände sind bemalt mit Bildern, die sich auf das Liebes- und Frauenleben beziehen (Abb. 15); mit Mädchen im Kahn oder Flöte blasend, mit tanzenden Bêsgöttern, Boudoirszenen oder auch mit einem Bild der Wochenlaube;[38] dieses wurde sogar parodiert in die Welt der Tiere (Abb. 16).[39]

Nicht anders als heute fand auch damals die Heimkehrende nicht alles zum Besten bestellt. Ruddedet vermißt Getreide.[40] Mag sein, daß die Magd inzwischen zuviel Kuchen gebacken hatte[41] (Tafel 20c).

Wie zärtlich man um das Wohl des Säuglings be-

IIIa Glasgefäß in der Form einer doppelhenkligen Linsenflasche, angeblich aus Amarna, mit Girlandenmuster am Hals und Federmuster am Körper.

IIIb Einfacher Schmuck.

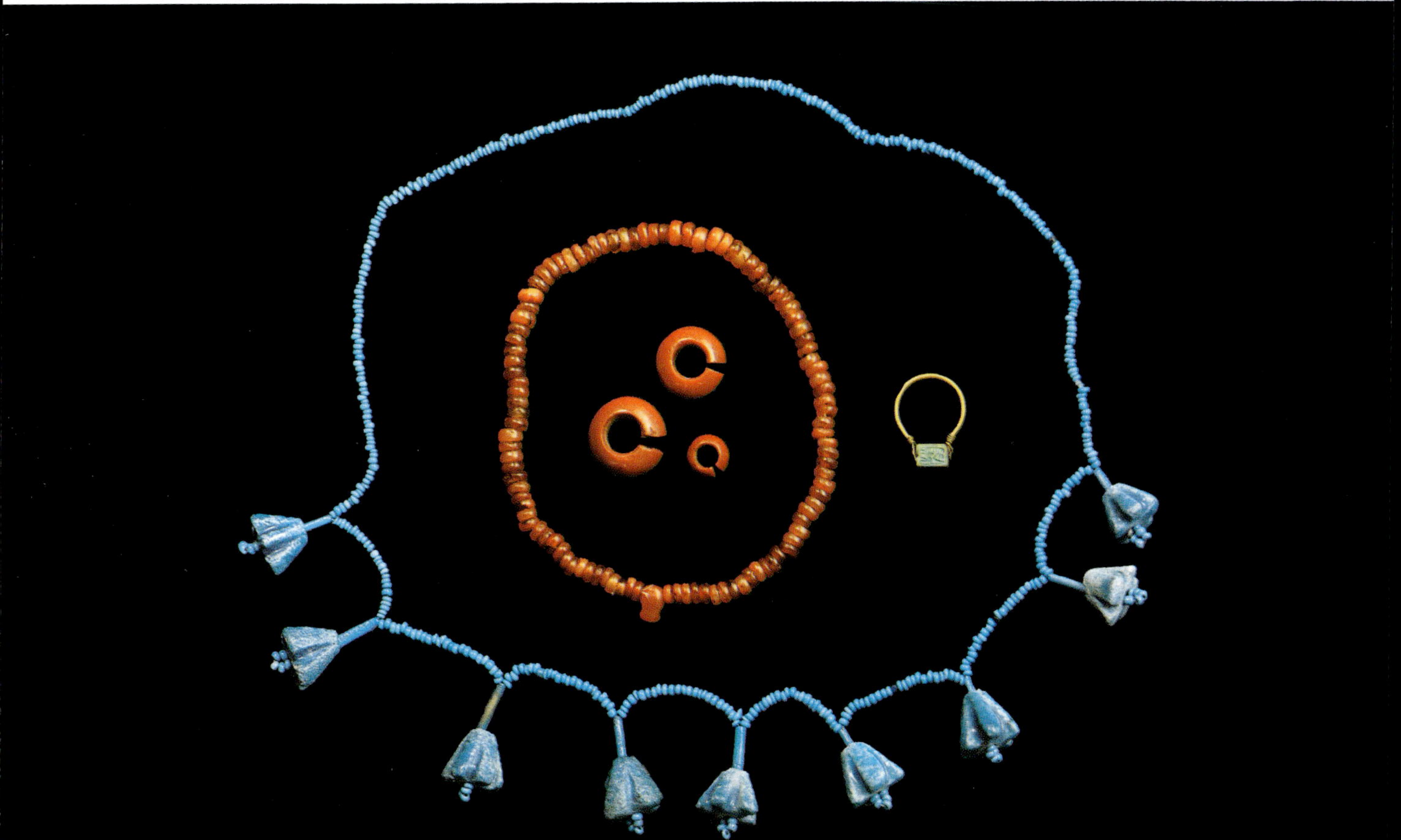

sorgt war, geht aus einem »Spruch vom Knoten (des Amuletts) für ein Kleinkind« hervor, der an die mythische Szene des in den Sümpfen von Chemmis von seiner Mutter Isis verlassenen Horuskindes anklingt:

»Ist dir warm im Nest?
Deine Mutter ist nicht bei dir,
Keine Schwester ist da, um dir Luft zuzuwedeln,
Keine Amme ist da, um dich zu schützen«.[42]

Zur rechten Geborgenheit gehört, daß das Kleine stetig gehütet wurde, wenn schon nicht von der Mutter, so doch von einer älteren Schwester und der Amme.

Bald ist das Kind groß genug fürs Tragtuch. Die Mutter nimmt es überallhin mit, aufs Feld wie zur Beerdigung (Abb. 17).[43] Sie bindet es sich bald auf den Rücken, bald vor die Brust. Trägt sie es ohne Tuch, so entweder huckepack auf ihrem Rücken, meist jedoch auf ihrer linken Hüfte.[44] Eine künstlerische Nachbildung von Mutter mit Kind konnte, mit dem nötigen Gebet versehen, der Gottheit dargebracht werden als die Bitte einer Frau um ein Kind (vgl. Abb. 56).[45] Andere Statuetten zeigen, wie die Kleinen auf ihrer Mutter herumkrabbeln, sich hochnehmen und hätscheln lassen; nur selten kuscheln sie still auf ihrem Schoß, sie strampeln und bäumen sich. Die Mutter hüllte das Kleine auch unter ihr eigenes Umschlagtuch, so daß nur das Köpfchen herausschaute.[46] Die Zappelphilippe sind nachgeformt in Ton, Fayence, Elfenbein oder Kalkstein zu Figürchen von höchstens 20 cm Größe.[47]

Beim Stillen treffen wir die Frau im Bett liegend, häufiger aber auf einer Matte am Boden hockend, dabei ein Bein hochstellend, das andere unterschlagend wie noch jetzt die Landfrau am Nil. Besonders realistisch mutet das Kalksteinfigürchen einer Mutter an, die beim Stillen von einer anderen Frau frisiert und vielleicht auch gelaust wird (Abb. 18).[48] Große Kinder trinken im Stehen.[49] Denn »drei Jahre ist die Brust (der Mutter) im Munde des Kindes«, wie die Lehre des Anii überliefert.[50] Das Abstillen war gewiß damals ebenso gefährlich wie noch vor kurzem, da der Übergang von Muttermilch zu Nilwasser vielen Säuglingen das Leben kostete. So tat die Mutter ihr Äußerstes, und es konnte vorkommen, daß sie zwei bis drei Kinder nebeneinander mit ihrer eigenen Milch nährte.

IV Der Vegetations- und Auferstehungsgott Osiris in einem Pavillon.

Abb. 18 Eine stillende Mutter wird frisiert und vielleicht gelaust.

Wie aber, wenn ihre Milch trotz aller Behandlung vorzeitig versiegte? Rasch mußte man sich nach einer Amme umtun. Durch ihre Tracht fiel sie im Straßenbild auf. Sie trug eine eigene Frisur: Zwei feine lange Strähnen fielen ihr auf die Brust, die übrige Haarmasse war nach hinten gekämmt und locker zu einem Schwanz eingeflochten. Über einem gegürteten Halbrock trug sie einen Stillumhang, der verschieden drapiert sein konnte, und in der Regel mit einer Bordüre oder einem Fransensaum abschloß. Um den Hals baumelte ihr ein Amulett des zunehmenden Mondes, denn das Gestirn, das sich in regelmäßiger Wiederkehr stets von neuem füllte, war die beste Gewähr für die Unversiegbarkeit der Milchbrust.[51]

Diese Ammen lieferten ihre Milch auch zu medizinischen Zwecken an den Arzt, der zugleich Apotheker war. Als besonders wirksam galt ihre

Milch, wenn sie einen Jungen geboren hatten. Die Milch von einer Frau, »die einen Knaben geboren hat«, heißt es in den medizinischen Texten, wurde zu Tinkturen, Salben und Emulsionen verwendet, wie sie der Arzt gegen Schwellungen, Bluterguß, Augen- und Ohrenkrankheiten, gegen Schnupfen, Verbrennungen oder Hautleiden verordnete. Die Muttermilch wurde aufbewahrt in eigenen kleinen Tonkännchen in der Form einer solchen Amme (Tafel 21), meist mit dem Säugling auf dem Schoß.[51]

Die Ammen waren hochgeschätzt und gelegentlich so eng in die Familie einbezogen, daß sie auf dem Grabstein ihres Herrn neben der Familie einen Platz erhielten und dadurch an den Opfern des Totendienstes teilhatten. War eine Frau sogar die Amme eines Königskindes, so genoß sie hohe Ehren bis an ihr Lebensende,[52] und ihr Sohn hieß des Königs »Milchbruder«. Mit der Muttermilch hat man schon in jenen alten Zeiten Eigenschaften eingesogen. Sobald die Mutter zu stillen aufhörte, behandelte sie ihre Brust mit Salben, damit »sie nicht hängt«.[53]

Immer ist ein neuer Mensch das Geschenk der Götter, seine Geburt ein Ereignis kosmischer Dimension. In Haus und Familie wird sie zum Mittelpunkt geschäftiger Fürsorge. Die sie umstehenden Empfindungen mit einer Spannweite von abergläubischer Furcht bis zum Glauben an ein Wunder lösen magische Praktiken aus und erheben Hände zum Gebet.

21 Muttermilchkrüglein aus Ton.

Viertes Kapitel

Unter der Fuchtel autoritärer Pauker

Wörtlich zu nehmen ist der Titel nicht, wenn wir unter Pauker den Berufsstand der Lehrer verstehen. Denn erst seit dem MR, d. h. um 2000 v. Chr., waren mehrere Schüler zu einer Klasse unter einem Lehrer zusammengefaßt. Bis dahin lernten die Söhne bei ihrem Vater, nicht nur dessen Handwerk, sondern auch die »Schulweisheit«. Die Belehrung durch den Vater war so tief im Brauchtum der Alten Ägypter verankert, daß in der Regel die Lehrschriften in der Form von Unterweisungen eines »Vaters für seinen Sohn« abgefaßt worden sind. Die Lehre des Ptahhotep, die bedeutendste der frühen Zeit, wird nicht müde, von diesem Vater-Sohn-Verhältnis zu sprechen, wobei »Sohn« im übertragenen Sinne jeden Schüler meint und »Vater« entsprechend den Lehrer bezeichnet: »Nützlich ist das Hören für den gehorsamen Sohn... Wie gut ist es doch, wenn ein Sohn annimmt, was sein Vater sagt... Die Erinnerung an ihn (den Sohn) lebt fort im Munde der Menschen; derer, die jetzt leben, wie derer, die kommen werden.«[1] Dem gehorsamen Sohn geht es gut auf Erden, er kommt »zu hohen Ehren« (Qu. VII).

Die Väter empfehlen ihre Lehre, und die Söhne nehmen sie an. Ein Nefer-seschem-Rê aus der 6. Dyn. schreibt: »Ich war respektvoll gegen meinen Vater und freundlich gegen meine Mutter; ich zog deren Kinder (d.h. meine Geschwister) auf« (Qu. III). Die Schüler der Lehre für Kagemni warfen sich aus Ehrfurcht vor dem Vater nieder und »lasen laut«, was in dessen Lehre »geschrieben stand, und da war es köstlicher in ihren Herzen als alles, was es in diesem ganzen Lande gab, und sie richteten ihr ganzes Leben danach ein« (Qu. V). Der Vater verlangt unbedingten Gehorsam, und der Sohn erkennt diese Forderung an. Wehe ihm, wenn er wagen sollte, sich zu widersetzen! Ptahhotep belehrt uns über das Schicksal eines solchen Rebellen, und zwar in seiner 12. Lehre (Qu. VI f):

»Wenn du ein angesehener Mann geworden bist,
dann beschaffe dir einen Sohn, um Gott gnädig zu stimmen.
Wenn er gerade (geraten) ist und sich zu deiner Art wendet...
dann erweise ihm alles Gute, dann ist er dein Sohn...
dann sollst du dein Herz nicht von ihm scheiden.
Wenn dein Same aber Zwietracht stiftet,
wenn er in die Irre geht und deine Weisungen übertritt
und sich allem widersetzt, was ihm gesagt wird,
wenn sein Mund mit elenden Reden umgeht,
dann verstoße ihn, dann ist er nicht dein Sohn,
dann mache ihn zum Knecht.
Denn wie sein Mund so ist sein ganzes Wesen.
Wer gegen dich (deine Lehre) verstößt, ist einer, den sie (die Götter) verworfen haben.
Sein Verderben ist schon im Mutterleibe verhängt worden.
Wen sie (die Götter) leiten, der kann nicht irregehen,
wen sie aber schifflos lassen, der findet keine Überfahrt«.

Unterwürfiger Gehorsam ist Voraussetzung und zugleich Gewißheit für einen glücklichen Lebensweg, denn die Unterweisung zielt zunächst ab auf das rechte Verhalten in allen Lebenslagen. Das Wissen des Guten ist für die ägyptischen Lehrer das Tun des Guten, nicht anders als bei Sokrates; und wie für die jüdischen Schriftgelehrten ist für sie auch Wissen und Tüchtigkeit eins.[2]

In Kapitel 5 der Lehre des Ptahhotep klingt ein Thema an, das in den folgenden Jahrhunderten leitmotivisch verwendet, bis zur schrillen Dissonanz gefährlich entwickelt, aber im nämlichen Augenblick verworfen wird: die Kritik des Schülers an dem Autoritätsanspruch des Lehrers. Es heißt hier

(Qu. VII): »Siehe, ein guter Sohn, wie Gott ihn gibt, ist einer, der noch etwas zu dem hinzufügt, was ihm sein Meister gesagt hat«. Diese Erwartung bezieht sich bei Ptahhotep lediglich auf einen Zusatz zur Lehre in gleicher Wegrichtung, also auf eine legitime Steigerung dessen, was der Lehrer beabsichtigt.

Anders hört sich diese Tonfolge in der 12. Dyn. an, in der Inschrift eines Antef (Qu. XIV): Er rühmt sich als einen,

»der eindringt in die alten Schriften,
der erfinderisch (?) ist beim Lösen des Verknoteten...
den sein eigenes (!) Herz unterwiesen hat...,
der sich selber (!) leitet,
der nachts wachliegt, indem er die (richtigen) Wege sucht,
der übertrifft, was er gestern getan hat...,
der sich selbst (!) zur Weisheit belehrt hat,
der um Rat fragt und sich so verhält, daß man ihn um Rat fragt«.

Dieser Antef, der sich selbst zum Weisen erzieht, blickt auf die erste geschichtliche Revolution zurück, welche die überkommenen Werte in Frage gestellt hat; dazu ist ihm, einem Mann aus dem Jahre 2000 v. Chr., ein Zurückblicken auf eine historische Vergangenheit in anderer Ausdehnung möglich geworden als den Lebenslehrern des AR, deren erste aus sich selber schöpfen mußten. So wird eine Art Kritik ermöglicht, bzw. durch die veränderten gesellschaftlichen Verhältnisse gefordert, die vor dem MR bei aller Aufsässigkeit, mit der die Zöglinge reagiert haben mögen, undenkbar war. Zugleich liegt in dieser Aussage der Ton auf dem self-made wie ähnlich in einer anderen, etwa gleichzeitigen Inschrift (Qu. XV): »Ich war einer, der seinen Charakter (ebensogut) erzog wie ein Kind, das unter der Hand seines Vaters aufwächst (obwohl ich es allein tat).«[3] Dessenungeachtet bleibt immer noch derjenige »ein weiser Mann, der auf das hört, was die Ahnen... gesagt haben« (Qu. XXII b.).

Den vollkommenen Tugendbold dieser Art beschreibt der Hohepriester Amenemhêt (18. Dyn.), indem er seinen Kindern sich selber als Muster vorstellt (Qu. XXVI):

»Ich war ›ein Stab des Alters‹ für meinen Vater, als er noch auf Erden weilte.
Ich ging aus und ein nach seinem Befehl und übertrat seine Weisungen nie...
Ich schoß nicht nach ihm mit vielen Blicken,
mein Gesicht war vielmehr abwärts gewendet, wenn er mit mir sprach.
Ich ermächtigte mich niemals, etwas zu tun, wovon er nichts wußte.
Ich erkannte nicht die Dienerin in seinem Hause und schlief nicht mit seiner Magd.
Ich fluchte seinem Diener nicht und erzwang mir nie den Vortritt vor ihm (dem Vater).
Er lobte mich dafür und fand an mir keinen Fehl.
Sein Lob ruhte auf mir, bis daß er starb.«

Dieser Musterknabe wird beinahe noch übertroffen durch das Idealbild, das der Lehrer des Papyrus Lansing (20. Dyn.) zeichnet (Qu. XXXIX f):

»Ich bin als Kind aufgewachsen,
indem ich dir (dem Lehrer) zur Seite war.
Du schlugst mich auf den Rücken,
und so trat deine Lehre in mein Ohr ein.
Ich bin wie ein ungestümes Pferd:
Tagsüber kommt kein Schlaf in mein Herz,
und nachts ist er nicht bei mir,
denn ich möchte meinem Herrn nützlich werden
wie ein Sklave, der seinem Herrn nützt.«

»Du schlugst mich auf den Rücken, und so trat deine Lehre in mein Ohr ein«, ist eine der vielen Wendungen, welche die frühe Erziehungsmethode kennzeichnen. Das Wissen wird dem Schüler eingeprügelt. »Das Ohr des Knaben sitzt auf seinem Rücken, er hört, wenn man ihn schlägt«. Er wird dressiert wie ein Tier. »Bist du denn wie ein Esel«, fragt ein Text (Qu. XL b). »Mit dem wird man schon fertig, obwohl er kein Herz (keine Vernunft) im Leibe hat«. »Du bist doch kein Tauber ..., zu dem man mit der Hand (mit Prügeln) sprechen muß« (Qu. XXXVII a). Verzweifelt stellt ein Lehrer fest: »Ich gebe dir hundert Schläge, aber du wirfst sie alle weg (sie haben keinerlei Erfolg). Du bist wie ein verdroschener Esel, der am nächsten Tage wieder störrisch ist« (Qu. XL d; vgl. Kap. 2). Bei diesem Schüler haben demnach die Schläge nicht verfangen.

Abb. 19 Göttin der Schreibkunst Seschât mit Griffel und Schreibpalette und ihrem Abzeichen auf dem Kopf.

Hingegen haben sie bei dem Lehrer einst Wunder bewirkt, wie er selbst angibt: »Als ich in deinem Alter war, da verbrachte ich meine Zeit im Stock. Er war es, der mich gebändigt hat. Drei Monate saß er an mir, und ich lag gebunden in der Tempelschule, während meine Eltern und meine Geschwister auf dem Lande lebten. Er wurde erst wieder von mir gelöst, als meine Hand geschickt war und ich den übertraf, der mir (vorher) über war, als ich an der Spitze all meiner Kameraden stand und sie in den Schriften übertroffen hatte. Tu du nur, was ich dir sage, dann werden deine Glieder heil bleiben, und schon morgen wird keiner mehr über dir sein« (Qu. XXXVIII c).

Immer wieder wird der Zögling mit einem Tier verglichen; mit der schlechten Antilope, die nur »in der Wüste hin- und herrennt, aber nicht arbeiten hilft auf der Tenne«, oder mit der Nilgans, die nur dem Landmann die Saat wegfrißt, ohne etwas zu leisten. Affen werden leichter gezähmt, Pferde schneller abgerichtet und Löwen eher gebändigt als ein Schüler belehrt (Qu. XLV a). Denn dem Epheben steht der Tummelplatz des Papyrusdikkichts vor Augen (s. Kap. 6), er nimmt den Weg zum Tanzen, läuft ins Brauviertel oder vergnügt sich mit einem Mädchen in der Bettkammer und befreundet sich mit einer kassitischen Dirne.[4] »Schließt man die Füße« des Jungen »in den Stock, dann legt er nachts Feuer daran und klettert über die Mauer.[5] Er brennt durch zu Vater und Mutter« und wird dort von ihnen noch bestärkt. Dabei ist dieser »Junge« bereits 30 Jahre alt, wie wir aus demselben Text erfahren. Das Herz eines andern »lebt nur noch für seine Spießgesellen..., aber ich werde deine Beine schon lehren, durch die Gassen zu strolchen, wenn du mit der Nilpferdpeitsche geschlagen wirst« (Qu. XXXVIII c).

Neben den Prügelmeistern gab es immer auch weisere Männer, die versuchten, mit anderen Methoden zu erziehen. So rühmt sich ein Lehrer aus dem Mittleren Reich, daß er den »Kindern mit ruhigem Sprechen und mit Geduld« begegnet sei (Qu. XIX a; vgl. auch g); ein anderer, daß er »dadurch erziehe, daß er Liebe einpflanze« und sich Achtung erwerbe (Qu. XIX f). »Prügle nicht wegen Dingen, die vorbei sind«, lehrt ein später Text (Qu. LIX a), und »prügle deine Kinder nicht, wenn sie für strenge Bestrafung zu alt sind«, ein anderer (Qu. LX c). »Besser wirkt eine kleine Strafe, die sofort erfolgt, als eine große später«. »Belohnung und Stock« sollen sich nach der gleichen Lehre des Papyrus Insinger aus der ptolemäischen Zeit die Waage halten. Kein Unterricht habe Erfolg, wenn ihm Widerwille begegne. Thoth, der Gott der Lehrer, »hat den Stock geschaffen, um mit ihm

22 Stele des Schreibers Maninachtef für den Schreiber- und Mondgott Thoth und die Sterngöttinnen.

Abb. 20 Erzieher hält seine Zöglinge, vier Prinzen, auf dem Schoß.

den Dummen zu unterweisen; dem Klugen aber hat er Scham (Ehrgefühl) mitgegeben, damit er allem Schlimmen entgehe... Stock und Scham schützen den ›Sohn‹ vor dem Fall« (Qu. LIX b).

In der Lehre des Anii (18. Dyn.) übt der Junge in Fortsetzung mehrerer historischer Anläufe grundsätzliche Kritik an der Erziehungsmethode seines Vaters. Er erwartet Rücksicht auf die Eigenart des Kindes wie Verständnis für einen weniger Begabten. Diese Auflehnung ehrt die Offenheit der Ägypter für ein gewichtiges Erziehungsproblem, doch die Wucht einer Erfahrung von eineinhalb Jahrtausenden ringt diese progressive Ansicht als eine »verfehlte« nieder. Nach wiederholtem Hin und Her schließt der Vater die Diskussion mit dem Hinweis darauf, daß der Sohn ja »sein Brot esse«, d.h. ihm ergeben zu sein habe.

Hörten wir aus dem Munde des Ptahhotep, daß der widerspenstige Sohn in den Rang der Knechte zu versetzen sei, so geht der Papyrus Insinger über diese Härte hinaus, wenn er sagt: »Ein Sohn, der nicht unterrichtet worden ist..., verdient kein langes Leben; nur das kluge unter den Kindern« ist dessen würdig... das törichte werde besser »mit einem Fluch verstoßen« (Qu. LIX b).

Die außerordentliche Hochschätzung der Erziehung, die vor keiner Härte zurückzuscheuen scheint, entspricht primär nicht dem Willen, nützliche Mitglieder für die menschliche Gesellschaft heranzubilden oder gar dem Staat bequeme Beamte zu sichern, sondern dem Bewußtsein, daß nur der Wohlerzogene dem Gott gefällt bzw. daß die Erziehbarkeit anzeigt, wie sehr einer von Gott geliebt und also sein Leben lebenswert ist. Dabei setzt nicht das gewußte Wissen den Maßstab, sondern das gelebte Wissen. Der Optimismus, daß beides zusammenfalle, hat nicht durchgehalten, wie wir der Fortsetzung der Lehre des Papyrus Insinger entnehmen, die fast thomasisch anmutet:

»Es gibt auch den, der die Lehre kennt, aber nicht danach zu leben versteht.
Wer Belehrung empfängt, (nur) um zu lernen, ist nicht (deshalb schon) ein guter Sohn.
Gott gibt das Herz, er gibt das Kind, und er gibt den guten Charakter.
Zum Wohlgefälligen wird einer nicht nur durch Erziehung, auch der Urwille zum Guten und der rechte Entscheid sind vonnöten.«

Blicken wir nun noch einmal auf den Titel zurück, so scheint er goldrichtig, wenn er »Fuchtel« und »autoritäre Pauker« beschwört. Und doch trifft er nur die Außenseite. Denn nicht tyrannische Lustgefühle toben sich aus, wenn der Meister seine Peitsche schwingt, sondern sein Eifer, den Zögling auf den Weg der Ma'at zu bringen, der vom Himmel gesetzten Ordnung, ohne die der Schüler sein Ziel verfehlt. Bei dieser Bewußtseinslage ist die Dressur des Schülers zwar eine Paukermethode, aber sie bezieht ihre Ermächtigung aus einem von

23 Der Schreiber Hesirê am Opfertisch; Schreibpalette und Tintenbeutel hängen über seiner Schulter.

der Gesellschaft allgemein anerkannten Auftrag von oben.

Fragen wir noch einmal genauer: Wer waren die Lehrer, wer die Schüler, wie sah das Schulgebäude aus? – Alle Berufe, ob Bauer, Handwerker, Schreiber oder Priester, wurden, wie bereits gesagt, üblicherweise vom Vater an den Sohn gereicht. Noch Diodor weiß zu melden, daß die Väter ihren Söhnen die Grundbegriffe ihres eigenen Berufes weitergaben. Dies »Vater-Sohn«-Verhältnis bleibt das Sprachmuster, auch wenn das Kind nicht das eigene war. Der Unterricht war Einzelunterricht bis ins Mittlere Reich (2000 v. Chr.); von da an wurden mehrere Schüler gemeinsam von einem Lehrer erzogen (Abb. 20). Dieser, ein in seinem Beruf ausgebildeter Mann, ein Maler, ein Beamter, ein Gottesdiener, war niemals Berufslehrer, auch nicht, als mehrere Zöglinge zu einer »Klasse« zusammengefaßt waren. Als Schulhaus diente der jeweilige Arbeitsplatz des Meisters: der Tempel, das Büro, die Werkstätte. Man könnte diese Schulen sinngemäß als Berufsschulen bezeichnen.

Eine allgemeine öffentliche Schule kannte das Alte Ägypten nicht, geschweige denn eine Schulpflicht. Eine schulische Ausbildung in unserem Sinne erhielt lediglich der, der sie für den späteren Beruf nötig hatte. So lernten lesen und schreiben nur die zukünftigen Beamten und die Priester und auch die bildenden Künstler, soweit sie mit Schrift umzugehen hatten. Solche Schreibschulen fanden sich in den »Lebenshäusern« der Tempel, die etwa den mittelalterlichen Scriptorien entsprachen, und bei größeren Behörden. Ihr Schirmherr war der Schreibergott Thoth (Tafel 22), als Göttin der Schreibkunst galt Seschât (Abb. 19). Nach ihrer Grundausbildung wurden die jungen Leute als Famuli bei Erfahrenen einzeln als deren Nachfolger vorbereitet.

Schulbesuch war kein Privileg, sondern jedem ebenso gestattet wie jede andere Ausbildung.[6] Im Gegenteil, der auf Schreiber in hohem Maße angewiesene Staat der Ägypter mußte mit allen Mitteln um Nachwuchs werben, denn der junge Mensch von damals zog die Abenteuer eines Soldaten oder die Freuden des Landlebens dem »Stuben«hockerdasein vor.

Es gibt deshalb nicht wenige Texte, die das Los des Schreibers werbend preisen und ihm das Elend der anderen Berufe gegenüberstellen. So heißt es im Papyrus Lansing aus dem Ende der 20. Dyn., der weit ältere Vorgänger hat,[7] vom Soldaten: »... Er ist hungrig, sein Bauch zwickt ihn, er ist tot bei lebendigem Leibe. Er erhält seine Kornration (erst), wenn der Dienst zu Ende ist, aber... sie schmeckt abscheulich. Er wird nach Syrien in Marsch gesetzt und hat keinen Urlaub mehr. Es gibt weder (neue) Kleider noch Sandalen, da die Kriegsausrüstung in der Feste Sile (an der Grenze) magaziniert wird. Seine Marschroute verläuft hoch in den Bergen, nur jeden dritten Tag kann er Wasser trinken, und das ist dazu noch brackig und schmeckt nach Salz. Durchfall schneidet ihm im Bauch. Da kommen die Feinde und lassen Pfeile rings um ihn schwirren, und die Sinne vergehen ihm. Man kommandiert: »Marsch, vorwärts, du tapferer Soldat! Zeichne dich aus!«, obwohl er kaum bei Sinnen ist. Er schwankt, die Knie sind ihm weich wegen des Feindes. Nach dem Sieg... ist er tot und erreicht seine Frau und seine Kinder nicht mehr« (Qu. XXXIX e).

Der Beruf des Schreibers (Tafel 23) dagegen, entsprechend verlockend geschildert und besonders dem Astheniker empfohlen, wird in der gleichen Schulhandschrift wie folgt beschrieben: »Werde Schreiber, denn deine Glieder sind glatt (zart), und deine Hand ermüdet leicht. Du sollst doch nicht (durch körperliche Arbeit) ausbrennen wie eine Lampe..., da ja nicht die Knochen eines Mannes in dir sind. Du bist hochgeschossen und schmächtig. Wenn du eine Last aufhebst..., brichtst du zusammen, denn deine Füße schlurfen zuviel, und dir fehlt die Kraft... Nimm dir vor, Schreiber zu werden, ein schönes Amt, zu dem du paßt. Da rufst du einem, und tausend antworten dir. Du schreitest frei... und wirst nicht wie ein Ochse verhandelt. Du stehst an der Spitze von anderen«. Papyrus Chester Beatty IV verspricht ihm: »Du gehst aus, mit weißen Kleidern angetan und geehrt; die Beamten grüßen dich« (Qu. XLII d).

24 a Malpalette.

24 b (Mitte) Ende einer Totenpapyrusrolle.

24 c Schreibpalette.

Das Schul»tor« stand jedermann offen, die »Bänke« waren besetzt von arm und reich. Dort saß auch der uneheliche Sohn einer Frau, wie das Märchen von Wahrheit und Lüge erzählt.[8] Man hatte ihn »zur Schule geschickt; er lernte vortrefflich schreiben und übte sich in allen männlichen Arbeiten (Kampfspielen), und er übertraf alle seine älteren Kameraden« (Qu. XXXIV). Auf seiner Stele überliefert »einer aus einer armen Familie, ein Geringer seiner Stadt«, wie die Aufmerksamkeit des Königs auf ihn fiel und er Stufe um Stufe erhoben wurde (Qu. XXXIII); und ein Hoherpriester, wie der Vorgenannte aus der 19. Dyn., berichtet in seiner Biographie ähnlich, daß er als ein Armer dank seiner Klugheit »in die Schule aufgenommen« wurde und aufstieg bis zum »Dolmetscher für jedes Ausland« (Qu. XXXII).

Je nach Begabung und Umständen trat der Schüler in beliebigem Lebensalter in die Schule ein und verließ sie als Gehilfe. Wenn man dann »seinen Namen fand«, wurde er persönlich einem Meister beigesellt. Von Prüfungen wissen wir erst aus der

Abb. 21 Der Minister Amenophis, Sohn des Hapu, genannt Hui, im Schreibersitz.

Zeit der Ptolemäer. Mädchen besuchten die Schule selten, aber es gibt eine nicht geringe Anzahl schreibkundiger Frauen, besonders aus dem Beamtenstab der Priesterfürstinnen.[9]

Die Stätte des Unterrichts, der jeweilige »Betrieb«, war praktisch meist ein Schattenplatz unter freiem Himmel. Dort saßen die Epheben mit untergeschlagenen Beinen im »Schreibersitz« (Abb. 21), auf den Knien die Schreib- oder Lesetafel, ein handgroßes Ostrakon aus Kalkstein; neben sich die Palette, d. i. für die Binsen ein »Griffel«kasten mit mindestens zwei Näpfchen (Tafel 24c), eins für schwarze, das andere für rote Tinte. So ausgestattet übten sie sich ein, erhielten sie ihre Ausbildung und ihre Bildung.

Wie noch heute in den Koranschulen des Orients lernten die Schüler lesen, indem sie Sätze mit dem Blick auf den geschriebenen Text (Tafel 24b) dem Lehrer nachsprachen und (wahrscheinlich mit wiegendem Oberkörper) so lange herleierten, bis sich Schriftbild und Sprachklang im Bewußtsein miteinander verbunden hatten. Dabei wurden die Sätze zugleich auswendig gelernt. Schreiben lernten sie entsprechend durch Abschreiben von Texten und Diktatübungen, nicht analysierend, sondern ganzheitlich. Als Schreibmaterial dienten die schon genannten Ostraka, wie sie durch Ausgrabungen in Menge unter dem Abfall gefunden worden sind (s. Kap. 12). Inhaltlich bildeten die Lebenslehren den Stoff für den Anfängerunterricht, während in der Gehilfenzeit Musterbriefe und -berichte aus dem jeweiligen Verwaltungsressort einen hervorragenden Platz einnahmen.

Aus einer Schulhandschrift der 20. Dyn. (Pap. Anastasi V) erfahren wir durch den Mund der Ägypter, wie ein Schultag für den Zögling ablief. Mit einem »Wach auf, an deinen Platz!« wird der Junge geweckt. »Die Bücher liegen schon vor deinen Kameraden. Bring deine Kleidung in Ordnung (der Junge schläft in seinem Kleid) und zieh die Sandalen richtig an!«, so ergeht der Frühappell. Man lehrt ihn weiter: »Du legst deine Aufgaben täglich ordnungsgemäß vor. Sei nicht faul! Man gibt auf: 3 + 3... Dann fängst du an, ein Buch zu lesen, rechnest und bist dabei still. Laß keinen Laut... aus deinem Munde hören! Schreibe mit deiner Hand und lies mit deinem Mund (laut)! Frage und werde dessen nicht müde! Faulenze kei-

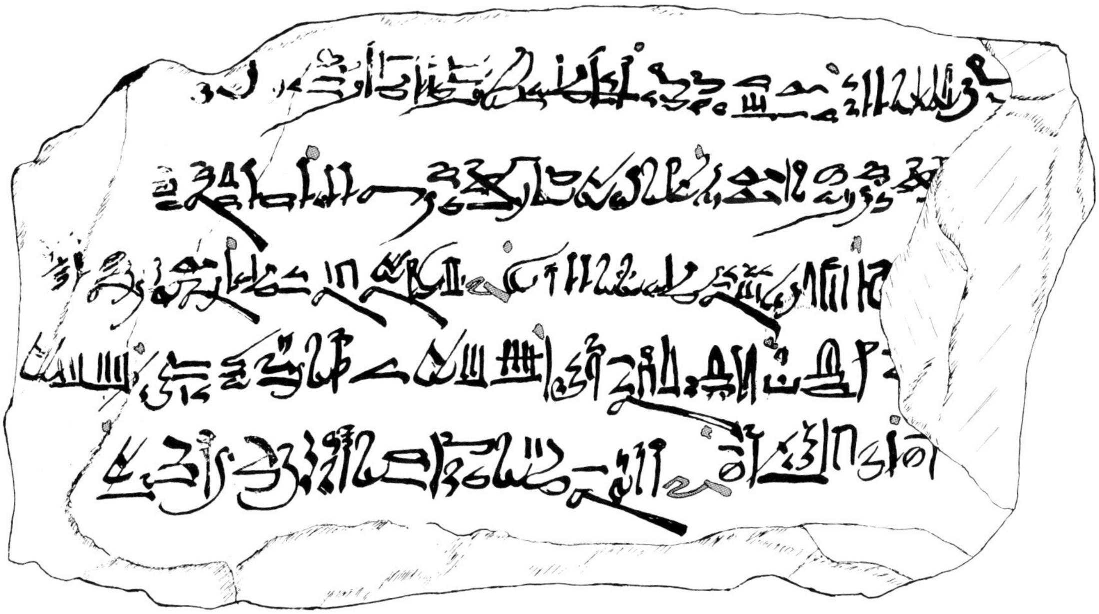

Abb. 22 Hieratisch beschriebenes Ostrakon mit dem Anfang der Lehre des Djedefhor, der ältesten Weisheitslehre der Welt.

nen Tag, oder wehe deinen Gliedern! Suche zu verstehen, was dein Lehrer will, höre auf seine Ermahnungen; werde ein Schreiber! Jedesmal, wenn (der Lehrer) dich aufruft, sollst du sagen: ›Hier bin ich‹« (Qu. XXXVIII d). Ein Unterrichtsstil, wie ihn unsere Väter noch ähnlich erlebt haben.

Wenn Platon nicht nur seine Ideale auf Ägypten projiziert, sondern dabei Beobachtungen festgehalten hat, dann war zu seiner Zeit der ägyptische Schulunterricht kindgemäßer. Der griechische Philosoph rühmt und empfiehlt ihn in seinen »Gesetzen« folgendermaßen (819 A–C): »Es muß also von jeder dieser Wissenschaften (d.s. Arithmetik, Geometrie, Stereometrie und Astronomie)... ein jeder wenigstens soviel lernen, wie die ungeheure Schar der Kinder in Ägypten gleich beim ersten Elementarunterricht lernt. Was nämlich erstens das Rechnen anlangt, so hat man dort ganz ausdrücklich für die Kinder besondere Belehrungsmittel erfunden, um die Kleinen frohgemut und spielend das ihrige lernen zu lassen. So das Spiel mit Äpfeln und Kränzen, die bei gleichbleibender Gesamtzahl bald an mehr, bald an weniger Kinder zu gleichen Teilen verteilt werden; und das Faust- und Ringkampfspiel, wo alle abwechselnd der Reihe nach und in der gehörigen Folge zurückgestellt oder zusammengepaart werden. Auch hat man das Spiel mit den Trinkschalen aus Gold, aus Erz, aus Silber... so daß man... die Anwendung der Zahlen auf die notwendigen Bedürfnisse des Lebens in die Form des Spieles bringt, wodurch man den Lernenden nützliche Vorkenntnisse gibt für die Anordnung, Führung und Marschgliederung von Truppenmassen sowie andererseits auch für die Hausverwaltung, und so die Menschen in jeder Beziehung selbständiger und gerechter macht.«[10]

Welches nun war genauer der Stoff, durch den der junge Ägypter erzogen wurde? Modern formuliert könnte man sagen, die »Schulen« seien »humanistische Gymnasien« gewesen, wobei zu bedenken ist, daß sowohl Humanismus als auch Gymnasium Größen sind, die erst gut 2000 Jahre nach der ersten Erziehungskonzeption Ägyptens auftreten. Die Schüler lernten schreiben und lesen vor allem an Hand von Bildungsliteratur, von der noch zu reden sein wird. Im Neuen Reich, da man bereits auf eine eineinhalbtausendjährige Geschichte zurückblicken konnte, stützte sich die Lehre besonders auf klassische Autoren, jene weisen Männer, die seit 1000 und mehr Jahren tot waren und deren

Sprache von der zeitgenössischen so weit entfernt war wie von unserer heutigen Sprache das Althochdeutsche. Imhotep, Djedefhor (Abb. 22) und Ptahhotep haben die ältesten Weisheitsbücher geschrieben, ihre Worte waren »auf allen Lippen«. Wenn die Schüler deren »Latein« nicht ganz verstanden, so vertraute der Lehrer darauf, daß die Saat zu gegebener Zeit aufgehen werde.

Mathematik und Faktenwissenschaften sowie Sport nahmen einen geringen Raum ein. Damit sich der Leser dieses Buches aber die Wissensbildung eines schulisch erzogenen Ägypters nicht zu gering vorstelle, seien aus der literarischen Streitschrift des Papyrus Anastasi I (Qu. XXXV) einige Sätze zitiert, die der Verfasser Hori, ein Beamter der königlichen Stallverwaltungen der 19. Dyn., seinem ungebildeten Freund prahlerisch an den Kopf wirft.

»Du zitierst einen Spruch des Djedefhor, weißt aber nicht, ob er richtig ist oder falsch. Welche Perikope geht ihm denn voraus, welche folgt danach?« Im folgenden legt er ihm Aufgaben vor, die hier frei formuliert sind.

Wieviele Rationen sind an eine gegebene Anzahl Soldaten für eine bestimmte Arbeit auszugeben?...

»Wieviele Ziegel sind zum Bau einer Rampe erforderlich von 730 Ellen Länge und 55 Ellen Breite, die 120 Abteilungen enthält, die mit Schilf und Holz gefüllt sind? Jede Abteilung ist 30 Ellen lang und 7 Ellen breit. Die Höhe der Rampe beträgt 60 Ellen an ihrer höchsten Stelle und 30 Ellen in der Mitte; die Böschung beträgt 15 Ellen, die Basis(?) 5 Ellen. Der Armeekommandeur fragt nach der Zahl der Ziegel. Alle Schreiber (hier) können es nicht ausrechnen... aber du, mein Freund, stell es schnell fest... denn dein Name ist (doch) berühmt. Mach dir keine Unehre.

Wieviele Arbeiter sind nötig, um einen Obelisken von gegebenen Maßen aus dem Steinbruch abzutransportieren?

Wieviele, um den Obelisken in sechs Stunden (!) aufzurichten?

Wie ist eine gegebene Menge an Verpflegung auf eine aus ägyptischen Soldaten und ausländischen Hilfstruppen zusammengesetzte, den einzelnen Kontingenten nach gegebene Einheit zu verteilen?...

Was weißt du von Byblos? Seiner Göttin?... Informiere mich doch über Beirut, über Sidon oder Sarepta.

Wo fließt der Fluß Litani?

Wie sieht Uzu aus?...

Wo geht der Akschaph-Weg südlich von Akko? Vor dem Tor (?) welcher Stadt?

Belehre mich über den Berg von User. Wie sieht sein Gipfel aus? Wo kommt dann der Berg von Sichem?...

Wie durchquert man die Furt des Jordan? Laß mich auch wissen, auf welche Weise man frei an Megiddo vorbeizieht, das oberhalb davon liegt...

Wieviele Marschkilometer sind es von Raphia bis Gasa?...«.

Durch diese und weitere Fragen aus Geographie, Mathematik und Lebenslehren zeichnet Hori ein anschauliches Bild vom Wissensstand seiner Zeit.

Das Wissen war Voraussetzung für viele Berufe, aber der Kenntnis der Lebenslehren, dem A und O der Schulbildung, traute man darüber hinaus charakterbildende Kraft zu. Die Lebenslehren, die in diesem Kapitel wiederholt aufgeklungen sind, sollten den Menschen formen zu einem Diener der Wahrheit, der soziale Gerechtigkeit übt, der die Tradition achtet als den am Urbeginn in die Welt gesetzten Willen der Götter, der die Gesetze wahrt und sich einfügt in die gegebene Ordnung; der besonnen reagiert, zuverlässig ist, zufrieden und »von gleichmäßigem Wesen«; der sich in allen Lebenslagen zurechtfindet und der nicht zuletzt weise ist an Rat und der Ratsuchenden Vertrauen einflößt.[11] Die Lehren dienten, wie es das Weisheitsbuch des Amenemope (21. Dyn.) im Prolog formuliert, einem Unterricht »für das Heil« (Qu. LI).[12]

Fünftes Kapitel

Auf Freiers Füßen

»Wenn der Wind kommt, will er zur Sykomore, wenn du kommst...« Diese Notiz auf einem altägyptischen Papyrus bedarf keiner Ergänzung. So flüchtig sie ist, sie enthüllt Urmenschliches: Liebe drängt zum Sang, und doch ist Liebe scheu. Sie verschweigt.

Der Leser mag besonders begierig sein, in diesem Kapitel, da er Gelände hinter dem Zaun betritt, endlich die Enthüllungen zu erfahren, die er bislang in der ägyptologischen Literatur vorenthalten wähnt. Er wird enttäuscht sein. Es gibt nicht viele Äußerungen über den Eros, die nicht für jedermanns Ohr bestimmt waren. Zum Ruhm der Ägypter sei's gesagt, daß sie keusch gewesen sind wie kaum ein anderes Volk. Das hohe Maß an Zucht, das ihre gesamte Kultur auszeichnet, prägt auch die Form ihrer Liebesäußerungen. Nur wenige Aussagen sind zweideutig, noch weniger Dokumente obszön. Gemäß unserer Themenstellung werden diese hier stärker hervortreten, als es ihrem Anteil entspricht.

Am schönsten sprechen sich die zärtlichen Gefühle, die die Liebenden füreinander haben, in den über fünfzig erhaltenen Liebesliedern aus. Ihre Form schwebt zwischen persönlichem Ausdruck und typisierendem Topos. Die Liebenden sind einmal individuell empfindende Personen, das andere Mal literarische Figuren. Als lyrische Gebilde gleichen die Gedichte in historischer Sicht dem Falter, der im Begriffe ist, sich niederzulassen. Was als »Tagelied«, »Beschreibungslied« und »Türklage« (Paraklausithyron) zu Gattungen der Liebesdichtung wurde, das nimmt in Ägypten seinen Anfang, aber eben noch so schwebend, daß es gelingen kann, ihr Werden zu erhaschen. Auch die literarischen Travestien: »Ritter-«, »Hirten-« und »Diener«-Travestie beginnen am Nil sich zu formulieren.[1]

Die Liebesdichtung kann ihre Gestalt entleihen von den Gattungen Gebet, Ritual, Zauberspruch oder Rezept.

Schon die frühen Lieder sind nicht spontane Eingebungen fahrender Sänger, ihre Verse sind kunstvoll, doch nicht artistisch. Reich an Bildern wie Vergleichen und von stimmungsvollem Reiz, ist diese Lyrik fein entwickelt, ihr Stil anmutig. Übermut und Spott, Herzensfrische und Jubel setzen helle Farben neben die Schatten von Klage und Kummer und das dunkle Sehnen.

Die Lieder, die rezitiert oder aber zu Harfe, Flöte und Laute beim Gastmahl gesungen wurden, sind auf Papyri und Ostraka überliefert. Daß aus dem Alten Reich bisher nur ein einziges Liebesgedicht bekannt ist, erklärt sich aus der Quellenlage. Umso munterer fließen die Dichterworte in der 19./20. Dynastie, einer Zeit des verfeinerten Geschmacks und größeren Raffinements, die den Gefühlen mehr Freiheit läßt, ja eine Fühlsamkeit pflegt, die an Schwärmerei herankommt.

Bei Blumen, Wein und Tafelorgien entschlüpfen den Sängern dann auch Laszivitäten, die nicht mehr züchtig genannt werden können. Im Gegenschlag gebietet ein Fall von Prüderie, nackte Mädchen auf einer Grabwand nachträglich zu bekleiden. Solchen Frömmlern widersetzen sich die andern, die, je mehr der Jenseitsglaube ihnen schwindet, umso stärker die Freuden des Diesseits kosten.

Die sieben »Sprüche der großen Herzensfreude« und »Die heiteren Lieder« zum Brautkranz, die sich beide der Wortspiele bedienen, haben originale Titel, ebenso die acht »Schönen erfreuenden Gesänge für deine Geliebte, die dein Herz liebt, wenn sie von der Flur kommt«, kurz »Flurlieder« genannt, und die sieben »Lieblichen, beim Schriftzeichnen gefundenen Sprüche, welche der Schreiber Nacht-Sobek von der Nekropole gemacht hat«. Nicht mehr erhalten und nur inhaltlich formuliert

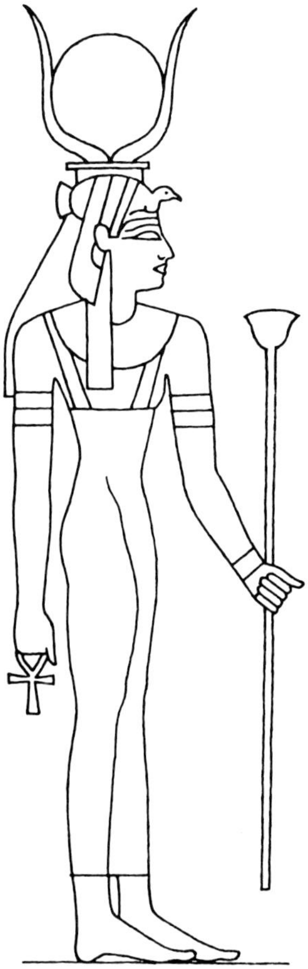

Abb. 23 Hathor, Göttin der Liebe, mit Szepter und Lebenszeichen in den Händen, Geierhaube und Sonnenscheibe zwischen Kuhgehörn auf dem Kopf.

sind die Titel »Drei Wünsche«, »Die Macht der Liebe«, die »Baumgartenlieder« und die »Lieder vom Fluß und Liebeswünsche«.[2] Diese Gedichte vor allem, dazu Darstellungen der Kleinkunst sollen hier das Leben der Liebenden aufblühen lassen, wie es vor Jahrtausenden am Nil gespielt hat.

Baum und Fluß und Vogel und die ganze Natur sind in das Liebesleben verwoben. Baumgöttinnen verstecken die beiden, erquicken sie mit ihren Früchten, spenden ihnen Kühle und wachen über ihrem Geheimnis. »Die kleine Sykomore, die sie mit ihrer Hand gepflanzt hat«, sie schickt die Tochter des Obergärtners mit einem Brief zur Liebenden, sie möge zu Laube und Zelt kommen unter ihrer Krone, die man zu einem Fest für das Paar gerichtet habe, und dort drei schöne Tage mit dem Freund verbringen. »Ich bin verschwiegen und verrate mit keinem Wort, was ich sehe«, so versichert der Feigenbaum (Nr. 30). Als Entgelt fordern die Bäume Wasser und Dank.

Mädchen und Baum leihen einander wechselweise ihre Gestalt. Die Haut des Mädchens ist seidig »wie die Frucht der Mandragora«, seine »Zähne gleichen den Kernen« des Granatbaums, seine Brüste Liebesäpfeln. Der Jüngling gebraucht das schöne Bild: »Deine Liebe ist in meinem Körper wie ein Schilfhalm in den Armen des Windes.«

Wie im Hohenlied begegnen sich die Partner als »Bruder« und »Schwester«. Wenn Goethe in dem Gedicht »Warum gabst Du uns« an Frau von Stein sagt: »Ach, Du warst in abgelebten Zeiten / meine Schwester oder meine Frau«, so kennt auch seine Liebessprache das geschwisterliche Verhältnis der Partner.

Die Rolle eines *arbiter amoris* hat Mehi gespielt, ein legendärer Märchenprinz mit Schloß und Leibgarde. Von oben geleitet wissen sich die Liebenden durch die Himmelsgöttin, die »die Goldene« heißt, ein Name der Hathor, den die Griechen als Epitheton auf Aphrodite übertragen haben (Abb. 23). Bei ihr wohnt die Schönheit, sie liebt Tanz und Rausch, Wohlgeruch und Musik. Ein Lied singt ihr:

Wie schön blüht die Goldene, blüht
die Goldene, strahlend, und glüht.
Dir musiziert der Himmel mit seinen Sternen,
Dich preisen Sonne und Mond,
Dich rühmen die Götter,
Dir singen die Göttinnen.

Wie schön blüht die Goldene, blüht
die Goldene, strahlend, und glüht.
Dir musiziert das Erdenall,
Dir tanzen die Tiere vor Freude,
Dich rühmen Ägypten, die Wüsten
bis zum Rande des Himmels auf seinen Säulen.[3]

»Der erste Spruch der großen Herzensfreude« beschreibt die Geliebte von Kopf bis Fuß, Teil um Teil, und schließlich die von ihr ausgehende Wirkung. Das Gedicht läßt das Schönheitsideal der Ramessidenzeit erkennen: das überschlanke Mädchen mit geschmeidigen Gliedern und grazilen Gebärden.

Der erste Spruch der großen Herzensfreude (Nr. 31)

Die Eine, geliebte, die ohnegleichen,
schöner als alle Frauen,
sie ist wie die Sternengöttin, welche erglänzt
zu Beginn eines guten Jahres.

Strahlend an Kraft, mit blendender Haut,
mit leuchtendem Blick im Auge,
mit süßen Lippen beim Sprechen,
nie hat sie ein Wort zuviel.

Mit schlankem Hals und blendender Brust,
Lapislazuli ist ihr Haar,
ihre Arme purer als Gold,
ihre Finger voll Anmut wie Lotos.

Lang gestreckt die Lenden unter gegürteter Mitte,
ihre Schenkel führen ihre Schönheit fort.
Edel ist ihr Gang, setzt sie den Fuß auf den Boden:
Mit jedem Gruß raubt sie mein Herz.

Sie läßt alle Männer den Hals sich verdrehen,
sobald sie in Sicht kommt.
Jeder ist glücklich, den sie grüßt,
er wird erhoben unter den Liebenden.

Man blickt ihr nach, wenn sie entschwindet,
wie jener, der Göttin, der Einen.

Wie eine Fatamorgana ist das Bild der Geliebten erstanden, verschwunden. Ein Stern ging auf und versank. Der Scheitel der vollkommenen Erscheinung berührte den Himmel, denn Gold und Lapislazuli sind Stoffe, aus denen Götter bestehen. Wie der Neujahrsstern, die Sothis, strahlt, glänzt, leuchtet, blendet sie. Der Preis gilt allein ihrem Körper. Das einzige, was wir von Tugenden erfahren, ist ihre »mâze«. Maßhalten im Reden, diese Zucht galt dem Ägypter so hoch, daß er selbst im Lied der äußeren Beschreibung nicht darauf verzichten konnte, sie zu rühmen. Daß sie ihren Mann nie durch ein Wort gekränkt hatte, veranlaßte einen Fürsten aus dem Alten Reich, seiner Frau einen Teil seines Grabes zu verbriefen.[4]

Das Ideal des Mädchenkörpers, wie es die Liebeslieder singen, ist eine schlanke Gestalt mit gelocktem Haar, blauschwarz, in der »Farbe von Feigen« oder »Trauben« oder dunklem »Lapislazuli« – während die Haare des Negermädchens schwarz genannt werden »wie die Nacht«[5] – mit leuchtenden Augen und Brüsten »höher als breit« (Nr. 45). Ihre Stimme ist süß; sie ist redebegabt und weiß Rat zu sprechen. Sie ist eine Stimme der Wahrheit. Reich an Liebreiz, jede Bewegung voll Anmut, die Finger lang und leicht zurückgebogen, so erscheint ihr Bild auch in den zeitgenössischen Wandmalereien der Gräber. Immer neu gepriesen ist ihr Duft, auch Frisur und Gürtel sind ins Bild einbezogen (Vgl. Tafel II und V).

Die getrennte Würdigung der einzelnen Glieder entspricht zutiefst ägyptischer Geisteshaltung. Sie bestimmt nicht minder die ägyptische Kunst, die Mythen des Volkes, seine Sprache, sein wissenschaftliches Denken.[6] Diese im Unterschied zur Perspektive eingenommene »aspektivische« Anschauungs- und Darstellweise ist über Ägyptens Grenzen weit hinaus allen damaligen Kulturen eigen und findet sich auch heute noch bei allen frühen Völkern. Deshalb nimmt es nicht wunder, wenn wir das Beschreibungslied, sei es in Abhängigkeit vom Nil, sei es autochthon, im räumlichen Umkreis und durch die Zeiten bis hin zu Shakespeare wiederfinden. Wenn heute

»abends wenn ich schlafen geh,
vierzehn Englein mit mir gehn«,

dann hängen sie mit den Schutzheiligen zusammen, die den ägyptischen Körperteilen zugeordnet waren. Mesopotamien, Palästina, Indien, die altarabische Poesie wie die anakreontische Dichtung kennen ebenso wie die apokryphen Thomasakten das Beschreibungslied. Die arabische oder spätjüdische Literatur dürfte die Brücke vom Orient nach Europa geschlagen haben.

Der Liebende fühlte sich so stark, daß ihm selbst vor dem Krokodil nicht graute, obwohl der Ägypter das Reptil sonst fürchtete als den »Angreifer« schlechthin. Gegen das »Runzelgesicht«[7] gab es keine andere Waffe als den magischen Spruch, den Zauber über dem Wasser; und diesen Zauber wirkte die Liebe. So spricht ein Liebender, dessen »Schwester« über dem Fluß zu Hause ist (Nr. 21):

Die Liebe der Geliebten ist auf dem anderen Ufer,

der Fluß ist zwischen (uns)...
Auf der Sandbank lauert ein Krokodil.

Doch wenn ich ins Wasser steige
und wate durch die Flut,
ist überm Strom voll Mut mein Herz,
ist das Krokodil wie eine Maus.
Denn ihre Liebe ist es, die mich stärkt,
sie singt für mich den Wasserzauber.

Voll Sehnsucht begehrt die Geliebte den »Bruder« und wünscht ihn sich herschießen mit dem flinksten der Rosse oder wie eine rasende Gazelle. Der schnellste Kurier des Königs ist ihr nicht rasch genug, sie verzehrt sich in heißem Verlangen. Seufzend ruft sie den Geliebten herbei und gemahnt ihn an der Goldnen Befehl. Sie sieht ihn heranstürmen mit der Extrapost des Königs, ohne Verzug am Relais, dessen gewiß, daß auch sein Herz schlägt wie jenes auf dem Ritt nach Sesenheim (Abb. 24).

Ach kämst du doch zu der Geliebten,
eilend wie ein Schnellbote des Königs. –
Sein Herr ist begierig auf seine Botschaft,
weil sein Herz danach verlangt, sie zu hören.
In allen Ställen ist für ihn angeschirrt,
Pferde stehn ihm bereit an jedem Wechselposten,
der Wagen ist gerüstet an seinem Platz,
es gibt für ihn unterwegs keine Rast. –
Das Haus der Schwester erreicht er,
sein Herz bricht in Jubel aus (Nr. 38).

Ach kämst du doch zu der Geliebten,
eilend wie eine Gazelle, die über die Wüste jagt. –
Ihre Füße taumeln, ihre Glieder ermatten,
denn Todesschreck ist ihr in den Leib gefahren:
Ein Jäger ist hinter ihr her mit seinem Hund,
doch sie können sie beide nicht sehen vor dem
Staub, den sie aufwirbelt.
Sie aber erblickt eine Ruhestätte als Zuflucht
und nimmt den Fluß wie einen Weg. –

Abb. 24 Wagenlenker.

Komm doch auch du in meine Höhle,
auf daß deine Hand viermal geküßt werde.[8]
Du suchst ja die Liebe der Schwester,
und die Goldene ist's, die sie dir zugeteilt hat,
mein Freund (Nr. 40).

Das Bild des Kuriers und das der Gazelle werden jeweils zu einem äußersten Superlativ gestaltet. So absolut sie stehen – jeweils die Mitte des Gedichtes behauptend – sie bleiben transparent für das Wunschbild des heranfliegenden Geliebten. Gazelle, Jäger und Hund rasen in der Ostwüste, durch den Fluß von der »Stätte der Ruhe« (= Nekropole) im Westen getrennt, wo die Geliebte – wohl kaum in der natürlichen Höhle eines Felsens, sondern – im Stollen eines verlassenen Grabes schmachtet. Das gejagte Wild (Abb. 25) erblickt ein solches Schlupfloch, und setzt über den Fluß; nimmt diese Hürde, als wäre sie ein Weg. So wünscht auch die Liebende den Freund herbei, zu sich in ihre Felsenhöhle. Natürliche Klüfte wie Grabeshöhlen boten im Wüstengebirge ein geeignetes Stelldichein. Gazelle und Geliebter finden dort ihr Obdach.[9]
Auch das Fruchtland, die grüne »Flur«, ist den Liebenden gewogen. Sie birgt sie auf ihre eigene Weise. Was für die Wüste der Fels, ist für die Flur das Dickicht. Wo die Vögel brüten, Ginsterkatzen die Nester ausheben und Ichneumone auf Raub schleichen, dort im Papyrussumpf treffen sich die Paare, wenn sie auf Vogeljagd ausziehen nach den »vielerlei Vögeln aus Punt«, die sich in Ägypten niederlassen (Abb. 26). Statt ihre Netze auszulegen und Fallen zu stellen, geht die Voglerin selbst ins Garn des Geliebten. Noch Papageno und sein Weibchen in Mozart-Schikaneders »Zauberflöte« sind späte Nachläufer des altägyptischen Vogelfänger-Motivs.[10] Kann zwar die Mutter den Liebenden auch einmal Beihilfe leisten, so wird sie doch im folgenden Flurlied (Nr. 10) von dem Mädchen gefürchtet, weil sie die Liebschaft erraten könnte.

Es schreit die Stimme der Wildgans,
sie ist durch ihren Köder gepackt.
Mich hält deine Liebe fest,
ich weiß kein Mittel, sie zu lösen.
Ich schlage meine Netze ab.
Doch was soll ich meiner Mutter sagen,

Abb. 25 Von Jagdhunden verfolgte rasende Gazellen und anderes Wild.

zu der ich sonst heimkomme,
täglich beladen mit Fang?
Heute habe ich keine Falle gestellt,
die Liebe zu dir hat mich selbst gefangen.

Liebesgefühle und Sehnsucht haben sich in dem letzten Gedicht zu einem Entschluß gefestigt. Der Wunsch, die Geliebte zu sehen, ist zur Lust gesteigert in dem Stoßseufzer (Nr. 25):

Ach wär ich doch das Negermädchen, das ihr die Füße pflegt,
dann säh ich die Farben all ihrer Glieder! (vgl. Abb. 14).

Im Paraklausithyron (Türklage), das als Liedtyp bislang der klassischen Antike zugeschrieben

Abb. 26 Voglerin mit Handfalle.

wurde, in Rom von Plautus bis Ovid die Skala von der noch kultisch beeinflußten Begrüßung der Tür durch den Jüngling bis zur realen Auseinandersetzung des Liebhabers mit dem Türhüter durchläuft, begehrt der Liebende Einlaß zur Geliebten an der Tür des Hauses.[11] Im Wunderglauben des Judentums und des Christentums bis hin zu unseren Märchen und in Ägypten selbst nachlebend bis heute ist das Motiv der Türöffnung ein fester Bestandteil. Die Tür ist ein aus vielen Teilen zusammengesetztes Wesen, denen einzeln geopfert wird, damit sie dem Jüngling geneigt seien. Wie vor den Pforten der Unterwelt der verstorbene Ägypter durch die rechten Sprüche, so versucht der Liebende durch Spenden für Riegel, Schloß, Türbalken und Schlüssel Einlaß zu erwirken. Gans- und Rinderopfer und Fett sprechen ihr »Sesam öffne dich!«

Ich ging bei Nacht an ihrem Hause vorbei.
Ich klopfte, doch mir ward nicht geöffnet:
eine gute Nacht für unsern Türhüter!
O Riegel, ich will öffnen!
Tür, du bist mein Geschick.
Sei (ich flehe) mein (guter) Geist!
Drinnen wird dir unser Ochse geschlachtet,
Tür, bei deiner Mächtigkeit!
Wird dir geschlachtet ein Langhornrind für den Riegel,
ein Kurzhornrind für das Schloß,
eine fette Gans für den Türbalken;
Fett für den Schlüssel.

Allerlei erlesene Stücke unseres Ochsen aber
sind für den Gesellen des Schreiners,
damit er uns einen Riegel mache aus Rohr
und eine Tür aus Strohgeflecht,
so daß, wann immer der »Bruder« kommt,
er ihr Haus offen finde,
und finde ein Bett, mit feinem Linnen bezogen,
und ein schönes Mädchen dabei.

Das Mädchen sagte zu mir:
»Dies Haus gehört dem Sohn des Stadtvorstehers!« (Nr. 47).

Im Sohn des Stadtvorstehers verbirgt sich der Dichter, der in seiner Phantasie die Erfüllung seines Traumes vorwegnimmt. Seine Art, sich zum Beamtenaristokraten zu erhöhen, ist ein literarischer Topos geworden.[12] Trotz aller Opfer für die Tür scheint er allerdings nicht auszukommen ohne Bakschisch für den Handwerker, den er um realere Zauberkünste angeht. Recht real spricht er dazu vom Bett (Abb. 27), wenn auch nicht ganz so eindringlich wie das folgende kleine Gedicht (Nr. 24):

Ach werde fertig mit deinem Bettmachen,
Bursche! Ich sage dir:
Nimm allerfeinstes Linnen als Bettzeug für ihren Leib.
Bezieh ihr Bett nicht mit Königsleinen.
Hüte dich auch vor (grobem) Weißzeug.
Glätte (das Tuch) und besprüh es mit Parfüm.

»Mit der Morgensonne verengt der Abschied« den Liebenden das Herz. Der Schmerz der Trennung drückt sich aus in Gedichten, welche die Literarhistoriker »Tagelieder« nennen. Wie im Minnesang bei Wolfram von Eschenbach kündet ein Vogel den Morgen und stört das Paar vom Schlummer auf. Der Morgenvogel ist die Schwalbe. Sie mahnt das Mädchen zum Aufbruch, aber die Liebenden beharren auf ihrem Glück, vereint zu sein (Nr. 14).

Die Stimme der Schwalbe spricht. Sie sagt:
»Der Tag bricht an, wie willst du fort?«
Nicht doch, o Vogel, du schiltst mich ja,
und ich habe den Bruder doch in seiner
Bettkammer gefunden.
Mein Herz ist über alle Maßen glücklich.
Wir beide, wir erklären (jeder):
»Nimmer werde ich weggehn,
wo meine Hand noch in der deinen ist.
Mit dir will ich wandeln,
wo immer es schön ist.«
Er hat mich zum ersten der Mädchen gemacht,
und nie betrübt er mein Herz.

Die Schwalbe, der lichtbringende, liebesfeindliche Morgenvogel, ist als lyrisches Bild durch Anakreon ins Abendland geflogen, wenn dort auch der Hahn und später die Lerche für sie eingezogen sind. In Ägypten wurde die Schwalbe, Verkünderin des anbrechenden Tages, dem Sonnengott beigesellt und schwebt als Gallionsfigur am Bug seiner Barke. Ihrer hohen Eigenschaften ungeachtet, gilt sie den Liebenden als Störenfried, und sie trotzen ihrem Gezwitscher. – In dem Gedicht ist bemerkenswert der reziproke Liebesschwur, der das paritätische Verhältnis der Geschlechter, wie es sich auch sonst ausdrückt, deutlich macht.
Die Gleichstellung des Partners und die damit dem andern zuerkannte Freiheit schließt den Versuch nicht aus, den Geliebten magisch an sich zu binden. Durch Zauber will der Liebende ihn sich sklavisch unterwerfen. Er ruft nach der Art des Hymnus die Götter an, daß sie das geliebte Mädchen zwingen, ihm nachzulaufen.

Abb. 27 Mädchen im Bett.

Gegrüßt seist du, Rê-Harachte, Vater der Götter.
Gegrüßt seid ihr, ihr sieben Hathoren,
die ihr mit roten Bändern geschmückt seid.
Gegrüßt seid ihr, ihr Gottheiten,
Ihr Herren des Himmels und der Erde.

Laß N. N., die Tochter des N. N., hinter mir
herlaufen
wie ein Ochse hinter dem Futter,
wie eine Kindsmagd hinter ihren Kindern,
wie ein Hirt hinter seiner Herde.

Falls ihr sie nicht hinter mir herlaufen laßt,
werfe ich Feuer auf Busiris
und zünde es an.[13]

Nicht genug, daß der Spruch der Geliebten Gewalt anzutun sucht, er bedroht sakrilegisch auch die Götter.
Nicht viel vom Liebeszauber unterscheidet sich der Liebestrank. Gewisse medizinische Mittel gelten als Aphrodisiakum, das »Greise zu Jünglingen macht«.[14] Mandragora und Lattich spielen dabei dieselbe volkstümliche Rolle wie die hartgekochten Eier in der Phantasie der Rekruten in heutigen Kasernen. Die Zaubermittel gingen in die Liebesliteratur ein wie nachmals bei Theokrit, Vergil, Horaz und Ovid. Etwa ein Jahrtausend später waren die Sprüche ausgefahren und widerlich verdreckt. Zahlreiche Proben solch absurder Liebeszauber, wie sie mehr und mehr praktiziert wurden, hat ein demotischer magischer Papyrus, heute in London und Leiden, tradiert.[15] Dort werden die Mittel, Liebe zu gewinnen, oder aber eifersüchtig ein Paar voneinander zu trennen, genau angewiesen. Sie scheinen sich über Jahrtausende bewährt zu haben, ja sie werden teils heute noch kaum verändert am Nil gepriesen.
»Ein Zaubertrank. Tu ein paar abrasierte Haare vom Kopf eines Mannes, der eines gewaltsamen Todes gestorben ist, zusammen mit 7 Gerstenkörnern, die im Grab eines toten Mannes begraben

waren, zerreibe sie mit 10 Lot – nach anderem Rezept 9 – Apfelkernen. Menge Blut vom Bandwurm eines schwarzen Hundes darunter, außerdem ein wenig Blut vom Zeigefinger ... deiner linken Hand und dein Sperma; misch es zusammen und tu alles in einen Becher Wein, füge 3 Beeren von den Erstlingen des Weinbergs hinzu, bevor du von ihm gekostet hast und bevor man gekeltert hat. Dann sprich folgenden Spruch 7 mal darüber und laß es die Frau trinken. Danach binde dir die Haut des obengenannten Schmarotzers mit einem Band von Byssusleinen an den linken Arm.
Der zugehörige Spruch lautet: »Ich bin in Wahrheit der von Abydos ... ich bin die Gestalt des Horus: Festung, Schwert, Überwinder ist mein Name ... Gib, o Blut des Osiris, das er der Isis gab, um sie in ihrem Herzen Liebe fühlen zu lassen Nacht und Tag und immerfort und ohne Unterlaß; gib, o Blut des N, geboren von N, das er der N, geboren von N, in diesem Becher gegeben hat, in diesem Weinglas heute, um sie in ihrem Herzen Liebe fühlen zu lassen, die Liebe, die Isis für Osiris gefühlt hat, als sie nach ihm überall suchte; (gib dies:) laß die Tochter des N sie (die Liebe) fühlen, so daß auch sie den N, Sohn des N, überall sucht; laß die Sehnsucht, die Isis für Horus von Edfu gefühlt hat, laß die N, Tochter des N, sie fühlen; laß sie ihn lieben, sie verrückt sein nach ihm, entflammt durch ihn, ihn überall suchen, während ein Feuer in ihrem Herzen sei im gleichen Augenblick, da sie ihn *nicht* sieht«.
Sei es, daß er den schwarzen Hund nicht aufgetrieben hat oder sich beim Aufsagen des Spruches verhedderte, sei es, daß die Geliebte den Mischbecher nicht trank – der Liebeskranke begehrt nach der Hingabe der Geliebten unentwegt sehnsuchtsvoll (Lied Nr. 37):

Gestern waren es sieben Tage, daß ich die
»Schwester« nicht sah,
Krankheit schlich sich in mich ein.
Meine Glieder wurden schwer,
ich verlor mein Bewußtsein.

Kommen die großen Ärzte zu mir,
bin ich mit ihren Mitteln nicht zufrieden.
Die Besprecher finden keinen Ausweg.
Meine Krankheit wird nicht herausgefunden.
(Nur) wer mir sagt: »Sieh, da ist sie«, der erhält
mich am Leben.
Ihr Name ist's, was mich hochbringt.
Das Kommen und Gehen ihrer Boten ist es,
was mein Herz am Leben erhält.

Mehr als alle Arzneien hilft mir die »Schwester«.
Mehr ist sie mir als die (ganze) Rezeptsammlung.
Ihr Eintritt ist mein Amulett.
Sehe ich sie, dann genese ich.

Öffnet sie ihr Auge, werden meine Glieder frisch.
Spricht sie, werde ich stark.
Darf ich sie (gar) umarmen,
vertreibt sie von mir das Übel.

Doch sie ist vor sieben Tagen von mir gegangen.

Wo Liebe ist, ist auch Eifersucht. Wir hören die Klage der Verlassenen (Nr. 15):

Ich wende meinen Blick auf die Außentür,
denn mein Bruder kommt zu mir.
Meine Augen gehen ihm entgegen, meine Ohren
lauschen. –

Ich ziehe ihn an mich, wieder und wieder,
den bien-aimé,
und mache die Liebe des Bruders
zu meinem Lebensinhalt, wenn ich allein bin,
denn für ihn schweigt mein Herz nie.

Da sendet er mir einen Boten,
raschfüßig kommend und gehend,
um mir zu sagen, daß – er mich fallen läßt.

Sag's doch offen: er hat eine andre gefunden!
Die gafft ihm schön ins Gesicht.
Ach, sollen die Ränke einer anderen mich etwa
verdrängen?

In der Frage steckt Hoffnung. Noch gibt es den Zauber, »ein Mittel, Haar ausfallen zu lassen: einen Wurm in Öl kochen und den Kopf der Gehaßten damit behandeln.«[16]
Einem anderen schmeckt ohne die Geliebte »Süßer Kuchen wie Salz« und »blumiger Süßwein wie Vogelgalle« (Nr. 12). Aber schon verspricht die Geliebte: »Bei Amun, ich komme zu dir, mein Kleid auf meinem Arm« (Nr. 44).
Die Liebenden wußten sich zu treffen: wenn nicht in der Bettkammer, so in den Höhlen des Wüstengebirges, im Garten unter dem Schutz des Baumes,

in der Laube, im Zelt; aber auch am Fluß, besonders im Dickicht des Papyrussumpfes. »Hathor, die der Liebe zugehört, ... die Goldene, ist in den Vogelsümpfen ..., den Stätten ihrer Seligkeit«. So singt ein Harfner schon im Mittleren Reich.[17] Aus kultischem Brauch hat sich in den Dickichten, vor allem im Delta, nach und nach ein üppiges Liebesleben entfaltet. Der Papyrussumpf, anstelle unserer Wälder der geeignete Ort für heimlich sich treffende Paare, wurde mit seinen fischreichen stehenden Gewässern, mit seinen brütenden Vögeln und dem Geschlinge von Lotos die Stätte, wo das rituelle Fangen der Vögel, die rituelle Fischjagd, das Raufen des Papyrus und das Darbringen von Lotos in der Spätzeit entartete zu festlichen Orgien von Trunkenheit, Sang und Liebe. Von solchem Fest in der freien Natur bei Bubastis weiß Herodot zu berichten (II 60), und noch in ptolemäischer Zeit schildert ähnlich der Osirispriester Wennofer auf seinem Sarg als sein höchstes Vergnügen die Freuden der Vogelteiche (Vgl. S. 100).[18]

Schon im Neuen Reich waren die Sümpfe des Deltas Stätten des Erkennens. Vor den Augen des Geliebten steigt das Mädchen ins Wasser und badet (Nr. 20), holt dem Jüngling zuliebe »einen roten Fisch heraus«, schwimmt hinter der Ente her, stochert im Kahn, rauft Papyrus und umschlingt sich mit Lotos, wie das die Kleinkunst wieder und wieder in schöner Anmut zeigt. Deckel von Kästchen, Fayence- und Steinschalen, Löffel und Ostraka – sie werden nicht müde, das nackte Mädchen gerade in dieser Verbindung vor uns zu stellen. Wozu die kleinen Gegenstände auch immer gedient haben – die Schalen mit und ohne Griff für Spenden von Wein oder Weihrauch – bei welchem Anlaß auch immer: sie dienten im Kultgebrauch für die Goldene. Hathor heißt sie, ein ander Mal Bastet.[19] Daß der rote Fisch, die Tilapia nilotica oder der Bulti, mehr Bedeutung hat als schmückendes Beiwerk, ist gezeigt worden,[20] die Ente mit zurückgewendetem Kopf, häufig assoziiert, könnte dem minoischen Wendehals entsprechen, der im Liebeszauber hilft.[21] Papyrus rauft man »in der Nacht, da man im Felde schläft«.[22]

Die Lustfahrt im Papyrusboot hat wohl schon bald einen erotischen Untersinn. Sie verziert die Fußlade von Betten[23] oder die Wände des Schlafzimmers.[24] Wenn im Papyrus Westcar oder auf einem Löffel des Kairener Museums Pharao mit seinen Haremsdamen im Boot eine Lustfahrt unternimmt,[25] so ist dieser Ausflug ein ähnlich harmloses Vergnügen wie in den Grabmalereien von Theben. Wenn aber zu dem nackten Mädchen im Entenkahn ein Jüngling einsteigt, dann wird aus Vergnügen Lust.[26] Ein Kind stochert die beiden, das Mädchen hält die Enten gepackt, der Jüngling faßt den Lotos, der Schnabel der Bugente ist schnatternd aufgesperrt, Fische und Vögel tummeln sich in der Runde. Noch auf koptischen Geweben schaukeln die kleinen Eroten im Kahn zwischen Enten und Fischen. Auch heute noch kennt der Sprachgebrauch den Liebenden, der sich einen Vogel fängt, wie den, der sich einen Fisch schnappen geht.

Dem allgemeinen Kulturverfall ging der Sittenverfall voraus, wenn auch schon manches Liebeslied früherer Zeit doppelbödig verstanden sein wollte. So wenn der Jüngling »im Grundstück des Mädchens gräbt« (Nr. 18). Schon die Weisheitslehre des Ptahhotep nennt die Ehefrau »einen nützlichen Acker für ihren Herrn«.[27] Ugaritisch-kanaanäisch, in der Weisheit des Alten Orients, in Ägypten selbst vielfach bis hin zu den Esna-Texten[28] und vollends in der klassischen Antike[29] treten Erde und Frau wechselweise füreinander ein, und noch in dem Soldatenlied unserer jüngsten Vergangenheit »Was nützet mir ein schöner Garten, wenn andre drin spazierengehn« wehen die uralten Klänge herauf von dem Mädchen dem Garten, von der Erde der Mutter. – Auch in dem Lied »Wenn du ihn bringst zum Hause der Geliebten ...« (Nr. 41) konnte kein Ägypter den anzüglichen Untersinn überhören.

Es ist nicht leicht auszumachen, welchen Anteil Vorderasien an der Laszivität des Neuen Reiches hat. Unbestritten bleibt, daß Ägypten damals für Anregungen aus seinem Imperium zumindest empfänglich war. Nach Vorderasien verweist auch das Abenteuer, das ein Militärbeamter seinem Kollegen in einem brieflichen Wettstreit vorhält:[30] »Du bist in Jaffa einmarschiert, findest die Flur blühend im Frühling, brichst durch eine Grundstücksmauer ein und findest das schöne Mädchen, das die Gärten bebaut. Sie macht sich dir zum Kumpanen und gewährt dir die Farbe ihres Schoßes. Du wirst ertappt und mußt gestehen. Du verlierst deinen Rang und mußt dein Hemd aus feinem oberägyptischem Leinen verkaufen. Sag mir doch, wie du jetzt die Nächte schläfst mit einem Tuch aus Wolle auf dir?« Was nicht auf eine »Kuhhaut« (= Schreibleder) geht, das vertrauen die Ägypter allemal den Ostraka an, Kleinfiguren, aber auch einmal einem Papyrus. Das stärkste Dokument dieser Richtung ist der Turiner Liebespapyrus. Wenn dessen Humor auch vorwiegend auf dem Gegensatz zwischen der alten struppigen Gestalt eines bärtigen Priesters und der einer jungen, mondänen Dirne beruht, so führt er doch mit den Begegnungen der ungleichen Liebesleute die ars amandi in allen Einzelheiten vor wie nachmals das der Hetäre Elephantis von Alexandria zugeschriebene illustrierte Werk über den gleichen Gegenstand.[31] Die Figur des verliebten Alten wurde früh ein Topos und durchzieht die antike Literatur, aber im ägyptischen Liebespapyrus von Turin geschah es erstmals, daß ein naiver Struppian in die Fänge eines Weibsstücks gerät.[32] Diese Spiele des Fauns und seiner Bajadere werden noch übertroffen durch die Darstellung einer kleinen Fayence, die die Fluchformel illustriert: »Der Esel soll mit seiner Frau verkehren.«[33] Hier ist die Liebe pervertiert bis zum Abscheu. Aber dieser Akt steht, wohlgemerkt, unter dem Zeichen des Fluches.

Sechstes Kapitel

Genieße den Tag, dessen werde nicht müde

Denn niemand nahm mit sich, woran er gehangen / und niemand kommt wieder, der einmal gegangen«. So singt der Harfner im Grabe des Königs Antef, des »edlen Fürsten, den das gute Geschick (der Tod) getroffen hat«. Nur auf dem Hintergrund der Lebensfreude werden die Zurüstungen für Bestattung und jenseitige Fortexistenz der Ägypter voll verständlich. Wenn die alte Kultur sich heute vornehmlich in Götter- und Totentempeln und in Gräbern, den »Stätten der Ewigkeit«, repräsentiert, wird zwar ein wesentlicher Bestandteil altägyptischer Vorstellung sichtbar, aber nicht die Unmittelbarkeit von Frohsinn und lachenden Augen. Keineswegs war der Alte Ägypter ein Bruder Immerfroh, der alles durch eine sonnige Brille gesehen hätte, aber ihm waren echte Herzensfröhlichkeit und ein gesunder Mut zu Humor und Vergnügtheit eigen. Über seinem Alltag lag der Schimmer guter Laune (Tafel 25 und 26).

Je nach Alter, Geschlecht und Stand feierten sie die Freuden des Daseins verschieden. Die Großen fuhren, oft in Begleitung ihrer Familie, in die Deltasümpfe oder ins Faijûm zur Fisch- und Vogeljagd. Sie schwangen sich auf die leichten Nachen, um Nilpferde zu harpunieren, Fische zu speeren und Vögel mit dem Wurfholz zu treffen. Andere saßen still beim Angeln. Im Oberland gab man sich den Jagdvergnügen der Wüste hin (s. Kap. 2). Zu Hause versammelten heitere Feste Damen und Herren zu fröhlichen Banketts; man becherte miteinander, wenn auch aus Schalen, und ergötzte sich an Gesang, Tanz und Musik. Das Schlangenspiel rief unterhaltungsfreudige Partner ans Brett, in der Laubhütte wetteiferten andere bei »Wolf und Schaf« oder versuchten ihr Glück auf dem 30-Felder-Brett. Nicht weniger eifrig plauschten die Phantasiebegabten im Schatten der Hauswand, sie machten Fingerzählreime,[1] gaben sich Rätsel auf und erzählten einander humorvolle Geschichten. Wieder und wieder freute man sich an den bekannten Fabeln und Märchen und »las« die »Bunte Illustrierte« (s. Kap. 7). Mit besonderem Jubel, wenn auch nicht frei von Scheu, begrüßte ein jeder die Ankunft des großen Zauberers oder der fahrenden Sänger. Aber all die täglichen kleinen Freuden wurden überhöht durch die großen religiösen Feste, die weite Gaue, wenn nicht sogar das ganze Land auf die Beine brachten und in Jubel versetzten. Doch der Reihe nach! Gehen wir zu den Kindern zuerst und sehen wir ihrem Treiben mit ruhigem Atem zu!

Die Kinder hatten ihr Spiel und ihr Spielzeug (Tafel 27). Kreisel und Ball, Klappern und Rasseln gehörten zu ihrem Inventar ebenso wie Puppen mit Haaren aus Perlenfäden, aus Haar oder aus Wolle. Wenn auch nicht von Käthe Kruse, so waren diese Püppchen doch aus Stoff genäht und beweglich. Auch Puppen aus Holz wiegten die Mädchen in Puppenbetten. Elfenbeinerne Zwerge konnten auf einem Brettchen mit einem Faden zum Tanzen gebracht werden.[2] Die Spieltiere, wie die weißen Mäuschen oder kleinen Igel, waren zumeist aus Fayence, die Pferdchen mit Reiter und Wagen dagegen lieber aus Kalkstein oder auch aus Holz gemacht. Hölzerne Tiere wie Krokodil oder Maus hatten Gelenkscharniere in den Kieferangeln, so daß ein Fadenzug ihr Maul aufsperren konnte, arbeitende Menschen wurden wie unsere Hampelmänner in Bewegung gesetzt.

Die etwas älteren Buben übten sich im Waffenspiel. Nackt wie in den Gymnasien der Hellenen machten sie vorzugsweise Stockfechten und Ringkämpfe oder maßen sich bei vielerlei sportlichen Spielen.[3]

25 Erntearbeiter kaut einen Lauchstengel.

26 Erntearbeiter trinkt aus einer Tonflasche. ▶

Abb. 25

Abb. 26

Abb. 28 Kinderspiele, von links nach rechts: Fußhaschen, Rundlauf, Gleichgewichtsübung, »Ziegenspiel« (khazza lawizza), Balgerei, »Yoga«, »Eselspiel«, Zielwerfen.

Der Ägypter schätzte die Behendigkeit und die Muskelstärke eines schlanken Körpers. Als eine junge Frau die Leibeskraft eines Jünglings sah, entbrannte sie gleich der Frau des Potiphar in Liebe, wie das Brüdermärchen überliefert.[4] Der Geschmack dieser verliebten Dame war der allgemeine Geschmack des Ägypters: Wandbilder und Statuen präsentieren schlanke, relativ große, sehnige Gestalten mit geraden Schultern, Vertreter der äthiopiden Rasse, der die meisten Oberägypter zugehörten.

In akrobatischen Spielen erregten die Jungen Bewunderung durch Geschicklichkeit und Balanceleistung (Abb. 28). Ein Bocksprung, das ägyptische »Ziegenspiel«, bei dem zwei Buben als Wackelkandidaten im Sand sitzen und nicht umfallen dürfen, wenn andere über sie hinwegspringen, ist bis in die jüngsten Tage in Ägypten, Nubien und Jordanien ebenso ausgeführt worden (Abb. 29), wie es die rund 4500 Jahre alten Bilder der Mastabas zeigen.

Die Kinderspiele, von Generation zu Generation tradiert, überdauerten Religionen und Sprachen, wie sie fortan Revolutionen und Kriege überleben werden. Weder konnte der Wohlfahrtsstaat den Bettler noch die Republik den Kaiser aus dem heutigen Hickelspiel vertreiben.

Außer bei dem Ziegenspiel, einer Sprungübung, sind die Jungen beim Gewichtheben und Stemmen dargestellt, bei anderen Kraft- und bei Gleichgewichtsübungen. Während ein Junge als »Esel« mit allen Vieren auf dem Boden kriecht, hängen ihm zwei kleine Kinder wie Satteltaschen quer über den Rücken, eins rechts, eins links, sich gegenseitig an den Füßen haltend. Andere machen Kopfstand, Bodenübungen, Rundlauf, üben sich im Yoga-Sitz, lassen »einen Fisch fliegen«, werfen Pfeile oder spielen Reif. Der Rundlauf, den die Ägypter »eine Weinlaube errichten« nennen, ist wohl das einzige Spiel, das Mädchen und Jungen einmal gemeinsam machen.[5]

Mannschaftswettkämpfe sind vergleichsweise selten. Zu den Vergnügen der Schiffer gehörte das Fischerstechen, auch in Deutschland seit dem 16. Jhdt. bekannt und noch heutzutage bei historischen Spielen gern zur Schau gestellt. Schwimmen, Rudern und Laufen galten kaum als Sport, gehörten aber zu den Alltagsfreuden. Dabei hatten die Schwimmer nicht nur die Aussicht, einen Liebesfisch zu treffen, sondern auch dem räuberischen Hydrocyon forskalii, dem auch heute gefürchteten Nilfisch, zu begegnen. Nach Aussage eines Grabbildes aus dem Alten Reich biß einer angriffslustig einem tauchenden Fischer in den Fuß.[6]

Das Fischerstechen fand in der Regel als belustigender Schaukampf statt. Ringen und Stockfechten waren sogar einmal Schauspiel eines »internationa-

len Wettkampfes«, einer Vorform der Olympiade, vor dem Hofstaat Ramses' III. in Medînet Hâbu (Abb. 30). Zwei Parteien von ägyptischen Soldaten, Schädel und Kinn mit Leder geschützt, andere mit Armschienen und Handschutz, tragen die Kämpfe aus. Ob die Ausländer wirklich Neger und Syrer waren oder ob Ägypter dabei die Rolle ausländischer Wettkämpfer spielten, bleibe dahingestellt, gewiß ist nur, daß die Ausländer verloren.[7]

Die Großen des Reiches vergnügten sich bei diesen Spielen als Zuschauer. Allerdings haben sie auch selber Sport getrieben, mußten aber, was ein Mann des Volkes selbstverständlich übte, wie Schwimmen und Rudern, im Unterricht lernen.[8] Andere Sport-

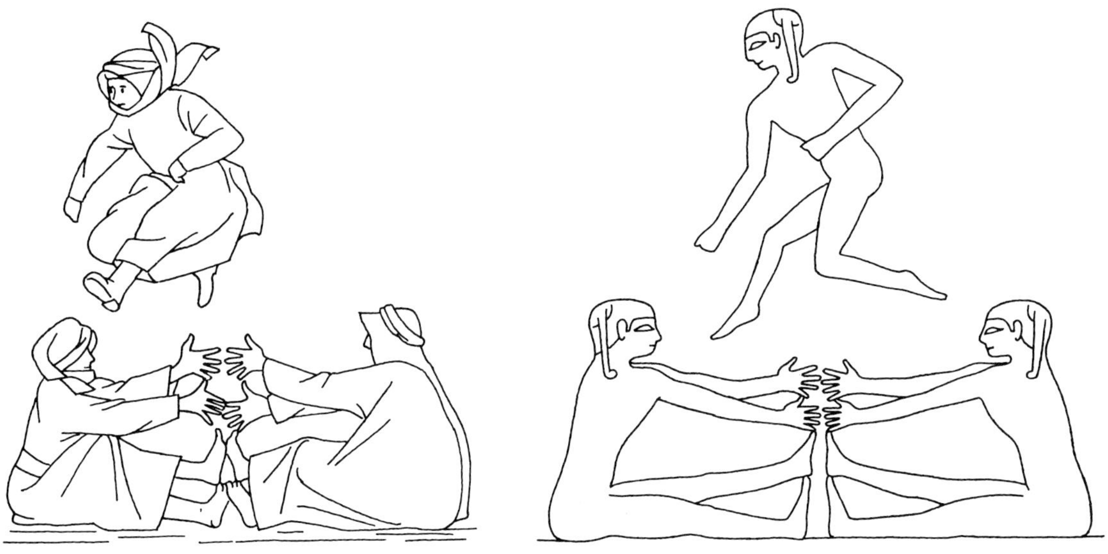

Abb. 29 Khazza lawizza und das altägyptische »Ziegenspiel«.

Abb. 30 Ringkämpfe und Stockfechten als Schaukämpfe.

arten waren ihnen als Privilegien vorbehalten, vor allem die Jagd. Seit dem Neuen Reich gehörte zum Ideal eines Pharao »mit starken Armen und mit weitem Schritt« seine sportliche Leistung. An erster Stelle ist Amenophis II. zu rühmen, der im Bogenspannen Odysseus in den Schatten gestellt hat und im Wettlauf und Rudern alle Mannen seines Heeres weit übertraf (vgl. Kap. 2).

Die Mädchen gefielen sich besser bei Tanz und Reigen, bei Singspielen und tänzerischen Pantomimen. Beim Ballspiel jonglierten sie mit zwei bis drei Bällen, warfen rhythmisch und machten gleichzeitig akrobatische Kunststücke. Jene, die bei den Götterfesten, insbesondere den Feiern für die Göttin Hathor, akrobatische Tänze vorführten, hatten es in der Tanzkunst zur Meisterschaft gebracht. Brücke und Überschlag, Hüpfposen und Radschlagen verlangten von ihnen Kraft und Geschmeidigkeit (Taf. 28). Bei den Singspielen und Pantomimen, seit dem Alten Reich überliefert, trugen die Spieler bald Masken, bald Geräte oder waren durch Frisur wie Kleidung rollengerecht ausgestattet. Am vollständigsten ist der Text zur Entführung

27 a (oben links)	Affe als Trommler.
27 b (oben rechts)	»Brettchenpuppe«.
27 c (Mitte links)	Kalksteinfigürchen eines wagenlenkenden Affen.
27 d (Mitte rechts)	Lederball.
27 e (unten links)	Schleichkatze mit beweglichem Unterkiefer.
27 f (unten rechts)	Kornmahlende Figur als Spielzeug.

der Vier Winde überliefert.[9] Obwohl bei der Prozession einer Statue in den Tempel aufgeführt, war dies Spiel ursprünglich nichts als kindliches Vergnügen. Doch konnten Spiele umgekehrt auch den Weg von religiösem Brauch zur profanen Unterhaltung gehen.

So könnten den Brettspielen magische Praktiken zugrundeliegen. Tote spielten es im Jenseits,[10] Seton-Chaemwêse spielte mit Ni-nofer-ka-Ptah um das Zauberbuch des Thoth.[11] In parodistischer Übersetzung tragen Löwe und Gazelle einen Wettkampf im Brettspiel aus (Tafel 29).

Doch wenn auch die Anfänge der Brettspiele in religiösen Vorstellungen liegen mögen, so entwikkeln sie sich bald zu einer Unterhaltungskunst. Im Grabe des Petosiris ist bei dem Bild, das den Grabherrn beim Brettspiel zeigt, zu lesen: »Sich mit seinem Freunde beim Spiel vergnügen vom Frühstück bis zu der Stunde, da er im Bierhaus trinkt«, m.a.W. von morgens bis zum Abend.

Es gab zumindest vier Arten von Brettspiel, dazu eine Reihe von Unterarten. Hauptsächlich in der Frühzeit beliebt war das mehen-Schlangenspiel (Tafel 30). Konnte auch die Forschung die Regeln dieses Spiels noch nicht genau aufschlüsseln, so doch so viel, daß sich auf dem Brett mit der spiralig eingerollten Schlange, deren Leib meist durch Querrillen in Abschnitte geteilt ist, eine Jagd abgespielt hat. Ausführende waren Spielfiguren von Tieren – wie Hund und Löwe – sowie in den Brettrillen laufende Kugeln verschiedener Farbe. Das

Abb. 31 Diener setzt einem Gast einen frischen Parfümkegel aufs Haar.

Spiel war offensichtlich recht einfach und ist später ganz verschwunden.[12]

»Hund und Schakal« entspricht unserem »Wolf und Schaf«, und das $3 \times 10 = 30$-Felder-Spiel (senet) ist in das jetzige Tric-Trac gemündet. Dieses schmalrechteckige 30-Felder-Spiel, von dem es mehrere Varianten gab, ist seit der Frühzeit bekannt und war so allgemein beliebt, daß Torwächter und Tempelhüter es sich auf das Pflaster ritzten.[13] Die gelangweilten Leute haben sich damit ähnlich die Zeit vertrieben wie ihre jüdischen Kollegen in Kapernaum und heute die ägyptischen Grabhüter mit dem Zike-Spiel. Einige Felder waren entweder mit fortlaufenden Zahlzeichen beschrieben oder mit Namen bezeichnet wie »Himmel« und »Hölle«; sie trugen Figuren von Menschen (Jägern) und Göttern, hatten Fallen (Wasser) und Ziele (Glückszeichen). Die Sequenzen waren sinnvoll angeordnet, bald mehr religiös, bald mehr weltlich-ästhetisch geartet.[14] Das vierte der ägyptischen Brettspiele, ebenfalls rechteckig, hatte 20 Felder, $12 + 4 + 4$.

Das ägyptische Brettspiel hat bis in griechische Zeit fortgelebt, ist offensichtlich als »Alexanderspiel« in Talmudschulen – heimlich – gespielt und in Indien zum Königsspiel, dem Schach, weiterentwickelt worden.[15]

Das Brettspiel war ägyptischen Königen so wichtig, daß sie es im Grabe nicht missen mochten. Wenn auch nicht aus Ebenholz und Elfenbein gearbeitet, mit fein geschnitzten Figuren besteckt und mit einer Schublade zur Aufbewahrung der Spielpuppen versehen wie das des Tutanchamun, war das einfachere Spiel ärmerer Leute doch mit der gleichen Liebe und Sorgfalt ausgeführt.[16]

Manchmal suchte man sein Vergnügen in der stillen Beschaulichkeit. Das Kêf, die orientalische Ruhehaltung, die dem allzeit geschäftigen Abendländer der Gegenwart nicht mehr vollziehbar erscheint, ihn eher gar reizt, gehörte schon im Alten Ägypten zur zeitweilig-idealen Existenzform. Das gesammelte Nichtstun entfachte die Phantasie, setzte die Wertmaßstäbe und ließ die Sinnrichtung des Lebens erkennen, damals gewiß nicht anders als heute, da man, die Wasserpfeife schmauchend oder Zuckerrohr kauend, in den Himmel blinzelt und meditierend seinem Standort in der Welt nachsinnt.

Um so munterer ging es her bei einem Bankett (Tafel II). Damen und Herren gemeinsam, wenn auch – bis zu Thuthmosis III. – auf verschiedenen Seiten des Raumes sitzend, genossen die Leckerbissen der südlichen Natur, die der Wirt einem jeden Gast auf getrennten Tischchen serviert hatte, tranken aus Schalen Traubenwein, der nach Sorte und Jahrgang gelagert war; lauschten dem musikalischen Ensemble von Harfe, Laute, Flöte oder Leier (Tafel 31 a und b) und ergötzten sich an der Grazie nackter Tänzerinnen, die der Gastgeber für das Gelage gemietet hatte.[17] Um die Lust zu vervollkommnen, sogen die Sinnenfrohen den Duft von Zitronen und Lotosblüten ein, die sie zur Nase führten, und atmeten den Wohlgeruch der ätherischen Öle, die mit den schmelzenden Parfümkegeln vom Scheitel über Perücke und Gewänder in den Raum schwelten (Abb. 31), so wie es der Harfner im Grabe des Neferhotep singt:

28 Akrobatin in einem Festzug.

Feire einen schönen Tag!...
Tu Balsam und Wohlgeruch an deine Nase,
auf deine Brust Kränze von Lotos und Liebesäpfeln,
während die Frau deines Herzens bei dir sitzt.
Hol Gesang und Vortrag dir vor Augen.
Übersieh alles Üble und gedenke der Freuden,
bis jener Tag kommt, an dem du landest
in jenem Lande, das das Schweigen liebt (Totenreich).[18]

Sehr viel später, in der ptolemäischen Zeit, hat sich bei den Festmählern ein Brauch ausgebildet, dessen geistige Anfänge 2000 Jahre zurückreichten. In den Harfnerliedern, dem eben auszugsweise zitierten wie jenem, dessen Refrain dieses Kapitel einleitet, klingt das Carpe diem auf, das nun konkreten Ausdruck findet: Man reichte ein Totenfigürchen herum. Nach Herodots Beschreibung (II 78) »trägt beim Gastmahl, wie es die Reichen halten, ein Mann nach der Tafel das hölzerne Bild einer Leiche in einem Sarg herum. Es ist aufs beste geformt und bemalt und ein oder zwei Ellen groß. Er zeigt es jedem Zechgenossen und sagt: ›Den schau an, und trink und sei fröhlich. Wenn du tot bist, wirst du, was er ist‹«. Totenfigürchen mit einem Schrein sind mehrfach erhalten geblieben. Auf dem Hintergrund solch ernster Besinnung, zu der die vergleichbaren Totenschädel auf unseren Schreibtischen einmal ähnlich angeregt haben, strahlte der Glanz der Feste um so heller.
Die Freude am Leben gebot, das Leben über den Tod hinaus zu verlängern, hieß, für die dazu nötige rituelle Bestattung und Grabausrüstung Sorge tragen (Taf. 32). Der Gedanke an den Tod gebot, das Leben zu genießen. Diese Grundstimmung entwickelte sich aus der Erfahrung der Ersten Wirrzeit, da eine soziale Revolution eine tiefgreifende religiöse Neubesinnung heraufgerufen hatte. Einer der schönsten Gesänge, die damals entstanden, ist das schon erwähnte Harfnerlied:

Geschlechter vergehen,
andere bestehen
an ihrer statt.
Das gilt seit den Zeiten
der Ahnen, der Götter,
die nun in den Pyramiden ruhn (Tafel 33).
Die Edlen, Verklärten,
auch sie sind begraben.
Vergangen ist, was sie geschaffen haben,
und was ist ihr Los?

Ich hörte die Worte
der Weisheit Imhoteps
und Djedefhors aus aller Mund.
Was sind ihre Stätten?
Zerbrochen die Mauern,
verlassen die Orte;
es ist, als hätten sie niemals gelebt.
Keiner kam, der ihr Schicksal erzählt,
und alles, worum unser Herz sich quält,
bis auch wir gelangen,
wohin sie gegangen.

So sorge dich nicht um dein künftiges Ende,
folge dem Herzen, noch schlägt es in dir!
Mit Myrrhe bestreue
dein Haupt und bekleide
mit Linnen den Leib.
Mit Leinen duftend
von köstlichen Salben,
den Göttern geweiht.
Betrübt sich dein Herz,
such größere Freuden,
folge dem Herzen
und dem, was dich freut.

Sieh, daß auf Erden
das Deine getan wird
nach deinem Sinn.
Denn jener Tag der großen Klage (Tod)
kommt auch zu dir.
Der Herzensmüde (Osiris) ist taub ihren Rufen,
sie rufen vergeblich
den Toten zurück.

Refrain:
Genieße den Tag,
dessen werde nicht müde.
Denn niemand nahm mit sich,
woran er gehangen,
und niemand kehrt wieder,
der einmal gegangen.[19]

Die Ägypter haben dieses Gaudeamus igitur beherzigt, wie ihr Weinkonsum lehrt. Hielt einer nicht Maß, so daß er das Genossene wieder von

29 Löwe und Steinbock beim Brettspiel.

sich geben mußte, so sprang der Diener herbei und war behilflich. Selbst eine Dame – allerdings aus der Provinz – konnte die Grenze überschreiten. Wenn die »Tochter der Schwester der Mutter der Mutter« des Hausherrn rief: »Bring mir 18 Becher Wein! Ich möchte trunken werden. Meine Eingeweide sind (trocken) wie Stroh«,[20] so klingt das aus dem Munde der Alten nicht anders als unser vulgäres: »Bier her oder ich fall um!« Als eine Dame einen Trunk abweist, ermuntert sie der Diener:

»Dir zum Wohl! Trinke bis zur Trunkenheit!
Feire einen schönen Tag!
Hör, was deine Freundin sagt:
Tu nicht so, als möchtest du aufhören!«[21]

»Dir zum Wohl!« und »Feire einen schönen Tag« gehört zu den ständigen Formeln der Trinksprüche.

Tanz und Trinken werden durch die Freuden im Vogelteich zu dem Dreiklang erweitert, der bis in späteste Zeit der Grundakkord des Vergnügens (šms jb) war.

Hor-achbit, ein Amonspriester der 22. Dynastie, schreibt, mit seinem Schicksal und sich selbst zufrieden, in seiner Biographie: »Ich vergaß nicht den Tag der Beerdigung«, d.h. er folgte dem Memento mori, »ich gedachte derer, die in ihrem Grabe ruhen. (Daher) gab ich meinen Überfluß hin, um in Muße dazusitzen oder die Vogelteiche zu durchziehen, wobei ich mich mit Wein vergnügte, mit Bier, Salbe und Myrrhen. Ich erreichte die Nekropole (starb) als ein großer Ehrwürdiger. Mein ältester Sohn ist an meine Stelle getreten, und jetzt durchzieht er den Vogelsumpf...«[22] Parallele Dokumente sind bis in römische Zeit verfaßt worden.

Die Papyrussümpfe waren sportliches Gelände, gewiß (Tafel 34), waren kultisches Gelände auch, zugleich aber waren sie die idealen Treffplätze für ein geheimes Stelldichein (s. Kap. 5). Denn »in den Vogelteichen, an den Stätten ihrer Lust, wohnt die Goldene«, die Liebesgöttin Hathor.[23] Die Fahrt durch den Vogelteich wurde im selben Maß, wie sie ihren ehemals sakralen Charakter verlor, ein Gondeln zum Vergnügen. Von dem raschelnden Papyrus verdeckt, stocherte man die gewundenen Wasserpfade durch das Dickicht, belustigte sich mit Wein und »allen guten Dingen«, nicht anders als beim Bankett, und wer Glück hatte, dem begegnete dort ein schönes Mädchen. Das Relief einer aus den Silberfunden von Bubastis stammenden Schale[24] spiegelt solch heimlich-fröhliches Unternehmen. Fisch- und Vogeljagd und – auf der Außenseite – schwimmende Mädchen zwischen Enten und Fischen im Papyrus-Lotosteich schillern zwischen Kult und Liebesleben. Auch ein Kälbchen als Tierliebling fährt im Nachen mit.

Ein Osirispriester der ptolemäischen Zeit mit Namen Wennofer rühmt sich in der Inschrift auf seinem Sarg, nachdem er alle seine Vorzüge, sein untadeliges Wesen und sein Gott wohlgefälliges Leben beteuert hat, folgendermaßen: »Ich war einer, der die Trunkenheit liebte, ein Herr des schönen Tages, ein Frohgemuter. Meine Lieblingsbeschäftigung war es, die Vogelteiche zu durchziehen (und dort meine Abenteuer zu suchen)... Ich vollendete meine Lebenszeit auf Erden in Fröhlichkeit nach der Weisung der Götter, und dabei kam keine Sorge auf in dem Raum, wo ich weilte, und kein Kummer drang in meine Stadt. Sänger und (Tanz-)Mädchen[25] waren an einem Ort vereint, und ihr Jubel war um mich wie der der Meret-(Sanges-)Göttin. Die mit Schleiern bekleideten Frauen, vollkommenen Leibes, mit langen Locken und mit straffen Brüsten waren reich mit Schmuck (Tafel IIIb), mit Parfümkegeln und mit Lotosblüten geziert. Ihre Stirn war umwunden mit gjw-Pflanzen. Alle waren trunken vom Grünen Horusauge (Weinsorte). Ihr Duft waren die Schätze von Punt (Weihrauchland), während sie schön tanzten. Ich tat, was mein Herz wünschte (er nahm die Mädchen zu sich), ihre Belohnungen hingen (als Schmuck) an ihren Gliedern. Ich folgte meinem Herzen im Garten und durchzog die Vogelteiche, indem ich (auch dort) nach meinem Wunsche handelte«.[26]

Wenn auch die Priesterfeste, wie sie Wennofer schildert, noch verstanden sein wollen als ein kultisches Zeremoniell der Liebe im Dienste der Göttin Hathor,[27] so wird von der Atmosphäre her deutlich, daß diese späten Begehnisse einen Charakter angenommen hatten, der auf dem Wege der (entarteten) hellenistischen Feste des Tybi lagen.

30 Schlangenspiel.

32 Gesichtsmaske eines Sarges, das Haar mit einem Blütenkranz geschmückt. ▶

31 a Harfnerin und Sängerin.

31 b Oboist und Cheironom.

Weltliche und geistliche Freuden gingen ineinander über, der sinnliche Genuß kam ebenso zu seinem Recht wie das religiöse Verlangen.
Hathor von Dendara und Horus von Edfu standen mehr als andere Gottheiten inmitten eines Kranzes mythologisch vielfädig versponnener Feste. In Dendara feierte man als »Tag der Trunkenheit« ein altes Fest der »Goldenen« Liebesgöttin, auf das schon die im Luksortempel erhaltenen »Lieder der Trinkstätte« bezug nehmen.[28] Wie es dort heißt, hat Hathor dem König »das Schönste der schönen Dinge getan«, ihm Liebesglück geschenkt. Wenn in der Spätzeit Hathor von Dendara alljährlich 15 Tage bei ihrem Gemahl, dem Horus von Edfu, verbrachte, war das Land in jauchzendem Glück. Schon während die Göttin zu Schiff zur Hochzeit reiste, feierte jeder Ort, wo sie anhielt, helle Freudenfeste. Und wenn zur Zeit der Sommersonnenwende Hathor-Tefnut aus dem Süden von Station zu Station nach Ägypten zog, jubelte das Volk ihr ähnlich entgegen.
»Die Ägypter waren die ersten, die religiöse Feste, Prozessionen und Opferfeiern veranstaltet haben..., die Hellenen haben sie von ihnen übernommen«, weiß Herodot zu berichten (II 58). In Bubastis, in Busiris, in Sais, in Heliopolis und in Papremis, fünf bedeutenden Deltastädten (Plan 1), wurden in griechischer Zeit alljährlich große Götterfeste gefeiert,[29] die teils in weit ältere Epochen zurückverfolgt werden können. Zum Bastetfest in Bubastis strömte eine runde Million Menschen, praktisch wohl ganz Ägypten, zusammen. Davon berichtet der Altmeister der Geschichte wie folgt (II 60):
»In einzelnen Schiffen (Tafel 35) kommen sie dahergefahren, eine große Menge Volks, Männer und Frauen durcheinander. Manche Frauen haben Klappern, mit denen sie klappern, manche Männer spielen die ganze Fahrt hindurch Flöte, und die übrigen Frauen und Männer singen und klatschen dazu in die Hände«, wie man es ganz ebenso auch heute bei einer Nilfahrt erleben kann. »Kommen sie auf ihrer Reise an einer Stadt vorbei, so lenken sie das Fahrzeug ans Ufer und tun folgendes. Einige Frauen... rufen die Frauen jener Stadt an und verspotten sie, andere tanzen, wieder andere stehen auf und entblößen sich. Das wiederholt sich bei jeder Stadt, die am Strome liegt. Sobald sie in Bubastis angekommen sind, beginnt das Fest mit großen Opfern. Wein wird bei diesem Fest mehr verbraucht als im ganzen übrigen Jahr. Die Zahl der Festteilnehmer, Männer und Frauen, die Kinder nicht eingerechnet, beträgt, wie man dort versichert, gegen 700000 Menschen«.
Eine hübsche Illustration zum Bastetfest ist auf einer ägyptischen Silberschale aus Zypern eingeritzt[30] (Tafel 36). Da ist in der Hauptzone ein Boot mit einer Katze als Protom zu sehen, besetzt mit drei Ruderern und versehen mit einem Weinkrug. In einem reich ausgestatteten Entenkahn sitzt das Ehepaar, das wohl nach Bubastis reist, in der Kajüte. In seinem Gefolge zieht ein Papyrusnachen mit nackten Musikantinnen dahin, schließlich folgt die Barke mit Proviant, vor allem Wein.[31]
Stiller und voll Stimmung verlief »das Fest der brennenden Lampen« in Sais.[32] Wenn sich die Ägypter »zum Feste in Sais versammeln, zünden sie in einer Nacht viele Lampen an und stellen sie rund um die Häuser. Die Lampen sind flache Gefäße, die mit Salz und Öl gefüllt werden;[33] obenauf schwimmt der Docht. Diese (Öl-)Lampen brennen die ganze Nacht, und das Fest heißt (daher) »Das Fest der brennenden Lampen«. Auch die Ägypter, die nicht an dem Feste teilnehmen, zünden in dieser Festnacht Lampen an. So ist nicht nur Sais, sondern ganz Ägypten erleuchtet«. Welches Hochgefühl für ein Volk, das um die Verwandtschaft von Licht und Wahrheit wußte!
In den anderen Städten spielten sich ähnliche Feste ab, in Heliopolis und Buto reine Opferfeste. In Papremis aber fanden bei Sonnenuntergang bei der Prozession eines Götterbildes am Tempeltor zwischen den Umzugspriestern und den Tempelwächtern rituelle Kämpfe statt, und zwar nicht nur fiktive, sondern faktische Kämpfe, bei denen es rücksichtslos zugegangen zu sein scheint.[34] Dieses Fest ist nach Herodot folgendermaßen entstanden: »In dem Tempel dort wohnte die Mutter des Ares. Ares aber war fern von der Mutter aufgewachsen. Als er nun als Mann kam, um die Mutter zu besuchen, wollten ihn deren Diener, die ihn vorher noch nie gesehen hatten, nicht zu ihr lassen und wiesen ihn ab. Da holte er Männer aus einer anderen Stadt, richtete die Diener übel zu und ging zu seiner Mutter hinein. Daher soll der Kampf stammen, der dem Ares zu Ehren an seinem Feste stattfindet.«
Das Fest von Papremis, das sich bis mindestens ins Jahr 2000 v. Chr., wenn nicht gar bis an den Beginn

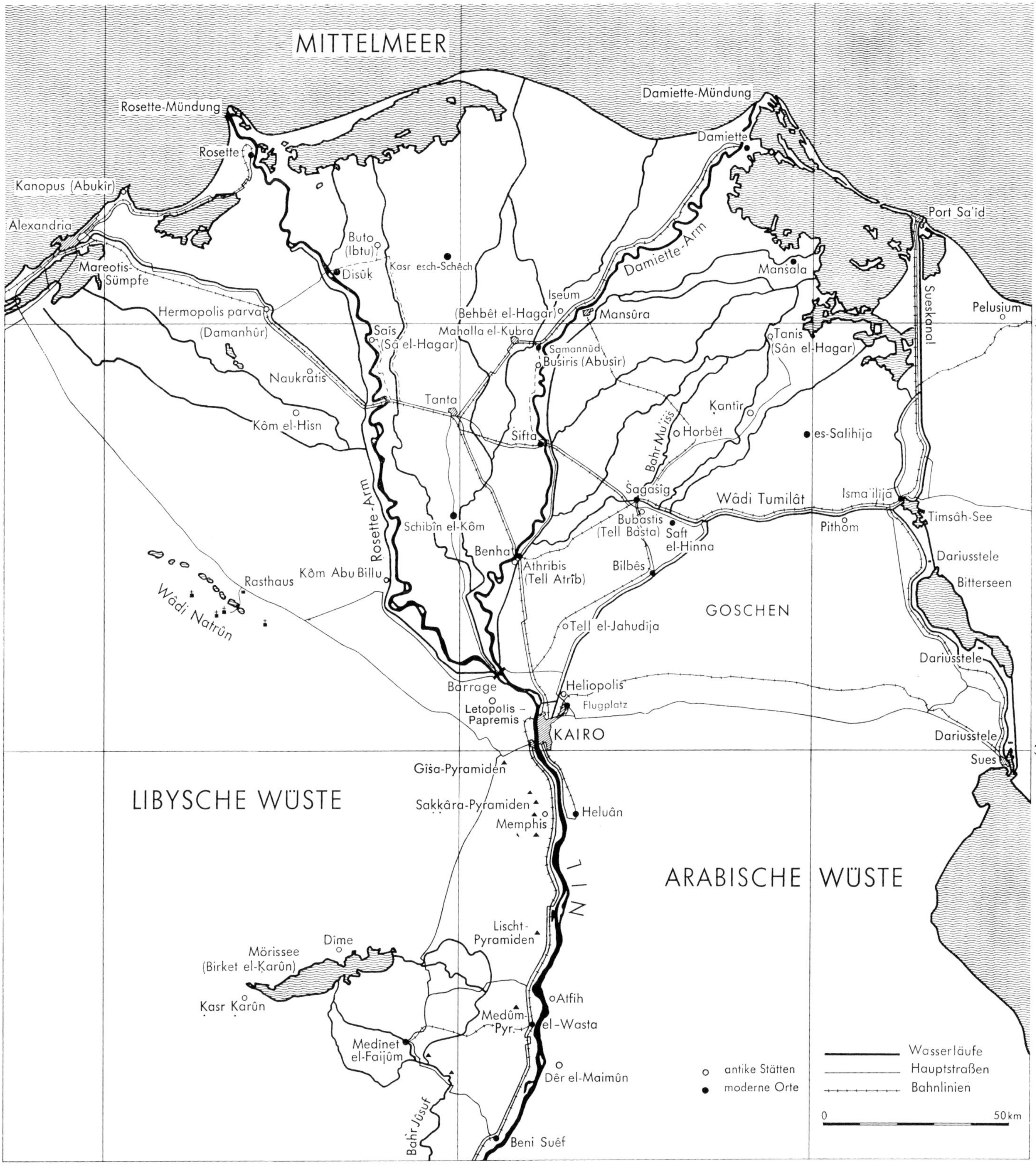

Plan 1 Delta bis Beni Suêf mit den wichtigsten antiken Stätten.

33 Spitze der Pyramide Amenemhêts III. aus schwarzem Granit.

34 Vogelfang mit Wurfholz in einem Papyrusdickicht. ▶

35 Modell eines Ruder-Segelbootes.

36 Silberschale mit der Darstellung einer Fahrt zum Bastetfest. ▶

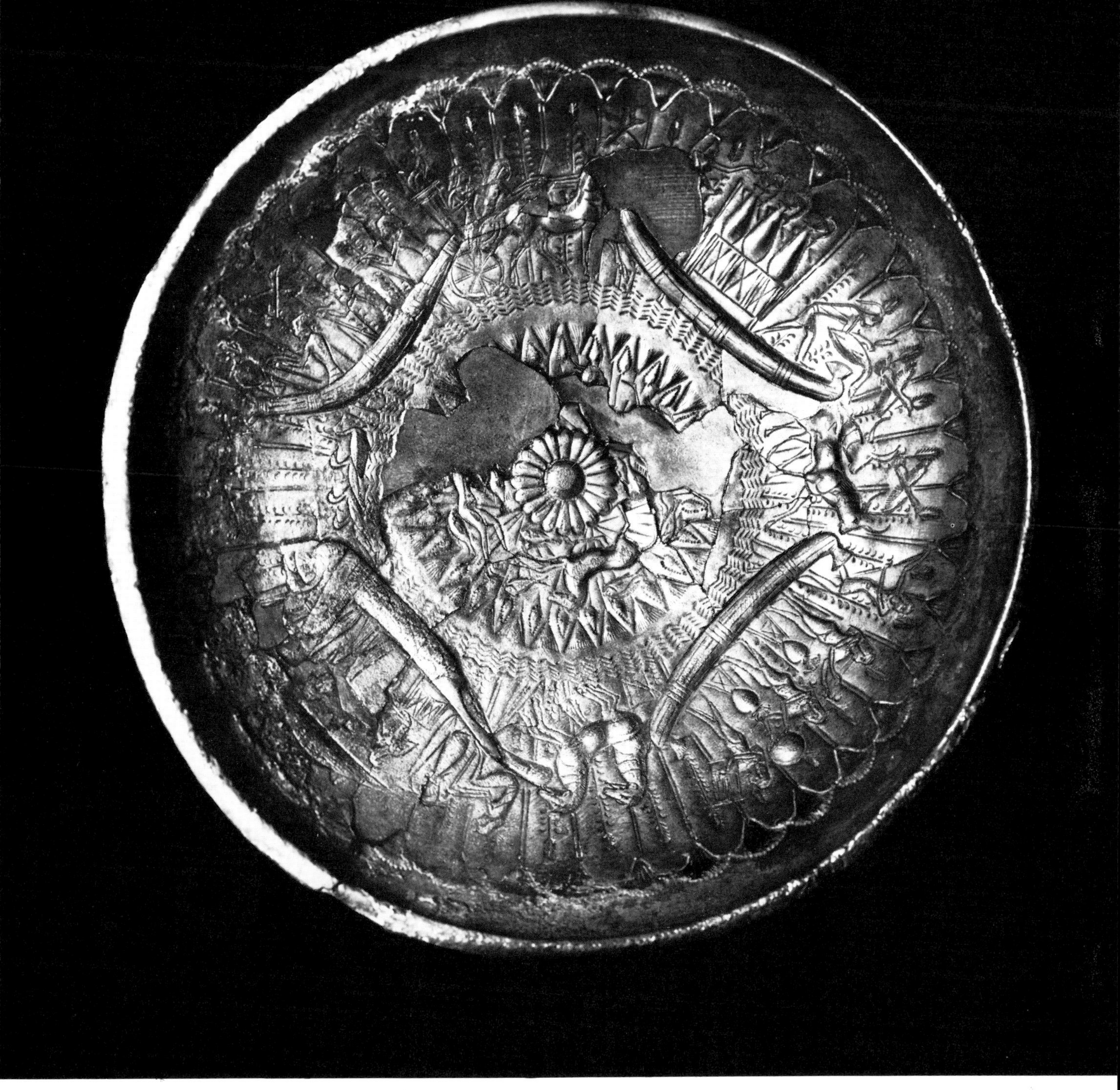

des 3. vorchristlichen Jahrtausends zurückverfolgen läßt, spielte in der knapp 35 km nordwestlich von Memphis gelegenen Stadt, die die Griechen auch Letopolis nannten.[35] Dort wurde eine Form des Horus verehrt, und von dort erfahren wir auch, daß das Götterbild des Horusvaters Osiris vom Ibisgau zurückgeführt wurde in seinen Haupttempel, wobei sich am Tore des Tempels zwischen den Prozessionspriestern und den Tempelwächtern ein Prügelgefecht entspann, wie es Herodot unter den gleichen Umständen von Papremis schildert. Der dramatische Ramesseumpapyrus, der diesen Vorgang szenisch anweist, hat die Szene der Prügelei sogar illustriert.[36]

Nach Herodot hat im Tempel von Papremis die Mutter des Ares gewohnt, ins Ägyptische übersetzt: Die Mutter des Horus, Isis. Daß Horus seine Mutter vergewaltigt hat, ist zwar nicht durch offizielle Ritualtexte, aber durch magische Schriften deutlich überliefert. Magische Texte aber setzen einen Mythos voraus, setzen ihn voraus, aber erzählen ihn nicht, so daß sich nicht erkennen läßt, wie eng die Parallele zur Ödipussage gewesen ist, d. h. ob Horus ein wissender oder ein unwissender Ödipus war, ein sehender oder ein blinder Gott. Auch läßt sich die Prügelei am Tempeltor mit dem Gewaltakt des Horus nicht ohne weiteres verhaken. Nichtsdestoweniger unterliegt es keinem Zweifel, daß das von Herodot geschilderte Götterfest, bei dem es zu zeremoniellen Prügeleien gekommen ist, eine lange Tradition hat.

Auch die übrigen von Herodot geschilderten Feste lassen sich von altersher aus dem Pharaonenlande herleiten. Das geistigere Lampenfest in Sais hat sein bescheidenes Gegenstück im »Schönen Fest vom Wüstental« zu Ehren der Toten (s. Kap. 12, Ende). Das zehntägige Talfest wurde eröffnet durch die Einladung Amuns zum Besuch der Tempel auf der thebanischen Westseite. Bevor der König den Amuntempel betrat, um den »König der Götter« zu der Fahrt über den Nil aufzufordern, legte er einen Galaschurz an und bedeckte sein Haupt mit der prunkvollen Kompositkrone, die sich aus zwei hohen Federn, Sonnenscheibe, Uräen sowie Rinder- und Widderhörnern zusammensetzt. Im Säulensaal des Ramesseums pflegte Amun die Schutzgötter der Toten zu empfangen, darunter die Statue des hochverehrten Nekropolengottes Amenophis' I. (vgl. Taf. 67). In Anwesenheit der Götter fanden dann zu Ehren der in den zahlreichen Gräbern des Westberges ruhenden Toten unter Beteiligung der herbeigeströmten Angehörigen die zeremoniellen Feierhandlungen statt.

Während diese Totenfeiern regional begrenzt waren, versammelten die Jahresfeste der großen Götter alles, was Beine hatte, und legte die Arbeit für Wochen still. Rauschend und trunkselig verlief das Fest der Bastet, schwelgerisch das Isisfest. Scharen von Pilgern zogen ins Delta stromab, das ganze Land stand in Jubel.

Eines der großen oberägyptischen Feste, durch seine ausführliche bildliche Darstellung bestens bekannt, war das Opetfest zu Ehren des Reichs- und Hauptgottes Amun von Theben. Auf zwei gegenüberliegenden Wänden des Luksortempels rollen die Ereignisse in Reliefszenen ab (Tafel 37): der Zug des Gottes von Karnak nach Luksor, und – gegenüber, der Himmelsrichtung entsprechend – seine Rückfahrt von Luksor zu seinem nördlichen Tempel in Karnak. Jedes Jahr macht der Gott mit seiner Gemahlin Mut und seinem Sohne Chons diese Reise, wie üblich in Ägypten zu Schiff. Das Fest, das ursprünglich elf Tage gedauert hat, dehnte sich bald auf einen vollen Monat aus.

Die auf dem Nil ziehenden Festschiffe mit den Gottesschreinen und die Flotte der Gefolgsboote werden auf dem Land jubelnd begleitet von Sängerinnen und Tänzerinnen, von Musikantinnen und Musikanten, von hohen Herren wie johlenden Buben. Neger blasen die Trompeten und schlagen die Trommeln, Libyer rühren die Klappern, Mädchen, nur mit einem kleinen Höschen bekleidet, bewegen sich mit akrobatischen Schaustellungen voran, indem sie »ihre Füße auf ihren Nacken und ihre Hände auf den Boden stellen«. Ihren überzarten, grazilen Gliedern traut man kaum die Suite von Überschlägen zu, mit denen sie die Götter und die Menge ergötzen (vgl. Taf. 28). Ihr offenes langes Haar macht den Wirbeltanz mit, und zu aller Vergnügen sitzt auf dem schwarzen Höschen beiderseits ein knallroter Fleck.[37]

Laubhütten am Wege boten Getränke und Speisen für die Götter dar. Pyramiden köstlicher Früchte türmten sich auf; Granatäpfel, Melonen, Feigen und Trauben, auch Zwiebeln und Geflügel sowie Brot- und Kuchengebäck, kurz alles, was den Gaumen nur

37 Aus der Prozession des Opetfestes.

reizen konnte, lockte nicht minder die vergnügte Menge, die sich kaum sattgesehen haben mag an dem zaubrischen Schauspiel, das sich ihren Blicken darbot.
Von und zu der Landestelle wurden die Barken der Götterfamilie von kahlgeschorenen, barhäuptigen Priestern auf der Schulter getragen (Abb. 32), andere Priester verbrannten Weihrauch und duftende Harze in langarmigen Räuchergefäßen, sprengten Wasser und schwangen Wedel und Fächer.
Die Schiffe, die die Barken aufnahmen und deren Länge von 120-130 Ellen die Größe der meisten Nilschiffe übertraf, waren aus Zedernholz vom Libanon gebaut, am Rumpf wie die Mauern der Gotteshäuser mit Ritualszenen reliefiert und ihrer Ausstattung nach schwimmende Tempel. Mit Tonnen von Silber, Gold und Kupfer, mit Lapislazuli, Karneol und Türkisen geschmückt, wahre Wunder an Pracht, waren diese großen Prozessionsschiffe so gebaut, daß sie dennoch schwimmfähig blieben.
Obwohl dieser glänzende Festzug in Bildern ausführlich zur Schau gestellt ist, konnte ein ihm zugrunde liegender Mythos des Götterkönigs nicht erhoben werden. Noch heute werden in der Moschee Abu'l-Haggâgs, die in den Tempel von Luksor eingebaut ist, am Fest des islamischen Heiligen, abweichend von allen übrigen Festen der Muslime, Boote durch die Stadt getragen in Fortsetzung uralt-pharaonischen Brauchs an uraltehrwürdiger Stätte.
Neben diesen fröhlichen bis ausgelassenen Festen erlebte Ägypten alljährlich die Pilgerfahrt nach Abydos. An dieser ruhmreichen Stätte wurde der Mythos vom sterbenden und wiedererstehenden Gott Zeremoniell, nicht als ein historisches Ereignis, sondern als ein *hic et nunc* während vieler Tage feierlich begangen. Der betrauerte und nach seinem

Abb. 32 Chonsbarke wird von Priestern getragen.

V Iit-Noferti,
die Frau des Sennodjem,
in Festtracht.

VI Bestrafung eines Bauern.

Wiedererscheinen bejubelte Gott war Osiris, Gott der Vegetation (Tafel IV), die durch ihre zyklische Erneuerung die Unsterblichkeit vergegenwärtigt; das Korn, das in der Erde, im Dunkel der Unterwelt, begraben wird, ersteht als neue Natur wieder auf. Zum andern war Osiris – vielleicht durch Angleichung einer ehemals getrennten Gottesgestalt, zumindest aber durch sinnvolle Übertragung, ein Herrschergott, der, von seinem Bruder getötet, in seinem ihn rächenden Sohn wiederersteht. Als Nachfolger seines Vaters besteigt der Sohn den Thron, während Osiris im Jenseits den Götterthron innehat und über die Toten richtet.[38]
Feierliche Prozessionen und Spiele, meist als Mysterien bezeichnet, Rezitationen und Hymnen schilderten des Gottes Schicksal, seine Kämpfe und sein Leiden. Ein königlicher Abgesandter leitete die Spiele. Das reich geschmückte Osirisbild wurde – gegen feindliche Widerstände – in einer Götterbarke auf den Schultern seiner Priester zu Grabe gebracht. Während die Theophoren den toten Gott durch den Kultort trugen und die Totenklagen gesungen wurden, nahm die Menge weinend teil, bis der mumienförmige Leib unter geheimnisvollen Zeremonien in die Erde gesenkt war.
In einem Hymnus wird der Gott gepriesen als das große letzte Ziel aller Sterblichen.

»Die Millionen und Abermillionen, die (auf die Welt) kommen,
sie landen schließlich bei dir.
Jene, die (noch) im (Mutter-)Leibe sind,
deren Gesichter sind (schon) auf dich gerichtet.

Es gibt kein Bleiben in Ägypten,
wahrlich, sie kommen alle zu dir.
Die Großen wie die Kleinen, sie gehören dir.
Die auf der Erde leben, sie eilen alle zu dir.«[39] (Tafel 38).

Wenn die beiden Klageschwestern Isis und Nephthys singen (Abb. 33f.):

»... Der Einsame (Osiris)
ist Gatte, Bruder, Gefährte.
Wohin gehst du, Kind der Goldenen,
das, gestern geboren, sich heute entfernt?

Zu jenen, deren Land in Finsternis liegt,
deren Felder Sand (Wüste) sind,
deren Gräber dem Schweigen dienen,
deren Rufe man nicht hört;
die da liegen, ohne aufstehen zu können,
deren Mumie mit Binden umwickelt ist,
deren Glieder nicht beweglich sind,
denen ihr Land so tief liegt;

denen ihr Wasser so fern ist,
denen die Luft ausging – wann kommt sie wieder?
An deren Schreinen die Schlösser mit Erz gesichert sind,
deren Schritte im Schweigen ersterben.«[40]

so kommt in diesem ihrem Lied die tiefe Skepsis zum Ausdruck, die sich orientiert an dem real erfahrenen Schicksal der in der dürren Erde verbliebenen leblosen Mumien.
Immer von neuem hebt Isis zu klagen an. Sie geht so weit, dem Gott, »der den Plan faßte, Gatte und Gattin (durch den Tod) zu trennen«, selber den Tod zu wünschen.[41] Laut rufend sucht sie des Osiris Antlitz, seine Stimme. Ein ander Mal ruft sie:

»Ich sitze im Hause
und habe nicht meinen Gefährten, mit ihm zu sprechen,
und habe nicht meinen Gatten, der mir gegeben war,
und habe nicht meinen Gemahl, der mir geschaffen war,
und habe nicht meinen Herrn, mich auf ihn zu stützen.«[42]

Und gleich ihr klagt Nephthys; auch sie fleht Horus an:

»Öffne mir, Horus, damit ich Osiris sehe!...
Gib mir eine Stunde nur, daß ich Osiris sehe...«[43]

Geöffnet hat Isis »den goldenen Schrein«, in dem der tote Gatte lag, der ermordete, ertränkte, der von den Fluten der Überschwemmung hinweggerissene Gott, der die Fruchtbarkeit der Erde mit seiner Auferstehung wiederschenkt, der, um mit Thomas Mann zu reden, mit der ›mondlichtigen Genauigkeit‹ des Mythos auch selber das fruchtbringende Überschwemmungswasser sein kann. In die Klage der Schwestern über den Tod dessen, der natursymbolisch figuriert, in diese kosmische Klage

38 Der Verstorbene mit seiner Frau auf dem Weg von seinem Haus ins jenseitige Reich des Osiris.

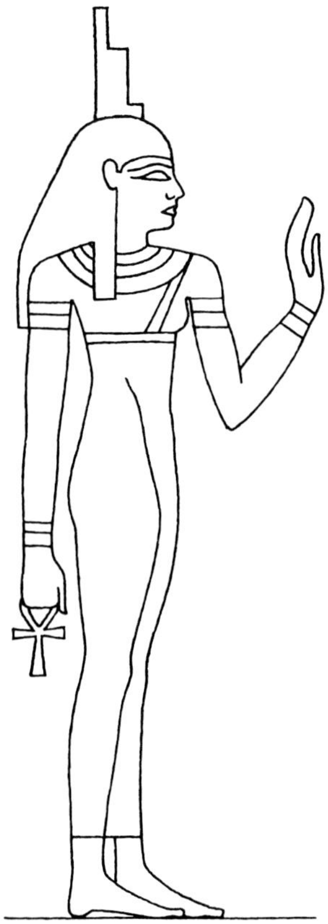

Abb. 33 Isis.

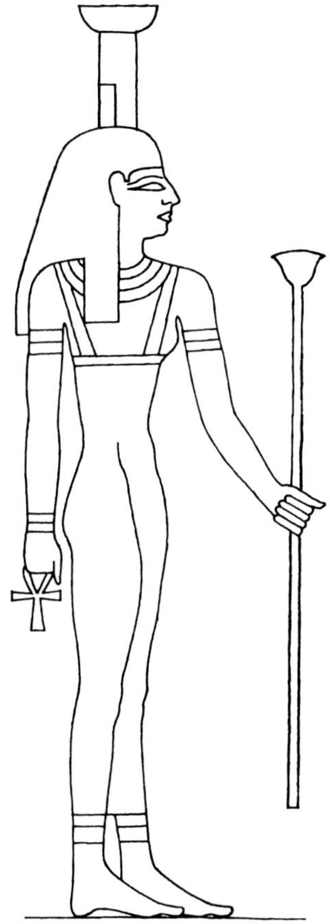

Abb. 34 Nephthys.

fließt aller persönliche Jammer der beschwerten Herzen jener mit ein, die am Feste teilnehmen.
Sie nehmen nicht nur teil, sie haben auch teil. Jeder, der sich »der Treppe des großen Gottes« näherte, konnte des Segens der Riten teilhaftig werden, die Gläubigen sowohl, die sich hier eingefunden hatten zu Gebet und Trauer, wie auch die Verstorbenen, deren Seele auf bereitgestellten Barken Platz genommen hatten. Gesegnet wurden die Könige und die Großen, die sich in der Nähe des Osiris in prächtigen Grabmälern hatten bestatten lassen, gesegnet wurden die Kleinen, die am Rande des heiligen Bezirks in einfachen Gruben ruhten, und gesegnet wurden auch die Familien, die in der riesigen Nekropole von Abydos eine Stele mit den Bildern ihrer Angehörigen errichtet hatten. Gesegnet wurden sie alle, die da standen und lagen oder magisch vertreten waren.
Im Choiak, dem 4. Monat des ägyptischen Jahres, erwartete das Volk die Auferstehung. Es stand in Erwartung, während die Priester hinter verschlossenen Tempeltoren die vorbereitenden Riten vollzogen. Plötzlich, wie ein Posaunenstoß durchfährt es die Menge, wenn der Oberzeremonienmeister die Auferstehung des Gottes verkündet und damit das Signal gibt zum großen öffentlichen Volksfest:

39 Blumenstrauß mit Lotos, Papyrus und Winden über einer Altarschale.

Aus dem Begräbnishügel ist das junge Grün aufgesprossen (Abb. 35).[44] Der religiöse Jahreslauf beginnt von vorn, es ist »Ostern« (Abb. 36).
Dieses Fest des Osiris hat manche lokalen Kulte verschlungen und sich in der Spätzeit fast über das ganze Land ausgebreitet. Fast jede größere Stadt barg ein Glied der Osirisleiche als Reliquie. Im Tempel von Dendara geben lange Texte genaue Anweisungen für die Riten. In Abydos aber, wo nach dem Mythos der Kopf des zerstückelten Osiris begraben lag, war der Ort der Hauptfeierlichkeit und war der heiligste Boden des ganzen Landes, war das vorantike »Jerusalem«.
Die Feste waren den Alten so wichtig, daß sie deren Daten und Namen seit der 4. Dynastie in die Totengebete aufgenommen haben, teils, weil sie zu Opfergaben für die Verstorbenen verpflichteten. Nicht alle Feste waren Götterfeste, es gab daneben kalendarische Ereignisse. So das Neujahrsfest und das Fest der Epagomenen, d. h. der fünf Schalttage am Jahresende, ein ausgedehntes Silvester, wenn auch mit ernstem Untergrund. Denn die Epagomenen waren gefährliche Tage (s. Kap. 10). Auch der Monats- sowie der Halbmonatseinschnitt wurden gefeiert, ebenso die Anfänge der drei Jahreszeiten. Landwirtschaftliche Feste knüpften sich an Aussaat, Ernte und Überschwemmung. So das »Schwellen des Speltes«, der »Große Brand«, der »Kleine Brand« und das Fest der Erntegöttin Renenutet.
Mit vielen Riten gingen die Königsfeste vonstat-

Abb. 35 Aus der Leiche des Osiris sprießen Pflanzen auf.

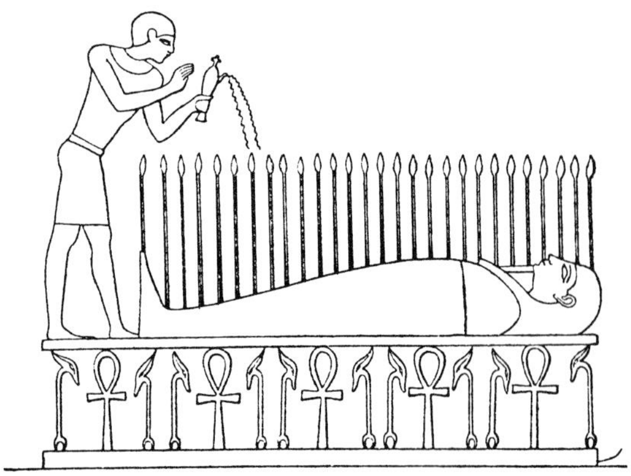

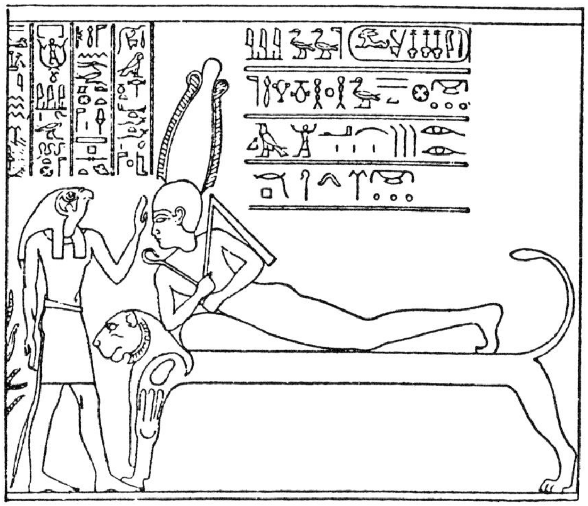

Abb. 36 Osiris ersteht wieder auf.

ten, das Fest der Krönung und die Jubiläumsfeste. Der König, eigentümlich bekleidet, lief um ein sein Reich symbolisierendes Geviert einmal mit Vasen, das nächste Mal mit der Hausurkunde, mit der ihm die Götter das Land übereigneten, und dann mit Rudern. Danach wurden die durch seinen Kultlauf versicherten Gelübde durch Tauben in alle vier Winde getragen. Bei der festlichen Gründung eines Tempels fungierte der König als oberster Handwerker und Baumeister vom rituellen Abstecken des Grundrisses bis zur Weihung und Übergabe des Hauses an den Gott. Doch hatte an den Königsfesten das Volk wenig teil.
Sämtliche Kalender-, Götter-, Toten- und Naturfeste zusammengenommen, hatten die Alten Ägypter etwa ebensoviele Sonn- und Feiertage wie wir. Ihr Alltag war außerdem unterbrochen durch Familienereignisse: Geburt und Tod, Beförderung und Wiedersehen nach dem Krieg oder nach einer Expedition. Nicht nur die Seinen, das ganze Dorf zog dem Heimkehrenden entgegen, jauchzend und tanzend, bekränzte ihn und ehrte ihn durch Blumenspenden.
Blumen! Sie sind in Ägypten der Inbegriff von Fest und Feier. Und dies in einem Land, wo das

▶
40 Mit Blumen geschmückter Weinkrug in einem Ständer.

Fruchtland vom Nil bemessen ward und wo Wildflora kaum einen Nährboden fand, und wo Blumen dazu im Handumdrehen welken. Die Sümpfe vor allem waren es, die die Blumen geliefert haben, Lotos und Papyrus (Tafel 39). Doch auch die Villen-, Palast- und Tempelgärten waren floristische Kostbarkeiten. Bauern haben Blumen zum Verkauf angebaut und sie zum Markt gebracht.

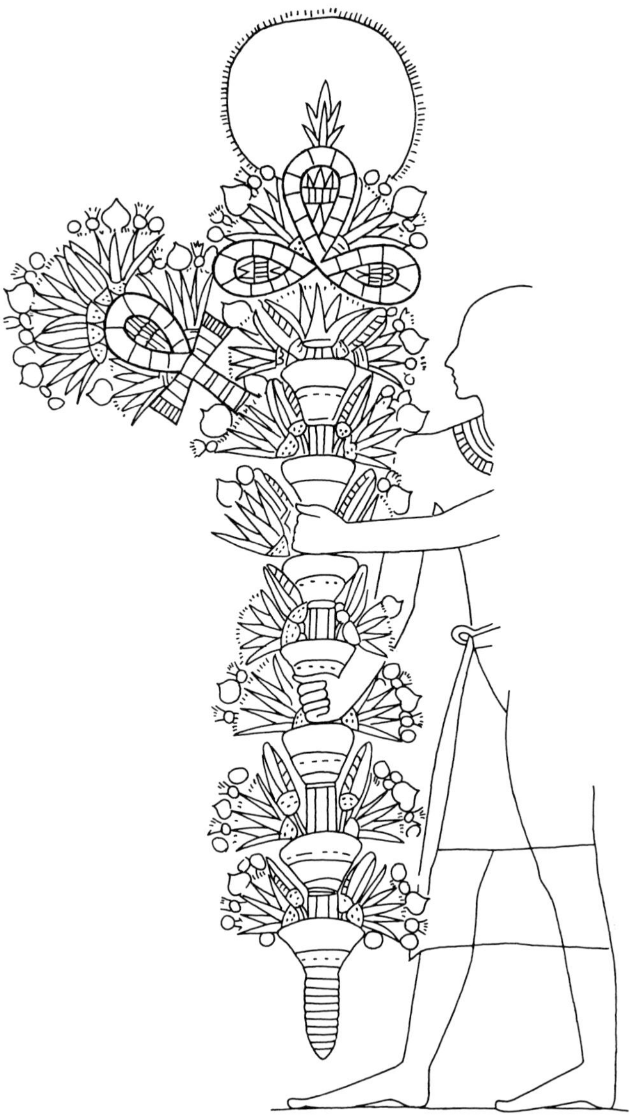

Abb. 37 Stabstrauß.

Ähnlich unserer Rose galt die Teichrose oder der Lotos als Königin der Blumen. »Die Schöne« hat ihren altägyptischen Namen durch arabische Vermittlung ins Französische als nénuphar gerettet. Neben ihr sind die Orientalische Kornblume, der Mohn, die Chrysantheme, die Mandragora oder Alraune geliebte Kinder. Den Granatapfel hat wohl erst Thuthmosis III. aus Asien mitgebracht, doch die botanische Neuheit eroberte sich rasch das Herz der Nillandbewohner wegen ihres Wohlgeruches und ihrer »12 Monate dauernden« Blüten. Malven, Rittersporn, die Nilakazie und die Winde füllen das Bukett. Jasmin, Efeu und Christusdorn mischen ihm ihre Würde zu.

An Festen weiblicher Gottheiten trugen die Priesterinnen, bei weltlichen Gelagen die Damen der Gesellschaft Blumen: im Haar, zu Colliers und Halskragen mit Stielen und Blattrippen zusammengesteckt, oder als Girlanden über den Armen. Auch Männer zierten sich damit, besonders aber die Tänzerinnen und Musikantinnen. Bei Festzügen mit Triumphalcharakter waren selbst die Opfertiere wie Pfingstochsen an Hals und Gehörn mit Blumen geschmückt.

Der Saal des festlichen Gastmahls war ein Saal der Wohlgerüche. Blumen reichten nicht aus, Gewürzpflanzen wie Majoran, Rosmarin und Dill; die Henna-Blüte und die Myrte waren in Kränze und Sträuße eingeflochten. Kunstvolle Gebinde zierten die Speisetische, um den Hals der Weinkrüge lagen kühlende Kränze (Tafel 40), Girlanden hingen in den Pavillons (vgl. Abb. 12). Blumen, farbige Blätter, Gräser und leuchtende Früchte verstand der Ägypter zu festlichen Sträußen mannigfaltiger Form zu binden. Übermannshohe Stabsträuße (Abb. 37) oder Buketts in Form einer Lebensschleife empfingen die Gäste an der Tür des Hauses, wie Ehrenwachen aufgestellt, und verströmten ihre Freude in die Hallen des Empfangs. Nicht willkürlich schenkten sie ihre Pracht, Blüten wie Form der Gebinde hatten Symbolwert und waren entsprechend gewählt.

Die Sträuße waren vom Blumenbinder um einen Kern von Papyrusstengeln oder von Palmwedeln gewunden, eine Technik, die noch heute im Orient bekannt ist und beispielsweise für die den altägyptischen Stabsträußen brüderlich verwandten Ostersträuße in Jerusalem angewandt wird. »Alle frischen

Blumen« des Landes Ägypten, »in denen Freude und Gesundheit wohnen«, so heißt es in einem Text, wurden zu hybriden Kompositsträußen geordnet, in denen manchmal sogar wie in der Natur die Vögel hockten. Man trug sie in den Festprozessionen, ließ sie im Tempel weihen und reichte sie danach weiter an Götter, Tote und an Geehrte dieses Lebens, oder stellte sie auch in den Häusern vor einer Statue auf.

Die magisch mit Kräften beladenen Gebilde galten sogar als Sitz der Götter. Psametich II. ließ sich auf seinem Feldzug nach Syrien von Priestern mit Blumensträußen begleiten. Bei seinem Auszug ins Feld wie bei seiner siegreichen Heimkehr gingen Blumensträuße mit ihm. Die Stabsträuße, immer reicher und kunstvoller gebaut und bis zu Baumesgröße wachsend, wurden in römischer Zeit, da sie in den Darstellungen zu geometrischen Gebilden abstrahiert erscheinen, zu Symbolen des Isiskultes.

So beherrschten Technik des Blumenbindens und mit Blumen verbundene Symbolgedanken des Alten Ägypten manche Festbräuche über Jahrtausende und über Ägyptens geographische Grenzen hinaus.[45] Mit ihrem Duft wehen die Festklänge des Pharaonenlandes durch die Zeiten und Länder und mit ihnen der fröhlich-trotzende Mahnruf: »Genieße den Tag, dessen werde nicht müde!«.

Geschichten mit und ohne Text

Klatsch gab es im Alten Ägypten wie zu allen Zeiten; über Nachbars Esel oder des Fischers stinkenden Beruf. Einer kannte die Zahl der bei der letzten Steinbruch-Expedition im Wâdi Hammamât verdursteten Arbeiter, ein anderer wußte, daß ein Kamerad heute in der Werkstatt gefehlt hat, weil er von einem Skorpion geschlagen war. Daß die in der Villa nur feines Behenöl benützten für ihre Lichtschutzsalben, ließ das Merhet-Öl, das man selbst gebrauchte, geringer erscheinen, als es war. Jemand hatte beobachtet, daß eine Frau letzte Nacht im Tempel geschlafen hatte, weil sie immer noch nicht schwanger wurde, obgleich sie schon ein ganzes Jahr verheiratet war; sie hatte zu Gott um die Verheißung eines Kindes im Traum

Abb. 38 Der Affe als Botengott holt Tefnut, die löwengestaltige Sonnengöttin, aus dem Süden zur Zeit der Sommersonnenwende nach Ägypten zurück und erzählt ihr unterwegs die Geschichte des über beiden brütenden Vogels.

gebetet. Einer Gevatterin gab man nicht mehr lange, denn sie hatte wegen »Blutfraß in einem Zahn« seit zwei Wochen fast nichts mehr gegessen. Das Heilmittel, das »nachts dem Tau ausgesetzt« war, hatte nicht geholfen, obwohl sie es »kauend im Munde bewegt hatte an vier Tagen«.[1] So und ähnlich haben die Leute miteinander geschwatzt, über Menschliches und Allzu-Menschliches, wie es in Papyri aufgezeichnet und im Bilde dargestellt ist.

Doch wenn das Neuste vom Tage ausgetauscht war, man aber noch gern beisammensaß, weil erst ab Sonnenuntergang, wenn die Schakale von der Wüste herüber heulen, die Luft abkühlt, dann pflegte man den Abend hinzuspinnen mit Fabulieren. Man saß unter freiem Himmel im Dunkeln beisammen. Öllampen waren außer zur Arbeit nur den Reichen vorbehalten und besonderen Ereignissen wie dem Talfest oder dem Lampenfest (s. Kap. 6).

Man erzählte sich etwa die Fabel vom Geier und der Wildkatze, die jeder aus dem Tefnutmythos kannte,[2] und verwies dabei »auf die Gerechtigkeit des Rê, der den Frevel des Geiers, den er (durch Eidbruch) an der Katze verübt, vergolten hat« (Abb. 38). Die Hörer waren davon überzeugt, daß das göttliche Gericht jede Übeltat vergilt, denn die Sonne bringt alles an den Tag.

Die Sonne, die die Zeiten ordnet, Bild des Rechtsgottes Rê, blickt auch hinter der Gestalt des Löwen hervor, der in der Fabel vom Löwen und der Maus durch die Lande zieht, um das Unrecht aufzusammeln, das es gutzumachen gilt. Diese Fabel, die ebenfalls aus dem Tefnutmythos stammt, hat später eine weite Wanderung über die Erde gemacht[3] und steht noch heute in unseren Fibeln. Zum Dank dafür, daß der Löwe die kleine Maus einstmals geschont hatte, befreite das Tierchen später den mit dem Netz gefangenen Wüstenkönig durch Zernagen der Riemen. »Möge der Hörer aus dem wunderbaren Ereignis lernen, das hier erzählt ist von der kleinen Maus, dem schwächsten Tier in der Wüste, und dem Löwen, dem stärksten Tier in der Wüste. Möge er an den glücklichen Vorfall denken, damit sein Heil sich erfülle«. So schließt die Geschichte. Noch eine ganze Weile werden die Hörer im Geiste dem seltsamen Paar nachgesehen haben, wie es sich auf der Flucht vor der Schlechtigkeit der Menschen in der Wüste verlor. Selbst dem Löwen war es nicht gelungen, die Tiere vor ihr zu schützen.

Auch die Fabel vom Rangstreit zwischen Kopf und Leib[4] hat die Gerechtigkeit zum Thema, genauer die Frage der gerechten Wertschätzung der einzelnen Körperteile. Wer ist der Wichtigste, der Kopf, der denkt, redet und feine Sinne ausschickt, oder der Leib, der mit seinem Stoffwechsel am Leben erhält? In der lateinischen Fassung, die sich mit dem Namen Menenius Agrippa verbindet und

Abb. 39 Nilpferd und Schwein brauen Bier, Hyäne wartet das Schweinebaby.

Abb. 40 Nilpferd im Baum.

Abb. 41 Füchse hüten eine Ziegenherde. Der Anführer mit dem Stab hat einen Korb geschultert, sein Kamerad, ebenfalls mit Futtertasche am Stecken, bläst die Doppeloboe.

die als Fabel »Vom Magen und den Gliedern« in die abendländischen Schullesebücher eingegangen ist, hat sie sozialpolitische Tendenz.

Unter Pflanzen ist entsprechender Streit ausgebrochen.[5] Sykomore und Moringabaum erhitzen sich im Gespräch um den höheren Rang ebenso wie Dornstrauch und Granatbaum im altaramäischen Achikar-Roman. In der Bereitschaft des Dornstrauchs zur Übernahme der Königsherrschaft unter den Bäumen leuchtet das Thema im Alten Testament wieder auf.[6]

Lustiger als diese Fabeln, obgleich auch manchmal belehrend oder gar spöttisch, zumeist aber humorvoll und närrisch sind die Tiergeschichten, die man sich erzählte.[7] Einigen spürt man an, daß sie einmal ganz ernst genommen waren, aber über die meisten hat man lauthals gelacht. Da trägt die Hyäne das Schweinebaby im Brusttuch spazieren, weil Mutter Sau mit dem Nilpferd Bier sieben muß (Abb. 39). Ein anderes Nilpferd trampelt im Baum herum und pflückt Feigen in einen Korb, während die Schwalbe zu ihm auf einer Leiter hinaufsteigt (Abb. 40). Die Katze hütet die Enten und der Fuchs die Ziegen (Abb. 41). Wenn er einem Zicklein zum Tanze aufspielt, mag das geschehen auf die Bitte des listigen Ziegenböckchens, das durch den Flötenton Hilfe erhofft, bevor es der Fuchs überfällt (Abb. 42).

Die Welt ist in den Bilderbogen, die solche Tiergeschichten überliefern, auf den Kopf gestellt wie bei uns an Fasching oder anderswo bei Neujahrsbräuchen. Ehe die verbrauchte Welt wieder in Ordnung kommt, wird sie einmal ganz und gar umgedreht. Die ersten sind die letzten. Oder erinnern die Tierbilder an Paradiesesfrieden, wo es nur Freund und nicht Feinde gibt? Wenn Steinbock und Löwe miteinander »Halma« spielen (s. Taf. 30b), so machen sie den Betrachter ebenso schmunzeln wie die Mäuse, die sich von Katzen umdienern lassen (Abb. 43). Während Dame Maus auf einem Hocker thront und genießerisch den Wein schlürft, den ihr eine Kammerzofe serviert hat, wird sie von einer Kammerkatze frisiert. Die Katzenamme wartet das Mäusekind, eine weitere aus dem geschmeidigen Geschlecht fächelt der Herrin katzbuckelnd kühle Luft zu, wieder eine andere bietet ihr Spiegel und Schminke (vgl. Abb. 16).

Selten sind die Tiere feierlich. Wenn Schakale auf ihren Schultern einen heiligen Schrein mit Kultbild in Prozession am Nil entlangtragen (Abb. 44), ganz nach der Regel mit einem Vorlesepriester, der aus einem Papyrus das Ritual rezitiert, und mit einem Gottesdiener, der eine Trankspende libiert und ein Räucheropfer darbringt, so spielen sie auf der Bühne der Tiere nach den Regeln der Menschenwelt.

Abb. 42 Fuchs spielt einem Zicklein zum Tanz auf.

Abb. 43 Maus, mit einem Knickrohr Wein aus einem Krug schlürfend, wird von Katzen bedient.

Viele Tiere ziehen als »Bremer Stadtmusikanten« durch das Land (Abb. 45). Der Esel mit der Harfe, der Löwe zur Leier singend, das Krokodil mit Laute und die Meerkatze mit Doppeloboe haben sich zu einem Quartett zusammengefunden und machen ihrem Namen alle Ehre. Denn aus den Ermahnungen des weisen Achikar hören wir: »Würde das Haus durch laute Stimme erbaut, so erbaute der Esel zwei Häuser an einem Tage«. Die Tiere, die mit Zimbel und Schalmei heimlich in den Köpfen romanischer Säulen oder in gotischem Kirchengestühl versteckt ihre Künste bieten, haben sie am Nil eingeübt.

Bilderbogen aus Papyrus, Malereien auf Kalksteinscherben, Kinderspielzeuge, Skarabäen und andere kleine kunstgewerbliche Gegenstände, aber nicht Texte sind die Mittler alter Tiergeschichten. Sie wurden früher nur mündlich tradiert, nicht nur in alten Zeiten, die meisten davon noch bis in die Jahre der Brüder Grimm, die sie als goldenen Schatz in unsere Märchen- und Hausbücher gehoben haben. Viele Geschichten, mit denen wir leben, haben ihre Wurzeln im Pharaonenlande.

Besonders liebte man das Lied von der Katze und der Maus, das sich von Ägypten aus über den ganzen Orient breitete und noch heute dort nachlebt.[8] Der Stoff der beiden von Natur aus feindlichen Tiere fuhr den Nil hinab und schlüpfte durch alle Zäune nachbarlicher Grenzen. »Weiber und Eunuchen« ergötzten sich an der Fehde, Kalifen lasen sie entzückt; Muslime formten sie als Heiligenlied, die Griechen regte sie an zu ihrem Froschmäusekrieg, einer Parodie auf die Ilias. In Walt Disneys Micky Mouse erlebt das listige, scheue, aber doch zänkische Tierlein der kleinen Humoreske seine bisher letzte Auferstehung.

Katzen und Mäuse lebten miteinander im Krieg. Die Mäuse hatten vorübergehend die Oberhand und lieferten den Katzen eine große Schlacht. Der Mäusepharao, auf seinem von Hunden gezogenen Streitwagen, schickte seine tödlichen Pfeile ins Heer der Gegner (Abb. 46). Die Katzen ergriffen eilends die Flucht. Ein Trupp Mäusesoldaten stürmte die Burg der Katzen. Sie legten Sturmleitern an und brachen die Mauer auf. Die Katzen erschienen auf den Zinnen der Burg und hoben die Hände hoch, versprachen den Mäusen fortan zu dienen – aber voll Tücke, wie es scheint. Denn zu guter Letzt übergab eine Abordnung von Mäusen die (weiße) Fahne und bat den Fürsten der Katzen um Frieden (Abb. 47).

Aber bis heute dauert die Feindschaft der beiden unverändert. So singt man die Geschichte vom Kater und der Maus gegenwärtig in Oberägypten Schnadahüpfl ähnlich mit Solo und Chor, begleitet von Rohrflöte, Schellen- und Gefäßtrommel sowie von den Rhythmen des Händeklatschens.[9]

Aus der Menschenwelt erzählte man Kriegsgeschichten, voll von Heldentaten, List und Trug. Die siebzehn stolzen Züge Thutmosis' III. nach Syrien allein boten reichlich Stoff an Abenteuern und Schwänken. Anstatt des versprochenen Getreides waren 200 ägyptische Soldaten in Habersäcken nach Joppe, dem heutigen Jaffa, geschleppt worden, um wie nachmals die Helden des Trojanischen Pferdes die feindliche Stadt einzunehmen.[10]

Auch der Schwank eines Pharao Ramses erfreute die Herzen, die derbkomische Erzählung vom Meisterdieb. Sie ist uns überliefert durch Herodot (II, 121) unter dem Titel »Das Schatzhaus des (Pharao Ramses) Rhampsinit«,[11] hat sich welterobernd bis in buddhistische Bücher und in lateinische Predigtmärlein eingeschlichen und gaudiert abgewandelt noch heute den Hörer am Nil.

So gut sie auch zu erzählen verstanden, die alten Männer am Nil, sie wurden übertroffen von den Künsten des großen Magiers und Weisen. Er zog

Abb. 44 Schakalpriester tragen einen Götterschrein in Prozession entlang einem Kanal.

Abb. 45 »Die Bremer Stadtmusikanten«. Esel, Löwe, Krokodil und Affe mit Standharfe, Leier, Laute und Doppeloboe schreiten auf ein Grab zu.

mit seiner Bücherkiste und den Utensilien für sein Zauberhandwerk von Ort zu Ort und versetzte alle Gemüter in Aufruhr. Was er auch darzubieten hatte! Beileibe nicht nur schöne Geschichten, er war zugleich das, was wir heute eine »fliegende sanitäre Station« nennen, hatte Pülverchen und Tinkturen, Kräutlein und magische Geräte, und war so weise, daß er alles heilen und alle beraten konnte.

Von einem solchen fahrenden Sänger und Medizinmann aus dem späten Mittleren Reich ist unter den Ziegelgewölben des Ramesseums in Theben das Grab erhalten und als wichtigste Hinterlassenschaft darin sein »Reisekoffer«.

Dieser »Reisekoffer« ist eine Holzkiste von 46 cm × 30 cm, mit Stuck überzogen und auf dem Deckel mit einem Schakal bemalt. Zu einem Drittel war er mit Papyri gefüllt.[12] Um die

Abb. 46 Mäusepharao greift mit seinen pfeilschießenden Mannen eine Katzenburg an.

Abb. 47 Mäuseabordnung ergibt sich mit Tributen einem Katzenherrn.

Schriftrollen herum lagen eine Menge verschiedener Gegenstände: Binsengriffel, Schreibrohre, eine Handvoll Perlen, ein Bronzeuräus, mit einer Masse von Haaren verwickelt, einige Zaubermesser aus Elfenbein mit den Ritzungen von Dämonen und glückbringenden Zeichen (vgl. Taf. 16 b), die grün glasierten Figürchen eines Löwen und eines Affen, ein elfenbeinernes Amulett in der Form eines Osirispfeilers (Djed) und unter anderen magischen Frauenstatuetten ein Mädchen aus Holz unter einer Maske mit einer Bronzeschlange in jeder Hand. Ein Becher, Samen von Dumpalme und von Balanites sind weitere Bestandteile des reichen Inventars. Beachtlich ist schließlich eine cheironomische Hand aus Elfenbein, Nachbildung der Cäsur setzenden menschlichen Hand bei Deklamationen und Gesang, in Texten als Satzzeichen eines Kapitelendes rot eingezeichnet.[13]

Die Utensilien gehören zu einem Zauberer-Medizinmann-Erzähler, der sowohl Schlangen zu beschwören wie Wöchnerinnen zu einer glücklichen Geburt zu verhelfen wußte, der Krankheiten heilen und Unheil wehren konnte; der vor allem aber auch zu lesen und vorzutragen verstand. Die Papyri unterrichten über seine Kompetenzen.[14] Die magischen und medizinischen Texte und die Sprüche zur Dämonenbeschwörung haben zahlenmäßig den Vorrang. Ein Onomasticon dürfte dem Weisen weniger als Nachschlagewerk denn als Unterweisungstext für seine Hörer gedient haben. Zur gehobenen Literatur zählen einige Hymnen an Sobek, eine Beisetzungsliturgie und eine Weisheitslehre, an Erzählungen fanden sich im Koffer »Die Geschichte des beredten Bauern« und der nilauf, nilab bekannte Roman des Sinuhe, der in jüngsten Tagen noch gewürdigt wurde, einem Film den Titel zu geben.[15]

Nach diesem Bestand an Schriftrollen hat der fahrende Sänger seine Hörer nicht nur durch begehrte klassische Geschichten unterhalten, sondern ihnen auch Schulweisheit beigebracht und Moral gepredigt. Denn was der Zauberer mit in sein Grab genommen hat, sind wohl nur zum geringeren Teil Texte von ausschließlich privatem Interesse, die meisten gehörten, wie die vorher genannten Utensilien, zur Ausstattung seines Berufes. Außer den Freuden der Erzählkunst brachte der Mann die Hilfen der Heilkunst und der Beschwörung. Auch scheint er Klagelieder für einen Todesfall gelehrt und weitere Anregungen und Neuigkeiten herumgetragen zu haben. Was der geachtete und auch ein wenig gefürchtete Mann darbot, dürfte Herz und Hirn der Leute noch manchen lieben Tag beschäftigt und zu Gesprächen Anlaß gegeben haben. Bei einem Volk, das überwiegend aus Analphabeten bestand, das weder Radio noch Fernseher einschalten konnte, war das Gespräch von Mund zu Mund das einzige, aber entsprechend hochwichtige Mittel der Kommunikation.

VII Königsgräbertal in Theben und Niloase.

VIII Toter verläßt als Schatten sein Grab.

Achtes Kapitel

Herr, erbarme dich meiner!

Das unmittelbare Verhältnis des Menschen zu Gott geht mehr als aus Tempelinschriften und Kultanweisung oder aus Priestertheologien, obwohl zu ihnen nicht in Spannung stehend, aus den persönlichen Zeugnissen hervor, den Bitten, den Briefen und Danktexten. »Alle Ereignisse ruhen in Gottes Hand«, »Was noch nicht geschehen ist, ruht in Gottes Hand«, »Glücklich ist, wer Gott dient« – solche Aussprüche sind ernst zu nehmen und spiegeln das Vertrauen der Ägypter auf eine obere Instanz wider. Sie wissen aber auch, daß »Gott (nur) den sieht, der ihn sieht«; daß nur der »glücklich ist, der Gott liebt«, und daß »der Dienst Gottes« des Menschen »Ruhm« ausmacht.

Im Glauben an einen persönlichen Gott steht der fromme Altägypter dem Christen nicht nach. Er kennt Gottes Gnade und fleht ihn an als den »Retter«. Der Herr der »Erneuerung« vergibt dem Sünder, wie der Christengott den Büßer rechtfertigt. Soweit die vita christiana unter dem Zeichen der Demut steht, trifft sie sich mit der Lebensform des altägyptischen »Schweigers«. Das Vertrauen auf den Lenker von oben ist grenzenlos, und der fromme Mann hält an seinem Gott nicht minder fest als Jude oder Christ. Der Gläubige weiß, daß er für seine Sünde möglicherweise mit Krankheit geschlagen wird oder mit Armut – wenngleich diese auch von Anfang an einem Geschöpf zugeordnet sein kann – ja, mit dem Verlust seines Lebens, wenn auch erst der »zweite Tod« nach dem Jenseitsgericht den Menschen endgültig auslöscht.

Gott ist die Barmherzigkeit, doch zuweilen zürnt er. Der Zorn aber verfliegt im Nu, besonders wenn der Mensch die Gottheit besänftigt durch Weihrauch, Musik und Gebet. Voraussetzung für Gottes Umstimmung bleibt dabei des Sünders reuiges Herz. Gott kann erheben und erniedrigen, wie er will, daher hat keiner das Recht, auf Besitz zu pochen oder wegen seiner Gaben hochmütig zu sein. Wer auf Erden Mangel leidet oder an der Melancholie des Unvermögens, der wird getröstet durch den Ausgleich im Jenseits. Keiner braucht über sich zu trauern, und keiner darf mit dem Finger auf einen Krüppel zeigen, denn Gott macht im Jenseits den Beschädigten vollkommen. In gläubigem Vertrauen empfing der Alte Ägypter sein Schicksal aus der Hand des Unsichtbaren und sprach überzeugt: »Gelobt sei der Herr meines Lebens«.

Wer durch die ägyptischen Tempel schlendert, von den täglichen rituellen Opfern dort erfährt (Tafel 41 und 42), wer die kultischen Gebete liest oder auch die Götterhymnen kennt, der sucht nach dem Ort, wo der fromme Mann sein schlichtes Gebet in den Himmel geschickt hat. Die Spuren persönlicher Andacht sind weniger monumental, sie begegnen nur dem, der sich unter der Decke auskennt. Skarabäen und Kleinkunst, die Personennamen, Alltagsdokumente und Autobiographien, doch auch Stellen aus Weisheitslehren und vor allem die meist bescheidenen Votivgaben unscheinbarer Kapellen aus Ziegeln liefern den Stoff.

Dem aufmerksamen Betrachter wird indes nicht entgehen, daß auch die großen Tempel einstmals Beter sahen in ihrer unmittelbaren Hinwendung nach oben. Er wird an der Außenmauer des Luksortempels auf der Ostseite Wandgravuren bemerken, schnell hingeworfene Bilder von Amun in seinen verschiedenen Erscheinungsformen, oder auf dem Dach des Chonstempels in Karnak unbeholfen eingeritzte Fußumrisse. Vielleicht auch sind dem Beobachter in ägyptischen Museen Denksteine aufgefallen mit einer Mehrzahl von Ohren oder Augen (s. u.). Oder er hat über kleinen Nachbildungen von Körperteilen und Organen aus Ton und anderem billigen Material, wie sie ähnlich in Seitenkapellen katholischer Kirchen als Votivgaben die Wände bedecken, verwundert den Kopf geschüttelt. Dies alles sind Zeugnisse eines persönlichen Verhältnisses von Gläubigen zu einer Gottheit, genauer: zu ihrem jeeigenen Gott. Manche haben sich nicht unmittelbar an die Gottheit gewandt, sondern einen, dem sie mehr Einfluß zutrauten, als Mittler gebeten (Tafel 43).

Nur die Priester hatten Zutritt zum Allerheiligsten, das *profanum vulgus* stand in den Toren des Tempels, durfte bei Gelegenheiten auch den offenen Hof betreten, den Vorhof, und konnte von da aus zuweilen das Tempeldach besteigen, blieb in der Regel aber draußen vor der Mauer (Abb. 48). Karnak, Luksor und Memphis sind die Orte, die archäologisch am besten über die privaten Betstätten Auskunft geben, eine Reihe anderer Tempel und Kapellen sind durch Texte als solche ausgewiesen. Besonders an den Tempeltoren suchten die Beter das Ohr ihres Gottes.

Gemäß der Steigerung individuellen Wertgefühls des Menschen im Neuen Reich begnügte sich der Fromme nicht mehr mit der Rolle des »Außen«-seiters oder des anonymen Gruppenmitglieds, wie er sie bis dahin vorwiegend gespielt hat, sondern er näherte sich der Gottheit mehr und mehr selbständig. Da er das Kultbild des Gottes, das üblicherweise im Sanktuarium des Tempels weilte (Abb. 49), nur bei den Prozessionen an Festen sehen durfte, und auch dann nur verhüllt, ritzte er sich für seine Betrachtung die Gottesfigur auf die äußere Tempelwand, oder er trat vor seinen Gott in kleinen Andachtskapellen, wie sie beispielsweise die Nekropolenarbeiter von Dêr el-Medina an ihrem Weg zu den Königsgräbern errichtet haben.[1] Unmittelbar neben dem Deutschen Haus in Theben sind allein fünf solcher Kapellen ausgegraben worden. Jede war einer bestimmten Gottheit zugeeignet, und wer auf sie gesetzt hatte, hielt dort mit ihr Zwiesprache; dankte dem erwählten Gott für die Errettung aus einer Gefahr, rühmte seine Ehre und verkündete seine Macht; konnte dort ihn bitten um Beistand in einer Not, beten für sich und für andere, konnte ein Gelübde ablegen und auch Buße tun für begangene Sünde.

Noch intimer, aber lapidar bekennt der Ägypter seit dem Alten Reich sein Verhältnis zur Gottheit durch die Namensgebung. Eigennamen und Sprüche enthalten in nuce, was die Gebete als Glaube und Lebenserfahrung enthalten und, wie man am Ende des Kapitels hören wird, in den Lebenslehren auf eine abstrakt-denkerische Stufe erhoben ist. Gleich den semitischen Namen sind die ägyptischen vielfach Sätze, und zwar solche, die bei der Geburt des Kindes von Mutter oder Vater ausgerufen wurden. Die

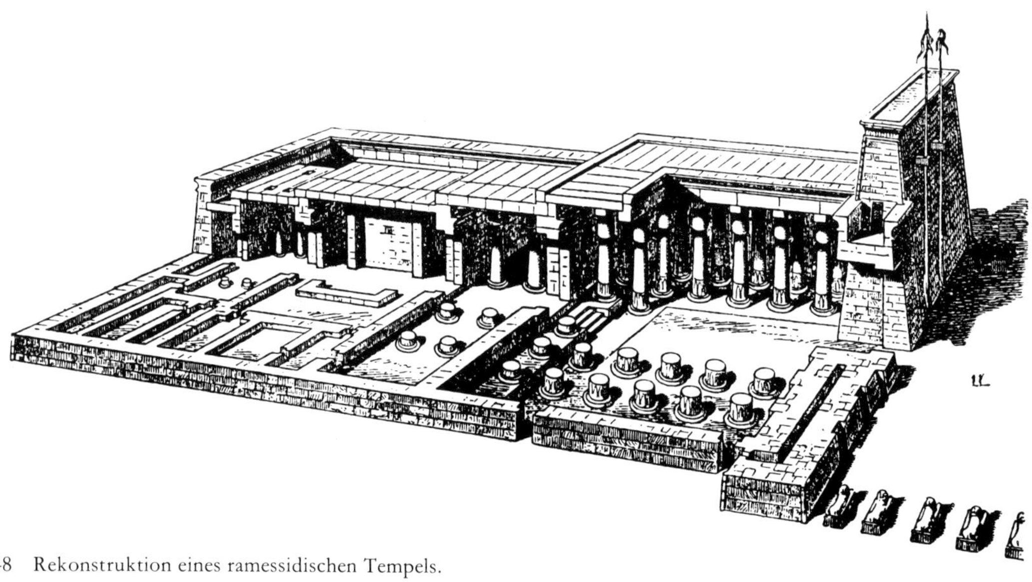

Abb. 48 Rekonstruktion eines ramessidischen Tempels.

41 Ramses II. bringt ein Blumenopfer dar.

Abb. 49 Götterschrein.

theophoren Namen, also solche, die das Neugeborene zu einer Gottheit in Beziehung setzen, sind keine theologisch ausgeklügelten Phrasen, keine Wendungen aus der Sprache des Kultes, sondern spontane Aussprüche. Sie zeigen, wie der einzelne religiös ergriffen war und sich den Schickungen seines Gottes demütig beugte. Neben dem feierlichen »großen Namen«, hatten viele Ägypter als Rufnamen einen kürzeren Kosenamen oder »schönen Namen«, ja manche sogar drei Namen.

Vollnamen, die den Allmächtigen auf seine verschiedenen Wesensseiten hin ansprechen, sind etwa: »Der Schöpfer hat sich gnädig erwiesen«, »Er (der Namensträger) gehört dem Gebieter an«, »Der Lebendige ist sein Schutz« oder »Der Gütige ist vom Himmel herabgestiegen«. Die Namenspatrone werden außerdem »gütig«, »freundlich«, »heilig« und »gerecht« genannt. Sie »schaffen« und »leiten« den Menschen, »kommen ihm zuhilfe«, »erhalten ihn am Leben«, »retten« und »lieben« den zur Welt Gebrachten. Namen wie »Chnum ist meine Speise«, »Ptah ist mein Ernährer« geben zu erkennen, daß der Namensgeber auch die leiblichen Bedürfnisse des neuen Erdenbewohners dem Gotte anvertraut. In den Namen »Den ich erbeten habe«, »Der auf meinen Ruf gekommen ist«, »Mein Herz hat ausgeharrt«, oder »Seht die Macht des Anubis« sprechen die Eltern aus, daß sie ihre Kinder von Gott erbeten haben, und sagen ihm nun Dank für die Erhörung. Zahlreich sind die Namensbildungen, die den Menschen zum Eigentum Gottes erklären. Sie nennen Gott den »Herrn« und »Gebieter«, den Menschen »Diener«, »Knecht«, »Gefolgsmann« oder »Lehensmann«, seit dem Mittleren Reich auch »Kind«. Werden die Kleinen einem Gotte zugeeignet, so werden sie ihm geweiht mit Namen wie »Er gehört dem Lebensspender an«. Nicht ebenso häufig sind die Namen, die die Liebe zu Gott aussprechen wie »Mein Herz ist auf ihn gerichtet« oder »Horus ist es, der den Platz in meinem Herzen hat.«[2]

Ähnliche Kurzfassungen, wie sie von früh an Personen bezeichnen, liest man als Bekenntnissprüche auf Skarabäen, die an Ketten um den Hals baumelten oder Fingerringe zierten. So »Bastet ist mein Schutz, mein Heil und meine Gesundheit«, »Der Ort meines Schutzes ist dein Tempel, Onophris« oder »Osiris liebt alle, die ihn lieben und die ihn bitten«. Besonders groß ist das Vertrauen auf Amun. Von ihm heißt es: »Amun ist die Kraft des Einsamen«, »Es gibt keine Zuflucht für mein Herz außer Amun« oder »Alle meine Schritte gelten Amun«. Das Verhältnis Gott-Mensch ist ein reziprokes: Die Gottheit will gebeten sein und geliebt, und sie erwartet Dienst in Ergebenheit, dann auch wendet sie sich dem Menschen zu. Jede Gottheit wirkt auf ihre eigene Weise. »Ptah belohnt großzügig jede gute Tat«, »Ptah ist es, der jede gute Tat öffnet (d.h. ermöglicht)«, und wie Osiris »belohnt Ptah jeden, der ihn liebt und zu ihm betet«. Von diesen frommen Betern sollen im folgenden einige zu Wort kommen, zunächst Neferabu, ein Nekropolenarbeiter von Dêr el-Medina.

Neferabu war ein »Diener an der Stätte der Wahrheit«, d.i. ein Arbeiter an den Königsgräbern (s. Kap. 13), dessen großangelegtes selbst erbautes Grab (Nr. 5) in seiner Schönheit durch die erlittenen Zerstörungen heute leider beeinträchtigt ist. Das auffallende Verhältnis zu Meret-seger, einer Schlangengöttin der Bergspitze des Königsgräbertales, das die Wanddekoration offenbart, dürfte entzündet worden sein durch einen Schlangenbiß, den Neferabu eines Tages auf dem Weg zu seiner Arbeitsstätte erlitten hat. Offensichtlich war es eine Natter,[3] die ihn gebissen hat. Die neurotoxische Wirkung des Giftes hatte ihm Atemzentrum und Herz gelähmt, so daß er nach Luft rang wie eine Kreißende, sich

42 Opfertisch mit Früchteschalen und Blumen.

Tag und Nacht quälte, bis ihn sein Hilferuf an die Göttin endlich genesen ließ.[4] Wer mit dem zerklüfteten, sonnverwüsteten Felsgebirge Thebens vertraut ist, hat erfahren, wieviele Menschen dort durch Schlangenbiß auch jetzt noch ums Leben kommen, zumal Barfüßige. Von seinem Widerfahrnis spricht der Nekropolenarbeiter auf einer Stele, heute in Turin,[5] folgendermaßen:

Lobpreis der Bergspitze des Westens, Kniefall vor
ihrem Geist.
Ich bete zu dir, erhöre mein Rufen.
Ich war ein Gerechter auf Erden ...
aber ein unwissender Mensch, törichten Herzens,
wußte nicht, was gut ist und was böse.
Ich beging eine Sünde gegen die Bergspitze,
und sie hat mich bestraft,
also war ich in ihrer Hand bei Nacht und bei Tag.
Ich saß wie eine Schwangere auf dem Ziegel,
schrie nach Luft,
aber es wehte keine zu mir.
Da gelobte ich der großmächtigen Bergspitze
des Westens
und jedem Gott und jeder Göttin:
»Siehe, ich werde den Großen verkünden
und den Kleinen,
in der Arbeiterschaft (von Dêr el-Medina):
›Hütet euch vor der Bergspitze,
denn ein Löwe wohnt in der Spitze des Berges.
Sie schlägt zu wie ein Löwe zuschlägt,
und sie verfolgt den, der gegen sie sündigt‹.«
Als ich meine Herrin (so) gerufen hatte,
widerfuhr es mir, daß sie zu mir kam mit süßer Luft
(zum Atmen).
Sie war mir gnädig,
nachdem sie mich ihre Hand hatte spüren lassen.
Sie wandte sich mir zu in Gnade,
ließ mich die Krankheit vergessen, die in mir
gewesen war.
Fürwahr, die Bergspitze des Westens ist gnädig,
wenn man sie anruft ...
O all ihr Ohren, die ihr auf Erden lebt,
hütet euch vor der Bergspitze des Westens!

Die Sünde Neferabus bleibt uns verborgen, der Beter sagt von sich, daß er geistig blind war gegen das Böse. Das entbindet ihn freilich nicht von der Strafe, und er nimmt sie willig an; dankt für seine Errettung mit lautem Lobpreis und durch die Votivgabe dieser Stele, die den Text seiner Geschichte trägt. – Als er später für einen falschen Schwur mit physischer Blindheit bestraft worden war, hoffte er durch ein entsprechendes Gebet aus seinem Elend ins Licht errettet zu werden, wie der Text einer anderen Stele, heute im Britischen Museum,[6] lesen läßt (Tafel 44):

Ich bin einer, der frevelhaft geschworen hat bei
Ptah, dem Herrn der Wahrheit,
und er läßt mich (dafür) am Tage Finsternis
schauen.
Ich werde seine Macht jedem verkünden, der sie
nicht kennt,
und dem, der sie kennt,
den Kleinen wie den Großen.
Hütet euch vor Ptah, dem Herrn der Wahrheit!
Denn er läßt keine Tat eines Menschen unbeachtet.
Fürchtet euch, den Namen des Ptah frevelhaft
auszusprechen.
Denn wer ihn frevelhaft ausspricht, wahrlich,
er geht zugrunde.[7]

Auf dieser Stele sind über Ptah vier Ohren eingemeißelt und zwei Augen, damit der Gott den Beter höre und sehe. Durch das Bild der Sinnesorgane wird die Aufmerksamkeit des Gottes herabgeholt: Der Sprecher stellt sich vor Ptahs Augen und ist seines Gehörs gewiß. Er fährt fort:

Er hat mich zu einem streunenden Hund gemacht,
indem ich in seiner Hand bin.
Er läßt die Menschen und die Götter auf mich sehen
als auf einen, der Abscheuliches gegen seinen Herrn
getan hat.
Gerecht ist Ptah, der Herr der Wahrheit, gegen
mich,
indem er mich bestraft hat.
Sei mir (fortan) gnädig, blicke gnädiglich auf mich!

Dieses Dokument ist das ergreifende Flehen um die Gnade des Gottes, der den Frevler mit Blindheit geschlagen hat, so daß er wie ein herrenloser Köter elend durch die Gassen irrt. Beides: Blindheit und

43 Stele mit König als Gebetsmittler.

halbwilde Hunde gehörten zum Straßenbild des Alten Ägypten gewiß nicht weniger als zum heutigen. Der Blinde, nicht mehr berufsfähig, war vielfach auf Bettel angewiesen, kostete bald Stockhiebe und Steinwurf, bald ein Almosen, nicht anders als ein halbverhungerter Hund, der verlangend umherzieht, gierig, aber voll Furcht.[8]

Auch Iit-Noferti aus Dêr el-Medîna war blind, als sie auf ihrem Denkstein einen Stoßseufzer in den Himmel schickte, die Götter um Barmherzigkeit zu bitten.

Seid gnädig!
Ihr habt mich Finsternis sehen lassen bei Tage
wegen jener Worte der Frauen.
Seid mir jetzt gnädig!
Laßt mich eure Gnade sehen!

So fleht die Geschlagene die Götter an, die für das Augenlicht zuständigen Gottheiten des Tages und der Nacht Pa-Schu und Iah-Thoth, Sonnen- und Mondgott. Die 50 cm hohe Stele scheint sie mit blindem Auge zu zeigen. Der Grund ihrer Blindheit bleibt uns verborgen.[9]

Iit-Noferti ist eine wohlbekannte Dame, die Ehefrau des Nekropolenarbeiters Sennodjem, dessen einzigartiges, seinem Wohnhaus in Dêr el-Medîna gegenüber gelegenes Grab (Nr. 1) jeden Ägyptenreisenden durch seine jugendfrische Schönheit verstummen läßt. Ihre Grabbeigaben sind Schaustücke des Kairener Museums, ihre Mumie wird im Peabody Museum in Cambridge, Mass., bewahrt. Alle, die mit Sennodjem wie mit einem guten Bekannten verkehren, wird das Schicksal seiner Frau bewegen. Aber sie wissen auch, daß Iit-Noferti in den Bildern der jenseitigen Gefilde wieder sehenden Auges erscheint wie einst (Tafel V).

Die Mutter des Malers Pai bittet um Erlösung aus ihrer Blindheit[10] die Götterdreiheit Chons-Thoth-Horus, jene, die für den Wandel von Mond zu Sonne, d.i. von Nacht zu Tag, zuständig ist, während der blinde Nekropolenschreiber Amonnacht seine Ortsgöttin Meret-seger, die Herrin der thebanischen Bergspitze, um Erbarmen anfleht (Tafel 51).[11]

An den Lichtgott Haroëris allein wendet sich der Maler Neb-Rê[12] mit seinem Gebet: »Möge er mir schenken, daß meine Augen meinen Weg (wieder) schauen ...« Auch dieser Mann aus Dêr el-Medîna ist demnach blind geworden, nachdem ihn mancher Schicksalsschlag getroffen hatte.

Die vielen Blinden sind kein Wunder in einem Land, dessen Wüstenstaub und »tapfer« genannte Fliegen das unbebrillte Auge unentwegt angreifen (vgl. Kap. 9). Die lebenslang in der Wüstenstadt wohnenden Nekropolenarbeiter, die Felshauer (vgl. Tafel 71) sowohl wie Bildner, waren der Gefahr der Augenerkrankung vermehrt ausgesetzt, da die einen beim Hauen der Stollen fortgesetzt in Staub gehüllt waren und die andern, wie der Maler Neb-Rê, sich bei ihrer oft diffizilen Arbeit in den tief im Berg gelegenen Kammern mit den Lichtstrahlen begnügen mußten, die von außen mithilfe von Kupferblech ins Grabinnere geleitet wurden.

In großer Bangigkeit schwebte derselbe Neb-Rê, als sein Sohn Amonnacht im Sterben lag. Doch sein inbrünstiges Gebet an Amun, den Haupt- und Reichsgott seiner Zeit, zugleich der Gott seiner Stadt Theben und Namenspatron seines Sohnes, wurde erhört und Amonnacht ins Leben zurückgerufen. Für die Errettung dankt Neb-Rê mit einer 67 cm hohen, oben gerundeten Stele aus Kalkstein[13] (Tafel 45). Ihrem langen Text zufolge wendet er sich an den »ehrwürdigen Gott, der die Bitten erhört, der auf die Stimme des betrübten Armen[14] kommt und der dem, der gebeugt ist, Odem gibt«, und beginnt mit dem Preislied:

Ich mache ihm Hymnen auf seinen Namen,
Ich preise ihn bis zur Höhe des Himmels
und bis zur Weite der Erde.
Ich rühme seine Macht dem, der stromauf fährt,
und dem, der stromab fährt.

Er verkündet Amuns Ruhm aller Welt, sein Frohlocken tönt hoch zum Himmel. Aber dann läßt er den Leser erschauern in Furcht, wenn er fortfährt:
Hütet euch vor ihm!
Meldet es Sohn und Tochter,
Großen und Kleinen;
sagt es Generation um Generation

44 Stele des Neferabu.

und (später) denen, die (jetzt) noch nicht geboren sind.
Sagt es den Fischen im Wasser
und den Vögeln am Himmel.
Meldet es dem, der es nicht weiß,
und dem, der es weiß:
Hütet euch vor ihm!

Doch wie er furchtbar ist, so eignet ihm Liebe, besagt die Fortsetzung des Textes.

Du, Amun, bist des Demütigen Herr,
der da kommt auf die Stimme des Armen.
Rufe ich zu dir, wenn ich in Trübsal bin,
dann bist du schon da und rettest mich.
Du gibst dem Gebeugten Odem,
du rettest den, der in Banden liegt.
Du, Amun-Rê, Herr von Theben,
du rettest einen, und wär' er schon im Totenreich.[15]
Denn du bist der Erbarmer.
Wenn man dich anruft,
dann kommst du von fernher.

Den Lobgesang hat Neb-Rê selbst verfaßt, wie er im folgenden Satz angibt. Danach berichtet er von der Gnade des Amun, die ihn zu dem Hymnus veranlaßt hat.

Was er (Neb-Rê) ihm machte: Hymnen auf seinen Namen,
weil seine Stärke groß ist.
Was er ihm machte: Gebete zu ihm in aller Öffentlichkeit
wegen des Malers Amonnacht, als er krank und im Sterben lag,
als er der Macht des Amun verfallen war,
weil er sich an seiner Kuh vergriffen hatte.[16]

Ich erlebte, daß der Herr der Götter kam mit süßer Luft (zum Atmen). Süße Luft ging vor ihm her, damit er Amonnacht, den Maler des Amun, errette, den Sohn des Neb-Rê, Malers des Amun in Dêr el-Medîna, geboren von der Hausfrau Pasched.[17]
Auf den Bericht der Tatsache folgt ein neuer Hymnus. Er beschränkt sich nicht wie der erste auf die preisende Beschreibung der göttlichen Tugenden, sondern kommt an Aussagen heran, die ein Stück Paulinische Theologie vorwegnehmen. Er lautet:[18]

Ist es die Art des Dieners, Sünde zu begehen,
so ist es die Art des Herrn, zu vergeben.
Nicht verbringt der Herr von Theben
einen ganzen Tag im Zorne.
Wenn er (einmal) einen Augenblick zürnt,
so bleibt doch nichts zurück,
schon hat sich uns der Lebenshauch gnädig wieder zugekehrt.
Amun hat sich umgewendet mit seinem Odem.
Bei deinem Wesen! du bleibst gnädig,
und nicht kehrt wieder, was einmal abgewendet ist.

Auch diesen Hymnus hat Neb-Rê selbst verfaßt, wie er im Nachsatz feststellt. Schließlich wiederholt er sein Gelübde, das er vor Amun abgelegt hat, und widmet ihm die Stele:
»Ich werde eine[19] Stele auf deinen Namen machen und einen[19] Hymnus auf ihr als Inschrift verewigen, wenn du mir den Schreiber Amonnacht rettest«, sagte ich zu dir, und du erhörtest mich. Siehe, ich tue (hiermit), was ich gelobt habe.

Du bist der Herr für den, der dich anruft,[20]
der sich freut über die Wahrheit,
du Herr von Theben.

Dieser ausführliche Text der Berliner Stele macht in voller Breite deutlich, daß Neb-Rê zu seinem Gott eine persönliche Beziehung hatte. Außerhalb des Gottesdienstes, nicht als Glied einer Gemeinde, weder durch Vermittlung eines Priesters noch einbezogen in die Riten des Kultus, sondern als einzelner ruft er den von ihm erwählten Gott an, bittet ihn in seiner Not oder dankt für seine Errettung.
Die Erfahrung von Gott als Nothelfer hat sich zu einer eigenen Göttergestalt verdichtet, dem »Retter«.[21] Amun wird für die Schiffahrer zum »Piloten, der das Wasser kennt«, oder zu ihrem »Steuerruder«;[22] er hilft in Seenot, wenn das Meer wild ist,[23] wird auf Erden zum guten Hirten, ist Herr des Lebens und fügt das Todesgeschick. Seine Macht und sein Wissen sind ohne Grenze. Er verfügt über den Lebensodem und ist als Lufthauch allgegenwärtig.

45 Stele des Neb-Rê.

Ein Schreiber des königlichen Grabes der Ramessidenzeit in Theben mit Namen Thuthmosis, der dienstlich in der Ferne weilt, bringt seine Hoffnung auf Amun in einem Brief an seinen Sohn Butehamun und die Sängerin des Amun mit Namen Hemet-scheri wie folgt zum Ausdruck:

»Ich bete jeden Tag zu den Göttern, die in meiner Umgebung sind, dir Leben zu schenken, Heil und Gesundheit, eine lange Lebenszeit und ein hohes Lebensalter und dir Gunst zu verleihen vor den Göttern.

Mir selbst geht es gut, ich bin gesund. Sorg dich nicht um mich. Das einzige, was ich mir wünsche, ist, dich zu sehen und über dein Befinden täglich zu hören. Sobald mein Brief dich erreicht, bete zu Amun, daß er mich lebend zurückbringe.«[24]

In der Fremde, wo sich der Ägypter stets elend fühlt, betet er zu den Göttern seiner Umgebung, um auch diese gnädig zu stimmen. Denn dort, so glaubt er, unterliegt er deren Führung mehr denn der heimischen Gottheit. Aber die Vertrauten daheim mögen Amun anrufen, so bittet er, seinen erwählten Gott zu Hause.[25]

Die Ferne war nicht gar zu fern. Nur 30 km nordwärts von Theben hatte Thuthmosis als Beamter Ramses' XI. auf dem Westufer Steuern einzuziehen. Aber die Sorge, in der »Fremde« umzukommen, durchzittert alle seine Briefe, und die Bitte um Gebet vor den heimischen Göttern erklingt als kontrapunktische Gegenstimme.

Als derselbe Thuthmosis einige Jahre später in Nubien weilte, erhielt er von seinem Sohn in Theben Butehamun, der Sängerin des Amun Hemetscheri und einer weiteren Tempelsängerin folgende Antwort: »Wir sagen täglich zu Amun-Rê, dem Götterkönig, zu Mut, Chons und allen Göttern von Theben, zu Rê-Harachte (Sonnengott) bei seinem Auf- und Untergang, zu Amun, der sich mit der Ewigkeit vereinigt, zu Amun von Medînet Hâbu, zu Amun von Karnak, zu der großen und ehrwürdigen Achtheit, die in Cheft-her-nebes ruht, zu Meret-seger, der Herrin des Westens, zu Hathor, der Herrin von Dêr el-bahri, und zu der Herrin der Wüstenberge, in denen du weilst, zu Amenophis, Nofretiri und zu Amun der Herrlichen Begegnung, wobei ich (Butehamun) täglich in seinem Vorhof stehe, unermüdlich zu ihren Namen betend, sie möchte dir viel Gunst schenken vor dem General, deinem Herrn. ›Solange er in eurer Gunst steht‹, sage ich zu ihnen, ›wird es ihm gut gehen, wo immer er ist‹. Und mögen die Götter des Landes, in dem du bist, dich retten aus jeder Gefahr jenes Landes und dich Amun, dem Herrn von Theben, zurückgeben, deinem Herrn, und wir werden dich Tag für Tag umarmen. Ich habe alles vernommen, was du mir geschrieben hast, vermittelt durch den Arbeiter Her-Amun-penaf, nämlich: »Vernachlässigt es nicht, Amun von Karnak Wasser zu bringen«. Ich tue es zwei- bis dreimal die Woche. Ich vernachlässige es nicht, ihm Wasser zu bringen. Es ist sehr gut, daß du ihm dein Herz zuwendest, damit er auch dir sein Herz zuwenden möge, ohne unwillig zu werden.«[26]

»Heute bin ich am Leben, das Morgen steht in Gottes Händen«, schreibt Thuthmosis in einem anderen Briefe voll Vertrauen und Bangigkeit zugleich.[27]

Der Schreiber Ramose, Besitzer von drei gemalten Gräbern in Dêr el-Medîna, bittet Amun-Rê nicht allein um Leben, Heil und Gesundheit, auch um Klugheit, Gunst und Liebe, und schließlich darum, immer satt zu werden bis an sein seliges Ende.[28] Es hieße, die Bitte um das tägliche Brot mißverstehen, wenn man Ramose der Schlemmerei bezichtigte. Nur wenigen war es vergönnt, selbstverständlich jeden Abend satt ins Bett zu gehen, jeder hatte um sein Brot zu kämpfen und in seinem Vaterunser darum zu beten.

Hat zwar Amun als der Mächtigste des Neuen Reiches besonders viele Gläubige an sich gezogen, so erfuhren doch auch die anderen Götter des Pantheons Vertrauen: wie in Dêr el-Medîna Meretseger (Taf. 51), so an anderen Orten andere sogenannte Lokalgottheiten, die jedoch nicht anders zu verstehen sind als die auf den jeweiligen Ort wie durch eine Linse gesammelten Kräfte eines Größeren.[29] Auch belegte man Gottheiten mit Zuständigkeiten für bestimmte Notsituationen: So flehte man, wie wir gehört haben, bei Erblindung zur Triade Chons-Thoth-Horus, zu Göttern also, die Mond und Sonne verkörpern und am Wechsel von Nacht zu Tag mitwirkten. Der nach seinem Tod vergöttlichte Pharao Amenophis I. galt späteren Generationen ebenfalls als Nothelfer, etwa zum Schutze gegen ein Krokodil[30]. Hatte man sich schließlich gegen einen bestimmten Gott versündigt, etwa durch falschen Schwur, so konnte nur derselbe Gott die dafür verhängte Strafe aufheben.

Kiki,[31] ein Priester unter Ramses II., wählte sich zur Schutzherrin die Göttin Mut, nach der er sich den Zweit-Namen Si-Mut, Sohn der Mut, zulegte, und schenkte ihrem Tempel seine gesamte Habe. Auf einer Wand seines Grabes verewigt er seine Schenkung, wonach er mit allen Sicherheitsvorkehrungen seine Familie ausdrücklich enterbt. »Ich gebe ihr (Mut) alle meine Habe, ... ich bin jetzt ein Bettler in ihrer Stadt, ... nicht einer meiner Angehörigen hat teil daran (an meinem Besitz), er gehört vielmehr ihr als Opfer«. Kiki hat sich zum Sohn der Mut gedemütigt, weil sie »hilfreich ist, im Handgemenge freien Raum schafft, im bösen Augenblick beschirmt«. Mut wird dem Stifter bei seinem Begräbnis beistehen und die Mumie wohl versorgen, so daß er nach dem Tode wieder sehen, wieder hören und wieder Luft atmen wird, seine Sprache wiederfindet und aufs neue Geschmack empfindet. »O Mut, Herrin der Götter, erhöre meine Bitten«, so ruft Kiki die Erwählte an, und endet getrost: »Wenn ich eingeschlafen bin, dann bist du bei mir, meine Beschützerin.«[32]

Frau Bu-chaa-nef-Ptah hat sich zur Schutzgöttin Nebet-hotep erwählt und kündet von der »Huldvollen«: »Jeder, der ihr folgt, ist in Freude; kein Übel wird einen befallen, durch Generationen hindurch.«[33]

Die Götter nehmen sich der Menschen an, sie sind unbestechlich, stehen dem Geringen bei wie dem Reichen, wenn auch dem Geringen mit Vorzug. Gott liebt den Demütigen, den »Schweiger«, der sich ihm ergibt; er straft den Bösen für seine Sünden, auch wenn der Mensch töricht ist und nicht weiß, was ihm gut ist und was böse. Er straft den Meineidigen, straft mit Krankheit, Blindheit, mit Elend und Ausgestoßensein.[34] Doch er ist barmherzig und kennt keine Rache.

Der Mensch dankt seinem Gott durch Gebet und Weihgaben, er liebt und fürchtet ihn zugleich, vertraut ihm und hofft und kündet von der Macht des Gottes vor allen Menschen. Um ihn zu ehren, macht er weite Pilgerfahrten durchs Land.

Diese Auffassung von einer persönlichen Führung durch Gottes Hand hat ihre engste Parallele im Alten Testament; nicht wenige Wendungen und Bilder der altägyptischen Hymnen sind später in die Psalmen eingegangen.

Geht auch nach ägyptischem Glauben ein Kamel eher durch ein Nadelöhr als ein Reicher in den Himmel, so ist es keineswegs der Arme allein, der in Nöten die Barmherzigkeit seines Herrn anruft. Der Mächtigste dieser Erde, der König, fleht ihn gleichermaßen an, wenn er bedrängt ist. Als der Pharao aller Pharaonen, Ramses II., in der Schlacht gegen die Hethiter bei Kadesch am Orontes (Tafel 46) sich von allen Mannen verlassen sah inmitten von 2500 feindlichen Gespannen, je dreifach besetzt, gelang es ihm, das Kriegsglück zu wenden durch ein Stoßgebet. Er ruft es in den Himmel:

Was versagst du dich, mein Vater Amun?
Ist es denn an dem Vater, seinen Sohn zu vergessen?...
War ich je ungehorsam gegen etwas, das du befohlen hast?
Wieviel zu groß ist er, der große Herr von Ägypten, als daß er Fremden erlauben könnte, seinen Wegen zu nahen.
Was kümmert sich dein Herz, o Amun, um diese Asiaten, die elenden, die nichts wissen von Gott?
Habe ich dir nicht sehr viele Denkmäler gemacht und deinen Tempel mit Beute gefüllt?
Dir meinen Tempel von Millionen Jahren (Ramesseum) gebaut und dir all meine Habe zum Eigentum gegeben?
Alle Länder zusammen bringe ich dir dar, um deine Opfer zu mehren.
Ich habe dir Zehntausende an Rindern opfern lassen mit allen Arten süßduftender Kräuter.
Nichts Gutes ließ ich ungetan in deinem Heiligtum.
Ich habe für dich große Pylone gebaut und deine Flaggenmaste selbst aufgerichtet;
dir Obelisken aus Elephantine geholt, während ich selbst die Steine herbeiführte;
habe dir Schiffe auf dem Ozean fahren lassen, um für dich die Waren aus den fremden Ländern zu holen.
Was (freilich) könnte einer sagen, wenn ihm etwas

▶

46 Ramses II. hält während der Schlacht gegen die Hethiter bei Kadesch Kriegsrat.

Schlechtes widerfährt, obwohl er sich deinem Willen beugt?
Aber tust du Gutes dem, der auf dich setzt, dann wird er für dich wirken mit liebendem Herzen.
Mein Vater Amun, ich rufe zu dir.
Ich bin inmitten eines Haufens, den ich nicht kenne.
Alle Fremdländer haben sich gegen mich verbunden.
Ich bin ganz allein, kein anderer ist bei mir.
Meine vielen Fußsoldaten haben mich verlassen,
kein einziger meiner Wagenkämpfer hat sich nach mir umgesehen.
So sehr ich nach ihnen schreie, keiner von ihnen hört, wenn ich rufe.
Aber ich spüre, Amun ist wirksamer für mich als Millionen von Fußsoldaten,
als Hunderttausende von Wagenkämpfern
und als Zehntausende von Brüdern und Kindern, die einmütig zusammenstehen.
Das Werk vieler Menschen ist nichts,
Amun ist wirksamer als sie.
Ich bin aus der Ferne hierhergezogen auf den Rat deines Mundes.
O Amun, ich habe deinen Willen nicht überschritten.
Wahrlich, ich bete an den Enden der Fremdländer,
und meine Stimme schallt im oberägyptischen Heliopolis (= Theben).[35]

Gebietet Pharao auch mit mächtiger Hand und zählen seine Opfer nach Hekatomben, er steht einsam vor seinem Gott, einsam im Gebet der irdische Lenker eines mächtigen Volkes. »Aus tiefer Not ruft« er zu ihm, seinem Herrn, wie der Beter von Psalm 130.[36] Amun-Rê erhörte ihn und kam ihm zu Hilfe, wie der Text der Nachwelt verkündet: »Rê gab mir seine Hand, und ich jauchzte. Dicht hinter mir rief er: ›Vorwärts! Ich bin mit dir, ich, dein Vater. Meine Hand ist mit dir, ich bin mehr wert als 100 000 Mann. Ich bin der Herr des Sieges, der die Kraft liebt‹«.
Der König hat sich gefangen, sein Mut schwillt, er wurde wie der Kriegsgott selber, schoß nach rechts und kämpfte nach links, und die 2500 Wagen, die ihn umzingelt hatten, lagen in Stücken vor seinen Rossen. Andere trieb er in den Orontes, so daß sie einer über den andern hineinstürzten (vgl. Abb. 5). Er, Ramses allein, besiegte auch den gegnerischen Fürsten und seine Großen mit eigener Hand, bis daß die Feinde, von Angst gelähmt, vor ihm flohen, ihm, dem gotterfüllten, dessen Taten »keine Menschentaten« waren.[37]
Von den vielen weiteren Zeugnissen, die von der tiefen persönlichen Frömmigkeit des Ägypters reden, seien zum Schluß einige Stellen aus der Lebenslehre des Amenemope zitiert. Die Schrift ist 11 Jahrhunderte vor Christi Geburt entstanden und enthält Gedankengut, das den Weg zu dem Zeitenwender bereitet haben könnte. Keine andere Religion, außer der jüdischen, in deren Erdreich das Christentum seine Wurzeln senkt, kommt dem Glaubensgut des Nazareners so nahe wie die altägyptische mit dieser Schrift. Hören wir aus der Lehre!

Der Mensch weiß nicht, wie das Morgen sein wird.
Bei Gott ist der Erfolg, beim Menschen das Versagen ...
Sage nicht: ›Ich habe keine Sünde‹,
Bemühe dich nicht, dich zu rechtfertigen,
Stelle die Sünde Gott anheim,
Sie ist mit seinem Finger besiegelt.
In der Hand Gottes gibt es nichts Vollkommenes,
Es gibt vor ihm auch nichts Mangelhaftes.
Wer sich müht, das Vollkommene zu suchen,
Der bringt sich im Nu zu Schaden.
Sei fest in deinem Herzen und stärke dein Herz[38]
Steure nicht mit deiner Zunge.[39]
Die Zunge des Menschen ist zwar des (Lebens-) Schiffes Steuerruder,
Aber sein Pilot ist der Allmächtige ...[40]
Lache nicht über einen Blinden und verhöhne keinen Zwerg,
Erschwere nicht das Geschick eines Lahmen.
Verhöhne nicht einen Mann, der in der Hand Gottes ist (Epileptiker),
Sei nicht wütend auf ihn, wenn er fehlt.
Der Mensch ist Lehm und Stroh,
Gott ist sein Baumeister.
Er (Gott) zerstört und erbaut täglich,
Er macht tausend Geringe nach seinem Belieben,
Und er macht tausend Leute zu Vorgesetzten,
Wenn er in der Stunde des Leben-Schaffens ist.
Wie freut sich einer (ein Versehrter), der ins Jenseits kommt,
Wenn er (dort wieder) heil wird in der Hand Gottes.[41]

Neuntes Kapitel

Der Tod steht heute vor mir

wie der Duft von Myrrhen«. Der so sprach, war ein leidgeprüfter, im Innersten erschütterter Mann. Religiös-revolutionäre Ideen hatten ihn in eine Schwermut getrieben, gegen die ihm der Tod als Erlösung erschien. Auch andere Ägypter waren nach ihren Selbstzeugnissen altersmüde, tief vom Leben enttäuscht, ja verzweifelt. Sie haderten mit ihrem Gott, jeder nach seiner Art, die einen mehr die materielle Not beklagend, Krankheit und physisches Leiden, die anderen geistiges Elend.[1] Doch sehnten diese nicht den Tod herbei, sondern riefen nach Leben, nach Gesundheit, nach Licht.

Im ganzen sind die Dokumente spärlich, die die Nachtseite des Daseins bloßlegen, denn der Glaube an die Magie des Wortes hemmte den Ägypter, Unbequemes oder gar Übles auszusprechen. Daher ist es schwieriger, vom Leiden der Alten zu berichten als von ihren Freuden. Dennoch sei den Unglücklichen jener Ferne nachgespürt, und zwar ihren Krankheiten und ihren Strafen.[2]

Für die Krankheiten der Alten stehen ein gutes Dutzend altägyptischer Medizinischer Papyri und zahlreiche Zaubertexte zur Verfügung, als weitere unmittelbare Zeugnisse einige wenige Briefe und bildnerische Darstellungen sowie die große Zahl an Mumien; als indirekte Quellen die Segenswünsche, Warnungen und Gebete. Da sich das vorliegende Buch nicht eine Kulturgeschichte Ägyptens zum Ziel gesetzt hat, sondern anhand meist verborgener Aussagen Ägypten als das gelebte und erlittene Land zu präsentieren versucht, werden die ruhmreichen medizinischen Lehrbücher hier nur mit dem Blick auf die Patienten ausgewertet.[3]

Nur soviel sei bemerkt: daß Griechen und Römer, d. h. Hippokrates und Galen, aus den altägyptischen Werken mehr geschöpft haben, als bislang bekannt war. Viele Erkenntnisse, die man ihnen zuschrieb, konnten jüngst als geistige Errungenschaften des Nilvolks entdeckt werden. Die Überlieferung der antiken Medizingelehrten, wonach sie den Werken des Arztes und Weisen Imhotep in dessen Tempel von Memphis begegnet seien, muß ernst genommen und kann in ihrer Bedeutung nicht leicht überschätzt werden.[4] Die ägyptische Medizin genoß solchen Ruf, daß Leute von Stand aus dem Ausland, besonders von Vorderasien, zur Konsultation an den Nil gereist kamen.[5] Noch die späten Sanatorien im Delta wie in Oberägypten waren für die Heilsuchenden der damaligen Welt ein Lourdes an Wunder. Die Heilungen, die man der Strahlkraft des seinerzeit vor mehr als 2000 Jahren verstorbenen Imhotep (Tafel 47), des Amenophis, Sohnes des Hapu, und des Serapis zuschrieb, brachte die ägyptische Medizin in aller Munde. Homer nennt die Ärzte Ägyptens »erfahrener als alle anderen Leute«.

Wir fragen, ob denn die Menschen am Beginn der geschichtlichen Ära, jene Giganten des Geistes und der kulturellen Hochleistungen in der »guten alten Zeit«, überhaupt des Arztes bedürftig waren. Eine Musterung der gesundheitlichen Verhältnisse unserer Ahnen aus der Pharaonenzeit gibt die Antwort, daß sie nicht weniger krank waren als wir; daß sie überdies an Krankheiten litten, die bei uns ausgestorben oder infolge anderer Lebensbedingungen nie aufgetreten sind; daß die Säuglingssterblichkeit bedeutend höher war und die Lebenserwartung auch nach dem Säuglingsalter viel geringer als bei uns. Daß sogenannte Zivilisationskrankheiten nicht existiert hätten, bedarf eines Beweises. Die Plagegeister reichten vom Schnupfen bis zum Krebs.

Geister! Ja, viele Krankheiten beruhten in den Augen der Alten auf dem Wirken von Dämonen,

insbesondere jene, deren Ursache sie nicht erkannten. Was wir heute den Mikroben oder Störungen im biochemischen Haushalt zuschreiben, hatten damals »übel gesinnte Männer und Frauen« getan, »lebende oder gar tote«,[6] die auch in der Gestalt von Tieren auftreten konnten.[7] Gegen solche Krankheiten half in der Regel nur der Zauber, ein Heilmittel, über das der Arzt in gleicher Weise verfügte wie über medizinische Kenntnisse. Zwar war die Medizin durch Beobachtung, Erfahrung, Experiment und Kombination schon früh von den magischen Vorstellungen der Prähistorie zu sauberer Wissenschaftlichkeit gelangt, aber die Zauberei begleitete sie weiterhin wie ein Schatten, und in der Zeit des kulturellen Niedergangs am Ende der ägyptischen Geschichte hat sie die Medizin wieder überwuchert. In der Spätzeit konzentrierte sich das Vertrauen mehr und mehr auf Amulette (Abb. 50) und Zauberstelen (vgl. Taf. 53) und beschwörende Formeln.

Letzten Endes aber war Krankheit immer von den Göttern geschickt (Abb. 51), einerlei, welchen Werkzeugs sie sich auch bedient hatten. Besonders sinnfällig war Krankheit als Gottesgabe, wo der Tun-Ergehen-Zusammenhang fraglos schien. Ein Meineidiger, der sich gegen das Licht der Wahrheit versündigt hatte, wurde mit Blindheit geschlagen. Krankheit war die Antwort auf eine Sünde, oft eine beziehungsvolle, durchsichtige Antwort. Daher die vielen Stoßgebete an die Götter, die Sünde zu vergeben und die Krankheit zu heilen.

Der Schreiber Neb-Ré dankt Amun für die Errettung eines seiner vier Söhne, des Amonnacht, »der krank und im Sterben lag, weil er sich an seiner (des Amun) Kuh vergriffen hatte« (Vgl. S. 136-138).[8]

Der große Amenophis III. war sehr leidend. Den unerhörten Pomp seiner Regierungszeit, der nachmals kaum von Ludwig XIV. erreicht worden ist, konnte er nur mit matten Kräften genießen. Wie sitzt er zusammengesackt in seinem Sessel auf der kleinen Stele des Britischen Museums! (vgl. Tafel 7).[9]

Das Volk von Sechmet-Statuen, deren Vertreter aus seinem Totentempel in nahezu jedem Museum zu besichtigen sind und die im Viereck den heiligen

47 Bronzestatuette des Imhotep.

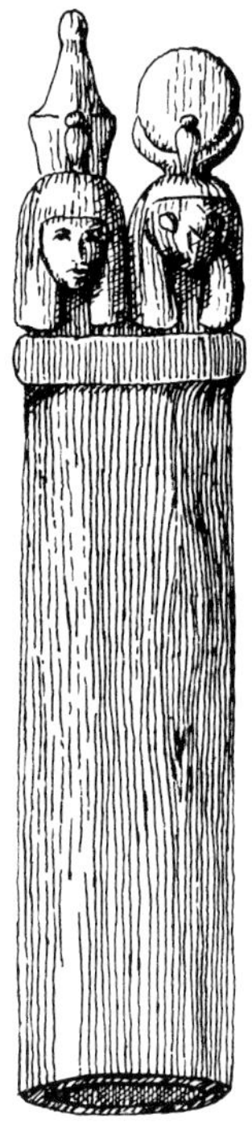

Abb. 50 Amuletthülse.

See der Göttin Mut in Karnak noch heute umstehen, sind Weihgaben des Königs an die Göttin der Krankheit. Doch brachten sie offensichtlich keine ausreichende Hilfe. Denn des Königs Schwiegervater, der Mitanni-König Tuschratta, schickte dazu eine Statue der Göttin Ischtar von Ninive mit dem Wunsche: »Möge Ischtar, die Herrin des Himmels, meinen Bruder (Amenophis) und mich selbst beschützen! Möge diese Herrin uns beiden ein Alter von 100 Jahren schenken und viel Freude!«[10] Es läßt den Ausländer erkennen, daß er nur 100 Lebensjahre wünscht und nicht »das schöne Alter von 110 Jahren« der Ägypter (vgl. Kap. 1). Aber auch dieser bescheidenere Wunsch hat sich nicht erfüllt: Amenophis III. ist nur etwa 50 Jahre alt geworden. Doch es bleibt unbekannt, ob er selber die Götter um ein höheres Alter gebeten hat.[11]

Zu den wenigen Denkmälern, die über die Nöte einer Krankheit in direkter Aussage sprechen, gehört eine Stele in Kopenhagen mit dem Bild eines an spinaler Kinderlähmung erkrankten Türhüters namens Rom (Tafel 48). Mit seinem verkürzten, atrophierten Bein, seinem *pes equinus,* opfert er, die

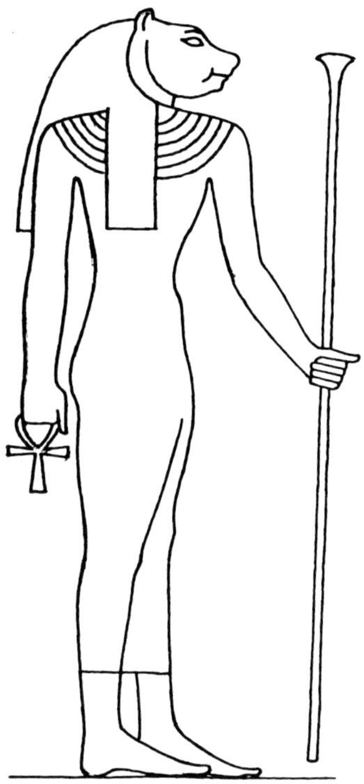

Abb. 51 Sechmet, löwenköpfige Göttin der Krankheiten und des Unheils.

Krücke unter die Achsel geklemmt, zusammen mit Frau und Sohn der Heilgöttin Ischtar in der Hoffnung, durch ihre gnädige Hilfe wieder wohlgestaltet zu werden.[12]

Viel diskutiert ist das Relief der Puntfürstin im Terrassentempel der Königin Hatschepsut von Dêr el-bahri, das die fremdländische Frau mit den charakteristischen Symptomen einer an Adipositas Leidenden zeigt (Abb. 52). Bei dem »Barbarenweib« hatte der Künstler keine Hemmung, die Fettpakete, die nicht nur die Gliedmaßen, sondern auch den Rumpf verunstalten, die Hyperlordose und die Gurkenbrüste wirklichkeitsgetreu darzustellen. Auch die Tochter der Fürstin ist bereits von der Krankheit gezeichnet.[13]

Nicht ebenso demonstrativ, sondern eingestreut in größere Reliefszenen sind krankheitsbedingte Anomalien im Erscheinungsbild von Leuten niederen Standes. Nabelbrüche, Tumoren in der Bauchgegend, hypertrophierte Genitalien und verkrüppelte Gliedmaßen, auch Wasserköpfe, Fettleibigkeit oder tuberkulös wie rheumatisch bedingte Wirbelsäulenverkrümmung, all diese schweren Schäden sind besonders bei Fischern, Papyrussumpf- und Schiffsarbeitern zu beobachten.[14] Mißbildungen in höheren Rängen wurden entweder gar nicht dargestellt oder geschickt ausgeglichen wie der Zwergenwuchs des Beamten Seneb.[15]

Daß trotz ständigen Sonnenwetters, trotz der sportlichen Betätigung der Ägypter und trotz ihrer vielseitigen Nahrung die Englische Krankheit nicht selten war, geht daraus hervor, daß viele Patäken (vgl. auf Taf. 15) und häufig auch der Zwerggott Bês mit rachitischen Verkrüppelungen dargestellt sind.[16]

Blindheit und Harfenspiel (Tafel 49) bilden so sehr eine begriffliche Einheit, daß der augenlose Gott Mechenti-irti zum Schutzpatron der Harfenspieler geworden ist.[17] Daß Blinde wegen innersekretorischer Störungen zu Fettleibigkeit neigen,[18] ist in den ägyptischen Reliefs nicht verschwiegen[19] (Tafel 50). Im ganzen gesehen aber widersprach es ägyptischem Ordnungsdenken, Krankheitsbilder auszubreiten. Im Gesamtvokabular direkter Aussagen, der bildlichen wie der textlichen, sind sie nicht häufiger als Druckfehler in einem wohlbesorgten Satz.

Um so reicher strömen die Informationen durch Mumien, die andere unmittelbare Erkenntnisquelle. Wie sie lehren, waren Fehl- und Frühgeburten sowie der Tod der Mutter bei der Geburt nicht selten; Knochenanomalien, Arthrosis, Brüche und Verletzungen quälten die Menschen; sie litten unter schauderhaft schlechten Zähnen und unter Haarausfall; Röntgenbilder machen Arteriosklerose sichtbar, die damals wie heute den Geist getrübt haben wird.[20] Das mag den greisen Ramses II. nach einer ruhmvollen Regierung von 65 Jahren weniger gestört haben als das kurze Bein (Klumpfuß oder Folge einer Poliomyetitis) der König Siptah.[21] (Vgl. Kap. 1).

Über die inneren Krankheiten geben besser als die Mumien die Medizinischen Papyri Auskunft. Es entspricht ägyptischer Denkweise, die Krankheiten topographisch vom Kopfe abwärts zu be-

48 Stele des an spinaler Kinderlähmung erkrankten Rom.

trachten. Denn alles, was gleich lokalisiert war, gehörte nach ägyptischer Vorstellung zusammen, einerlei woher Kopfschmerz oder Bauchweh kamen. Doch sei hier beileibe nicht das ganze Repertoire an Krankheiten jener Tage vorgeführt, nur denen Beachtung geschenkt, die besonders viel Jammer über die Nillandbewohner ausgegossen haben.

Wie heute so litten auch damals viele an jener Augenkrankheit, der Ägypten ihren Namen gegeben hat. Bei dem ständig aus der Wüste hereinwehenden Staub, der sich in Schleiern auf der schmalen Flußoase niederläßt oder in gelben Wolken aus bissigem Sand über das Niltal fegt, bei den Myriaden von Mücken, die in dem trockenen Klima die Feuchtigkeit der Augenwinkel aufsuchen, und bei der Unkenntnis über den kausalen Zusammenhang und der durch sie bedingten

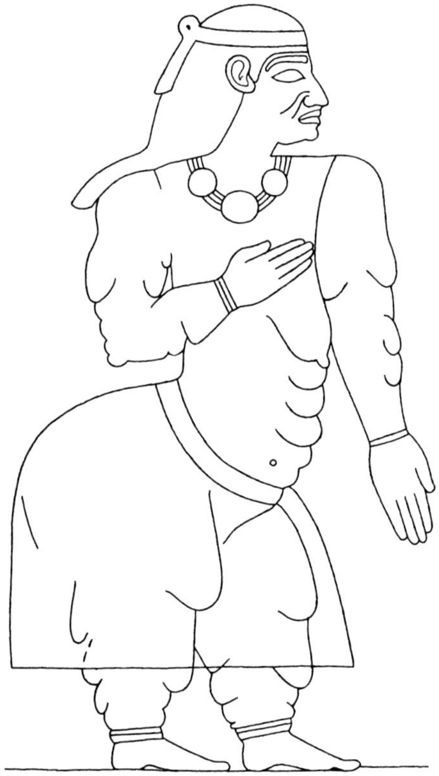

Abb. 52 Die an einer Adipositas leidende Fürstin von Punt.

Nichtbeachtung hygienischer Vorsicht waren die Augen vom ersten Lebenstag an höchst gefährdet. Dabei muß man sich die Ägypter für die damalige Zeit ungewöhnlich reinlich vorstellen. Ehe von den Augenkrankheiten weiterberichtet sei, eine kurze Besinnung zu ihren hygienischen Verhältnissen.

Herodot, der sich über das Sauberkeitsbedürfnis der Nilbewohner nicht genug auslassen kann, berichtet, daß sie »auf stets frisch gewaschene Kleider den allergrößten Wert legen«; daß sie sich »der Reinlichkeit wegen beschneiden«, denn, so folgert er, sie »wollen lieber reinlich sein als schön«. Wie er überliefert, haben sich die Priester jeden dritten Tag den ganzen Körper rasiert, »damit sich weder eine Laus noch irgendein anderes Ungeziefer bei ihnen festsetze« (II 37); haben sich zweimal am Tag und zweimal bei Nacht gebadet. Er hebt hervor, daß die Ägypter aus Bronzebechern getrunken haben, »die sie jeden Tag spülen, und zwar jedermann ohne Ausnahme«. Auch hatten sie Kabinette und setzten sich nicht, wie es in der damaligen Umwelt üblich war, auf die Straße (II 35). Schon in der zweiten Dynastie sind in Ägypten Klosetts und Duschen nachgewiesen. Daß die Ägypter auch von Krankheitsübertragung wußten, zeigen ihre Rezepte zur Desinfektion. Allerdings sind diese Rezepte magischer Art und dürften kaum etwas genützt haben. Einmal wird die Fliege als Krankheitsüberträger beschworen,[22] ein ander Mal werden Lebensmittel und Betten magisch gereinigt.[23]

Auch der Nil war ihnen als Seuchenbringer bekannt, doch wagte man kaum, diesem Lebensspender laut etwas Unfreundliches anzuhängen. Die Seuchen als Folge der jährlichen Überschwemmung werden nur verschleiert angedeutet. Aber nicht nur die Überschwemmung, auch das in seinem Bett stehende Nilwasser hatte »Gewürm von gleicher Gestalt wie das Blutgewürm (Gerinnsel) im Innern seiner Nasenlöcher«.[24] Was Wunder, wenn nicht allein die Bilharzia (s. u.) munter übertragen wurde! Im Nil badete man nicht nur, man schöpfte dort auch sein Wasser zum Trinken.

Körper- und Hauspflege waren erstaunlich sorgsam. Wenn das Nilvolk in der Spätzeit – wie noch heute auf dem Land – infolge seiner Tierliebe

49 Blinder Harfner.

(s. Kap. 2) mit dem Vieh zusammen unter einem Dach schlief, so hat sich diese Sitte allerdings unhygienisch ausgewirkt, denn sie hat die Mücken geradezu ins Haus gerufen, ins Haus und – auf die Augen, schon der Babies. Die ständigen Staubwolken des Landes erhalten die Bindehaut in einem fortwährenden Reizzustand, so daß sie zu einem Nistort für Keime wird, die vor allem durch Fliegen von Trachomkranken übertragen werden. Schwere Entzündungen, Geschwüre und Schädigung der Hornhaut bis zur Erblindung sind die Folge. Die »ägyptische Augenkrankheit«, das Trachom, war das ärgste der vielen Augenleiden.
Außerdem liest man vom Star und auffällig oft von Nachtblindheit. Wenn die Ärzte diese Krankheit mit tierischer Leber behandelten, so hatte das Präparat wegen seines Gehaltes an Vitamin A sicherlich denselben Erfolg wie die heutigen Medikamente. Aber trotz aller Mühe, welche ärztliche Kunst und tägliche Pflege für die Augen und Augenlider aufgewendet haben, gab es viele Blinde, die ihr erbarmungswürdiges Los ergeben aus den Händen der Götter annahmen, oder in verzweifelten Notrufen um Erlösung aus ihrer Nacht flehten (s. Kap. 8 und Tafel 51).
Der augenkranke Maler Pai, der sich von seinem Gott verlassen meint, schreibt an seinen Sohn, den Maler Pa-Rê-hotep:

»Wende dich nicht von mir. Mir geht es gar nicht gut. Höre nicht auf, für mich zu weinen, denn ich bin in der Finsternis. Mein Herr Amun hat sich von mir entfernt. Bring mir doch bitte ein wenig Honig für meine Augen und außerdem Fett von... und echten Bleiglanz. Tu es, tu es wirklich. Bin ich denn nicht dein Vater? Ich bin ja so elend, denn wenn ich meine Augen gebrauchen will, sind sie nicht da«.[25]
Der ganze Jammer eines Blinden könnte kaum bewegender zum Ausdruck kommen als durch diese schlichten Zeilen.

Ein anderer langer Brief schließt ab mit dem Hinweis auf einen an Augen und Zähnen Erkrankten. Der auswärts (vielleicht in den Oasen) tätige Beamte klagt seine Not, indem er auf die Hitze des fernen Landes, auf die Mücken dort schimpft und auf die 200 großen Hunde und 300 Schakale, die täglich an seine Haustür kommen und nach dem Bier gieren, wenn er einen Krug aufgemacht hat. Schließlich verweist er auf den Schreiber bei ihm, der an jedem Muskel seines Gesichtes zuckt, dessen Auge von einer Entzündung befallen ist und an dessen Zahn der Wurm nagt.[26]
Für die Augen wie für die Zähne gab es Fachärzte. Kariöse Zähne, »an denen der Wurm nagte«, wurden plombiert, »genudelt«, wie es in der ägyptischen Fachsprache heißt, und zwar mit einem mineralischen Kitt. Um Eiterungen zu drainieren, wurde das Zahnfleisch durchbohrt. Lockere Zähne hat man, wie Beobachtungen an Mumien zeigen, mit einem Golddraht an feste angebunden. Auch sonst konnte sich der Patient auf die listigen Techniken seines Zahnarztes verlassen. Dennoch waren die meisten von Zahnschmerzen arg geplagt. Häufig waren die Kiefer mit Geschwüren behaftet, und, was wohl der Übel ärgstes war, die Zähne waren überaus stark abgenutzt. Der besondere Grund lag in den sandigen Beimengungen der Speisen, vor allem des Mehls bzw. des Brotes. Schon beim Mahlen des Mehls mit Sandstein geriet eine Menge von Steingries unters Mehl; gesiebt wurde es nur relativ grob. Beim Bereiten des Teigs im Freien und beim Trocknen des geformten Leibs an der Sonne wehte zusätzlich von dem scharfen, harten Wüstensand herein, mit dem man in der schmalen Flußoase Ägypten kaum fertig wird. Durch die Beimengung dieses Sandes vor allem haben sich die Zähne der Ägypter vorzeitig abgekaut.[27]
Schwer unter ihrem Gebiß zu leiden hatte eine Frau aus der 2. Dynastie, deren Zahnkrankheit es die Nachwelt zu verdanken hat, daß eine wohlausgestattete altägyptische Mahlzeit realiter bekannt wurde. Das einzigartige Menu ist bis in unsere Tage vollständig überkommen, wenn auch nach nunmehr 5000 Jahren ein wenig eingehutzelt.[28]
Die Frau, deren Grab in Sakkâra (Nr. 3477) aufgedeckt wurde, bekam durch Krankheit oder Unfall einen anomalen Unterkiefer, wie die Untersuchung des gut erhaltenen Schädels ergeben hat. Während die Zähne der rechten Seite noch beinahe vollständig erhalten sind, wenn auch in Zahnstein eingebettet, sind die der linken Seite im Oberkiefer abgebrochen bzw. kaputt und im Unterkiefer völlig geschwunden einschließlich der Zahnbetten. Nur ein flacher Kiefer mit deutlichen Spuren einer

50 Stele für einen blinden Harfner

schweren Nekrose ist stehen geblieben. Außerdem ist der Unterkiefer unsymmetrisch verdrückt.

Die Grabinhaberin, die immerhin mindestens 60 Jahre alt geworden zu sein scheint, dürfte seit langem nur noch mit Mühe haben essen und schließlich nichts als Flüssiges zu sich nehmen können, so daß die mitleidigen Verwandten ihr neben den Sarg auf Alabaster- und Tonschalen eine leckere Mahlzeit aufgebaut haben. Mit ihrem wiederhergestellten Leib sollte sie im Jenseits mit Genuß das Entgangene nachholen. Ihr Menu besteht aus:

einem dreieckigen Laib Weißbrot,
Gerstenbrei,
einer fetthaltigen Suppe (?),
gekochtem Fisch, ausgenommen und ohne Kopf serviert,
Taubenstew,
einer gekochten Wachtel, ausgenommen und serviert mit dem Kopf unter einem Flügel,
zwei gekochten Nieren,
Rippen und Schenkel eines Ochsen,
einer Speise, die geschnetzelte Ochsenrippenstücke enthielt,
gedünstetem Obst, wohl Feigen,
frischen Beeren (*sidder,* unseren Kirschen ähnlich sehend),
kleinen runden Honigkuchen,
einigen Käsesorten,
dazu einem großen Krug voll Traubenwein.

Die Verfasserin ergänzt hierzu, daß sie mehrmals mit fast den gleichen Speisen und in derselben Folge in Ägypten festlich bewirtet worden ist, und schließt daraus, daß eine solch üppige Mahlzeit, mehr oder weniger abgewandelt und in ähnlicher Gangfolge, seit alters zum Ideal gehörte, wenn sie wohl auch nur für wenige erschwinglich war. Statt des Traubenweines wurde heute in dem jetzt islamischen Land, das Alkohol verbietet, Rosenwasser gereicht, nach dem Käse ein Kaffee turque, und anstelle der nicht klar zu definierenden Hauptspeise mit den geschnetzelten Ochsenrippenstücken brutzelte auf der silbernen Platte ein knuspriger Truthahn. Bei einem anderen Festmahl bestand der heutige Hauptgang aus einem zwischen heißen Ziegeln geschmorten Junglamm. Doch auf von der Tafel ans Krankenbett!

Obwohl Ägypten das klassische Land der ewigen Sonne genannt werden darf, fehlte es nicht an den sogenannten Erkältungskrankheiten, d.h. den Erkrankungen der Atemwege, und jenen, die unter dem Sammelbegriff »Rheumatismus« laufen. Eine Beschwörungsformel gegen den Schnupfen konnte heißen: »Fließ aus, du Schnupfen..., der du die Knochen zerbrichst, den Schädel einreißt und im Gehirn herumhackst und die sieben Öffnungen des Kopfes krank machst.«[29] Gegen Bronchitis und Husten schluckten die Patienten Honig, Rahm und Milch. War ihre Lunge angegriffen, wurden ihnen Inhalationen verabreicht.

Weniger angenehm als diese Behandlungen waren die Anwendungen bei Erkrankungen der Verdauungswege, der vielerlei Darm- und Wurmkrankheiten. Mit Recht erkannten die ägyptischen Ärzte in der regelmäßigen Entleerung ein Kernproblem medizinischer Praxis; sie verordneten gegen Verstopfung Rizinusöl oder ein Klistier. Mit dem poetischen Titel »Hüter des Afters des Pharao« ist der königliche Leibarzt, der Facharzt für Inneres, benannt. Gewiß hatte er zugleich das ehrenvolle Amt, Seiner Majestät Einläufe zu verabreichen. Da nach Herodot (II 77) die Ägypter in jedem Monat drei Tage hintereinander Abführmittel genommen und »für ihre Gesundheit durch Speimittel und Klistiere gesorgt haben – denn sie sind der Meinung, daß alle Krankheiten bei den Menschen von den Speisen herrühren, die man genießt« – hatte der genannte Hüter wohl nicht nur bei einer Darmerkrankung, sondern regelmäßig dies Amt des Klistiermeisters bei Pharao ebenso zu versehen wie nachmals auf Anordnung des Dr. Purgon der Apotheker Molières bei Monsieur Arban.

Eine böse Wurmkrankheit, bei der die Würmchen vorwiegend in den Lebervenen sitzen und die sich dem Patienten durch Blutharnen anzeigt[30], war die Bilharzia (Schistosomiase). Noch heute ist die gefürchtete Krankheit weit über Ägypten hinaus in großen Teilen Afrikas, Asiens und Südamerikas verbreitet. Nach Schätzungen der Weltgesundheits-

51 Stele eines Blinden (Amonnacht) an die Nekropolengöttin Meret-seger.

374

organisation werden über 200 Millionen Menschen durch diese Seuche gegeißelt.

Die Bilharzia wird verursacht durch Saugwürmer, die in den Blutgefäßen der Unterleibsorgane und bis hinauf zur Leber hausen. Die Eier der Parasiten treten durch die Gewebe, schädigen dabei die Schleimhaut und bewirken so Blutungen, Wucherungen und bisweilen sogar Krebs. Solche Eier sind schon in den ältesten Mumien gefunden worden. Die Larven der Würmer, die mit den Ausscheidungen des Menschen, ihres Wirtes, ins Wasser gelangen, entwickeln sich in Wasserschnecken als ihren Zwischenwirten, schwimmen dann an die Wasseroberfläche und bohren sich in die Haut des Menschen ein, sobald sie mit dem Wasser in Berührung kommt.

Da in allen Teilen Ägyptens solche Schnecken im Nil, in den Kanälen und in den Deltasümpfen, besonders genießerisch auch in den Buchten des Faijûmsees und der kleineren Teiche dort leben bzw. lebten, ist die Bevölkerung überall gefährdet und heute bezirksweise zu 75 Prozent und mehr von der grauenvollen Krankheit heimgesucht. Die Seuche lähmt die Arbeitslust und -kraft der Menschen mehr als das meiste, was man dafür namhaft macht. Und nicht allein die Menschen, auch das Vieh wird von Schistosomen befallen. Wohl nicht im gleichen Umfang wie heute, aber seit den frühesten Zeiten der ägyptischen Geschichte war das Volk von Bilharzia gepeinigt. Die altägyptischen Patienten hatten sich einer langwierigen Kur zu unterziehen, vermutlich aber ohne Erfolg.[31] Außer an Bilharziose litten die Ägypter an echten Erkrankungen der Harnwege. Steine quälten Niere und Blase. In dem trockenheißen Klima bilden sie sich um so eher, wenn es zur rechten Zeit an genügend Trinkwasser mangelt.

Wenn wir in dem 20 m langen Papyrus Ebers,[32] der 877 Verordnungen für 250 Krankheiten zusammenstellt, lesen, daß die Ägypter weiter an Hauterkrankungen, Geschwülsten und Abszessen, an fiebrigen Ausschlägen, an Ödemen, manchmal wohl durch Hunger hervorgerufen, an Herzerkrankungen, darunter an Angina pectoris, an Diabetes, die Frauen dazu an vielerlei gynäkologischen Übeln litten, so macht es die »gute alte Zeit« um so verdächtiger, da »von den Libyern abgesehen, kein Volk so gesund war wie das ägyptische«, und zwar, wie Herodot (II 77) vermutet, wegen des immer gleichen Klimas. »Denn«, so fährt er fort, »die Veränderungen, besonders die der Jahreszeiten, bringen dem Menschen die meisten Krankheiten«.

Mit all diesen Beschwerden schleppte man sich zum Arzt. Wie die Kunden des Barbiers werden die Patienten im Freien gewartet haben, bis sie an die Reihe kamen. Sie hockten auf dem Boden oder auf Klappstühlchen, die sie sich streitig machten, und dösten in der Hitze manchmal ein. Bei Krankheiten oder Unfällen, die es dem Patienten unmöglich machten, den Arzt aufzusuchen, ließ man ihn rufen. So schickte König Neferirkarê aus der 5. Dynastie zu einem Arzt, als sein Oberbaumeister Uasch-Ptah, der den König bei der Visitation des im Bau befindlichen Königsgrabes begleitete, verunglückt (?) war.[33] Den Kasten mit den Schriftrollen sowie einen Behälter mit den ärztlichen Utensilien, d. i. die Bereitschaftstasche, wird der Gehilfe seinem Herrn ebenso hinterher getragen haben, wie dem Weisen und Zauberer Djedi im Märchen eine Schiffsladung voller Schüler und Schriftrollen auf die Reise gefolgt sind.[34]

Wollen wir Herodot Glauben schenken (II 84), so ist »jeder Arzt nur für eine bestimmte Krankheit zuständig ... und es ist alles voll von Ärzten. Denn da gibt es Ärzte für die Augen, Ärzte für den Kopf, Ärzte für die Zähne, Ärzte für den Magen und Ärzte für innere Krankheiten«.

Eine Untersuchung durch den Arzt hat sich für den Patienten ähnlich abgespielt wie bis in unsere jüngsten Tage, ehe Labor und Computer im Hintergrund auf Blut- und Ausscheidungsspenden gewartet haben. Nach einer kurzen Anamnese waren das Tasten des Pulses an mehreren Körperstellen, das Betrachten des Gesichts, des Leibes und der Gliedmaßen, das Prüfen des Körpergeruchs – des Schweißes, Atems und der Wunden – das Untersuchen des Urins und des Kotes, die Palpation (Betasten) der erkrankten Körperteile bzw. bei Brüchen und Verrenkungen das Prüfen der Krepitation (des Reibungsgeräusches) unter den Fingern, bei Geschwülsten eine genau umschriebene differenzierte Palpation, dann die Perkussion (Beklop-

52 Dankstele des Pawer an den Schakalgott Upuaut.

fung der Körperoberfläche, um Schall und Widerstandsgefühl zu prüfen) und schließlich die Funktionsprüfung die wichtigsten diagnostischen Mittel. Bestimmte Testsituationen wurden bewußt herbeigeführt, Reaktionen des Patienten beobachtet, die Patienten befragt.

Daß der Patient gesundete, erkannte der Arzt an der »kritischen Entleerung«. Die krankhaften Elemente schieden »durch den Harn, den Kot und die Winde« aus dem Körper aus, der kranke Stoff erschien in den Schwellungen als schmierige Flüssigkeit, die kranke Masse im Darm schließlich verwandelte sich in Gewürm.[25]

Im Verdikt gebrauchte der Arzt entsprechend der Genesungschance drei verschiedene Wendungen: Sah er die Krankheit als heilbar an, so sagte er: »Eine Krankheit, die ich (!) behandeln werde«; war die Heilungsaussicht ungewiß, so gebrauchte er die Wendung: »Eine Krankheit, mit der ich (!) kämpfen werde«; bestand für den Patienten keine Hoffnung mehr, so lautete seine Formel: »Eine Krankheit, die man (!) nicht behandeln kann«. Diese letzte Formel, die natürlich nicht besagt, daß der Sterbenskranke nicht bis zu seinem Ende gepflegt worden wäre, ist das beinahe durchgängige Urteil bei schweren Knochenverletzungen, die von Bewußtlosigkeit oder von offenen Wunden begleitet waren.

Zweifellos war die Gefahr der Infektion sehr groß, wenn auch in hygienisch weniger empfindlichen Ländern verschmutzte Wunden erstaunlich unkompliziert verheilen, selbst wenn sie mit Dreck und Speck zugenäht werden, wie ich das beobachten konnte. Überraschend ist die Tatsache, daß infizierte Wunden mit auf Holz oder Brot gewachsenem Schimmel behandelt wurden, einem Heilmittel, das, in Europa bis ins 18. Jahrhundert angewandt, heute im Penicillin seine Wiederentdeckung erfuhr. Im übrigen dürfte der vielverwendete Honig seine desinfizierende Wirkung getan haben.

Einläufe, Diät und Medikamente waren die wichtigsten internistischen Heilmittel »für den Mann, der an seinem After leidet«. Tiere und Pflanzen lieferten teils wohlschmeckende Arzneien wie Milch und Honig; Öle und Fett bildeten die Grundlagen zu Salben und Emulsionen. Auch die Milch einer Frau, die einen Jungen geboren hatte, wurde erwartungsvoll verwendet. Der Arzt-Apotheker verwahrte die Drogen in sprechend geformten Gefäßen: die Salbe zum Einreiben des Leibes einer Graviden in einer Alabasterflasche in der Form einer sich den Leib einreibenden schwangeren Frau (Vgl. Kap. 3 und Taf. 17); die Milch einer Mutter, die einen Knaben geboren hatte, in einem Krüglein aus Ton, das eine Mutter mit ihrem Jungen darstellt, wie sie sich die Milch aus der Brust preßt (vgl. Taf. 21).

Nicht ganz so vertrauenerweckend sind Arzneien, die man gemeinhin in die »Dreckapotheke« verweist. Daß, besonders in der Magie, mit obskuren Pülverchen und Tinkturen gequacksalbert wurde, steht außer Zweifel, wie bei der Behandlung der Wöchnerin (Kap. 3) gezeigt wurde. Dennoch muß überlegt werden, ob nicht viele der genannten Mittel sich bei besserer Kenntnis der altägyptischen Sprache auflösen würden in wohlerprobte wirksame Heilpflanzen. Die Wildflora dürfte wie in anderen Sprachen weitgehend metaphorische Namen getragen haben wie die Pflanze Silphion (?) den Namen »Hyänenohr«.[36] Wer hätte schon Vertrauen zu einer Mixtur aus Rittersporn, Eisenhut, Türkenbund und Kaiserkrone, wenn er diese Namen in ihrer Grundbedeutung verstehen wollte?

Eine Art von Unfällen, die wir hierzulande nicht zu befürchten haben, war im Alten Ägypten an der Tagesordnung: die Verletzung durch wilde Tiere. Wie grauten sich doch die Alten vor Schlangen und Skorpionen! Gegen deren Gift scheinen sie nie medikamentös vorgegangen zu sein, sondern nur durch Zauber. Viele, viele kleine und große Weihstelen an die thebanische Schlangengöttin Meret-seger bringen die Bitte um gnädigen Schutz zum Ausdruck oder sagen ihr Dank nach glücklicher Genesung. Eine Stele liefert eine genaue Beschreibung der Wirkung des Schlangengiftes, das die Thoraxmuskeln lähmt, so daß die Atemnot ums Haar zum Erstickungstod geführt hätte (vgl. Kap. 8).

Mit der Wirkung des Skorpiongiftes macht der Mythos von der List der Isis[37] bekannt. Das Gift brannte wie Feuer im ganzen Leib und stach; es lähmte die Muskelkraft, auf die Stirn des vergifteten Gottes trat der Schweiß. – Vom tödlichen Ausgang eines Skorpionschlages berichtet eine Stele aus Abydos aus der Zeit des Augustus.[38] Der Verstorbene war »geschlagen von einem Skorpion im Heiligtum von Thriphis, auf einem Hügel« und

53 Rückseite einer Horusstele mit magischen Inschriften.

verstarb nach 24 Stunden.[39] – Die Absentenlisten der Nekropolenarbeiter von Dêr el-Medina geben als Grund der Arbeitsversäumnis mehrfach »Skorpionstich« an.[40]

Nicht ebenso häufig, aber ebenso gräßlich waren die Ägypter von Krokodilen bedroht, insbesondere die Fischer und Sumpfarbeiter, die Hirten, die ihre Herde durch eine Furt trieben, und auch die Bootsarbeiter und Schiffer. Der Amonspriester Pawer aus der 19. Dynastie konnte vor dem Krokodil bewahrt werden und weihte zum Dank seinem Gaugott Upuaut, den er in seiner Not um Hilfe angerufen haben dürfte, eine Stele[41] (Tafel 52). Im untersten Feld sieht man ihn fliehen, das Krokodil mit weit aufgerissenem Rachen dicht hinter ihm her. Doch der Schakalköpfige trifft das Ungeheuer mit göttlich sicherer Hand.

Half in der alten Zeit gegen den Drachen des Nils eine Zaubergebärde, so setzte man später gegen ihn wie gegen Schlangen und Skorpione magische Heilstatuen und »Horusstelen« ein. Indem man die Stelen bzw. Stelophoren mit Wasser übergoß, das in einem Bassin unter ihnen aufgefangen wurde, löste man die auf sie geschriebenen Abwehrsprüche, und der Mann, der das Heilwasser trank, galt als gerettet (Tafel 53).

Doch lauerten weitere Gefahren: die Unfälle. Auch ohne moderne Verkehrsmittel und Industriemaschinen gab es die Fülle von Verrenkungen, Quetschungen, Brüche, Schädigungen der Wirbel und des Rückenmarks mit ihren Folgen von Halbseiten- oder Querschnittslähmung. Steinbruch, Gräber und Bau, auch Handwerkstätte und Viehstall, voran aber der Krieg forderten ihre Opfer. Beile, Lanzen, Pfeile, Knüppel und Dolche haben den Soldaten ihre Wunden geschlagen. Sekenenrê, König der 17. Dynastie, erlag in dem Entscheidungskampf gegen die Hyksos den fünf Schädelverletzungen, die er durch Beil und Lanze erlitten hatte.[42]

Zum Los des Soldaten schreibt eine Satire, weniger satirisch als lebensnah: »Ein Schlag mit der Peitsche wird ihm über den Bauch gezogen, ein (zweiter) brutaler Schlag trifft sein Auge, ein (dritter) Schlag, der eine Wunde reißt, wird ihm zwischen die Brauen versetzt. Sein Kopf trägt eine klaffende Wunde ... Er ist wie ein Vogel mit gestutzten Flügeln, er hat keinerlei Kraft mehr in seinen Gliedern. Und wenn er (je) nach Ägypten zurückkehren sollte, ist er wie ein Stück Holz, das vom Wurm zernagt ist; er ist leidend und ans Bett gefesselt«.[43]

Was schreibt nun der Papyrus Smith, das ägyptische »Wundenbuch«, über die Behandlung solch verwundeter Soldaten oder auch der anderweitig Verunglückten?

Der Papyrus Edwin Smith, der den Ruhm hat, das älteste chirurgische Lehrbuch der Welt zu sein, und der mit strenger Systematik Untersuchungsmethode, Diagnose, Therapie bzw. Verordnung und Prognose trennt, überliefert 48 Arten von chirurgischer Knochenbehandlung.[44] Leider bricht die aus der 18. Dynastie stammende Kopie des schon im Alten Reich entstandenen Werkes, das mit den Fällen des Kopfes beginnt, bei der Thoraxbehandlung ab. Bei der Zerrung an einem Rückenwirbel hat der Schreiber sein Rohr aus der Hand gelegt. Nach der Art der Verletzungen, die in diesem »Wundenbuch« behandelt sind, könnte der Papyrus für einen Feldchirurgen zusammengestellt sein.[45]

Es ist höchst erstaunlich, welche Operationen die altägyptischen Chirurgen durchzuführen wagten, und mit Erfolg. Geradezu berühmt geworden sind einige Schädel, die als Beweisstück für geglückte Trepanation gelten.[46] Das kreisrunde Loch mit dem stumpfen, d.h. verheilten Rand, scheint dafür zu bürgen, daß die Patienten die Operation überstanden haben. Ägyptische Schädel hatten für eine Operation den Vorzug, daß sie ungewöhnlich dünnwandig waren, wie Herodot zu Recht beim Vergleich mit den Perserschädeln hervorhebt. Welch hohe Anforderung dennoch an Leidensfähigkeit und Zucht der Patienten gestellt war, wird erst deutlich, wenn man sich vergegenwärtigt, daß es zwar einen gewissen »magischen Stein«[47] in der Umgebung von Memphis gegeben hat, der Lokalanästhesie bewirkte, aber kein allgemeines Betäubungsmittel.[48] Ein Schädelverletzter wurde »auf die Erde zur Ruhe gelegt«; seine Behandlung bestand im Stillhalten, indem »zwei Stützen aus Ziegel für ihn gemacht wurden.«[49] Man tränkte den Leidenden mit einem »Schlürftrank aus Erdmandeln«, den er aus einem um ein Holz gewickelten Stofflappen einsog.[50]

Hatte der Chirurg einen verrenkten Knochen reponiert, so mußte der Patient »jeden Tag eine Bandage tragen und eine Massage machen«. Eine Luxation des Unterkiefers, wenn »der Mund offen stand und nicht geschlossen werden konnte«[51], reponierte der Chirurg ganz auf dieselbe Weise, die später Hippokrates beschreibt. Ein gebrochenes Schlüsselbein oder einen luxierten Halswirbel richtete er auf die noch heute übliche Art wieder ein.[52]

Gebrochene Glieder wurden geschient. Die Schienen waren aus Baumrinde oder aus Binsen hergestellt, mit Leinen umwickelt und mit Pflanzenfasern oder mit dickem Stoff gepolstert. Dabei waren proximales und distales Gelenk einbezogen. Die Brüche sind allerdings nicht immer glücklich verheilt, da die ägyptischen Ärzte die Extension nicht kannten. Im übrigen erfuhr der Patient, was sein heutiger Leidensgenosse ebenso kennt: Nähen, Brennen, Schneiden, Salben, Auflegen von pflanzlichen Blättern zum Kühlen der Wunden (wie sie, beispielsweise Huflattich, auch heute auf dem Land noch verwendet werden) und schließlich Verbinden.

Bei einem Fall von klaffender Schädelwunde werden Symptome beschrieben, die darauf schließen lassen, daß es in Ägypten auch damals schon Tetanus gegeben hat. Von dem Kranken heißt es, daß »sein Mund gebunden« sei ... »seine Brauen krampfartig verzogen, sein Gesicht, wie wenn es weine.«[53] Die Beschreibung einer Geschwulst in einem anderen Fall[54] legt den Verdacht auf Krebs nahe, der im übrigen durch Mumien nachgewiesen ist.

Noch ist die Büchse der Pandora nicht geleert. Zu ihrem Vorrat zählen auch die Strafen. Prügel waren in alter Zeit ein selbstverständliches Mittel, um Steuern einzutreiben, die Ablieferung zu erhöhen, Geständnisse vor Gericht zu erzwingen, oder aber Mittel der Strafe selbst (Tafel VI). Je nach Vergehen wurden die Prügel dosiert. Die vollständige Bastonade zählte 100 Schläge. Sie wurden auf Hände und Füße verabreicht[55] und sollten in bestimmten Fällen offene Wunden hinterlassen. Das Dekret des Königs Haremhab, der nach den Wirren der Amarnazeit und ihren Folgen die innere Ordnung des Landes mit militärisch fester Hand wiedererrichtete, sah für den Soldaten, der Rindshäute gestohlen hatte, und andere vergleichbare Übeltaten im Gesetz eine Strafe »von 100 Schlägen mit dem Stock mit fünf blutenden Wunden« vor.[56]

Die Bastonade konnte sogar zum Tode führen oder doch ein Koma auslösen, wie im Roman des Pete-Isis zu lesen ist.[57]

»Ich war der älteste, ich war schwach und von Besinnung.
Man sagte: Pete-Isis hat keine Stunde mehr zu leben.
Und sie schleppten mich in mein Haus.
Ich war vier Tage, ohne zu mir zu kommen, und ich verbrachte drei Monate in den Händen der Ärzte, ehe ich von der Bastonade geheilt war, die ich empfangen hatte«.

In demselben Text wird von einer weniger gefährlichen Prügelei folgendermaßen berichtet:
»Er (der Gegner) rannte mit seinen Brüdern zum Tempel herbei. Sie waren mit Stöcken bewaffnet, fielen über uns her und massakrierten uns, bis wir wie tot waren. Dann hörten sie auf und schleppten uns in einen alten Turm nahe dem Tempelportal, wo sie uns hinschmissen.«[58]

Von Prügeleien unter Kollegen in der Arbeiterstadt Dêr el-Medina wird mehrfach berichtet (vgl. Kap. 14). Selbst unter Eheleuten ist es zu Schlägereien gekommen. Doch sollte man solchen Verstößen gegen den guten Ton in unserem Zusammenhang nicht mehr Beachtung schenken als dem Quentchen Salz, das eine Suppe verdorben hat. Ein Quell wirklichen Leidens hingegen waren die Strafen, die ein Verbrecher zu tragen hatte.

Zwangsarbeit im eigenen Land bei schlechter Kost war vergleichsweise harmlos (Tafel 54). Schlimmer zu Buche schlugen Verschickung in die nubischen Bergwerke oder gar Verbannung in eine Oase. Wer die Umweltgebundenheit des Ägypters kennt und weiß, wie furchtbar er unter Heimweh litt, selbst wenn er, etwa mit einem dienstlichen Auftrag, nur kurze Zeit und nur wenig entfernt weilen mußte,[59] nur der versteht, daß solche Verbannung ihm das Herz zerriß (vgl. S. 140).

Beamten, die Tempel- oder Staatsgut zu eigenem Profit verwendet hatten, wurde die Nase abgeschnitten, eine Strafe, die noch heute unter antiquierten Herrschaftsformen geübt wird. Bildlich dargestellt ist ein solch verstümmelter Kopf nur einmal auf einem Ostrakon[60] (Abb. 53). Todes-

strafe war selten. Wer sich gegen den Sonnengott versündigt hatte, erlitt den adäquaten Tod durch Verbrennung in der Flamme. Der schon genannte Schreiber des königlichen Grabes namens Thuthmosis ist angewiesen, zwei Polizisten, die Geheimnisse ausgeplaudert hatten, heimlich zu töten und sie bei Nacht in den Fluß zu werfen – ein Fall »abgekürzter Justiz«. Andere wurden gepfählt. Ob die Pfanne aus der Frühzeit in der Form eines Gefangenen, in dessen Rücken sich ein Türpfosten dreht, ein Beweis dieser Strafart ist, kann nicht sicher ausgemacht werden, aber aus dem 4. Jahre Merenptahs wird die in Texten mehrfach erwähnte Todesstrafe des »Auf-die-Spitze-des-Holzes-Legens« durch eine Hieroglyphe belegt (Abb. 54).[61]
Genug der Leiden und des Grams! Sie reichen hin, daß einer sagen könnte: »Nicht geboren zu sein, ist das Beste. Doch wenn er erschien, ist das Zweitbeste dies, eilends zu gehen, von wannen er kam«. Der dies sagte, war ein Grieche.[62] Von den Ägyptern kennen wir solche Haltung nicht, allenfalls die Hoffnung auf Erlösung.[63] Die Ägypter waren ein dennoch-fröhliches Volk.

Abb. 53 Ein durch Abschneiden der Nase Bestrafter.

Abb. 54 Hieroglyphe eines Mannes auf dem Pfahl.

Nur wenige dürften allerdings so glücklich auf ihr Leben zurückgeschaut haben wie der Hohepriester Nebneteru aus der 22. Dynastie, der auf seiner Statue die Inschrift anbringen ließ mit dem Schluß:

»Ich habe mein Leben in Freuden verbracht,
ohne Sorgen und ohne Krankheit...
Versucht, daß gleiches euch widerfährt!«[64]

Wie in jedem Leben stritten im Gemüt der Ägypter zwei entgegengesetzte Streben: die Lebenshoffnung und die Todessehnsucht. Am Ende ihres Weges schauten die einen auf die Stationen von Kummer und Mühen zurück, verfielen in Schwermut und wünschten sich Befreiung von aller Pein. Die meisten aber becherten nach Vermögen und sahen weiterer irdischer Zukunft erwartungsvoll entgegen.
Die klassische Beschreibung des Alters verdanken wir der Lebenslehre des Ptahhotep aus dem Alten Reich:

Die Glieder sind hinfällig, die Schwäche nimmt zu.
Die Kraft schwindet dahin, weil das Herz müde geworden ist.
Der Mund ist stumm, er kann nicht mehr sprechen.
Die Augen sind matt, die Ohren taub...
Der Geist ist vergeßlich, er kann sich nicht mehr an gestern erinnern.
Die Knochen tun weh im Alter ...

54 Verhungerte Beduinen.

◀
55 Weißhaarige

56 Verstor
rudert a
jenseitige Ge

Aufstehen und Sich-Setzen sind gleichermaßen beschwerlich.
Was einmal gut war, ist schlecht geworden.
Der Geschmack ist völlig verschwunden...
Die Nase ist verstopft, sie kann nicht mehr atmen...
Was das Alter aus den Menschen macht, ist der Übel ärgstes.[65]

Die Nöte eines solchen Alterswracks halten den Leib besetzt (Tafel 55). Anders leidet der Lebensmüde, der im Gespräch mit seiner Seele nach Gerechtigkeit lechzt. Er sehnt sich ins Jenseits, wo das Recht waltet, und bringt diese seine Sehnsucht am Schluß des Dialogs mit dem schönen Gedicht zum Ausdruck:

Der Tod steht heute vor mir
wie die Genesung eines Kranken,
wie wenn man nach einem Leiden wieder ausgeht.

Der Tod steht heute vor mir
wie der Duft von Myrrhen,
wie wenn man an windigem Tage unterm Sonnensegel sitzt.

Der Tod steht heute vor mir
wie der Duft von Lotosblumen,
wie wenn man am Rande der Trunkenheit weilt.

Der Tod steht heute vor mir
wie das Ende eines Unwetters,
wie wenn man vom Kriege nach Hause kommt.

Der Tod steht heute vor mir
wie eine Entwölkung des Himmels,
wie wenn einer entdeckt, was ihm bisher verborgen war.

Der Tod steht heute vor mir,
wie wenn jemand sein Haus wiedersieht,
nachdem er viele Jahre in Gefangenschaft verbracht hat.[66] (Tafel 56).

Zehntes Kapitel

Tagewählerei und Traumdeutung

Das 5. Buch Mose (18, 9–12) warnt die Priester vor Zauberei und Wahrsagen mit folgenden Worten: »Wenn du in das Land kommst, das dir der Herr, dein Gott, geben wird, so sollst du nicht die Greuel dieser Völker lernen, auf daß nicht jemand unter dir gefunden werde, der seinen Sohn oder seine Tochter durchs Feuer gehen (dem Moloch opfern) lasse; oder ein Weissager oder ein Tagewähler oder der auf Vogelschrei achtet oder ein Zauberer oder Beschwörer oder Wahrsager oder Zeichendeuter oder der die Toten fragt. Denn wer solches tut, der ist dem Herrn ein Greuel, und um solcher Greuel willen vertreibt sie der Herr, dein Gott, vor dir her.«[1] Das ganze heidnische Zauberwerk, bei dem der Verkehr mit Toten ähnlich wie bei den heutigen Spiritisten eine besondere Rolle spielt, entspricht nach dem Verständnis des Alten Testaments einer religiösen Stufe, auf der man die Gottheit zwingen oder überlisten zu können oder ihr wenigstens auf die Schliche zu kommen hoffte.

Mit Recht trifft dies Urteil zu auf Manasse[2] und trifft zu für die meisten Völker der Gegenwart, sofern sie ungeachtet ihres Glaubens solchen Praktiken huldigen. Ein noch so subtiles Gottesverständnis scheint nicht gegen Hokuspokus zu feien. Lesen die einen ihr Geschick den Sternen ab, so die andern den Linien der Hand; sie deuten den Flug der Vögel, beschauen die Leber der Opfertiere oder prüfen die Richtung der Winde. Ob klopfende Tische, Zigeuner oder Schäfer – sie werden gleicherweise abergläubisch befragt. »Wie der Freitag so der Sonntag«, sagt der Bauernkalender, aber »gute und böse Tage« gab es nicht minder für Gustav Adolf und Wallenstein, für Napoleon und Bismarck. Sie wählten die Tage nach dem Loskalender und stehen damit stellvertretend für den Menschen, der sich nicht damit begnügt, den Tag, wie er sei, aus Gottes Hand ergeben zu empfangen, der vielmehr in die Zukunft schauen, sie gar beeinflussen möchte oder zumindest Gott für alle Ewigkeit verpflichtet sieht auf einen am gleichen Kalendertag in Urzeiten geäußerten Willen.

In der Bezeichnung »dies aegyptiaci, ägyptische Tage«, die mit den lateinischen Handschriften ins Abendland übermittelt wurde, lebt die Erinnerung daran nach, daß einst das Volk am Nil die Tagewählerei betrieben hat. Von dort wurde sie übernommen, christlich verkleidet und neben dem echten Glauben als Aberglaube in das Leben der Christenmenschen kräftig eingebaut.[3] Nach der Praktik ihrer Tagewählerei pflegte man an den Glücks- und Unglückstagen bestimmte Handlungen zu tun bzw. zu meiden. Aderlassen, Purgieren und Baden waren ebenso kalenderabhängig wie nachmals Eheschließung, Taufe und Begräbnis. Für Reise, Baubeginn und Richtfest, für Kauf und Verkauf, für Aussaat, Pflanzen und Ernte, Viehaustrieb und Pflügen oder das Einstellen von Dienstboten wußte der Kalender den rechten bzw. den »schwarzen«, den »Schwend«- oder »ägyptischen« Tag.

Seit im Ausgang des Mittelalters die Lostage systematisiert wurden, standen ausführliche Kalender wie einfache Tabellen zur Verfügung, denen Gunst und Ungunst der Tage abzulesen war, und keine noch so kräftige Verspottung, wie sie beispielhaft in Johann Fischarts Moralsatire »Aller Pracktick Großmutter« (1572) zu Felde zieht, konnte die Tagewählerei verhindern. Daß das Raumschiff Apollo 13 am »13.« April (1970) havarierte – tatsächlich geschah es am 14., aber der Volksglaube machte bezeichnenderweise den 13. daraus –, war für viele nicht anders als selbstverständlich. Auch am Nil selbst blüht die Tagewählerei bis heute weiter und hat dort ihr gewichtiges Wort zu sagen, insbesondere bei den Kopten, obwohl auch sie sich zu Jesus von Nazareth bekennen.[4]

War wirklich »aller« Praktik Großmutter unter den Pharaonen zu Hause? In der Tat lesen wir bei Herodot (II,82): »Ferner ist von den Ägyptern erkannt worden, welchem der Götter jeglicher Monat und jeglicher Tag heilig ist und was einem begegnen wird, wenn man an dem oder jenem Tage geboren ist, was er für ein Ende nehmen und was aus ihm werden wird... Und Vorzeichen gibt es bei ihnen mehr als bei allen anderen Völkern. Denn wenn etwas Besonderes geschieht, achten sie auf dessen Folgen und schreiben sie auf, und wenn dann einmal in Zukunft etwas ähnliches geschieht, so meinen sie, das müsse dieselben Folgen haben«.

Was das Deuteronomium von den »Greueln dieser Völker« weiß, bestätigt Herodot für Ägypten. Und doch wird weder dieser noch jenes der ägyptischen Tagewählerei gerecht. Denn im Alten Ägypten stand der Loskalender mitten im Glaubensleben, er ist zwangsläufige Konsequenz mythischen Denkens. Erst mit dem Bruch der Sicht, als mythisches Denken abgelöst wird von historischem, erst dann werden alte Praktiken illegitim und aftergläubisch. Unter den Pharaonen aber, wo der Schöpfergott Rê am Anfang der Zeiten die Normen konstituierte, wo sich in regelmäßiger Wiederkehr wie die Blätter am Baum das einmal Gesetzte zyklushaft wiederholte, dort hatte der Loskalender nicht nur seinen erlaubten, sondern seinen notwendigen Platz.

Die Vorstellung von der naturhaft-rhythmischen Wiederholung der Ereignisse – im Unterschied zu der von einem linearen Ablauf der Geschichte einmaliger Geschehen – ist nur die *eine* Voraussetzung legitimer Tagewählerei. Die andere ist die Vorstellung von der Einheit Himmels und der Erden. Was bei den Göttern spielt, spielen die Menschen mit. Herrscht droben Jubel, so jauchzt die Erde; trauern die Götter, so leiden auch die Menschen. Geht die Seuchengöttin um, so hütet man das Haus; schickt der Himmel Stürme, so besteigt man kein Boot. Die Ereignisse oberhalb der Erde bestimmen das Verhalten der Menschen. Auch das Reich der Toten, die Unterwelt, kann auf das irdische Leben einwirken. Oben, Mitte und unten sind zueinander offen und begehen die Feier des Lebens streckenweise gemeinsam. So kommt es, daß die Alten ihr Bewußtsein schärften für die Vorgänge im Götterreich, um numengefällig zu leben; und sie lebten numengefällig, wenn sich ihr Verhalten in Harmonie mit den mythischen Ereignissen der Götterwelt vollzog.

Schon früh wurden daher diese mythischen Geschehen kalendarisch festgehalten, die einzelnen Tage korrespondierend mit den Prädikaten »gut« oder »böse« versehen und für irdisch-analoge Handlungen empfohlen bzw. widerraten. Erhalten sind zumindest neun altägyptische Loskalender oder deren Fragmente.[5] Die wichtigsten davon sind Papyrus Sallier IV im Britischen Museum und Papyrus Kairo 86637.

Papyrus Sallier IV ist die Abschrift eines fortgeschrittenen Schülers und enthält noch 235 Tage mit ihren Prognosen, mythischen Kommentaren und Anweisungen für den Benützer. Der Kairener Papyrus bietet neben den Kalenderbruchstücken von Buch 1 und Buch 3 im Mittelstück, dem Buch 2, eine Parallele zu Sallier IV und hat vor diesem den Vorzug, daß er vollständig erhalten ist, sogar mit Titel und Datum. Er heißt »Von Ewigkeit zu Ewigkeit«, ist im Jahre 9 Ramses' II. geschrieben, führt auch die fünf Zusatztage, die Epagomenen, auf und schließlich einen 13. Monat, wie er zum Mondkalender gehört. Denn neben dem sogenannten bürgerlichen Kalender, der bis auf die feinen Korrekturen Julius Cäsars und Gregors XIII. (1582) noch gegenwärtig für uns gültig ist, kannten die Alten Ägypter einen Mondkalender.

In den beiden genannten Loskalendern, deren Tage fortlaufend durch das Jahr hindurch gezählt werden, je 30 in einem Monat, sind die einzelnen Tage mit drei Prognosen versehen, je eine für den Morgen, den Mittag und den Abend. Wie das Jahr in drei Jahreszeiten eingeteilt war, so der Tag in drei Tageszeiten. Die drei Prognostica für die Tagesdrittel konnten verschieden sein, je nachdem ob sich ein ungünstiges Ereignis etwa erst am Abend abspielte oder ob es den ganzen Tag überschattete. So lesen wir beispielsweise »gut, gut, gut«, »schlecht, gut, schlecht« oder »gut, gut, schlecht«. Danach steht das Götterfest, das den Tag charakterisiert oder das begründende mythische Ereignis, schließlich die Anweisung »Tu das und das (nicht)« bzw. die Vorhersage »Wer an diesem Tage geboren wird, erleidet das und das Schicksal«, ganz wie es Herodot beschreibt. Vorhersage, Empfehlung wie Merkzeichen der Tage sind einem Datum nicht willkürlich zugeordnet, vielmehr aufs engste verknüpft mit mythischen Ereignissen.

Eine Probe aus dem Mythenkreis von der Erschaffung der Welt! Am 22. des (1.) Monats Thoth heißt es: (Der Schöpfergott) »Rê rief jeden Gott und jede Göttin zu sich, und sie stellten sich in seine Nähe. Er ließ sie eingehen in seinen Bauch. Da fingen sie an, in ihm zu rumoren, und er tötete sie alle. Dann spie er sie aus ins Wasser, und sie verwandelten sich in Fische. Ihre Seelen wurden zu Vögeln und flogen in den Himmel. Ihre Leichen waren also Fische geworden und ihre Seelen Vögel...« – »Iß», so lautet die Anweisung, »an diesem Tage keine Fische und brenne mit (ihrem) Tran kein Licht! Iß (auch) keine Vögel!« – Am 22. Thoth stehen Fische und Vögel unter dem Zeichen der Schöpfung, und es wäre ein Sakrileg, sie als Nahrungs- oder Nutzmittel zu verwenden.[6]

Für den folgenden Tag, der »schlecht, schlecht, schlecht« ist, lautet der Text: »Verbrenne keinen Weihrauch auf dem Feuer für den Gott an diesem Tage, und töte weder Ziege noch Wild noch Vögel; iß auch weder Gans noch Ziege an diesem Tage, lausche nicht Gesang noch Tanzmusik. Denn das Herz des Rê war an diesem Tage traurig über das, was er seinen Kindern (den Göttern) angetan hatte.« – »Jedes Kind«, so wird vorhergesagt, »das an diesem Tage geboren wird, bleibt nicht am Leben«.

Rê, der Schöpfer, trauerte seinen Kindern nach. Zwar hatte er Fische und Vögel geschaffen, aber um ihretwillen die Gotteskinder vernichtet. So steht die Welt in Trauer, in Trauer mit dem himmlischen Schöpfer. Des zum Zeichen fasten die Menschen, und welche am 23. Thoth geboren werden, sterben, wie die Gotteskinder gestorben sind. Im Himmel und auf Erden sind die Herzen gleichgestimmt.

Der 25. des Monats Thoth wird gekennzeichnet durch den Mythos vom Sündenfall der Menschen und ihrer barmherzigen Errettung. Mit andern Bildern als den von Babylonien entlehnten des Alten Testaments umschreibt der ägyptische Mythos die Empörung der Menschen gegen ihren Schöpfer, den Sonnengott Rê, und wählt andere Wege, die Menschen zu vernichten. Die Gottestochter, eine blutdurstige Löwin, zieht auf Geheiß ihres Vaters aus, die Frevler zu tilgen. »Es ist der Tag, an dem Sechmet in die östliche Wüste ging und die Genossen des Seth (d. s. die Menschen als Empörer) schlug«. Deshalb bleibt man am 25. Thoth zu Hause, damit man nicht durch die Göttin falle. Denn nach mythischer Vorstellung kann sie ihr Morden an diesem Tage alljährlich wiederholen.[7]

Auf das Ende des gleichen Monats hat ein anderes mythisches Ereignis eingewirkt: die Geschichte der Thronrivalen Horus und Seth. Am 26. Thoth haben die beiden den Entscheidungskampf geführt, einen schrecklichen Kampf als Nilpferde unter Wasser. Dieser Tag galt als der schlimmste in der Geschichte der Götter und war darum für die Menschen gleichermaßen »schlecht, schlecht, schlecht«. An ihm war es geboten, »gar nichts zu tun«, denn an dem Tag des »großen Gemetzels« konnte nichts andres als Unheil erfolgen.[8] Die beiden nächsten Tage dagegen galten als ganz und gar »gut«, denn an ihnen haben sich die Götter versöhnt. Um den Frieden des 27. nicht durch eine Bluttat zuschanden zu machen, gibt der Loskalender die Anweisung, »an diesem Tage kein Vieh zu töten«, aber auf den Namen der beiden Götter zu opfern. Der 28. verspricht, daß alles, was man sehe, gut sei.

In ihrer Ausstrahlung auf die Erde waren die altägyptischen Mythen nicht etwa nur der hohe Gesang der Priester oder die Mysteriensprache von Tempeln, sondern sie spiegeln zugleich ihre Wahrheit im Glauben des Volkes an die Regeln des Loskalenders. Die Erde feiert die Feste des Himmels mit, sie trauert mit den Göttern oder empört sich, wenn droben empörende Dinge geschehen. Der 5. Tag des Paophi, des 2. Monats, weiß, daß der Gott der Webkunst Hedj-hotep den Kriegsgott Month vergewaltigt hat. An diesem »schlechten« Tag soll man daher nicht ausgehen und soll sich kein Mann »mit einer Frau vereinigen, und wer an diesem Tage geboren wird, der stirbt am Beischlaf«.

Wie noch heute in Ägypten, so galt im Pharaonenlande homosexueller Verkehr als schreckliches Vergehen. Um nicht vom Bann des himmlischen Geschehens getroffen zu werden, ist an diesem Tage jede geschlechtliche Beziehung, auch die erlaubte zwischen Mann und Frau, zu meiden. Der Gewaltakt des Gottes bewirkt sogar, daß jedes an diesem Tage geborene Kind dereinst an einer Begattung sterben werde. Damit man nicht das Opfer einer unbeherrschten Begehrlichkeit werde, bleibt man am 5. Paophi am besten daheim.

Den nächsten Tag dagegen, da die Götter für den Allherrn ein Fest begehen, wünscht sich ein jeder als Geburtstag. Denn wer an diesem Tag geboren wird, stirbt im Rausch der Glückseligkeit.

Besonders gefährlich sind hingegen der 22. und 23. Tag desselben Monats, da nach einem erst kürzlich erhobenen Mythos dem Krokodilgott Sobek die Zunge herausgeschnitten wurde. Die Tatsache, daß die Zunge des Reptils in ihrer ganzen Länge am Boden der Mundhöhle angewachsen ist, legte den Alten die Deutung nahe, das Krokodil habe überhaupt keine Zunge und gab ihnen die Ätiologie ein, daß sie dem Gott herausgeschnitten worden sei zur Strafe dafür, daß er Osiris angegriffen und verwundet habe.[9] Es ist begreiflich, daß »man sich an diesem Tage«, da das Reptil tobt, »nicht mit (Nil-)wasser waschen und nicht auf dem (Nil-)strome fahren« sollte. Wer am 23., dem folgenden Tag, der die Vorhersage des 22. fortsetzt, geboren wird, muß durch ein Krokodil sterben.

Am 16. Athyr, d.i. im 3. Monat, widerrät der Loskalender, Musik und Gesang zu hören, denn an diesem Tage wurde in Abydos der Gott Osiris beigesetzt. Die beiden Klageschwestern Isis und Nephthys weinten die große Totenklage, und die Menschen sind gehalten, in diese Trauer schweigend einzutreten. Da mythisches Geschehen nicht ein einmaliges Ereignis in ferner Vergangenheit war, sondern sich kreislaufhaft immer aufs neu vergegenwärtigt, ist die Grablege Gottes nicht Bild der Erinnerung, sondern geschieht hier und jetzt, so daß die Trauer der Menschen sich nicht im Gedenken an das einstmalige Sterben des Osiris vollzieht, vielmehr in der Gegenwart des Gottestodes selbst.

Mythos ist greifbare Wirklichkeit, der Mythos bestimmt den Alltag. Es hieße den Ägypter mißverstehen, wenn man seine Tagewählerei als Aberglauben abwerten wollte. Zum Aberglauben wird der Brauch erst dann, wenn der Tagewähler an die Götter und ihre Mythen nicht mehr glaubt. Dann ist Tagewählerei nichts anderes als Tischrücken, Nadelstechen oder Knopfabzählen. Das Nilvolk dagegen hat sein Leben verstanden unter dem Zeichen himmlischer Geschehen und war Tag für Tag im Handeln und Unterlassen dadurch bestimmt – zumindest dem Glauben nach.

Nicht Götter allein, im Volksglauben konnten es manchmal bzw. manchen Ortes auch die Toten sein, die den Tageslauf der Alten regelten. Wie in Kap. 11 zu lesen ist, führten die Toten ein flakkerndes Dasein zwischen Himmel, Erde und Unterwelt, und sie vermochten, in das Dasein der Lebenden einzugreifen. Sie erschienen als Gespenst und klagten über ihr verfallenes Grab,[10] drehten einem den Kragen um, wenn er einen Stein von ihrem Grabbau losbrach; raubten den Säugling aus dem Arme der Mutter, würgten das Vieh oder aber verhalfen den Hinterbliebenen zu Segen und Gerechtigkeit, kurz, sie hatten überirdische Macht und waren darum ebenso gefürchtet wie verehrt. Ging der Tote als »Wanderer *in* der Erde um«, wie am 11. Phamenoth (7. Monat), dann galt der Tag als gut, ging er aber *auf* der Erde um, wie am 7. Mesorê (12. Monat), so fürchtete man sich vor ihm, und der Tag hat das Prädikat »schlecht«. –

Himmel und Erde sind zueinander geöffnet, Götter und Menschen klagen oder jubeln, wie schon gesagt, miteinander. Irdisches Ergehen ist eine Folge himmlischen Geschehens und für den mythengläubigen Menschen unabwendbar, es sei denn, er hat einen Zauber. Magische Handlungen und Sprüche sind imstande, dem Unheil zu wehren.

Solche Abhilfe bietet sich insbesondere für die Epagomenen an, die letzten fünf Tage des Jahres, die Zusatz- oder Schalttage, die das in 12 Monate zu je 30 Tagen geteilte Jahr zu 365 Tagen ergänzen. Diese Tage, die Thoth der Mondgöttin im Brettspiel abgewonnen hatte, damit die fünf unehelichen Kinder der Nut geboren werden konnten,[11] waren besonders gefährlich und deshalb so wichtig, weil sie wie ein Vorzeichen für das ganze folgende Jahr gewertet wurden.[12]

Wer die Namen der fünf Göttergeburtstage kannte, die der Kairener Kalender verrät, »der muß nicht hungern, nicht dürsten; die Krankheitsgöttin Bastet überwältigt ihn nicht, er muß nicht vor Gericht treten und nicht sterben durch ein vom König verhängtes Unheil noch umkommen durch ein Unheil des Jahres; ihm ergeht es vielmehr gut bis zu seinem Todestag. Er ist voll von dem Gott des Ansehens Hu, und seine Worte sind wert, in Gegenwart des Rê gehört zu werden«.[13] Wer aber die geheimen Namen nicht kannte, dem blieben nur der Anruf an die Götter und magische Schutzhandlungen, auf daß die ärgsten aller Übel: Hunger, Durst, Krankheit, Gericht und die Bedrohungen durch Natur und Staat verkehrt wurden in Wohlergehen, Gesundheit und Ansehen. Die Prognostika an den Epagomenen fassen die Vorstellung der Alten Ägypter von Glück und Unglück abstrahierend zusammen.

Die an den Epagomenen gerafft genannten Übel sind an den übrigen Tagen des Jahres – nicht etwa systematisch – entfaltet; zu den günstigen Vorhersagen zählen hohes Alter, krankheitsfreies, ungestörtes und zufriedenes Leben sowie ein Tod in Freude. Die Anweisungen, sinnvoll mit den Vorgängen in der Welt der Götter verknüpft, beziehen sich auf eheliches Verhalten, auf das Verhältnis zum Nachbarn, auf Arbeit, Opfer, Gebet und Lobgesang; auf Reise, besonders zu Schiff – denn der Nil war ja der einzige große Verkehrsweg – und Verlassen des Hauses überhaupt; sie betreffen Speise, Salbe, Reinigung; Kauf und Verkauf; Grundsteinlegung und Festlichkeiten; den Umgang mit der Flamme und den Umgang mit dem Wort. An bestimmten Tagen ist es widerraten, zu richten oder den Namen von Göttern auszusprechen, zu streiten oder auch überhaupt mit einem Menschen zu sprechen.

So und ähnlich lauten noch heute die Anweisungen der Loskalender, aber jetzt ohne jeglichen Bezug zum Glauben. Sie wissen nichts mehr von ihrer ursprünglichen Verankerung im Himmel und sind daher nicht anders denn lächerlich. Im Alten Ägypten aber waren die Existenzweisen droben, hier (und drunten) verbunden, und die himmlischen Ereignisse regelten nicht allein das kultische, sondern auch das ethische und das Glaubensverhalten bis hin zu Jagd und Speise oder zum Gespräch mit dem Nachbarn. Jeder Tag stand unter der Herrschaft eines Gottes, manchem Kinde war bereits am Geburtstag seine Todesart bestimmt.

Im ganzen decken die Loskalender viel Lebensangst auf: die *dies nefasti,* die ungünstigen Tage, machen mehr als ein Drittel des Jahres aus. Nachdem neun Loskalender oder deren Fragmente bisher aufgefunden wurden, der älteste davon in das Mittlere Reich (um 1900 v. Chr.) datiert und ein Ostrakon auch in der Arbeiterstadt Dêr el-Medina zutage kam, drängt sich die Vermutung auf, daß diese Jahresweiser alles andere waren als eine ephemere Erscheinung, vielmehr ein Lebensbestandteil, zumindest vom Neuen Reich an.

Wo der Loskalender seine Anweisungen aber nicht von Paradigmen im Himmel ableitete oder vom Wandern der Toten, sondern von Stürmen abhängig machte, da könnte es scheinen, als ob die Alten Ägypter eben doch dem Aberglauben gehuldigt hätten. Denn für uns sind Winde meteorologische Erscheinungen, Luftströmungen natürlicher Herkunft. Doch für die Alten waren sie geschickt von den Göttern, waren deren Begleiter oder wurden durch deren Lauf verursacht. Die guten Winde, die die Götter am 13. Pharmuthi (8. Monat) geschickt haben, trieben das Segelschiff mit dem Sarkophag des toten Osiris, so daß man an diesem Tage nicht reisen sollte. Ebenso rät der Loskalender, am 19. Athyr (3. Monat) weder »auf dem Strome süd- noch nordwärts zu fahren und auch kein Feuer zu brennen«, denn an diesem »schlechten« Tage »beherrschen Stürme den Himmel«. Das Verbot, Feuer zu brennen, zu segeln oder zu rudern, entspringt demnach keineswegs willkürlichem Einfall, es hat im Nilland eine mythische Wurzel.

Winde waren numinose Künder göttlichen Willens und vermochten kraft dieser Eigenschaft Orakel zu erteilen. Das *pneuma theou,* das im Neuen Testament mit »Geist Gottes« übersetzt wird, ist in Ägypten »Atem aus dem Munde des Gottes Amun«, ist Wind. Diese seine Winde las man den Bäumen ab, die »in schwankenden Zweigen lebendig wurden«. Vor dem Sieg der Ägypter über die Libyer in der 19. Dynastie verkündete ein Windorakel, daß jeder, der Ägypten begehre, vom Sonnengott verfolgt werde, wie der Triumphhymnus Merenptahs auf der Israelstele überliefert.[14]

Windorakel waren ursprünglich Gotteshauch, mögen sich allerdings früh verselbständigt haben zu einem mythenfreien Zeichen, einem Vorzeichen im Sinne des Aberglaubens. Von solchen »Wunderzeichen«, von denen es nach Herodot (II,82) in Ägypten »mehr gab als bei allen Völkern«, offiziell Gebrauch zu machen, war, wie die vorptolemäische Quellenlage erweist, die Scheu der Alten groß. Selbst das Orakel wurde behutsam gehandhabt. »Befrage Gott nicht«, heißt es in einer Lehre, »da man sich in seine Angelegenheiten nicht einmischen soll. Nicht liebt er den, der sich ihm aufdrängt«.[15] Eine Vorzeichenschau gar, die auf nichts anderem als auf registrierten Beobachtungen beruht, ist äußerst verdächtig und in breitem Strom erst durch die Babylonier und Assyrer in das späte Ägypten eingeflossen.

Das wenige, das wir aus früherer Zeit von ihr wissen, deutet auf Praktiken des Volkes. Denn Vorzeichenschau ist nicht vereinbar mit mythenbezogenem Verhalten, wie es in der Tagewählerei zum Ausdruck kommt. In die Zukunft schauen können außer den Göttern nur die Weisen, die »in Gottes Pläne Einsicht haben«. Das Volk hat auf seine Weise versucht, die verborgenen Gedanken Gottes zu erfahren. Nicht wie Seton-Chaemwêse, der Sohn Ramses' II., der als ein großer Magier ähnlich dem Doktor Faustus verehrt wurde,[16] bediente es sich der hochangesehenen Kunst des Lesens von Zauberbüchern aus göttlichem Besitz, es befragte den Wind und die Sterne; doch nur ganz wenige Dokumente, genauer: deren schmale Ritzen gewähren einen Blick auf derlei Praktik,[14] wie sie dann in der frühen Ptolemäerzeit wahrgenommen wurde etwa durch den Astrologen Horachbit, »der Bescheid wußte in allen Dingen, die am Himmel zu beobachten sind und auf die er gewartet hat; erfahren in ihren Winden und deren Wehen.«[17] Ein Sternwunder anderer Art, für jeden unmittelbar verständlich, ereignete sich unter Thuthmosis III.: Ein ungewöhnlicher Stern, im Schriftbild mit dem Gotteszeichen determiniert, kam aus dem Süden und verkündete Pharaos Sieg.[18]

Zeichendeuter, Wahrsager oder der auf Vogelschrei achtet, diese Zukunftsleser, wie sie dem israelitischen Gott ein Greuel sind, waren im pharaonischen Ägypten selten und nur versteckt am Werke, denn das Nilvolk glaubte an seine Götter und ihre Mythen, empfing von den Göttern sein Leben, Tag um Tag. Dieses Signum mag die Lebensform der Alten mit am stärksten von der unseren unterschieden haben: die Regelung auch der profanen Abläufe im Alltag, wenn auch nicht so ausgeprägt und konsequent, wie sie heute groteskerweise gerade vom orthodoxen Juden beachtet wird.

Es gab ein weiteres Buch, das die Ägypter nach den Winken der Götter befragt haben: das Traumbuch. Von den »Aegyptia somnia«, den ägyptischen Träumen, deren noch Claudian[19] gedenkt, hat die griechische Traumdeutung viel Stoff aufgenommen, und selbst heutzutage zehren Deutungsbeflissene von jener Auslegung. Wenn einer, der von seinem Tode träumt, lange leben soll, so weissagen die Zeitgenossen mit dieser Interpretation nicht anders als die Traumdeuter des Alten Ägypten. Die Traumbücher, die heute gelehrtem Aberglauben entstammen, sind noch immer geschätzte Ratgeber, insbesondere für die Lotterie.

Die Ägypter wußten sich im Schlaf eingetaucht in den Nun, die unverwirklichte Potenz ohne Zeit- und Raumgrenzen, wo man das Vergangene wie das Zukünftige, das Hiesige wie das Ferne gleichermaßen erfuhr. Träume, »bei Tag und bei Nacht« geschickt, verstanden sie im besonderen als Hinweise durch die Götter. In Offenbarungsträumen, die keiner Auslegung bedürfen, enthüllt die Gottheit die Zukunft unmittelbar oder gibt direkte Anweisungen. Wenn sie dem Prinzen das Herrscheramt ankündigt, dem König Segenszeiten zusagt, so sind solche Träume häufig literarische Fiktionen, aber wenn Gott Harmachis den späteren Thuthmosis IV. im Schlaf aufgefordert hat, die große Sphinx von Gîsa vom Sand freizuschaufeln, wie die Stele vor der Brust des königlichen Mischwesens lesen läßt, so lernen wir jenen wirklichen Traum kennen, den der Kronprinz vor dreieinhalb Jahrtausenden im Schatten des erhabenen Wächterhauptes hatte. Götter verheißen Siege und künden die Geburt eines Sohnes an. Doch gibt es auch die anderen Träume, die nur winken und für deren Auslegung man einen Deuter zu Rate zieht. Joseph verdankt seine Erhöhung durch Pharao seiner Gabe, Träume zu deuten. Da er des Mundschenken und des Hofbäckers Träume verstanden hatte, läßt Pharao ihn aus dem Gefängnis rufen, um sich seine Träume von den sieben fetten und den sieben mageren Kühen, den sieben vollen und den sieben leeren Ähren deuten zu lassen.[20] Einen persönlichen Traumdeuter zog man jedoch

nur zu bei individuellen und schwierigen Träumen und je nach Geldbeutel. Im übrigen genügte das Buch, das Traumdeuter für die gängigen Träume zusammengestellt hatten und deren in Ägypten einige erhalten geblieben sind, zurückgehend mindestens in das Jahr 2000 v. Chr.[21]
Listenartig sind dort typische Traumsituationen rubriziert für »einen Mann, der sich im Traume sieht, wie er ...«; hinter der Traumbeschreibung folgt ähnlich wie in den Loskalendern die Prädikation »gut« oder »schlecht«, und in der letzten Spalte stehen die zugehörigen Auslegungen, eingeleitet durch: »Es bedeutet ...«. Im Formular vereinfacht wiedergegeben, seien einige Beispiele genannt.[22]

Wer in einem sonnigen Garten sitzt – gut – wird Freude haben.
Wer helles (!) Brot zu essen bekommt – gut – dessen Antlitz wird sich erhellen (!).
Wer seinen eigenen Urin trinkt – gut – wird von den Gütern seines Sohnes leben.
Wenn sie (eine Frau) eine Katze gebiert, wird sie viele Kinder haben.
Wenn sie einen Esel gebiert, wird sie ein dummes Kind gebären.
Wer aus dem Fenster schaut – gut – dessen Ruf wird von Gott gehört.
Wer Wein trinkt – gut – wird in Rechtschaffenheit leben.
Wer den Mond scheinen sieht – gut – dem wird Gott verzeihen.
Wer einen (Vogel) Strauß sieht – schlecht – den wird Kummer befallen.
Wer Blut trinkt – schlecht – hat Kampf zu erwarten.
Wer seiner Frau bei Tage beiwohnt – schlecht – dessen Missetaten werden von Gott gesehen.

Endlos geht diese Litanei weiter, schlicht, durchsichtig. In der Regel deutet der Traum auf analoges, manchmal auf gegensätzliches Geschehen, manchmal sind Traum und Weissagung gar identisch. Auch Wortanklänge wie das »Helle« im gegebenen Beispiel oder Ideenassoziationen vermögen, die Beziehung zwischen Geträumtem und Zukünftigem herzustellen. Die Katze wirft viele Jungen, so deutet sie auf Fruchtbarkeit der Frau.

Indes – ganz so einfach war die Traumdeutung nicht: Ein Traumbuch unterscheidet zwischen Horus- und Seth-Menschen, d. h. zwischen sympathischen und unsympathischen. Beide Gruppen haben ihre Merkmale. Die Sethischen oder »typhonischen«, wie Diodor (I 88) und Plutarch[23] sie später nennen, sind die mit den rötlichen Farben. Noch heute haben es ja die Rothaarigen im Ansehen der Menschen nicht immer leicht. Gewisse Hinweise erlauben den Schluß, daß typhonische Menschen in der römischen Zeit sogar geopfert wurden.[24] Rot war die Farbe des Seth, in den rötlichen Menschen wohnte er. Von ihnen heißt es, »der Gott in ihnen ist Seth«. Indem man den Gott erkannte, der in einem Menschen wohnte, erkannte man des Menschen Wesen. Die Sethischen, denen man nicht gern begegnete, waren die Brutalen, die Tölpischen, Widerwärtigen, und für sie galten andere Traumdeutungen als für die Horus-Menschen bzw. solche, denen ein guter Gott innewohnte. Diese Schwarz-Weiß-Aufspaltung menschlicher Typen ist der Anfang der verfeinerten Differenzierung, die später die griechischen Traumdeuter entwickelt haben. Gute wie Böse befragten das Traumbuch und erfuhren damit, was Gott ihnen zu sagen hatte.
Träume spielten im Bewußtsein des Volkes eine bedeutende Rolle. Man nahm sie so ernst, daß man »alle schlechten Träume« in den sogenannten Ächtungstexten des Mittleren Reiches verfluchte, um ihre gefährlichen Auswirkungen abzuwenden. Die Einschätzung der Träume spiegelt zugleich die Vorstellung, daß Gott mit dem Menschen Zwiesprache hält und seine Kinder lenkt.
Loskalender wie Traumbuch halfen, den Willen der Gottheit zu erkennen oder doch Richtlinien für ein gefälliges Verhalten zu bekommen. Schließlich boten sie ein bescheidenes Mittel, das Verhüllte zu entschleiern. Die ewige Sehnsucht des Menschen, Einblick zu gewinnen in das Verborgene, auch in die verdeckte Zukunft, wurde durch sie wenigstens bescheiden gestillt. Indem der Glaube an die unbedingte Wahrheit und an die weissagende Bedeutung der Träume die Haltung der Menschen und ihre Wirklichkeitsinterpretation beeinflußte, erfüllten sich die Traumgesichte gewiß mit erstaunlicher Regelmäßigkeit.[25]

Elftes Kapitel

Es spukt

Chonsemheb war in der thebanischen Nekropole (Tafel VII) auf ein Gespenst gestoßen, das ruhelos geisterte, weil sein Grab verfallen war. Ein Kind war von einer Toten geholt worden. Ein Gespenst hatte Vieh gewürgt; ein Toter seine Hand aus der Gruft gereckt und einem Grabschänder den Hals umgedreht...

Es ist nicht verwunderlich, daß der Ägypter, der von Jugend an mit dem Tod umging, der kaum eine höhere Pflicht kannte, als sich beizeiten ein Grab anzulegen und den Totendienst für die Verstorbenen zu versehen (Tafel 57 a), der seine Toten mit viel Aufwand bestattete (Abb. 55) und der die Gräberberge täglich vor Augen hatte – daß er neben seinem Glauben auch einen Afterglauben über den Umgang mit dem Tod und den Toten entwickelte.

Das Weisheitsbuch des Anii (18. Dyn.) hat mit einer Maxime (VIII, 20–IX, 3) die Angst vor Spukgeistern thematisiert und rät:

Stelle das Gespenst (des Verstorbenen) zufrieden
und tue, was ihm gefällt.
Halte es rein von dem, was es verabscheut.
Dann wirst du von seinen vielen Schädigungen
verschont bleiben.
Denn von ihm kommt jedes Unheil:
Wird das Vieh auf dem Felde gestohlen, so durch es.
Wird die Tenne auf dem Felde zerstört, so sagt man
auch dann: ›Das Gespenst war's‹.
Es bringt im Hause alles durcheinander...[1]

Der Verstorbene ruht demnach keineswegs friedlich in seinem Grab oder bleibt ausschließlich dem Reich der Toten zugeordnet, ihm steht die ganze Welt offen, auch sein eigenes Haus, wo er mit den Seinen gelebt hat und wohin ihn tausend Erinnerungen zurückziehen. Er sehnt sich nach seiner Familie und wünscht sich, von ihr mit Freuden empfangen zu werden wie einst.

So lesen wir auf dem Denkstein des Paheri in seinem Grabe bei Elkab vom Ergehen des Toten, von seiner Existenz als Seliger im Jenseits und seiner Heimkehr in sein Haus auf Erden. Zwischen den drei Daseinsbereichen Himmel – Erde – Unterwelt kann der Tote von seinem Grabe aus als lebendiger Leichnam freizügig hin- und herschreiten, gemäß dem Ritual, das der Priester rezitiert:

Du issest Kuchenbrot an der Seite des Gottes
(im Tempel), an der Großen Treppe des Herrn
der Neunheit...
Du steigst empor (zum Himmel),
du steigst hinab (in die Unterwelt),
ohne daß du zurückgewiesen würdest am Tore der
Unterwelt...
Getreidelt wird dir mit dem Leittau eine Fähre,
du gleitest... (in das Reich des Irdischen), wie es
dein Herz begehrt.
Du gehst hinaus (aus deinem Grab) jeden Morgen,
du kehrst zurück jeden Abend...
Man sagt dir »Willkommen, willkommen!«
in diesem deinem Hause der Lebenden (auf Erden).

Unterwelt und diesseitiges Grab mit seinem Ausgang ins Reich der Lebenden sind durch ein Gewässer getrennt, aber überbrückbar durch die Fähre; von seinem Grabe aus vermag der Tote sich frei zu bewegen und nach Lust jeden Ort der Erde aufzusuchen.[2]

Die Vorstellung von der möglichen Rückkehr ehemals Lebender, so sehr man ihren Tod einst beklagt haben mag (Tafel 58 a und b und 59 a und b), ist durchaus zwiespältig. Ist der Gestorbene tot oder lebendig? Hat er seine Eigenschaften bewahrt durch Mumifizierung und Bestattung hindurch,

57a Klagende in einer thebanischen Nekropole. Im Schatten eines Baumes sitzend, mit offenem Haar und entblößten Brüsten – Zeichen der Trauer – klagt die Hinterbliebene vor dem Pylon, dessen mittlere schmale Tür über eine Treppe zum Eingang in die Grabpyramide führt. Das Grab liegt im Wüstengebirge.

57b Der echte eigentliche Wolfsschakal, der »Große schwarze Teufel« (Canis lupaster).

Abb. 55 Mundöffnung der Mumie. Vor dem Eingang zum Pyramidengrab, vor dem eine Stele steht, wird der von Frauen beklagten Mumie der Mund mit einem Dechsel geöffnet. Ein als Anubis verkleideter Priester hält die Mumie, andere spenden ihr Speise, Trank und Weihrauch.

haftet ihm Grabmoder an, oder ist er durch seine Überhöhung als »Gerechtfertigter« göttlicher Kräfte teilhaftig? Wie wird er erscheinen: gleich einem Schatten (Tafel VIII), in Mumienbinden (vgl. Taf. 79 b), oder aber im weißen Leinengewand ganz und gar in der Fülle seines Fleisches? Der »machtvolle Geist« war unheimlich, man erfuhr von ihm Gutes wie Böses, Hilfe so gut wie Schrecken. Oftmals rief man ihn an als einen letzten Nothelfer.

So steht auf der kleinen Figur einer Frau, die ein Kind auf der Hüfte trägt, die kurze Inschrift: »Möge deiner Tochter Sech eine Geburt geschenkt werden«. Diese Statuette wurde dem Vater der Sech ins Grab gelegt, damit er mit seiner Macht als Toter magisch den Wunsch erfülle[3] (Abb. 56).

Präzisiert wird eine solche Bitte (eines Sohnes) um ein Kind als die Bitte um einen »gesunden Sohn« innerhalb eines längeren Bittbriefes aus der 1. Zwischenzeit an den toten Vater; er ist auf einen krugförmigen Tonständer geschrieben und lautet:[4]

»Du weißt, daß Idu (ein Bekannter) mit Bezug auf seinen Sohn gesagt hat: ›Was auch immer im Jenseits sein mag, ich werde nicht zulassen, daß irgendeine Bosheit über ihn (den Sohn) kommt‹. Tu mir das gleiche!

Hier wird dir dies Gefäß gebracht, dessentwegen deine Mutter einen Prozeß geführt hat. Es ist schön, daß du ihr (damals) beigestanden hast.

Laß mir jetzt einen gesunden Jungen geboren werden. Du bist doch ein machtvoller Geist.

Und was die beiden Dienerinnen des Frauenhauses angeht, die der Seni (meiner Frau) so viel Bosheit angetan haben... laß sie in Krankheit fallen und zerstöre mir zuliebe jede Bosheit, die gegen die (meine) Frau gerichtet ist... Zerstöre sie gründlich.

So wahr du für mich lebst, der große Gott... soll dir reines Brot geben mit beiden Händen.«

Nachsatz: »Außerdem bitte ich um einen zweiten gesunden Sohn für deine Tochter.«

Der 23 cm hohe rote Krugständer wurde mit dem im Prozeß gewonnenen (heute verlorenen) Gefäß (wohl aus Bronze) auf den Grabhügel des Vaters gestellt, und durch das Medium seiner Aufschrift

IX Zwei bemalte Ostraka.

a Affen klettern auf eine Dumpalme.
b Pavian steckt eine Frucht ins Maul.

erbat man von dem Geist Gutes wie Böses: Nachkommenschaft, Beistand, Hausfriede, aber auch Krankheit für die aufsässigen Dienerinnen.
Wen die Toten liebten, denen halfen sie, ihnen vertrieben sie die Dämonen, ihnen standen sie bei in jeglicher Bedrängnis. Aber sie hatten gleichermaßen die Macht, selber zu bedrängen. So ließ man einen Erschlagenen durch seinen verstorbenen Herrn im Jenseits bewachen, damit er sich nicht an seinem Totschläger räche. Der Bittsteller begründet sein Ansinnen damit, daß ja andere zuerst geschlagen hätten.[5]
Ein anderes Dokument klagt über die Gespensterkrallen seiner verstorbenen Frau. Die Tote verfolgt ihren verwitweten Mann derart, daß er in höchster Verzweiflung schließlich das Jenseitsgericht anruft, damit es zwischen beiden entscheide. Der Heimgesuchte wendet sich an die Götterneunheit. Er schreibt seine Klage in Form eines Briefes an seine Frau auf einen Papyrus, bindet das Schriftstück an eine weibliche Holzfigur und stellt diese magische Mittlerin auf den Grabhügel. Da der Brief eine Menge von Wissenswertem enthält, folge er im Wortlaut.[6]

»An den machtvollen Geist Anch-iri (Name der Frau).
Was habe ich dir nur Böses getan, daß ich in diesen schlimmen Zustand geraten bin, in dem ich mich befinde?
Was habe ich dir getan? Was du tust, ist dies, daß du Hand an mich legst, obwohl ich nichts Böses gegen dich getan habe. Seit ich mit dir als Gatte lebte bis zum heutigen Tag, was habe ich getan, das ich verbergen müßte?
Was habe ich dir getan? Was du getan hast, ist derart, daß ich dich verklagen muß.
Was habe ich dir getan? Ich werde jetzt die Klage gegen dich einreichen ...
vor der göttlichen Neunheit des Westens (Jenseits), und man wird zwischen dir und mir auf Grund der Anzeige richten ...
Was habe ich dir getan? Ich habe dich zur Frau genommen, als ich ein junger Mann war, und ich blieb

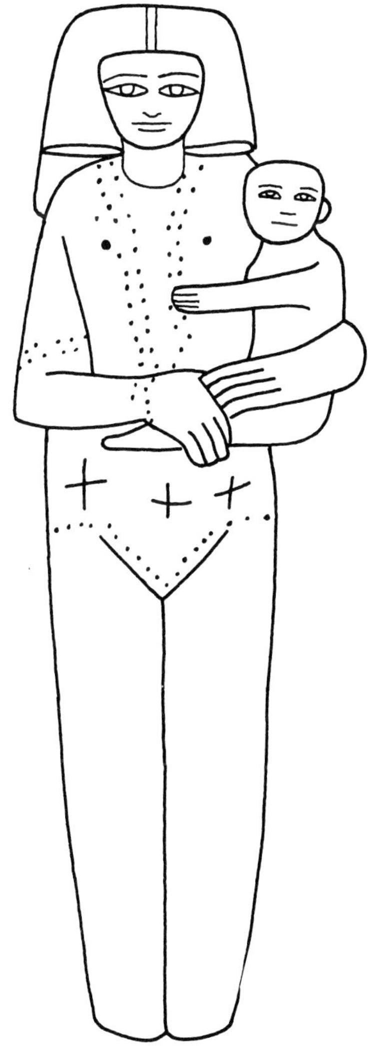

Abb. 56 Figur mit der Bitte um ein Kind.

bei dir, während ich all meine Ämter durchlief. Ich blieb bei dir und habe dich nicht verstoßen. Ich habe dein Herz niemals betrübt. So verhielt ich mich, als ich ein junger Mann war. Und als ich all meine bedeutenden Staatsämter durchlief, verstieß ich dich nicht, indem ich mir sagte: ›Sie ist immer bei mir gewesen‹ – so sagte ich (›und so soll sie auch jetzt bei mir bleiben‹) ...
Und jetzt, wahrhaftig, erträgst du nicht, daß mein Herz ruhig wird. So muß ich mit dir prozessieren, und man wird erkennen, wer Unrecht und wer Recht hat.

X Göttin des Westens.

Bedenke doch, als ich Offiziere für das Heer des Pharao und sein Wagenkorps ausbildete, sorgte ich dafür, daß sie kamen und sich vor dir auf die Erde niederwarfen; und sie brachten lauter schöne Dinge, um sie vor dir niederzulegen.
Ich verbarg nichts vor dir während deiner Lebenstage.
Ich habe dich weder leiden lassen noch gekränkt. Mein Verhalten zu dir war immer das eines Kavaliers. Oder hast du je gefunden, daß ich dich nach der Art eines Bauern mißachtet hätte, indem ich in ein fremdes Haus eingetreten wäre?...
Und als man mich in die Position brachte, in der ich (jetzt) bin, wurde es mir zwar unmöglich, in meiner gewohnten Weise (aus dem Dienst) heimzukommen, aber ich verfuhr wie einer meines Ranges, der zu Hause ist, mit meinem (mir als Löhnung zugeteilten) Öl, der Verpflegung und meinen Kleidern: Sie wurden dir gebracht, und ich gab sie nicht – statt an dich – an eine andere Frau, indem ich gedacht hätte: ›Das Mensch ist mir jetzt lieb geworden‹. Ich habe dich also nicht mißachtet. Aber wahrhaftig, du erkennst das Gute, das ich dir getan habe, nicht an. Ich schreibe dir, um dich wissen zu lassen, was du anstellst.
Als du (damals) krank warst an der Krankheit, die du durchgemacht hast, sandte ich dir einen Oberarzt; er behandelte dich und tat alles, was du verlangt hast.
Als ich dann mit Pharao gen Süden zog und dieser Zustand (Tod) bei dir eintrat, verbrachte ich acht Monate, ohne regelrecht zu essen oder zu trinken (d. h. ich fastete).
Als ich dann nach Memphis zurückkam, erbat ich Urlaub von Pharao und ging dorthin, wo du warst, und ich weinte laut, zusammen mit meinen Leuten (dem Gesinde), vor meinem Wohnviertel. Ich spendete Kleider und Leinen, um dich (als Mumie) einzuwickeln; ich ließ viele Stoffe weben und unterließ nichts an Gutem, das dir hätte getan werden können.
Bedenke, ich habe nun drei Jahre allein gelebt, ohne in irgendein Haus einzutreten, obwohl es sich nicht gehört, einen wie mich dazu zu veranlassen.

◀
58 Trauernde und Klagende aus einem Leichenzug.

59 a und b Zwei Bruchstücke eines Steinsarkophages mit Totenklage. ▶

Bedenke, ich habe dies um deinetwillen getan. Doch du vermagst nicht, Gutes von Bösem zu unterscheiden. So mag zwischen dir und mir gerichtet werden.
Bedenke schließlich, ich bin keiner von den Frauen hier im Hause nahegekommen.«[7]

Der arme Witwer, ein hoher Offizier im Dienste Pharaos, wird die qualvolle Bedrückung nicht los, die ihm der Tod seiner Frau auferlegt hat. Er hat, wie er beteuert, für die Verstorbene vom ersten Tag der Liebe bis zu ihrem Begräbnis vorbildlich gesorgt, hat sie trotz seiner Beförderung bis in die höchsten Ränge nicht verstoßen, wie er mehrmals betont, hat sie weder betrübt noch gar betrogen, sondern sie an seinen Ehrungen teilhaben lassen. Dennoch läßt sie nicht los von ihm, scheint – der Brief wird nicht konkret – ihn in seinen Träumen zu verfolgen, ihm als Alp aufzuliegen und ihn nach Art der Gespenster zu schrecken, so daß der Unglückliche keinen andern Ausweg mehr sieht, als das Göttergericht anzurufen.
Wie sehr einen das Leid des Ruhelosen erbarmen mag, andere Geister packen kräftiger zu, wenigstens drohen sie damit. So liest man in den Anreden der Toten an die Grabbesucher, in den biographischen Inschriften des Alten Reichs, wie sie sich auf den Grabwänden und auf den Grabsteinen finden, sowie in den Verträgen mit den Totenpriestern, gegen jene, die es wagen sollten, sich gegen den Toten, gegen sein Grab oder seinen Totenkult und einmal auch gegen seine (den Totendienst versehenden) Kinder zu vergehen, etwa folgende Drohworte:[8]
»Jeder Mensch, der etwas Böses gegen dieses mein Grab tun sollte«,
»der irgendeinen Steinblock aus diesem meinem Grab herausreißen sollte«,[9]
»der in unreinem Zustand in dieses mein Grab eintreten sollte«,
»der etwas Abscheuliches gegessen hat, das ein Geist verabscheut«...[10]
»Ich werde sein Genick packen wie das einer Gans (wenn man ihr den Kragen umdreht)«,

»ich werde seine Hinterbliebenen austilgen«,
»ich werde dafür sorgen, daß ihre Gehöfte veröden.«

Für ein Gebet am Grab – »ein Hauch des Mundes ist es ja nur« – verspricht der Tote dagegen reichlich Lohn, denn er sei »ein machtvoller Geist«, dem »kein Zauber verborgen bleibt«. Ein anderer, der nicht minder Dank verspricht, meint, ein Gebet sei ja keine Mühe für den Mund und die Kasse werde davon nicht leer.[11]
In dem »machtvollen Geist« *(3ḫ ỉḳr)* des Toten wird je nach seinem Aspekt bald der treffliche »Verklärte«, bald das unholde »Gespenst« erkannt. Besonders fürchtet man den Toten als Räuber von Menschen. Er holt den Säugling aus den Armen der Mutter; schleicht sich im Dunkeln heimlich ins Haus, »die Nase nach hinten, mit abgewandtem Gesicht«, damit man ihn nicht erkenne; erbietet sich, das Kind zu warten, und rafft es weg.[12] Nur ein wirkungsvoller Zauber oder eine Gottheit vermögen, es dem Leben zu erhalten. Der rechte Spruch in Verbindung mit Amuletten »fällt den Feind oder die Feindin aus dem Totenreich«.[13] Bei Sonnenauf- und -untergang betet man zu Rê, dem Sonnengott, daß er die Todesgeister von dem Kinde vertreibe (vgl. Kap. 3). Das Sonnenauge sieht über das Land hin die Spukgestalten kommen, sieht »das (tote) Weib« sich umschauen, das Kind besprechen und es der Mutter entreißen. – Der Sohn fürchtet sich, von seinem verstorbenen Vater in das Reich der Toten nachgezogen zu werden.[14]
Unerwarteter, plötzlicher, vorzeitiger Tod gelten als Raub. Nicht immer sind es personhafte Tote, die das Verderben bringen, auch »Boten des Todes« oder »der Tod« führen ihren Tanz auf und greifen unbestechlich, unerbittlich zu. »Sag nicht, ich bin noch zu jung, als daß er (der Tod) mich holen könnte... der Tod kommt und raubt das Kind, das noch auf dem Schoß seiner Mutter sitzt, ebenso wie den Mann, wenn er ein Greis geworden ist«, lehrt das Weisheitsbuch des Anii.[15] Sein Name »Komm!«, ein lapidarer Befehl, bezeichnet die Größe seiner Macht.[16] Toten- und Jenseitsbücher, Briefe und Grabinschriften durch alle Zeiten ägyptischer Geschichte künden von der allgegenwärtigen Todesangst. Darüber hinaus galten nach dem Loskalender bestimmte Tage durch das Umherschleichen von Toten als zusätzlich gefährlich (s. Kap. 10). An den fünf Epagomenen, den Schalttagen zwischen dem 360. Jahrestag und dem Neujahr, gingen die Toten um und packten zu. Darum fleht man: »Rettet mich, schützt mich vor den Räubern an den Epagomenen.«[17]
Die Zahl der Toten, die vergessen sind, die keine Opfer mehr erhalten und kein Gebet, wird mit dem Alter der ägyptischen Geschichte zwangsläufig größer. Frühe Gräber fallen ein, werden geplündert, die Mumien beraubt und geschändet (s. Kap. 16). Wo des Nachts Schakale heulen (Tafel 57b) und nach Totenknochen scharren, wo in Hyänenmäulern Beine krachen, wo Wüstenwind um Säulen pfeift und Steine in die Tiefe poltern, wo schiefgezogene Türen hölzern klappern und verfallene Grüfte offen gähnen, kann's dort denn anders sein, als daß Gespenster umgehen? Mit dem Verfall von Gräbern und zunehmender Leichenfledderei werden die Herzen des Volkes von Geisterfurcht immer tiefer gepackt, und unvermutetes, unerklärliches Unheil galt als das unheimliche Werk von Gespenstern. Von ihnen kommt jegliche Unbill, insbesondere Krankheit und Tod. Die Bitte, den Bedrängten »zu lösen von dem Übel, das ein Toter oder eine Tote« verhängen, wird geradezu eine allgemeine Formel bei der Anwendung von Heilmitteln.[18]
Die Toten, die nicht mehr ordnungsgemäß bestattet liegen und keinen Dienst mehr empfangen, sind ruhelos, sie verlassen ihr Grab und schweifen im Lande umher, um sich zu rächen, aber auch, um Hilfe zu suchen. So irrt – nicht um Böses zu stiften, sondern aus eigener Not – jenes Gespenst zwischen Thebens Felsengräbern, das dem eingangs genannten Hohenpriester Chonsemheb begegnet. Seine Geschichte ist vielfach überliefert, sie war in aller Munde.[19]
Chonsemheb, der auf den unglückseligen Totengeist des Nut-bu-semech gestoßen war, beschwor den Friedlosen noch einmal auf das Dach seines Hauses zu sich, fragte nach seinem Begehr und »weinte« schließlich, als er dessen Klagen vernahm. Das Grab des Toten, eines ehemals hohen Beamten in königlichem Dienste, ist verfallen;

60 Kopf des Hohenpriesters Chaemwêse

»die Tür fällt heraus«, so klagt das Gespenst, »der Stein stürzt ein, den Garten kann man nicht mehr betreten«, und dies bei einem Manne, der einstmals Sarg und Eingeweidekrüge vom Pharao selbst erhalten und bei seiner Bestattung alle Totenehren empfangen hat, »die einem Manne seines Ranges angemessen sind«. Als das Gespenst dem Hohenpriester seine Fürsprache im Jenseits zugesichert hat, läßt Chonsemheb das eingestürzte Grab suchen und es wieder herrichten, damit »der Name des Geistes bis in alle Ewigkeit erhalten bleibe«. – Diese Spukgeschichte hat den zeitlichen Vorrang vor den zahllosen Märchen der Weltliteratur vom dankbaren Toten.[20]

Wurde die Begegnung mit dem Geiste des Nutbu-semech zwar kostspielig, so entbehrte sie doch des Unheils, das nach späterer demotischer Überlieferung Seton-Chaemwêse (Taf. 60), der große Sohn des Königs Ramses II., durch die Auseinandersetzung mit dem verstorbenen Ni-nofer-ka-Ptah erlitten hat.[21] Dieser hatte dem Weisheitsgotte Thoth ein Zauberbuch entwendet, dafür aber mit seinem eigenen Leben und dem Leben seiner Frau wie seines Sohnes zahlen müssen. Seton-Chaemwêse ringt dem Toten das Buch aller Weisheit in schweren Kämpfen ab, behält zwar sein Leben, aber nur, weil er die Schrift dem Totengeist zurückbringt und zur Buße dessen Frau und dessen Sohn in ihren fernen Gräbern aufspürt und sie an der Seite des Ni-nofer-ka-Ptah beisetzt. Damit Seton die Gräber hat finden können, hatte sich der Geist in einen Greis verwandelt und ihn selbst geleitet.

Im Kampf um das Zauberbuch maßen sich die beiden Streitenden im Brettspiel, welches auch die Toten in der Unterwelt gegen böse Geister einsetzen. Ni-nofer-ka-Ptah gewann, sprach danach »einen Spruch über ihn (seinen Gegner) und schlug ihn dazu mit dem Spielkasten... und ließ ihn in den Boden versinken bis zu seinen Beinen«. Nach dem zweiten Spiel schlug er ihn auf den Kopf, daß er »bis zu den Hüften einsank«, und nach dem dritten Spiel »versank er bis zu seinen Ohren«. Schließlich »erlitt Seton noch einen starken Schlag durch die Hand des Ni-nofer-ka-Ptah«. Nur mit Hilfe seines Freundes und seines irdischen Vaters, des Pharao, so wie seines göttlichen Vaters Ptah gelang es, den Prinzen auf die Erde zurückzuholen.

Viele Motivparallelen zur antiken Literatur und zur Bibel machen dieses reich angelegte Märchen über seinen eigenen Wert hinaus bedeutend.[22]

In den gleichen Kranz der demotischen Seton-Erzählungen ist die Zaubergeschichte des Si-Osire eingeflochten,[23] wonach der Titelheld als Verstorbener aus dem Totenreich auf die Erde zurückkehrt, um durch seinen Sieg über einen äthiopischen Zauberer den ägyptischen Pharao aus seinen Plagen zu befreien. Es erscheint aber »der Sohn des Osiris« nicht als Gespenst, sondern wird auf wunderbare Weise als Sohn des Seton reinkarniert, verschwindet jedoch am Ende seiner Taten »als Schatten«.[24]

Einem solchen Deus ex machina steht die Unzahl der Rachegeister und Schreckgebilde gegenüber, deren Unwesen es sich zu erwehren gilt. Briefe an die Toten, Anruf an das Göttergericht, Bitte an die Mächte im Jenseits, ja selbst ein Dekret sind Mittel, sich gegen die Unholde zu sichern.

Unter dem theokratischen Herrscher Pinodjem in der 21. Dynastie (um 1000 v. Chr.) wird durch ein solches Dekret die Prinzessin Nes-Chons, verstorbene Gemahlin des überlebenden Priesterkönigs, gehalten, von jeglicher Schädigung ihrer Angehörigen und deren Freunden zu lassen, ihnen vielmehr nur Gutes zu tun. Der Gott Amun »sendet sein großes, erhabenes Fürstenwort aus«, um die Prinzessin zu zwingen. Nur der Priesterkönig Pinodjem selbst kann der Priesterschaft des Amun dieses Dekret, von dem zwei Abschriften auf Papyrus und ein weiteres auf einer Holztafel vorliegen, in den Pinsel diktiert haben:[25]

Ich (Amun) verzaubere das Herz der Nes-Chons, auf daß sie Pinodjem nichts Böses... antut.
Ich verzaubere ihr Herz und lasse nicht zu, daß sie seine Lebenszeit verringert...
Ich bewirke, daß sie ihm ein sehr langes Leben zumißt...
Ich lasse nicht zu, daß sie etwas Schlimmes verhängt, was den Tod bringt... oder was sein Herz... betrübt.

Was dem König ein Dekret, das sind dem Volk dieser Epoche Dekretchen. Sie versprechen analog: »Ich (ein Gott) werde sie (das Mädchen) bewahren vor einem toten Mann und vor einer toten Frau!«

»Ich werde sie bewahren vor Lepra, Blindheit und dem Auge einer toten Person«. »Ich werde nicht zulassen, daß irgendeiner... Zaubermacht über ihn (den Jungen) ausübt während seines ganzen Lebens. Ich werde ihn bewahren vor jedem männlichen Toten und vor jeder weiblichen Toten, vor jedem männlichen Geist und vor jedem weiblichen Geist«. Solche Schutzsprüche, auf einen schmallangen Papyrusstreifen geschrieben, baumelten Kindern in einem zylindrischen Köcher aus Holz oder Leder – selten aus Gold – an einer Schnur auf der Brust[26] (Abb. 50 und Tafel XVI links oben).

Zu den Unruhestiftern, Quälgeistern und Nachtmahren zählten nach altägyptischer Vorstellung, wie die Dokumente ergeben, die »friedlichen« Heimsucher, die Toten der vergessenen Gräber, und auch solche, die, mit ihrem Los im Jenseits unzufrieden, eifersüchtig waren auf das Glück der diesseitigen Welt; außerdem jene, die nicht ordnungsgemäß bestattet waren, d.s. Verbrannte und in älterer Epoche auch Ertrunkene.

Das übernatürliche Wissen der Toten machten sich die Zauberer nicht allein Ägyptens, sondern der gesamten alten Welt zunutze,[27] aber im Unterschied zu den andern haben die Ägypter die Toten niemals beschworen wie die Hexe von Endor den Geist des Samuel oder wie Odysseus seine verstorbenen Kampfgefährten am Eingang zur Unterwelt. Hat auch die offizielle ägyptische Literatur die Begegnung mit Totengeistern kaum zum Gegenstand erhoben, so war die Gespensterfurcht im Volksbewußtsein dennoch tief verankert, wie allein ihre Aufnahme in den Loskalender lehrt (Kap. 10).

Zwölftes Kapitel

Schuttabladen erlaubt

Blättern wir in der ägyptischen Kunstgeschichte, so erscheinen uns die Werke nicht nur unerreichbar vollendet, sondern oft auch entrückt in eine Welt höheren Daseins. Wir vergessen darüber, daß die Meister auch dieser Hochkunst einmal Schüler waren und die Anfänge ihrer Übungen Kritzeleien und künstlerisches Radebrechen. Von diesen Versuchen fanden sich köstliche Proben unter dem Abfall, besonders der Künstlerstadt Dêr el-Medîna (Plan 2, Tafel 68). Dort im Schutt, von den Zöglingen oder ihren Lehrern hingeworfen, schlummerten die kleinen Dokumente einen drei- bis viertausendjährigen Schlaf. Handgroße Splitter aus Kalkstein, wie sie in der thebanischen Felswüste, durch die brennende Sonne vom Gebirge abgesprengt, überall herumliegen, dienten als kostenloses Schreibmaterial. Sie hatten zudem die wünschenswerte Eigenschaft, aus dem gleichen Stoff zu sein, der später einmal in Tempeln, Gräbern und Palästen zu reliefieren oder zu bemalen war. Daß der Werkstoff damals bei dem außerordentlichen Bedarf aber nicht in beliebiger Menge zur Verfügung stand, beweisen die Stücke, die mehrmals verwendet wurden. Eine frühere Aufschrift wurde getilgt; war sie in den Stein eingegraben, dann mit dem Polierstein abgerieben; schlimmstenfalls mußten Scherben zerbrochener Tonkrüge die Kalksteinplatten ersetzen. Abwaschen bzw. Abreiben war möglicherweise auch ein Programmpunkt der Ausbildung.

Mit Pinsel und Farbe übten auf diesen »Ostraka« genannten Steinen die Zöglinge das Abc ihrer Kunst. Anfangs kleckten sie unbeholfen nur Punkte oder Striche auf den Stein, dann einfache Schrift- und Bildzeichen.[1] Das Zickzackband der Wasserlinie gehörte zum frühen Pensum, ebenso die Verbindung von Gerader und Kurve. So übte ein Jahrgang das Zeichen »neb«, einen Korb, der als Hieroglyphe in den Wörtern für »ganz«, »jeder«, »Herr« und anderen vorkommt.[2] An waagrechten Linien aufgehängt, stehen die Körbe eng neben- und untereinander,[3] in roter Farbe, teils mit dem Griffel nachgeritzt. Ein apotropäisches Auge, von geschickter Hand unter die Übung gesetzt, könnte ein Spaß des Lehrers sein, der dem Schüler Gnade wünscht vor einem strengeren Herrn. Thoth, der Gott der Schreibkunst, möge seinen Blick nicht auf die linkische Gymnastik der Schülerhand werfen – solches oder ähnliches mag das Auge bedeuten. Wäre es ein einfaches Auge, wie es in dem Wort für »sehen« gebraucht wird, dann könnte es für »vidi« stehen, das lateinische »gesehen«, wie es, zu einem V-Haken abgekürzt, noch heute der Lehrer unter die Arbeiten der Schüler als Kontrollzeichen setzt (vgl. Kap. 4).

Schrift *und* Bild übten die Malschüler, während bei uns Zeichen- und Schreibunterricht getrennt sind. Doch die ägyptischen Hieroglyphen sind Bilder; nicht eine Bilderschrift, also nicht Ideogramme, sondern Bilder mit festem Lautwert, die rebusartig in ein Wort gesetzt werden konnten. Zum Unterschied von unseren Buchstaben tragen die meisten Schriftzeichen zwei und mehr Konsonanten – keine Vokale –, und umgekehrt gibt es für den gleichen Konsonantenbestand mehrere Zeichen. Bald bilden sich orthographische Regeln aus, nach denen bestimmte Schriftzeichen bestimmten Wörtern zugeordnet werden. Dies nur nebenbei. Was die Malzöglinge angeht, so übten sie Schrift zunächst nur als Bildzeichen, nicht als Lautzeichen. Zwar lernten sie nach und nach auch »schreiben« – wenigstens sollten sie lesen und schreiben können; tatsächlich aber haben es nur die begabteren zu dieser Fähigkeit gebracht, wie das aus vielen Fehlern hervorgeht. Aber auch die, die nicht lesen und schreiben konnten, waren zum

61 a Hieroglyphen auf dem Sarg der Kauit aus Dêr el-bahri

61 b Hieroglyphen des Titels »König von Ober- und Unterägypten«, Binse und Biene.

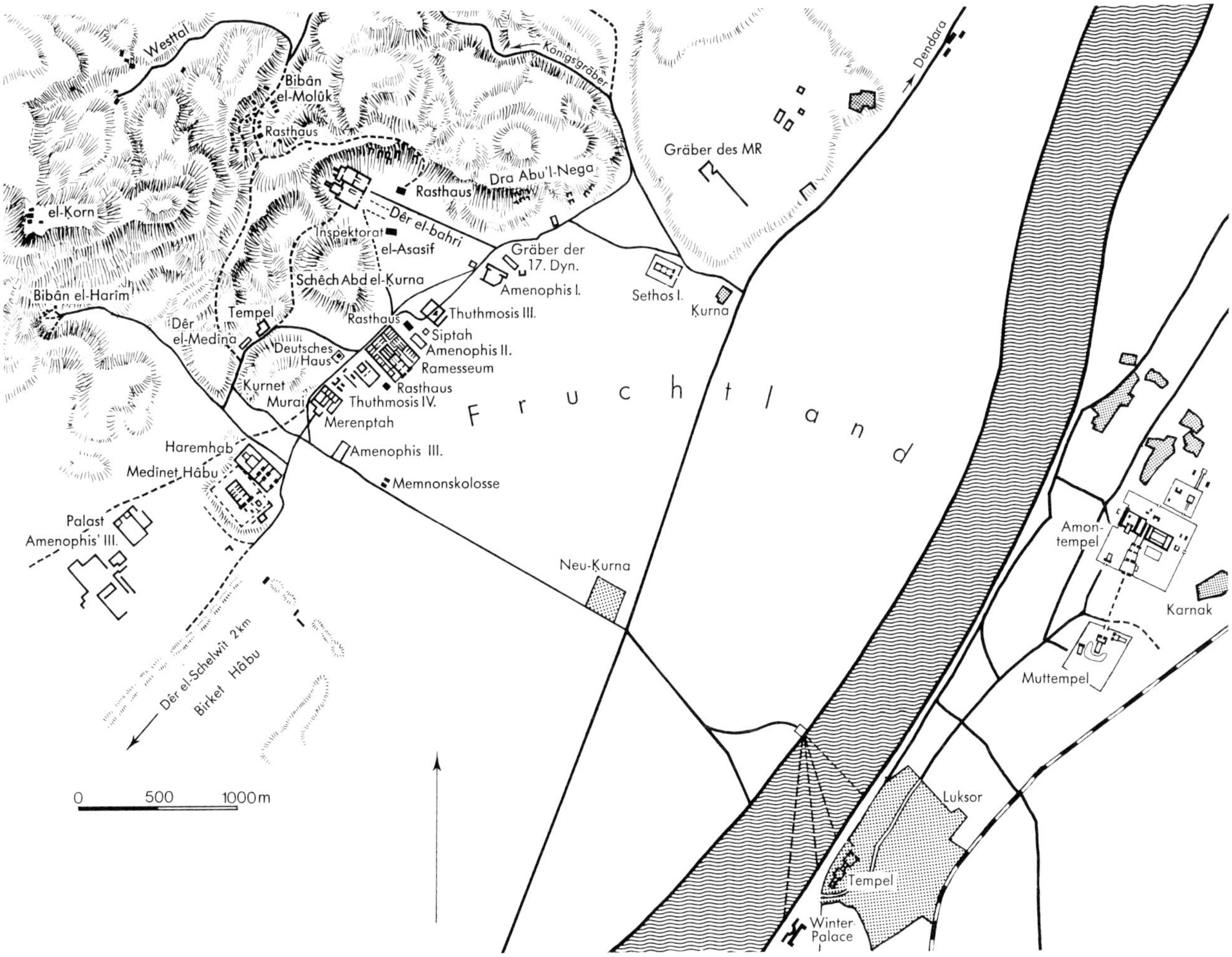

Plan 2 Theben-West und Theben-Ost.

Schriftmalen zu gebrauchen. Denn die Technik der Bildherstellung läßt alle Stufen von Können zu. Schrift und Bild, sie sind zwar dem Sinne nach zu unterscheiden, aber der Gestaltung nach meist nicht oder nur kaum. Gute Hieroglyphen sind ebenso sorgsam ausgemeißelt und modelliert oder aber gemalt wie eine Bildfigur (Tafel 61a und b, 62, 63).

Schreiben war Sache des Schreiberstandes, nicht der Herren, wie auch heute die leitenden Herren zwar schreiben können, aber das Schreiben nach ihrem Diktat den Sekretärinnen überlassen.

62 Hieroglyphe eines Geierkopfes (Torgos tracheliotus).

Was dort auf den Müllhaufen von Dêr el-Medina begraben lag, sind nicht allein die »n-Übungen« der Abc-Schützen, sondern auch Aufzeichnungen von Gesellen und Meistern (Tafel 64a–c). Bald haben sich diese Virtuosen eine seltene Figur, bevor sie sie auf einer Wand festlegten, auf einer Scherbe vorgezeichnet, bald haben sie eine Schriftgruppe zuvor zu einer guten Komposition geordnet; bald einen Entwurf skizziert (Tafel 65), bald ein Bild von anderswo kopiert, um es zu übertragen. Schließlich sind aus Kalksteinsplittern kleine Stelen geworden, wie sie arme Leute in das Heiligtum einer Gottheit stifteten. Sei es, daß sie nicht ausreichend geraten waren, sei es, daß

Abb. 57 Trauernder König.

sie später aus einem Tempel abgeräumt wurden – sie lagen unterm Schutt (Tafel I und IX).

Nicht zuletzt bargen die Halden Ostraka mit Motiven und Szenen, die der großen Kunst unbekannt sind. Da erscheinen Bestrafte ohne Nase (Abb. 53), Königsköpfe mit den Bartstoppeln der Trauer (Abb. 57), Schlafende liegen im Bett (Abb. 27), Affen machen miteinander ein Brettspiel, Ziegen tanzen und trommeln. Dienerinnen umschwirren die Dame beim Lever, kredenzen ihr den Morgentrunk und richten ihre Frisur. Sie bringen ihr Schminke und Salben, reichen ihr den Spiegel, fächeln ihr kühle Luft zu und vertreiben mit dem Wedel die Fliegen oder bieten ihr Blumen zum Riechen dar.[4] Häufig hat man den kleinen Scherben auch Szenen aus dem Wochenbett anvertraut, die zwar im Schlafgemach der Frau, aber nicht in den offiziellen Denkmälern die Wände geschmückt haben (s. Kap. 13).

Bei der Feigenernte klettert der Affe in den Baum (Tafel IX a) und wirft die Früchte dem Herrn in den Korb.[5] Nicht selten stibitzt er von der Näscherei oder trägt auf den Schultern sein Junges mit herum (Abb. 58). Das anstellige Tier hilft seinem Herrn bei der Feldbewässerung, indem es die Kübel an einem Nackenjoch vom Kanal heraufschleppt. Mit pfiffiger Miene klaut es Dumnüsse aus den Netzsäcken und verspeist sie mit hörbarem Schmatzen (Tafel 12 und IX b). Auf anderen Scherben weiden Ochsen in saftigem Dickicht, Ziegen klettern in Bäumen und fressen das Laub herunter, Katzen tragen im Maul ihr Junges ins Versteck, Hasen geben sich ein Stelldichein.[6]

Das Pferd, erst durch die Hyksos im 17. vorchristlichen Jahrhundert nach Ägypten eingeführt, machte den Künstlern viel Mühe (Tafel 66a). Der Kanon seines Bildes mußte erst durch viele Studien gefunden werden (Tafel 66b). Wie es seinen Kopf zum Futtertrog beugt, wie es trabt, galoppiert, wie es sich in der Schlacht aufbäumt oder auch federnd vor dem leichten Wagen trappelt, und auch sein buntes Geschirr, das waren Objekte vielfacher Übung. Ähnlich viele Fragen bot die Darstellung des Wagens, eines leichten zweirädrigen Fahrgestells mit einem hinten offenen Kasten für den Kutscher, der darin stand und das Pferd durch Zügel und Peitsche lenkte. Nur selten wurde das Pferd als Reittier benutzt. Aber gelegentlich treffen wir einen Melder reitend durch die Wüste sprengen.[7]

Ostraka dienten als Witzblätter. Was über Tempelwände feierlich-erhaben auf Kothurnen schreitet, wird gelegentlich humorvoll profaniert. Der heilige Kater des Sonnengottes Rê, der seine Kultstätte unterm Perseabaum von Heliopolis hatte, sitzt als »die kleine« Miezekatze auf einer Matte und zankt sich mit der vom Geflügelopfer umgedeuteten Watschelgans, die zu ihren Füßen sich schnatternd und mit flatternden Flügeln wehrt,[8] oder sie schaut neugierig in einen Wasserkrug, der die Trankspende gefaßt haben mag.[9] Auch die Bilder der verkehrten Welt im Reich der Tiere sind Ausdruck phantasievoller Narretei (s. Kap. 7).

63 Hieroglyphe eines Wachtelkükens.

Abb. 58 Affe mit seinem Jungen schleppt Wasser auf ein Gartenbeet.

Zu den nichtalltäglichen Motiven, die auf einer Wand anzubringen waren, zählten Tiere wie Fledermaus, Chamäleon oder die damals schon nach Süden abgewanderte Giraffe.[10] Manchmal mögen solche Skizzen auch der Illustration einer Unterhaltung gedient, andere Ostraka zum magischen Instrumentarium gehört haben; so die Splitter mit der Darstellung von Skorpionen, Krokodilen oder Schlangen.[11] Gerade gegen diese drei Menschenfeinde gibt es eine Unmenge von Zaubersprüchen, deren Texte auf Präzedenzfälle in den Mythen der Götter zurückgreifen.

Aus der Welt der Frau reizten den Maler die Bilder nackter Tänzerinnen,[12] Sängerinnen und Musikantinnen oder jugendlicher Mädchen im Stocherkahn.[13] Einer Lautenspielerin legte er ein offenbar allgemein bekanntes Liedchen in den Mund, das sie bei einem Festmahl gesungen haben wird: »Die Glieder des Ochsen kennen den Stock«. Nachdem sie, die zur Unterhaltung gemietete Schöne, mit diesem Vers angestimmt hatte, ermunterte sie: »Singt, ihr Leute, salbt euch süß!«.[14] Salbe gehörte nicht minder zur Festfreude als Speise und Trank, Unterhaltung und Blumen. War der parfümierte Salbkegel auf dem Scheitel im Laufe des Abends zerschmolzen und völlig in Perücke und Kleider eingezogen, so setzte ein Diener einen frischen auf das Haupt des Gastes (Abb. 31). Wehe dem Wäscher, wenn die Gewänder nach der Wäsche noch einen Schimmer von Wohlgeruch hatten!

Neben Essen und Trinken war Salbe ein Grundbedürfnis des Alten Ägypters. Salbe war ein Teil des Arbeitslohnes, um Salbe wurde gestreikt. Dieselbe Dreiheit an Gaben kennt der 23. Psalm, wo von dem guten Hirten gesagt ist: »Du bereitest vor mir einen Tisch im Angesicht meiner Feinde. Du salbest mein Haupt mit Öl und schenkest mir voll ein«.

Wurden Ostraka zu kleinen Denksteinen verarbeitet, so galten sie den niederen Gottheiten des Volkes, in der Regel deren heiligen Tieren. Denn neben der offiziellen Priestertheologie und dem Tempelkult entwickelten sich unterschwellig ein

XI Wandmalerei in thebabanischen Königsgräbern.

a Unterweltsgötter am Feuersee.

b Vier Verdammte in einem Höllenkessel, unter dem Schlangen Feuer in Gang halten.

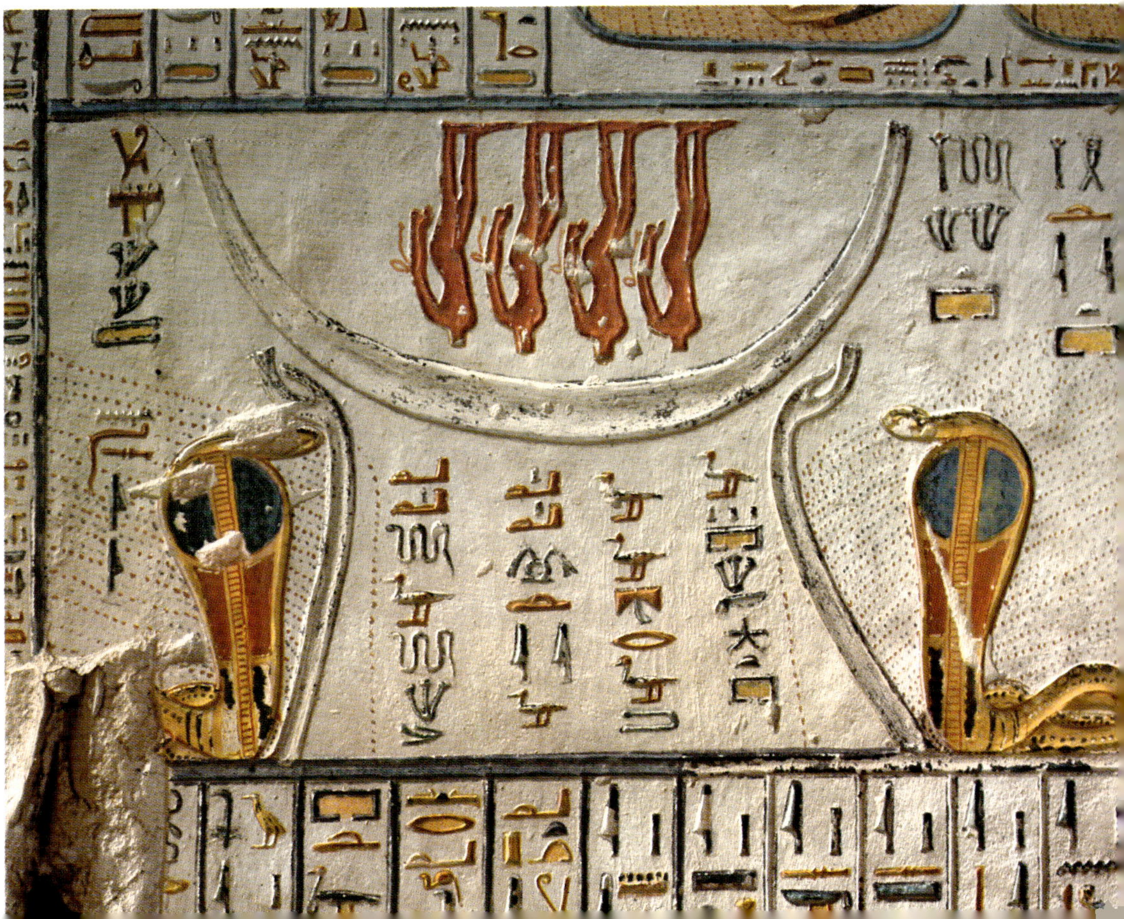

XII Der Nekropolenarbeiter Sennodjem steht vor der Himmelstür.

zunehmend abstruser werdender Volksglaube und private Heiligenverehrung. Die Kluft war am Ende der ägyptischen Geschichte ebenso weit wie die zwischen der gegenwärtigen historisch-kritischen Theologie und dem frommen Glauben eines alten Dorfmütterchens. Die Stifter der Scherbenstelen weihten ihre Votivgabe beispielsweise einem Ziegenbock (Abb. 59), einem Wolf, einer Gans oder einer Schlangengöttin.[15]

Neben den mit Malskizzen bedeckten Ostraka fand sich eine völlig andere Gruppe: die Scherben mit Schrift. Nicht nur von den Müllplätzen Dêr el-Medinas, auch aus Schulen, wie der des Ramesseums, aus Gräbern, Tempeln und Archiven stammen diese hochbedeutenden Dokumente. Die Scherben waren der billige Ersatz für den weit wertvolleren Papyrus. Man notierte auf ihnen Rechnungen, benützte sie als Briefpapier, in der Schule als Schiefertafel, vertraute ihnen Lohnlisten an so gut wie den Grundriß eines Bauwerkes. Sie überliefern Inventarverzeichnisse, Testamente und Gerichtsprotokolle, aber auch Texte der schönen Literatur.

Ein Kläger reicht auf ihnen bei Gericht Klage ein. Aufseher notieren auf Ostraka die Arbeitsleistung ihrer Untergebenen wie die Ursache ihres Fehlens. Unter Zuhilfenahme der Festkalender lassen vor allem die Ostraka von Dêr el-Medina die Arbeitszeit der Nekropolenarbeiter berechnen, ihre freien Tage, den persönlichen Urlaub oder auch ihr Schwänzen. Manche Scherben dienten als Tagebuchblätter, andere tragen magische Sprüche oder Orakelfragen an den Gott. Was Wunder, wenn gerade diese kleinen mit Rußtinte in hieratischer, später auch in demotischer Schrift beschriebenen Scherben den reichsten Einblick gewähren in das Alltagsleben der Leute und ihre intimen Verhältnisse. Aus diesen scheinbar wertlosen kleinen Abfallbrocken, aus dem Kehrricht aufgelesen, ersteht ein Leben vor viertausend Jahren unmittelbar und

Abb. 59 Weihstele. Ein Arbeiter von Dêr el-Medina betet vor einem dem Gotte Amun heiligen Ziegenbock.

greifbar nahe wieder auf, als wäre es nie vergangen. An den Lieferscheinen haftet noch der Warendunst jener Tage.
Der Arbeitsmonat war in drei 10-Tage-Wochen eingeteilt, der 10., 20. und 30. Tag des Monats waren arbeitsfrei. An diesen freien Tagen wurde Lohn gezahlt, d.h. es wurden Lebensmittel an die Arbeiter ausgegeben. Der »Sonntag« war also Zahltag und als solcher ein Fest. Aber schon damals strebten die Arbeiter an, das »Wochenende« zu verlängern, und unter Ramses II. scheinen allgemein auch der 9., 19. und 29. Tag frei gewesen zu sein. Hinzu kamen freilich die religiösen Festtage: das Neujahrsfest, die Götterfeste, das Fest des Amenophis, das Talfest, Thronbesteigungsfeste und am Jahresende die fünf Epagomenen. Mehr als die überlokalen Feste wurden die von Ort zu Ort verschiedenen Lokalfeste gefeiert (s. Kap. 6).[16]

Die arbeitsfreien Festtage waren gekennzeichnet durch das Erscheinen des Gottes. Wurde er, der in seiner Statue Platz genommen hatte, in Prozession durch die Straßen getragen, so hatte man Gelegenheit, ihm Fragen vorzulegen. In Dêr el-Medina war es besonders der bereits 300 Jahre tote vergöttlichte Amenophis I. (Tafel 67), der Orakel erteilte. In seiner Barke thronend, zog er in seiner Statue, auf den Schultern mit Hilfe von Tragstangen durch Priester und Arbeiter fortbewegt, durch die Nekropolenstadt, Fragen verneinend, bejahend, durch Rückwärtsgehen oder Stillstand seinen Willen kundgebend oder durch Zugehen auf ein Haus den Deliquenten anzeigend. In Dringlichkeitsfällen konnte man auch außerhalb der Festtage den Gott um Rat und Hilfe bitten, indem man ihm die Anfragen in den Tempel schickte. Gerichtsverhandlungen fanden an »Sonn«- und Feiertagen statt, das Dorfgericht trat auch am Werktag, wohl am Feierabend zusammen.
Schriftliche Orakelfragen an den Gott waren beispielsweise folgende: – »Ist das Kalb (so) gut, daß ich es nehmen soll?« – »Sieh dir diesen Esel des Schreibers Hormes an!« – »Wird er (der Wesir) uns jetzt einen (neuen) Chef geben?« – »Wird man mich zum Aufseher machen?« – »Wird man mich beim Wesir nennen? (zur Beförderung, zur Bestrafung?)« – »Wird der Wesir die (meine) fünf Buben nehmen? (für freigewordene Arbeitsplätze, zum Militärdienst?)« – »Hat der Soundso gelogen?« – »Werde ich einen Tadel bekommen?«.[17]
Solche Entscheidungs- oder Klärungsfragen, die die kleinen Sorgen des Alltags aufdecken, wurden dem Gotte auf Ostraka, das Gesicht nach unten, in den – an sich schon steinigen – Weg seiner Prozession gelegt. Die meist auf sehr kleine Splitter geschriebenen abrupten Fragen setzen voraus, daß der Gott über die Lebenssituation seiner Bittsteller genau im Bilde war. Ging der Gott auf die Scherbe zu, so bejahte er die Frage, ging er achtlos an ihr vorüber, so bedeutete dies sein Nein. Eine andere Orakelpraxis war die, daß der Fragende zwei Alternativen rechts und links an den Wegrand legte und dann beobachtete, welcher von beiden der vorüberziehende Gott sich stärker näherte.
Bei der Frage »Ist er es, der diese Matte gestohlen hat?«, wurden dem Gott die Namen der Ortseinwohner verlesen, und wenn der rechte Name fiel, nickte der Befragte »sehr, sehr heftig«. Noch nach den inzwischen verflossenen Jahrtausenden zittert in der Frage: »Mein guter Herr, wird man uns die Rationen geben?« die bange Sorge um die nackte Existenz nach. Solche verzweifelten Aufschreie sind die Vorboten von Streik und Revolte (s. Kap. 15).[18] In der Regel entsprach das Orakel dem Gerichtsurteil. Ob es zu Kalamitäten führte, wenn die Statuenträger auf ein verdecktes Ostrakon, das neben den vielen auf dem Weg liegenden unbeschrifteten Steinen nicht einmal als Ostrakon zu erkennen war, blindlings zustolperten, und den Gott auf diese Weise zu einer falschen Antwort veranlaßten, wissen wir nicht. Kehren wir zu den arbeitsfreien Tagen zurück!
Neben den allgemeinen Feiertagen gab es eine Reihe von persönlichen Festen und freien Tagen. So fehlten Arbeiter »entschuldigt«, wenn die Frau ein Kind bekam, oder weil die Mutter gestorben war oder die Tochter begraben wurde.
Die umfangreiche Buchführung auf einem 41 cm × 34 cm großen Ostrakon registriert die arbeitsfreien Tage von 43 Arbeitern einer Belegschaft durch mehrere Monate hindurch. Da blieb einer fern, weil er »krank« war, weil »ihn ein Skor-

64 a, b und c Drei Lösungen des Themas »Thronender Pharao« auf Ostraka aus Dêr el-Medina.

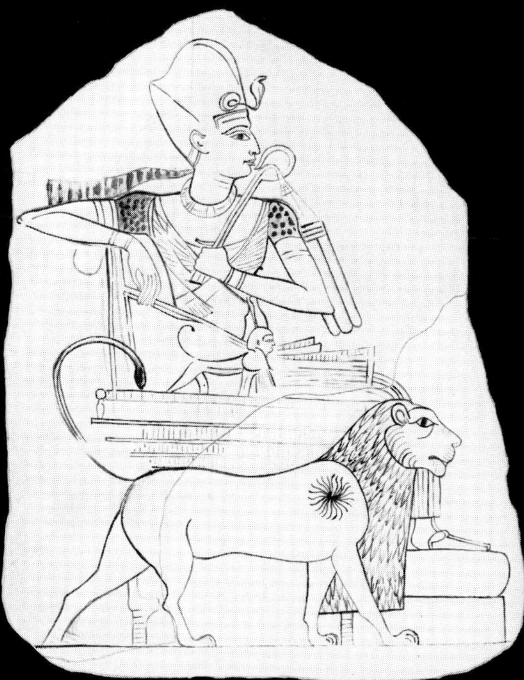

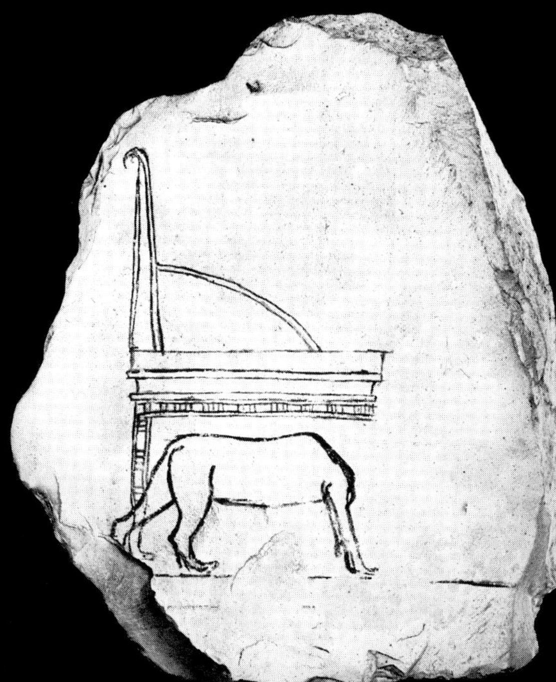

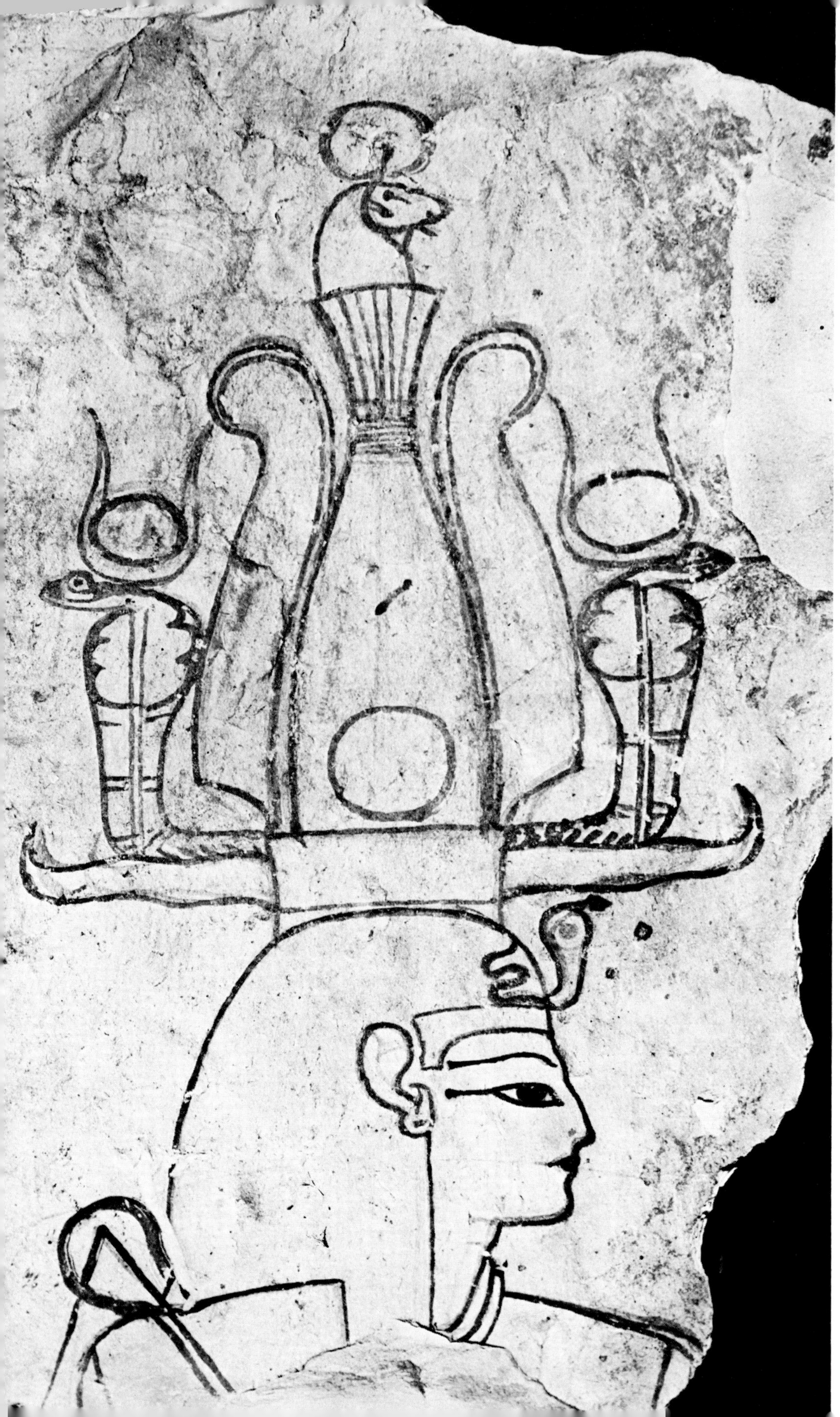

65 Königskopf unter reich ausgestatteter Atefkrone.

66a Göttin Astarte zu Pferd.

66b Sich den Huf leckendes Pferd.

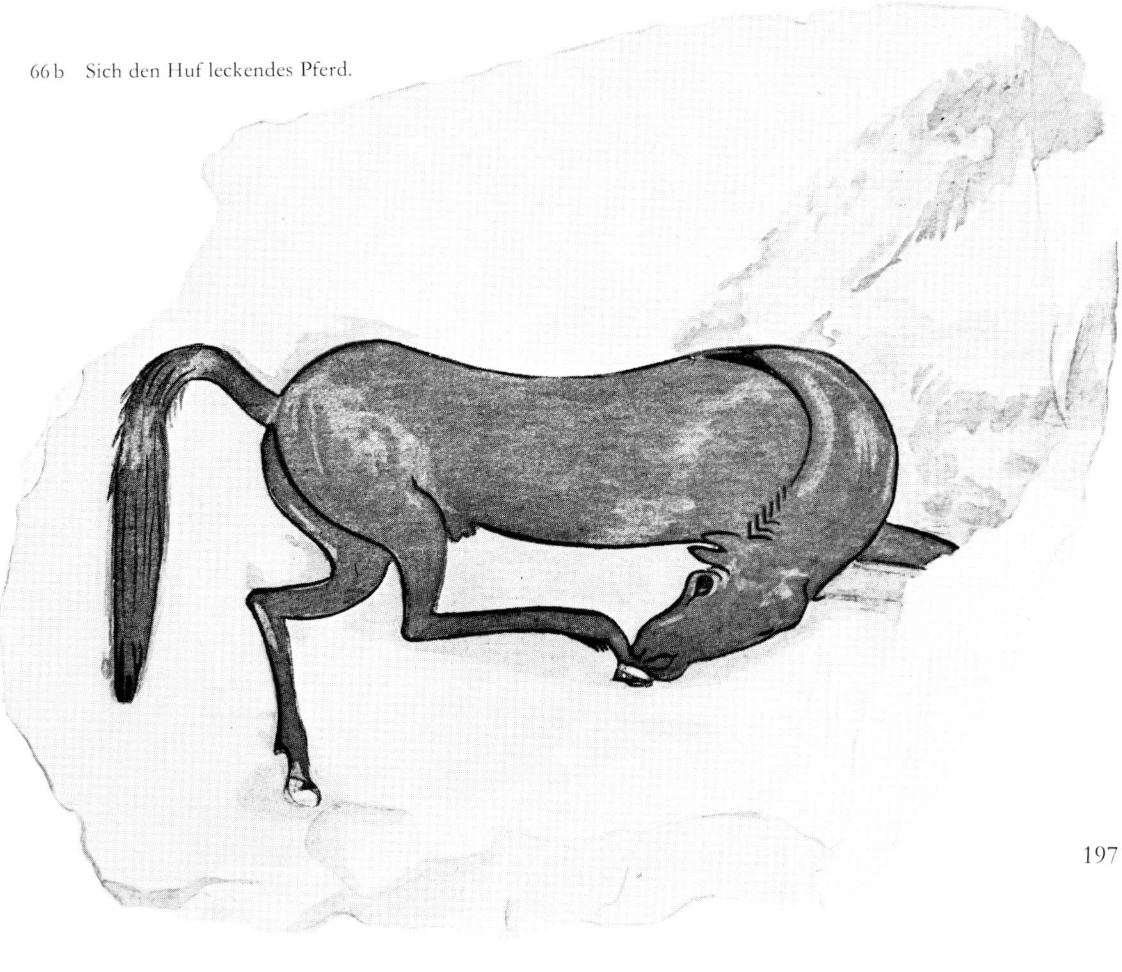

67 Holzstatuette des nach seinem Tode göttlich verehrten Königs Amenophis I., der als Nekropolen- und als Orakelgott hohes Ansehen genoß

pion geschlagen hatte«, weil Frau bzw. Tochter unwohl waren. Da sich die Entschuldigung nicht etwa alle vier Wochen wiederholte, ist damit zu rechnen, daß es sich bei dem Unwohlsein um unregelmäßige Blutungen handelte. »Die Zeit der Reinigung« nach einer Geburt hat die Frau zwar außerhalb des Hauses verbracht, dennoch könnte sie Grund dafür gewesen sein, daß der Mann das Haus hüten mußte (vgl. Kap. 3).

Andere haben frömmere Gründe. Jemand mußte »Wasser spenden für seinen Vater« in der Nekropole, ein anderer tat denselben Totendienst für seinen verstorbenen Bruder, wieder einer für seinen Sohn. Ein Arbeiter hatte »den Horus zu begraben«, ein Kamerad seinen Bruder; ein anderer versäumte die Arbeit wegen der »Trauerfeier für seinen Sohn«. Manch einer fehlte am Festtag einer persönlich verehrten Gottheit, er »opferte für den Gott«, oder er »braute« Bier für einen Festtag.

Einige sind als abwesend notiert, weil sie Dienst taten für ihren Vorgesetzten. Da steht, daß einer »Steine tragen mußte für den Schreiber«, daß er – im Dienst des Ortsarztes – Arzneimittel machte für die Frau des Schreibers – das war in der Tat oft eine zeitraubende Arbeit (vgl. Kap. 9) – oder einfach, daß er »bei seinem Vorgesetzten war«. Schließlich lautet die Begründung eines Fernbleibens schlicht »faul«.[19]

Beim Tode Sethos' II. »kam der Oberpolizist Minnacht« und meldete den Arbeitern: »Der Falke flog zum Himmel«. Drei Tage lang »arbeitete man nicht«, denn »sie waren in Trauer«. Als dagegen nach dem Tode Ramses' III. der Nachfolger den Thron bestieg, da »verbrachten die Arbeiter der Nekropole den Tag in Jubel bis zum Sonnenuntergang«.[20]

Von den thebanischen Festen kam besonders dem »Talfest« große Bedeutung zu. An diesem Tag, da Amun vom Ostufer nach Dêr el-bahri fuhr, ehrten die Angehörigen ihre Toten. Sie besuchten in der Nekropole die Gräber und brachten den Verstorbenen Opfer dar. Im Vorhof der Gräber sitzend, ließ man es sich selbst wohl sein bei Speis und Trank und fröhlichem Gesang. Gegen Abend erblühte die Wüste zu einem Meer von Fackeln.[21] Die Festgäste fuhren bei Sonnenaufgang über den Nil zurück (vgl. Kap. 6).

Es scheint, daß die Nekropolenarbeiter von Dêr el-Medina an dem »schönen Fest vom Wüstental« in der großen Nekropole nicht teilnehmen durften; die Geheimnisträger hätten bei dieser feuchtfröhlichen, allgemeinen Begegnung mit den Leuten von »Außen« wohl kaum ihre Zunge zu zügeln vermocht. Nur von der Mauer ihres Zwingers aus mögen sie das muntere, lichtvolle Treiben ihrer östlichen Nachbarn sehnsüchtig verfolgt haben.

So bescheiden sich die Ostraka gebärden, so gewichtig sind ihre Aussagen. Nicht anders stehen ihre Hersteller, die Künstler von Dêr el-Medina da: klein neben den großartigen Denkmälern, die sie geschaffen haben (Tafel IV und V sowie X–XII; vgl. weiter Kap. 13–15).

68 Dêr el-Medina, Siedlung und Gräberstadt der Nekropolenarbeiter.

Dreizehntes Kapitel

Arbeiter halten sich Sklaven

Wie von keiner anderen archäologischen Stätte und von keinem anderen altägyptischen Stand sind die Ägyptologen so gut unterrichtet wie von der Arbeiterschaft in Dêr el-Medîna (Tafel 68). Sie wissen über jene Grabhauer und Maurer, über jene Steinmetzen, Bildhauer, Maler und Schreiber besser Bescheid als über irgendeinen Pharao, ja mehr als über ihre eigenen Bekannten und Nachbarn. Über diese Nekropolenarbeiter, die die Gräber der Könige, Königinnen und Prinzen in den Wâdis bei Theben geschaffen haben, die »Bibân el-Molûk« und die »Bibân el-Harîm«, zu deutsch: »die Tore der Könige« bzw. »die Tore der Frauen«, und die damit aus einem felsigen Wüstengebirge eine Wunderwelt an künstlerischer wie religiöser Aussage erstehen ließen, berichten Ostraka und Papyri soviel Genaues und Einzelnes, daß es der Verfasserin schwer wird, sich auf einen Ausschnitt zu beschränken.[1]

Nicht zuletzt deshalb, weil Ägypten ein Land der Schreiber war, kann die heutige Öde der kleinen Arbeitersiedlung wiedererblühen zu geschäftigem und jauchzendem, aber auch sorgenvollem Leben, können Menschen wiedererstehen, die lieben und trauern, die sich helfen und miteinander in Fehde liegen, die sich bestehlen und gegeneinander prozessieren, die einander betrügen oder sich gar totschlagen. An Faulen und Gaunern hat es nicht gefehlt, aber sie haben ihre Götter verehrt und nur dann gestreikt, wenn sie den Hunger nicht mehr aushielten. Pharao blieb auch dann ihr »guter Herr«.

Ehe in den folgenden Kapiteln von den Besonderheiten und dem Persönlichen die Rede sein wird, soll hier das Allgemeine dieser kleinen Stadt und ihrer Arbeiter gesagt werden, wie es sich aus zahllosen Textquellen mosaikartig zusammensetzen ließ.[2] Die Ruinen der Siedlung und die zugehörigen vielfach noch ausgezeichnet erhaltenen Gräber vervollständigen das Bild.[3]

Die kleine Arbeiterstadt, heute Dêr el-Medîna geheißen, war gut 200 Jahre lang (1290–1070 v. Chr.) bewohnt. Sie liegt in einem Tal im südlichen Theben, 1 km nördlich des Festungstempels Ramses' III. von Medînet Hâbu, in völliger Wüste. Wie man noch jetzt gut erkennt, war sie umgeben von einer dicken Schutzmauer aus ungebrannten Ziegeln, deren Stempel mit dem Namen Thuthmosis' I. die Gründung der Stätte in den Anfang der 18. Dynastie weist, wenn auch die Arbeiter bereits unter des Königs Vorgänger Amenophis I. organisiert worden zu sein scheinen, jenem Pharao, der sich in Theben und besonders in Dêr el-Medîna dadurch der größten Beliebtheit erfreute. Er blieb der Schutzgott der Nekropolenarbeiter und war als Orakelgott ihre höchste Instanz in Rechtsfragen sowie ihr Ratgeber in schwierigen Notlagen.

Die Arbeiterstadt mit ihren etwa 70 Häusern hieß »Innen« und stand dem »Außen« des übrigen Theben gegenüber. Eine Nord-Süd-Straße teilte sie in zwei etwa gleich große Hälften. Die Häuser waren wie Gräten am Rückgrat rechts und links dieser Straße aufgereiht, ihre Räume einzeilig hintereinander angeordnet, so daß der hinterste durch die Stadtmauer abgeschlossen war. Wie es der Orient aus Kühlungsgründen liebt, standen die Häuser dicht an dicht; sie hatten gemeinsame Zwischenmauern ohne trennende Gassen, so daß Schwierigkeiten des Durchgangsrechtes nicht ausbleiben konnten. Sie waren zweigeschossig gebaut über einer Grundfläche von durchschnittlich 6 m × 15 m = 90 qm.

Anfangs waren die Hauswürfel ganz aus Ziegeln, in der 19. Dynastie unten aus Steinen, oben aus ungebrannten luftgetrockneten Nilschlammziegeln gebaut wie noch die heutigen Fellahenhäuser; diese poröse Bauweise ist dem Klima am besten angepaßt. Da es so gut wie nie regnet, sind die Bauten widerstandsfähig genug, wenn auch manche Urkunde vom Hauseinsturz berichtet. Doch konnten die 3–5 m hohen Lehmhütten rasch und billig wiederaufgebaut werden. Der Sturz der Eingangstür, oft auch der gesamte Türrahmen war aus Kalkstein und trug Namen oder auch ein Bild des Hausherrn.

Jedes Geschoß bestand aus 3–4 Räumen. Im ersten war ein Alkoven mit einem Bett eingebaut. Er war, wie Reste von Wandmalerei zeigen, mit Szenen aus der Frauenwelt dekoriert. Dennoch fällt es schwer anzunehmen, daß sich am Eingang die Frauengemächer oder gar die Wochenstube (vgl. Kap. 3) befunden hätten. Der nächste, zugleich größte Raum war der »Salon«, in der Mitte durch eine Holzsäule abgestützt. An seiner Rückwand pflegte ein Divan und an einer Seitenwand eine kleine Kultnische eingebaut zu sein. Von diesem Raum ging eine Treppe in den Keller ab. Hinter dem Divanraum lagen 1–2 kleinere Räume sowie die Küche, von der aus eine Treppe nach oben führte. Schließlich betrat man von der Küche aus eine aus der Stadtmauer ausgesparte kleine Speisekammer. Das Dach diente als beliebte kühle Schlafstätte.

Die Häuser waren Eigentum ihrer Besitzer; jedermann in Ägypten besaß sein Haus. Die Wände zumindest der beiden vorderen Räume waren schön bemalt wie nachmals die Häuser von Pompei, die Fußböden gestampft, die Decken geweißt.

Das Inventar eines Hauses läßt sich Bildern entnehmen und durch Fundstücke rekonstruieren, besser aber noch den Urkunden letzten Willens, in denen der Hausrat aufgezählt ist. Anstelle vieler anderer Dokumente stehe hier die auch juristisch[4] und zur Frage nach der Stellung der Frau höchst beachtliche Erklärung der Naunachte, die im 3. Jahr unter König Ramses V. vor einem Gerichtshof erfolgte.[5]

Naunachte beginnt: »Was mich betrifft, so bin ich eine vollfreie Frau in Pharaos Land. Ich habe diese acht Diener von dir (ihre Kinder, und zwar aus zweiter Ehe) aufgezogen und ihnen eine Ausstattung gegeben mit allem, was sich für Leute ihres Standes gehört. Aber nun bin ich alt geworden, und sie kümmern sich nicht um mich. Demjenigen von ihnen, der mir beigestanden hat, dem will ich

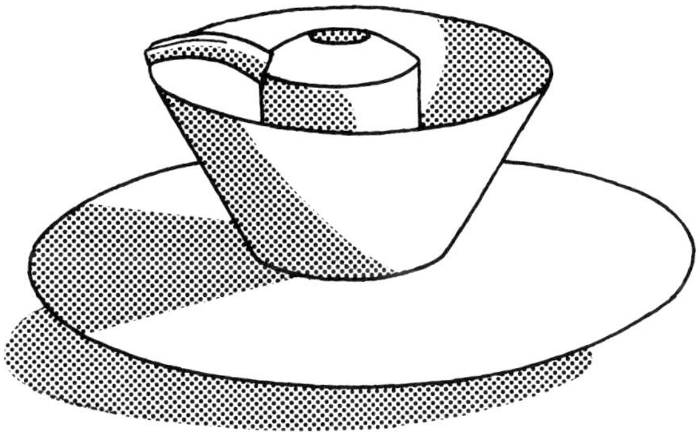

Abb. 60 Kupfernes Waschgeschirr.

mein Eigentum geben, aber demjenigen, der mir nichts gegeben hat, dem will ich nichts von meinem Eigentum geben«. Nun folgt die detaillierte Aufgliederung ihres Besitzes, auch des in der Ehe mit ihrem Mann eingebrachten Zugewinns, über den die ägyptische Frau zu einem Drittel verfügungsberechtigt war. Die Angaben werden vervollständigt durch eine zweifach erhaltene Überhändigungsliste.

Wie aus den Schriftstücken hervorgeht, hat sie als besondere Belohnung ihrem ältesten Sohn eine Waschschüssel aus Bronze vermacht (Abb. 60). Sehr besorgt ist sie um die gerechte Vergabe eines Einkommens an Weizen und Fett, und eine wichtige Rolle spielen außerdem die Erbstücke von Kupfergeräten: einem Werkzeug, einem Gefäß und einer Spitzhacke, die zusammen gut 3,6 kg wiegen, wie die Urkunde angibt. An übrigem Inventar sind aufgezählt: 2 Mahlsteine (zum Kornreiben), 5 Mörser, 3 Hohlmaße, 2 Schlitten, die zum Befördern auf dem Wüstensand benützt wurden entsprechend unserem Handwagen, eine Reihe verschiedener Kasten und Truhen, einige Körbe (Tafel 70c), Behälter und Fußbänke. Es fällt auf, daß unentbehrliche Besitztümer wie Bett oder Kleider nicht genannt sind. Das Inventar kann daher nicht als vollständig gelten.

Ein Ägyptologe meinte, der ganze Plunder sei nicht soviel wert wie der Papyrus, auf dem er verzeichnet ist; doch hinter dieser seiner Wertschätzung steht ein wissenschaftliches Interesse und die Wohlhabenheit eines westlichen Erdenbürgers aus dem 20. Jahrhundert. Die Erben von Naunachte dagegen haben adleräugig darüber gewacht, daß ihnen an ihrem Anteil nichts entging. Naunachte galt zweifellos als eine beneidenswert reiche Frau, wenn wir bedenken, was ein Privateigentum an einem Metallgegenstand in jener Zeit bedeutet hat. 70% des ägyptischen Volkes und ein Heer von Menschen anderer Nationen haben noch gestern, d.h. vor der sozialen Revolution, in weniger guten Verhältnissen gelebt.

Gewiß ist es nicht allen Leuten von Dêr el-Medina so gut gegangen wie Naunachte, aber anderen sogar besser. Die Nekropolenarbeiter haben sich als Stand niemals arm gefühlt; arm sein konnten nur einzelne, arm machen nur besondere Notzeiten, wie die Erste Zwischenzeit und das Ende der 20. Dynastie. Von solchen Notzeiten freilich waren die Leute von Dêr el-Medina wegen ihrer eigenartigen Lebensverhältnisse besonders betroffen

Den Haushalt der Nekropolenarbeiter darf man sich, gemessen an der damaligen Zeit, nicht ärmlich vorstellen. Jedenfalls waren die Leute zu normalen Zeiten mit ihrem sozialen Status zufrieden. Wie sonst hätten sie sich Sklaven halten können! Und manche von ihnen leisteten sich sogar eine ganze Reihe. Der Reliefbildhauer Ken zur Zeit Ramses' II., Inhaber von Grab Nr. 4, brachte es auf ein rundes Dutzend.[6] Andere haben sich Sklaven tageweise ausgeliehen, obwohl der Zins für einen Tag soviel kostete wie ein Drittel Esel oder ein Viertel Rind, nämlich 16 Deben = 1,5 kg Kupfer. Die Sklaven, die man seit dem Neuen Reich, da ein regelrechter Sklavenhandel entwickelt war, auch als Privatmann kaufen konnte, durften vererbt oder überschrieben werden. Die Händler, meist syrischer Provenienz, zogen mit ihren Objekten von Haus zu Haus und priesen sie an.[7] Sklavinnen waren teurer als Sklaven; ein Mädchen kostete etwa 4 Deben Silber. Sie wurden in Dêr el-Medina üblicherweise in Kupfergegenständen und in Korn bezahlt, den Wertmessern der damaligen Zeit, oder etwa in Textilien. Die Nekropolenarbeiter konnten sich diesen Luxus leisten und machten davon nicht geringen Gebrauch.[8]

Außer ihren Häusern mitsamt ihrem Inventar besaßen die Einwohner von Dêr el-Medina ihre Gräber. Sie liegen der Stadt gegenüber am östlichen Hang des Bergmassivs, das die Siedlung von den Königsgräbern trennt. Über den in den Fels getriebenen Gewölben sind in der Regel kleine, von Pyramiden überragte Kapellen angelegt, in deren Nischen Statuen als Vertreter des Grabinhabers die aufgehende Sonne mit Gebeten begrüßten (Tafel 69). Die Totenstadt wurde von den Arbeitern selbst gebaut, und die Gräber mit ihrer Bemalung zählen zum Schönsten, was Theben zu bieten hat (Tafel IV, V und XII).

Die Gräber waren von vornherein Eigentum der Arbeiter, ihnen nicht etwa vom König verliehen. Das hatte zur Folge, daß man diese Gräber vererben konnte. Anfangs hatte jeder einzelne ein Grab inne, später wurden ganze Familien in einem Grab beigesetzt, und schließlich hat man sich gegenseitig die Gräber gestohlen. Man muß dazu wissen, daß die Anlagen allmählich den ganzen Berg zernagten und der Schacht des einen Grabes unversehens in einem anderen Grabe münden konnte. Wer Vater oder Mutter ein Grab anlegte, wurde dadurch Haupterbe nach dem Gesetz Pharaos: »Man gebe die Sachen dem, der begräbt«. Der Diebstahl von Gräbern führte zu manch langwieriger Auseinandersetzung. Wer sich das Grab eines anderen aneignen wollte, mußte die Beweisstücke für die Aneignung entfernen, d.h. die schon Bestatteten ausräumen. Das konnte dazu führen, daß Gegner gegenseitig ihre Toten fortschafften und staatliche Behörden eingreifen mußten, um Ordnung zu schaffen.[9]

Zu Hause wohnten die Nekropolenarbeiter nur an den »Wochenenden« und zur Festzeit, aber die Woche dauerte, wie in Kapitel 12 gesagt, nicht sieben, sondern zehn Tage. An den Arbeitstagen schliefen die Männer in Hütten bei ihrer von zu Hause nur eine halbe bis dreiviertel Stunde entfernten Arbeitsstätte im Königsgräbertal. Sie scheinen wie die heutigen Ägypter jeden vermeidbaren Weg gescheut und dazuhin einen Gang durch die Wüste im Dunkeln gefürchtet zu haben. Das Klima macht schlapp, unbeschuhte Füße leiden unter den Steinen, Sandalen waren bei dem hohen Verschleiß zu kostspielig (Tafel 70a/b), und die Landschaft, deren Erhabenheit und Stille der moderne Europäer nicht hoch genug rühmen kann, zog sich für den Pendler zu den Gefahren zusammen: Schlangen,

69 Kopf der Kalksteinstatue des Chaui, eines Einwohners von Dêr el-Medina, der sich betend an den Sonnengott wendet.

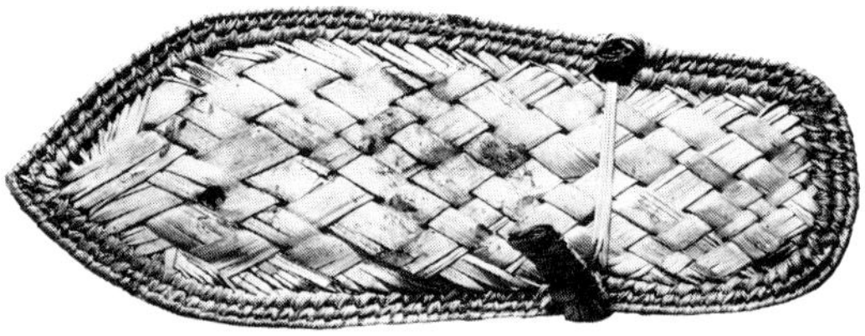

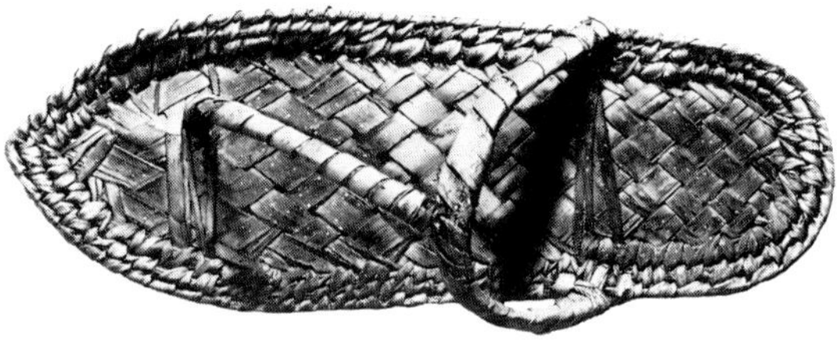

70a/b Verschieden geformte Sandalen, aus Palmbast und Binsen geflochten.

70c Korb.

▶
71 Ostrakon mit dem Bild eines Steinhauers von Dêr el-Medina.

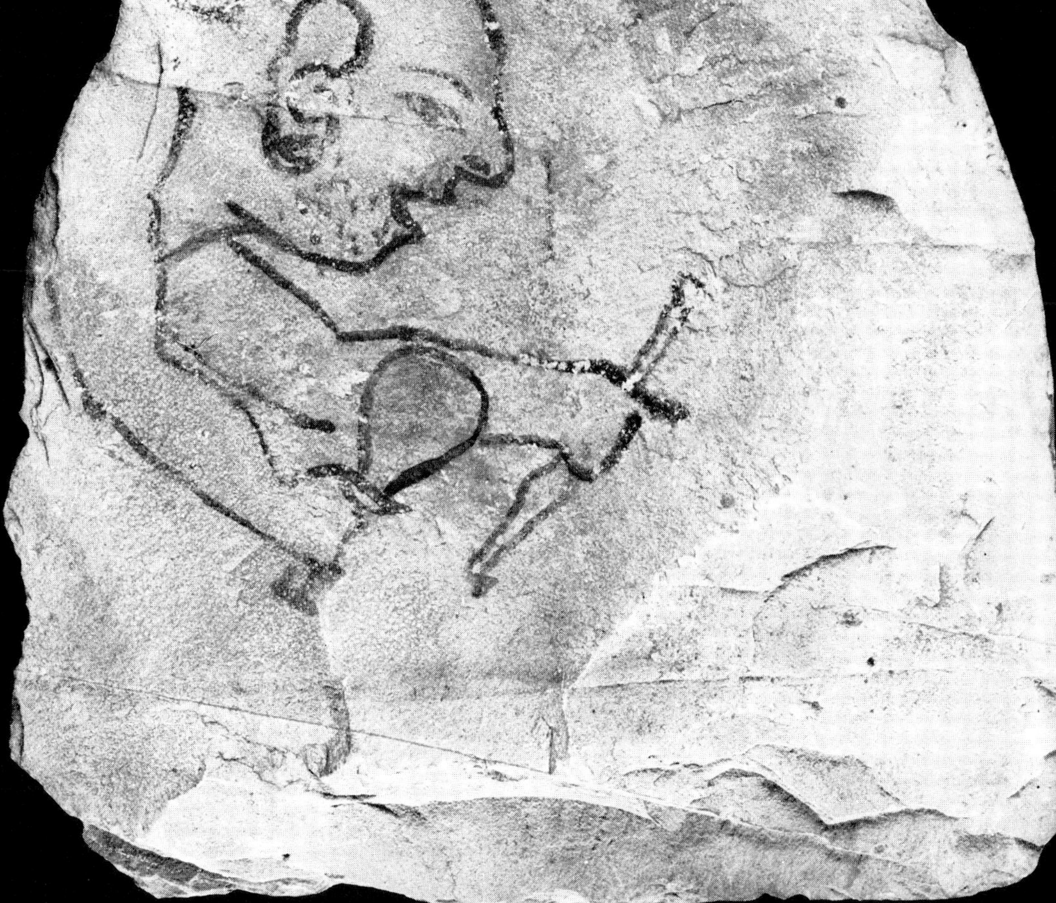

Skorpione, Durst und zudem bei Nacht zu einem Land der Gespenster, bei Tag zu einem Himmel mit einer Pfeile schießenden Sonne.

Die Zahl der Arbeiter, die für ein Königsgrab beschäftigt waren, betrug gewöhnlich ungefähr 60 Mann – das entspricht etwa der Häuserzahl in Dêr el-Medina – doch ist sie unter Ramses IV. bis auf das Doppelte angestiegen. Die Arbeiter, die sich selber »Diener an der Stätte der Wahrheit« nannten, hießen in der Amtssprache prosaischer »Leute der Arbeitsmannschaft der Nekropole«, eine Bezeichnung, die von der Schiffsbelegschaft übertragen war. Die Gruppe der »Mannschaft« war unterteilt in die »rechte« und die »linke Seite«, jede einem Vorarbeiter unterstellt, der seinerseits einen Stellvertreter hatte. »Rechte und linke Seite« scheinen nicht nur eine administrative Unterteilung zu bezeichnen, sondern sich auf die Trupps zu beziehen, die an der rechten bzw. der linken Seite des Grabes gearbeitet haben. Die gesamte Organisation unterstand unmittelbar dem Wesir, dem obersten mit Vollzugsgewalt ausgestatteten Beamten. Der Wesir selber oder an seiner Stelle ein anderer königlicher Beauftragter besuchte den Arbeitsplatz nicht selten; er prüfte das Werk und erkundigte sich, ob die Arbeiter etwas zu klagen oder zu wünschen hatten.

Die Arbeit lief ohne Pause das ganze Jahr hindurch, sommers und winters. Urlaub hatten die Arbeiter nicht, nur jeden »Sonntag« (s. Kap. 12) und an den recht häufigen Götterfesten, die sich meist über mehrere Tage erstreckten, hatten sie frei. Im übrigen fanden sich, wie in Kap. 12 ausführlicher dargelegt ist, x Gründe, die Arbeit zu versäumen, sei es, daß der Arbeiter von seiner Frau verprügelt worden war oder daß seine Frau große Wäsche hatte. Die tägliche Arbeitszeit betrug acht Stunden, nach der vierten war eine Pause zum Essen und Ausruhen.

Alle Arbeit vollzog sich unter der Aufsicht der beiden Vorarbeiter. Einige Arbeiter trieben die Stollen in den Berg (Tafel 71), andere räumten den Schutt beiseite und trugen ihn, wie das noch heute die Grabungsarbeiter in Ägypten zu tun pflegen, in Körben auf ihren Schultern weg (Taf. 70c); schütteten den Aushub außerhalb des Grabes auf, wobei es passieren konnte, daß der Schutt des einen Königsgrabes den Eingang zu einem anderen verdeckte. Diesem Umstand verdankt die Nachwelt die Unversehrtheit des Tutanchamun-Grabes.

Die Vorarbeiter hatten den Bau zu leiten, zuvörderst darauf zu achten, daß er gemäß den Plänen ausgeführt wurde. Zwei solcher Pläne sind erhalten geblieben: der des Grabes Ramses' IV. auf einem Turiner Papyrus und der des Grabes von Ramses IX. auf einem Ostrakon in Kairo. Zum andern hatten die Vorarbeiter die Arbeitsleistung zu überwachen. Sie notierten sorgfältig die Zahl der weggetragenen Körbe und registrierten den Fortschritt am Bau, dessen Wachsen sie von Zeit zu Zeit mit einer Elle maßen. Der Schreiber führte genaustens Tagebuch über die Leute, er schrieb die Absentenliste, in die er auch den Grund des Fehlens täglich eintrug, und verzeichnete alles, was sich an Bemerkenswertem ereignete. Schließlich erstattete er über den Fortgang der Arbeit wie über besondere Vorkommnisse regelmäßig dem Wesir Bericht.

Registriert wurden auch die Werkzeuge, die die Arbeiter benützten. Sie waren aus Kupfer oder Bronze und daher wertvoll. Waren sie stumpf, so wurden sie eingezogen zum Nachschleifen (in eigenen Schleifwerkstätten), nicht ohne daß sie vorher und nachher im Vergleich zu den abgefallenen Spänen gewogen wurden. War ein Meißel zu stark verbraucht, so wurde er eingeschmolzen und nach Gewicht verrechnet. Bei der Aushändigung der Kupferwerkzeuge legte der Schreiber einen Stein im genauen Gewicht des Gerätes und mit dem Namen des Arbeiters etikettiert im Büro als »Leihschein« nieder, so wie unsere Bibliotheken bei der Leihgabe von Büchern verfahren. Welchen Wirbel der Besitz eines Kupfergerätes oder gar der Diebstahl eines Metallwerkzeugs machen konnte, wird in Kap. 14 berichtet.

Schließlich führte der Schreiber Buch über die Ausgabe von Dochten. Sobald die Aushöhlung der Grabschächte so weit vorangetrieben war, daß das Tageslicht die Arbeitsstätte nicht mehr erreichte, benützten die Werkleute Lampen. Die altägyptischen Lampen dürfen als Vorläufer der bekannten römischen Öllampen angesehen werden, doch waren die frühen Behälter lediglich Schüsselchen ohne Einzug am Rand und ohne Deckel. Die kleinen Tonschalen wurden mit Pflanzenöl gefüllt und mit einem aus alten Lumpen hergestellten Docht versehen. Diese Dochte wurden in »Pharaos Maga-

72 Pfeilerhalle im Grabe Ramses' VI.

zin«, einer nahe beim Grab gelegenen Vorratshütte, ausgegeben. Über den Eingang wie über die Ausgabe von Dochten, und zwar für die rechte und die linke Seite getrennt, führte der Schreiber täglich Liste, manchmal sogar zweimal am Tag, d. h. wenn morgens und mittags Ausgabe war. Der Verbrauch schwankte zwischen vier und vierzig pro Tag. Überraschend bleibt die Feststellung, daß diese primitiven Lampen keinerlei Ruß entwickelt haben. Die Wände auch der unfertigen Gräber sind weiß gewesen wie der frisch geschlagene Kalkstein des thebanischen Gebirges, bis die Höhlen modern bewohnt wurden. Indem die Ägypter ihrem Lampenöl Salz zugefügt haben, sorgten sie vor 3300 Jahren besser für »Umweltschutz« als das technokratische 20. Jahrhundert.

Die Ausschachtung der Gräber war insofern relativ leicht, als sich der Kalkstein Thebens, von eingelagerten härteren Adern abgesehen, gut brechen und schneiden läßt. Immerhin stellte die Arbeit schwere Anforderungen. Das Grab Sethos' I. beispielsweise war 100 m lang, das der Hatschepsut führte bei einem 210 m langen Gang 100 m in die Tiefe.[10] Diese Stollen wollten getrieben sein, und es bleibt erstaunlich, wie rasch die wenigen Werkleute ohne Hilfe von Maschinen vorankamen.

Waren die Wände des fertig ausgehöhlten Grabes mit all seinen Seitenkammern, Nischen, Schächten, Magazinräumen, Pfeilern und Gewölben glatt geschnitten, dann hat man sie zunächst mit einer oder zwei feinen Stuckschichten überzogen und danach dekoriert (Tafel 72, 73 und 74). Bilder und Inschriften wurden auf die geweißten Flächen nach Angabe mit Rötel vorgezeichnet und hernach mit schwarzer Rußfarbe in Umrissen festgelegt. Nach den Zeichnern traten die Reliefbildner an. Hatten sie die Figuren erhaben oder vertieft in die Wände gemeißelt, dann setzten die Maler das Werk fort, indem sie den Bildern Farbe gaben (Tafel X, XI und 80). Wie die Steinbrecher ihre Dochte, so haben die Maler ihre Farben aus Pharaos Magazin bezogen.

Während die Steinbrucharbeit für ein Königsgrab nur ein paar Jahre dauerte, nahm die Dekoration mehr Zeit in Anspruch. Manche Gräber waren beim Tod Pharaos unvollendet. Hatten die Nekropolenarbeiter jedoch das Grab vorzeitig fertiggestellt, wie es die Regel war, so wurden sie eingesetzt für die Gräber der königlichen Familie, d. i. für das Grab der Königin und die Gräber der Prinzen. Schließlich sind die Arbeiter abgestellt worden für die Gräber jener hohen Beamten, die der König durch diese Gunst auszeichnete, und zwischenrein haben die »Diener an der Stätte der Wahrheit« ihre eigenen Gräber angelegt, die Gräber von Dêr el-Medîna, die durch ihre Frömmigkeit, Intimität und zumeist gute Erhaltung den modernen Besucher überwältigen (Taf. IV, V und XII). Bei all ihrer Bescheidenheit zählen diese Anlagen zu den Kleinodien Ägyptens. Waren auch diese Arbeiten fertig, so scheinen die Nekropolenarbeiter in Steinbrüchen gearbeitet zu haben, um Steine für königliche Bauten zu gewinnen.

Während seiner Bearbeitung war das Köngisgrab bewacht. Ein Aufpasser stand am Eingang zum Grab, und zweimal drei Polizisten mit je einem Kapo beschützten den umliegenden Bezirk. Der Zugang war zudem verwehrt durch fünf Mauern, die sich in Abständen als schwer übersteigbare Riegel quer durch das Tal schoben. 1937 waren solche Mauern noch in situ zu finden. Jedoch kann keine Rede davon sein, daß die Arbeiter nach Fertigstellung der Ruhestätte getötet worden seien, wie das in schlechten Büchern von uninformierten Schreibern immer noch verantwortungslos und sensationsheischig behauptet wird. Ebensowenig ist es richtig, daß die königlichen Gräber von Kriegsgefangenen angelegt worden seien und daß diese, um die Lage des Grabes zu verheimlichen, nur bei Nacht hätten arbeiten dürfen oder daß die Beisetzung ebenfalls bei Nacht stattgefunden hätte. An dem königlichen Begräbnis, das mit aufwendigen Zeremonien einherging, nahm viel Volk teil. Richtig ist, daß die Arbeiter von Dêr el-Medîna relativ abgeschlossen wohnten, aber dies, wie sich mehr und mehr ergibt, vor allem aus Zweckmäßigkeit und verwaltungstechnischen Gründen. Die Lage in der Wüste hat es mit sich gebracht, daß die Siedlung von außen her versorgt werden mußte und die Zuteilung strenger geregelt war als irgendwo, weil eine Unregelmäßigkeit zur Katastrophe führen konnte und auch geführt hat, wie wir noch

73 Malerei eines goldenen Waschgeschirrs im Grabe Ramses' III.

74 Wandmalerei im Grabe des Prinzen Amon-her-chopeschef, Sohnes Ramses' III.: Der Prinz wirft Weihrauchkügelchen in die Pfanne eines Räuchergerätes.

hören werden (Kap. 15). Wieweit die Bewohner von Dêr el-Medîna als Geheimnisträger in ihrer Freiheit eingeschränkt waren, ist noch nicht ganz geklärt.

Entlohnt wurden die Arbeiter in Waren, und zwar am 28. jeden Monats für den folgenden Monat. Den Hauptbestand des Lohnes machte Getreide aus, Weizen vor allem und Gerste. Vom König abgestellte Sklavinnen mahlten das Mehl, das die Frauen zu Brot verbuken. Das übrige Getreide diente für Bier, und mit dieser Grundspeise und diesem Grundgetränk war die Ernährung im wesentlichen gesichert; auch bei uns war die Ernährung bis ins hohe Mittelalter eintönig und bestand hauptsächlich aus Brot und Bier. Das Getreide wurde den königlichen Kornspeichern entnommen, in die die Bauern der thebanischen Umgebung das Korn als Steuer abzuliefern hatten. Unter Ramses XI. mußte der Schreiber des Königsgrabes das Korn selber eintreiben. Blieben die Lieferungen aus und wurden die Speicher leer, so verzögerte sich die Auslieferung an die Arbeiter, wenn es nicht gar zu schlimmeren Folgen führte.

Ein Arbeiter erhielt monatlich im Durchschnitt gut 300 Liter Weizen und über 110 Liter Gerste, ein Vorarbeiter ein gutes Viertel mehr und ein Schreiber ein gutes Viertel weniger. Die Rationen für den Magazinwärter beliefen sich auf die knappe Hälfte derer für die Arbeiter, der Türhüter bekam am wenigsten.

Außer Korn wurde den Arbeitern regelmäßig Fisch zugeteilt, Gemüse und als Brennmaterial Holz. Noch heute ist Holz in Ägypten besonders rar, so daß man fast nur mit getrocknetem Kamelmist feuert. Von Zeit zu Zeit wurden Fett, Öl und Kleider ausgegeben. An Fischen erhielt die »rechte Seite« bzw. »die linke« je für 10 Tage 18 kg, d.s. 15 gr pro Tag und Kopf, wenn man eine Kleinfamilie von vier Personen zugrundelegt, und Holz für dieselbe Zeit »500 Stück«. Als Belohnung oder Sonderzuteilung verteilte Pharao gelegentlich Wein, Asiatisches Importbier, Fleisch, Salz und auch Natron, das als Seife verwendet wurde. Schließlich mußten die Familien mit Wasser versorgt werden, da sie weder in ihrer Stadt noch in der Nekropole irgendwo schöpfen konnten. Gleich hinter dem Nordtor von Dêr el-Medîna auf der Innenseite der Mauer ist noch jetzt die große Zisterne von 2 m Durchmesser zu sehen, in welche die staatlich angestellten »Wasserträger« das in Tierbälgen vom Fruchtland heraufbeförderte Wasser ausleerten. Der Wasserverteiler maß von dort den einzelnen Familien ihren Anteil zu. Um die schweren Tierschläuche nicht auf dem Rücken tragen zu müssen, haben die Wasserträger von den Nekropolenarbeitern Esel entliehen, und solange die Tiere in ihren Diensten standen, waren sie für sie verantwortlich. Diese Regelung führte häufig zu Streit und Prozeß (s. Kap. 14).

Die Leute, die die Nekropolenarbeiter zu beliefern hatten, wurden als eine eigene Versorgungsgruppe unter den zwischen der thebanischen Nekropole und dem Nil ansässigen Bauern ausgehoben. Sie hatten auch die Wäsche der Arbeiterfamilien zu waschen – denn wo hätten diese das Wasser hernehmen sollen? – und ihnen Tonkrüge herzustellen, denn auch zum Töpfern braucht man Wasser.

Das enge Zusammenleben der Familien, ihre empfindliche Abhängigkeit und ihre unnatürliche Lebensweise führten in der kleinen Stadt zu mancherlei Unsittlichkeit, zu Verbrechen und vor allem zu Hader und Zank. Gerichtsfreudig, wie die Ägypter waren – es kann kaum ein strengeres Rechtsvolk gedacht werden als sie –, kam es zu vielen und langwierigen Prozessen. Mag sein, daß es im übrigen Ägypten nicht anders aussah, aber gemäß der Verdichtung der Bevölkerung erfahren wir aus dieser Arbeitersiedlung die Lebens- und Streitpraxis kondensiert.

Die üblichen Streitfälle wurden von einem Stadtgericht behandelt, dessen Mitglieder aus Bewohnern von Dêr el-Medina bestanden. Meist waren es ein Vorarbeiter oder ein Schreiber oder auch beide, dazu einige Arbeiter oder deren Frauen (!), wie es scheint, die ältesten unter ihnen. Das Stadtgericht entschied Schuld und Strafe eines Delinquenten, doch schwere Strafen wie auch Begnadigung konnte nur der Wesir aussprechen. Dazu wurden sie »an den Hafen geschleppt«, d.h. ins Gefängnis,[11] oder in der Oststadt, im Gebiet des heutigen Luksor, dem Gericht übergeben.

Die Beschäftigung an einem Königsgrab war erblich und ging vom Vater an den ältesten Sohn über, wenn auch der Wesir formal seine Zustimmung zu geben hatte. Die Ämter liefen häufig durch mehrere Generationen hindurch. So war beispielsweise der Posten des Schreibers im Laufe der ganzen 20. Dynastie in der Hand einer einzigen Familie.

Außerhalb der kleinen Siedlung lagen eine Reihe Heiligtümer jener Gottheiten, die die Nekropolenarbeiter vornehmlich verehrten, wie auch von den verstorbenen Königen, denen sie gedient hatten. Besonders schön und stattlich war die Kapelle der Hathor gestaltet, an deren Stelle später der noch heute stehende Ptolemäer-Tempel gebaut wurde. Unter den Königen war es allen voran Amenophis I. (Taf. 67), dem man sich glaubend zuwandte. Von den verschiedenen Festen, die ihm zu Ehren jährlich gefeiert wurden, lebt eines in dem Namen des koptischen Monats Baremhât bis heute weiter. Auch für Thuthmosis IV. und Sethos I. konnten Kapellen identifiziert werden.

An den Festen fungierten die Arbeiter als »Gottesdiener« während der Gottesdienste in den Kapellen und als Priester während der Gottesprozession. Dabei trugen sie das Kultbild des Gottes, eine Statue, in einer Barke auf ihren Schultern durch die Prozessionsstraße. Auf diesem Weg wurde der Orakelgott Amenophis I. um Rat oder Entscheid gebeten. Die Bittsteller legten dem Gott ihre Frage auf ein Ostrakon geschrieben vor, und der Gott antwortete mit »Ja« oder »Nein«, indem er die Barkenträger bewegte, auf den Bittenden zuzugehen oder vor ihm zurückzuweichen. Der Gott konnte auch einen Übeltäter zu erkennen geben, indem er auf ihn zuging, oder ein Haus als Versteck eines Diebesgutes aufdecken, indem er bei der Namensnennung nickte (vgl. Kap. 12).

Aus Gerichtsbarkeit wie Priesterdienst wird deutlich, daß die Arbeiter von Dêr el-Medina sich erstaunlicher Selbständigkeit erfreuten, sie bildeten einen Staat im Staate. Daher auch ist diese kleine Stadt besonders geeignet, altägyptische Verhältnisse anschaulich vorzustellen. Kommt hinzu, daß einschlägige Dokumente nirgends besser erhalten sind als dort, so daß ein vor 3300 Jahren vergangenes Leben in rotbäckiger Frische wiederzuerstehen vermag (vgl. auch Kapitel 14 und 15).

Vierzehntes Kapitel

Habenichtse, Spitzbuben, Denunzianten und Mörder in einer kleinen Stadt

Der innerste Sarg des Tutanchamun aus massivem Gold wiegt $4^1/_2$ Zentner; er ist mit Lapislazuli, Karneol, Malachit, Fayence und kostbarem Glasfluß eingelegt. Die Gesichtsmaske ist aus schwerem Gold. Achtfach war die Mumie des jugendlichen Pharao von Särgen und Schreinen umhüllt. Fingerringe aus Gold und edlen Steinen, Halskragen, Armbänder und Gehänge aus Edelmetall, Brusttafeln und Ohrschmuck erlesenster Juwelierkunst sowie Kleinodien an Waffen und Geräten gehörten zur königlichen Ausrüstung. Sie füllten sein Grab und bilden die Hauptschauobjekte des Kairener Museums. Die Bühnenseite der Nilkultur war überwiegend von Preziosen bestimmt.

Daß es hinter den Kulissen nicht ganz so prunkhaft zuging, sei durch einige schwer zugängliche und nur einem kleinen Fachkreis bekannte juristische Dokumente aufgezeigt aus jener kleinen Wüstenstadt, in der die Arbeiter der Nekropole wohnten, jene Männer, die die königlichen Gräber aus dem Felsen geschlagen und ihre Wände geschmückt haben (vgl. Kap. 13). Besonders durch die Abfälle des Ortes, die das hintere Tal weit ausfüllen und in denen nicht nur zerbrochene Gebrauchsgegenstände gefunden wurden, sondern Ostraka mit Lohn- und Absentenlisten, Streikurkunden und Gerichtsurteile oder Erbschafts- und Übereignungsprotokolle, auch Lieferscheine, Briefe und private Notizen, weiß man über diese Leute besser Bescheid als über Blumen, Bohnen und Bäume im eigenen Garten. Nach weit über 3000 Jahren läßt sich deren Biographie niederschreiben, als hätte man ein Leben lang mit ihnen eng verkehrt. Streit wird wieder laut, Schurken wüten, Prozeßhanseln gehen zu Gericht. Ein gestohlener Topf wird gefunden, ein Sarg nicht bezahlt, Ehefrauen werden verführt, und Paneb, der Stadtschreck, läßt einem noch heute die Galle hochgehen oder – je nach Temperament – die Knie schlottern. Lassen wir die Dokumente im Wortlaut sprechen!

Wie Kapitel 13 lehrt, wurden die Nekropolenarbeiter von Dêr el-Medina von »außen« versorgt. Am Stadttor lieferte man ihre Verpflegung ab und leerte dort ihr Trinkwasser in eine Zisterne. Die Lieferanten waren die Hauptverbindung zwischen der Nekropolenstadt und der großen Welt. Was Wunder, wenn der Wasserträger die sprichwörtliche Rolle der Zeitungsfrau spielte und das Arbeiternest mit Klatsch versorgte. Er war Bote, Mittler und Laufbursche zwischen hüben und drüben. Selber arm wie eine Tempelmaus, ließ er manchmal etwas mit sich gehen.

Einer trieb es zu toll, aber wohl nur, weil der andere ein Simpel war, der ihm immer wieder gutmütig vertraute und aus Schaden nicht klug wurde. Ich meine den Einfaltspinsel Pa-Rê-hotep. Er gab folgendes zu Protokoll:[1] »Ich übergab 10 Sab-Brote, 10 Aku-Brote, 5 Pes-Brote, 5 Gerstenbrote, 4 Sener-Pflanzen, 1 Holzkasten, 1 Korb und 1 Krug Bier dem Wasserträger Kener, damit er sie zu dem Fürsten mitnehme. Er behielt sie aber für sich und übergab sie ihm nicht. Ich stritt mich (daher) mit ihm und sagte: ›Warum hast du meine Sachen weggenommen?‹ Er sagte zu mir: ›(Wahrhaftig,) du bist im Recht. Ich werde sie dir ersetzen.‹

Ich sagte weiter (ein ander Mal) zu ihm: ›Erkundige dich für mich nach dem Wert dieses Hemdes (ganz) genau!‹ Er nahm das Hemd weg – bis heute. – Ich übergab ihm (ein ander Mal) ein paar Gefäße (Tafel 75a–d); meine Tochter hatte mir ein Viertel Maß Gerste geschickt. Er nahm beides weg. – Ich übergab ihm (weiter) eine Matte. Er nahm sie weg. Er hat sich (deswegen) Amenophis (dem Orakelgott) gestellt, (und) dieser sprach mir alle die Sachen zu.«

Ob Pa-Rê-hotep aber seine Sachen wiederbekommen hat, erfahren wir nicht. Das ägyptische Zivilgericht hatte kein Vollstreckungsorgan und griff nur selten strafend ein. Jeder mußte selber sehen, wie er den Rechtsspruch wirksam machte.

Besser erging es dem unter Ramses III. lebenden Arbeiter Cha-em-Nun, der gegen einen anderen Wasserträger Klage erhob. Das Gericht bestand aus vier Vertretern der Nekropolenstadt (»von Innen«) und vier Vertretern der Weststadt (»vom Hafen«). Cha-em-Nun erhob vor ihnen folgende Klage:[2]

»›Der Wasserträger Pa-en-niut nahm meine Eselin samt ihrem Füllen weg (als Leihgabe). Sie starben bei ihm. Ich verklagte ihn vor Gericht viermal. Er wurde alle vier Male zu meinen Gunsten zum Ersatz der Eselin und des Füllens verurteilt. Er gab mir aber nichts.‹

Seine (des Wasserträgers) Aussage wurde gehört. Er sprach: ›Dieser Arbeiter ist im Recht. Ich wurde tatsächlich zu seinen Gunsten verurteilt.‹ (Daraufhin) wurde die Strafe an ihm (dem Wasserträger) vollzogen (er bekam wohl Prügel). Er wiederholte den Eid beim Herrn von neuem und sprach: ›(Ich werde Cha-em-Nun den Schaden ersetzen)‹«. Er brachte drei Wochen später »ein Maß Gerste« in Naturalleistung. Hoffen wir, daß er nicht länger brauchte als der Wasserholer Pentawêret, bis er die Restschuld getilgt hatte!

Von diesem Pentawêret ist aus der gleichen Zeit folgendes Protokoll erhalten:[3] »Jahr 28, vierter Monat der Überschwemmungsjahreszeit, Tag 25. An diesem Tag wurde der Esel an den Wasserholer Pentawêret zum Pflügen übergeben. Er (der Esel) starb bei ihm im Monat 1 der Winterjahreszeit (also kurz darauf). Man verurteilte ihn (den Wasserträger) dazu, seine (des Esels) Arbeit zu vergüten (d. h., den Mietzins für ihn zu zahlen): macht 5 Deben (1 Deben = 91 gr Kupfer). Er (Pentawêret) leistete beim Herrn den Eid, den Esel zu ersetzen. (Genauer:) Er leistete beim Herrn den Eid, ihn ihm bis zum letzten Tag des zweiten Monats der Überschwemmungsjahreszeit zu ersetzen, mit folgenden Worten: ›Wenn ich ihn nicht ersetze, soll ich 100 Hieben ausgesetzt sein, außerdem sollen ...[4] Deben Kupfer von mir eingezogen werden.‹ Er ersetzte mir den Esel nach 9 vollen Monaten«, also recht pünktlich.

Bei der »Übergabe eines Esels an den Wasserholer Schari, den Sohn des Tur« dagegen gab es weder Händel noch Zahlungsschwierigkeiten. »Der Arbeiter Mes« hat dem offenbar verdienten Mann »für seine Arbeit am 5. Tag der Epagomenen, am Tag der Geburt des Osiris« das Tier ausgehändigt, wie »der Schreiber Pentawêret« notiert.[5]

Ein anderes Dokument aus der Zeit Ramses' III. berichtet umgekehrt, daß ein Wasserträger »einem Mann von Innen« einen Esel beschaffen solle. Spitzbübisch versucht der, dem Käufer ein minderwertiges Tier anzudrehen und als Makler sein Schnittchen zu machen, bis der Fall offensichtlich vor den Kadi kam. Das Protokoll lautet:[6]

»Jahr 28 der Regierung Ramses' III., vierter Monat der Sommerjahreszeit, Tag 10: Der Maler Menena stritt mit dem Wasserholer Tja-aa. ›Ich gab ihm (den Wert von) 27 Deben Kupfer (in der Form) von verschiedenen Waren und sagte: »Besorg mir (dafür) einen Esel!«

In Listenform sind die folgenden Waren aufgezeichnet:

1 ideg-Kleid aus dünnem Leinen
 = macht 12 Deben
1 rudj-Kleid aus glattem Leinen
 = macht 8 Deben
1 Paar Männersandalen = macht 2 Deben
1 Sack Emmer = macht 1 Deben
1 Maß Mehl = macht ...

Im ganzen wurden ihm Waren im Werte von 27 Deben Kupfer gegeben, und er brachte mir dafür einen Esel. Ich wies ihn aber zurück (denn er war nicht so viel wert). Er brachte mir nun diesen anderen Esel. Er ist aber (wiederum) nicht gut. Er soll mir (nun endlich) einen guten Esel bringen oder (aber) meine Waren (zurückgeben), die ich ihm gegeben habe. Der Wasserholer leistete darauf-

75 a (oben links) Alabastergefäß mit Untersetzer und Ständer, in drei Teilen gearbeitet.

75 b (oben rechts) Alabstergefäß mit Henkeln auf angearbeitetem Ständer.

75 c (unten links) Steingefäß mit aufgesetztem Blattkranz auf einem Krugständer, in drei verschiedenen Materialien gearbeitet.

75 d (unten rechts) Schminktöpfchen auf angearbeitetem Ständer.

hin den Eid beim Herrn und sprach: ›Ich werde ihm bis zum ersten Monat der Überschwemmungsjahreszeit, Tag …,[4] den Esel geben oder das Zeug.‹« Tja-aa, der Schmumacher, beschwört danach, den Streitfall im nächsten Monat in Ordnung zu bringen.

Der Brief eines Schreibers an den Wesir, den obersten, Pharao (Sethos II. ?) stellvertretenden Gerichtsherrn, mit dem Bericht über eine gerichtliche Untersuchung belehrt über den Wert des Kupfers, und über die Strenge, mit der deshalb über das kupferne Werkzeug der Arbeiter gewacht wurde. Die Werkzeuge waren Staatsbesitz (vgl. S. 208), Meißel kostbar und in der armen Stadt ein ständiger Anreiz, dem schwache Gemüter nicht zu widerstehen vermochten. Hier der Brief an den Wesir in vollem Wortlaut.[7]

»Jahr 6, dritter Monat der Sommerjahreszeit, Tag 10: An diesem Tag kam der Arbeiter Neb-nufer, Sohn des Naschi, zu dem verhörenden Gericht. Er erhob Klage gegen die Bürgerin Heri'a. Was der Arbeiter Neb-nufer gesprochen hat, ist folgendes: ›Was mich betrifft: Ich habe nach dem Kriege einen Meißel von mir in meinem Hause vergraben. Der wurde gestohlen. Ich habe alle Leute des Ortes sich durch Eid über meinen Meißel freischwören lassen. Nach vielen Tagen (aber) kam die Bürgerin Nub-em-nehem und sprach zu mir: »Der Wille Gottes ist geschehen (Ausdruck für ein Geständnis). Ich sah Heri'a, als sie deinen Meißel wegnahm.« So sprach sie.‹ Darauf sprach das Gericht zu Heri'a: ›Bist du diejenige, die den Meißel des Neb-nufer wirklich gestohlen hat, oder nicht?‹ Heri'a antwortete: ›Nein, ich nicht, ich habe ihn nicht gestohlen.‹ Das Gericht sprach (darauf) zu ihr: ›Kannst du den großen Eid beim Herrn bezüglich des Meißels leisten und sprechen: ›Ich bin es nicht, die ihn gestohlen hat‹? Da sprach die Bürgerin Heri'a: ›So wahr Amun dauert, so wahr der Herrscher dauert, dessen Macht schrecklicher ist als der Tod, Pharao: Wenn man feststellen sollte, daß ich es bin, die diesen Meißel gestehlen hat, (so möge das Gericht Gottes über mich kommen).‹

Nach einer Stunde, während der das Gericht sie verhört hatte, schickte man den Gerichtsdiener Pasched mit ihr zusammen weg, und – sie holte den Meißel. Er war von ihr vergraben worden, (und zwar) zusammen mit einem Gefäß des Gottes »Amun der schönen Begegnung« (Tafel 76). Beide (Stücke) waren in ihrem Hause vergraben. Sie hatte außerdem noch ein anderes Gefäß des Amun weggenommen. Trotzdem hat sie den Eid beim großen Herrn geleistet und gesprochen: ›Ich bin nicht diejenige, die diesen Meißel gestohlen hat.‹«

Daraufhin verkündete das Gericht: ›Eine große, todeswürdige Verbrecherin ist die Bürgerin Heri'a. Im Recht ist der Arbeiter Neb-nufer.‹ Man hat aber ihre Angelegenheit ruhen lassen, bis der Wesir kam. (Denn nur der Wesir ist bevollmächtigt, solch schwere Delikte zu bestrafen)… In dem Maße wie für diesen Ort (Dêr el-Medîna) ein Diebstahl von Kupfer ein Frevel ist, ist er es bei der Witwe (Heri'a). Möge mein Herr (zu seiner weiteren Orientierung) von der Verfügung des Büros Kenntnis nehmen, die sich auf den früher hier an dem Ort verübten Diebstahl eines Gefäßes aus Kupfer im Werte von anderthalb Deben durch die Bürgerin Ta-nedjmet-hemes bezieht. Der Wesir Neferronpet war wütend, obwohl sie (die Diebin) die Frau des Pasched, Sohnes des Heh (Frau eines offensichtlich angesehenen Mannes), war. Der Wesir ließ (damals) den Schreiber Hati'a kommen und ließ sie zum Ufer (ins Gefängnis) schleppen.

Möge nun mein Herr veranlassen, daß auch an dieser Frau (Heri'a) die Strafe vollzogen werde, weil sie den Meißel und das Gefäß entwendet hat, damit keine Frau ihre Handlung wiederhole. Siehe, ich setze meinen Herrn davon in Kenntnis. (Denn) es ist nur der Wesir, der die (angemessene) Strafe verhängen kann. Er möge die Verfügung, die er für gut hält, erlassen.«

Die Kontrolle der Werkzeuge wird ersichtlich aus einem Bericht, den offenbar ein Aufseher an seine vorgesetzte Dienstbehörde gemacht hat. Er lautet:[8]

»Jahr 25 (der Regierung Ramses' III.), dritter Monat der Sommerjahreszeit, Tag 16: An diesem Tag übergab der Arbeiter Amenemope sein Werkzeug dem Vorarbeiter Chonsu. Dieser sagte: ›Das ist zu wenig‹. Zeugen: Vorarbeiter Onuris-cha und Schreiber Amonnacht. Ich habe 10 Tage lang ständig gemahnt: ›Gib es raus!‹ Er hat es (aber bis jetzt) nicht getan.«

Nicht sauber benommen zu haben scheint sich ein Vorlese-(Sem-)Priester, indem er für sich einen unrechtmäßigen Anspruch auf Kupfer erhob. Jedenfalls hat es ihm nach Meinung des Briefschreibers, dessen Zeilen hier folgen, nicht zugestanden. Der Brief beginnt diesmal nicht mit dem Datum, sondern mit den üblichen frommen Segenswünschen.[9]

»In Leben, Heil und Gesundheit! In der Gunst des (Gottes) Amun-Rê, täglich!

Ferner: Denk an das, was ich dir gesagt habe bezüglich des Kupfers, das durch Semen-taui geholt wurde. Stell dir vor, die Kupferschmiede des Sem-Priesters sind gekommen und haben gesagt: ›Das Kupfer gehört dem Sem, es gehört nicht der (Baubehörde der) Nekropole. Laß also das Kupfer dem Sem bringen‹. So haben sie gesagt. Wenn sie nun Kupfer bringen sollten mit den Worten: ›Laß etwas davon abwiegen!‹, dann höre nicht auf sie! ›Das Kupfer, das sie geholt haben, sollen sie wieder zurückbringen‹, so sollst du sagen. Und wenn man es dir dann bringt, dann sollst du es beschlagnahmen, zusammen mit den übrigen Dingen, als Ausgleich für die vielen Rückstände von ihm. Sieh dich vor!«

Der Adressat soll demnach das Kupfer, das die Schmiede dem Priester anscheinend bereits gebracht haben, als Ausgleich für dessen Schulden zurückfordern und beschlagnahmen. Der Priester scheint das Kupfer der Nekropole haben abluchsen zu wollen.

In großem Stil betrieb eine andere den Diebstahl aus den königlichen Magazinen. Sie war die Frau eines ehemaligen Verwalters dieser Vorratshäuser, der aber seit einiger Zeit versetzt war. Sie nutzte die Kenntnisse ihres Mannes und setzte vielleicht ein Spiel fort, das jener vor seiner Versetzung ans Ende des Landes unbemerkt eingeübt haben mag.[10] Sie wird wegen Unterschlagung im Amt angeklagt, aber, da ihre Tochter sich zur Rückerstattung des unterschlagenen Gutes verpflichtet, vergleichsweise milde bestraft. Es ist nicht ausgeschlossen, daß der Text die Kopie einer literarischen Schülerübung darstellt.

Immer wieder haben die Güter des Pharao die füchsigen Sinne seiner Leute hervorgelockt, wenn es auch damals wie heute friderizianische Beamte gab, die einen Privatbrief nicht mit Staatstinte unterschreiben. Ein Brief vom Hofe Ramses' IX., aus dessen zweitem Regierungsjahr, enthält einen »Königsbefehl an den Hohenpriester des Amonrasonther Ramsesnacht« mit einer scharfen Mängelrüge. Der Tempel des Hohenpriesters hat sich bei seiner Ablieferung an Bleiglanz für die Residenz in der Ramsesstadt im Delta durch schweren Betrug schuldig gemacht und wird zur Strafe mit einer vermehrten Ablieferungspflicht belastet. Die Menge wird auf das Siebenfache, die Güte auf das Doppelte heraufgesetzt. Der Königsbefehl lautet folgendermaßen:[11]

»Ich hatte dir durch den Schatzhausvorsteher Pharaos und königlichen Truchseß Amenophis folgendes (als Auflage) zugesandt: ›Laß doppelt guten Bleiglanz bringen, geeignet für die Augenschminke Pharaos, dorthin, wo Man (= Pharao) sich aufhält.‹ Und du ließest durch ihn (Amenophis) 15 Deben Bleiglanz bringen. Als man ihn den Ärzten der Ärztekammer Pharaos in der Residenz gab, damit sie ihn verarbeiteten, fand man den Bleiglanz untauglich, und nichts an ihm war wert zum Augenschminken für den Gebrauch Pharaos. (Nur) ein einziger Deben Bleiglanz war es, was man in ihm (dem trügerischen Gemisch) fand. Siehe, (nun) ist er dir zurückgebracht worden.

Wenn dich dieser Erlaß Pharaos, deines Herrn, erreicht, dann sollst du den Bleiglanz, der dir zurückgebracht worden ist, entgegennehmen und (stattdessen) 100 Deben vierfach guten Bleiglanzes, der für die Augenschminke Pharaos, deines Herrn, geeignet ist, dorthin bringen lassen, wo Man sich aufhält, indem die Boten sich sehr beeilen. Siehe ich schreibe das, damit du einen Beleg (für deine Kanzlei) hast.«

Wir dürfen nicht zweifeln, daß dieser Königsbefehl dem Hohenpriester in die Glieder gefahren ist und die Ablieferung nun prompt und ordnungsgemäß erfolgte.

Aus einem Brief des Arbeiters Hormes an Pa-en-nub erfahren wir, wie ein anderer die Krankheit des Briefschreibers, eines Arbeiters in der Tempelscheune, nutzte, um sich an den Schätzen des Ma'at-Tempels von Dêr el-Medina zu vergreifen. Hormes berichtet an Pa-en-nub:[12]

»Als ich beim Arbeiten in der Scheune des Ma'at-Tempels war, wurde ich krank und bettlägerig. Da nahm der Angehörige der (Baubehörde der) Nekropole, Raja, der als Gerichtsdiener fungiert, ein Kleid von 6 Ellen Stoff weg. Er hat es nicht zurückgebracht. Ferner nahm er 1 Sack Emmer und 4 Flechtkörbe des Tempels weg« (vgl. Abb. 70c).

Ein anderer klagte gegen den Arbeiter Nech-em-Mut, weil der ihm nicht nur seine armseligen Schätze geraubt, sondern ihm auch boshaft Schaden zugefügt hatte. Der Geschädigte stellte eine »Liste aller Diebstähle« auf, »die von dem Arbeiter Nech-em-Mut an mir begangen worden sind«[13], und berichtete:

»Sie gingen in (mein) Haus, nahmen 2 große Brote und 3 verschiedene (andere) Brote mit, gossen mein Öl aus; öffneten meine Getreidetonne und nahmen einen Klumpen Blei weg. Sie gingen (außerdem) in meine Hütte am Hafen und nahmen (mir) den gestrigen Anteil an der Verpflegung weg; gossen (auch hier) das Sesam-Öl aus...

Sie gingen (schließlich) ins Vorratshaus, nahmen (dort) 3 große Aku-Brote, 8 Sab-Brote sowie einen Korb Kuchen weg und schnappten sich einen Krug Bier heran, der (zum Kühlen) im Wasser stand, während ich im Schuppen meines Vaters war.

Bezeichne mir, mein Herr, jeden Frevler!«

Der Herr, den der Verzweifelte anruft, ist der göttlich verehrte, vor 300 Jahren verstorbene Amenophis I., der nach seiner Aufzeichnung im »dritten Monat der Sommerjahreszeit, am 13. Tag erschienen« ist, um für ihn die Missetäter ausfindig zu machen.

Wie der Gott in solchen Fällen Orakel sprach, liest man auf folgendem Ostrakon.[14]

Es war im »Jahr 5, im dritten Monat der Überschwemmungsjahreszeit, Tag 28« und betrifft die »Anrufung des Königs Amenophis durch den Graveur Kaha: ›Mein guter Herr, komme heute! Meine zwei Gewänder sind gestohlen worden‹.

Er (Kaha) holte den Zauberer Amonmose herbei und sprach: ›Rufe die Häuser des Ortes auf (um mit Hilfe des Gottes, d.i. einer tragbaren Statue, den Dieb aufzuspüren)! Man rief sie auf. Als man beim Haus des Schreibers Amonnacht anlangte, bejahte (nickte) der Gott und sprach: ›Sie sind in der Hand seiner Tochter‹«. Das geschah »in Gegenwart von Zeugen« (es folgen sechs Namen).

»Dann trat der Schreiber Amonnacht vor den Gott und sprach: ›Was die Gewänder angeht, von denen du sprachst, ist es die Tochter des Amonnacht (d.h. meine Tochter), die sie weggenommen hat?‹ Der Gott bejahte«.

Damit war die Diebin erwiesen, und Kaha dürfte wieder in den Besitz seiner beiden Gewänder gekommen sein.

Ein Gewand war für die Leute in Dêr el-Medîna ein bedeutender Besitz. Wie aus Tauschhandelsangaben hervorgeht, hatte es fast den Wert eines Kalbes oder eines halben Esels. Der Brief des »Malers Pai an seinen Sohn, den Maler Pa-Rê-em-heb«, läßt erkennen, was selbst ein zu Fetzen getragenes Kleid noch bedeutete. Wer sich noch an Großmutters Zeiten erinnert, weiß, daß es auch bei uns einstmals andere Maßstäbe gab, ein Kleid abzulegen, als den dernier cri.

Der Maler Pai erteilt seinem Sohn drei Aufträge:[15]

»Erledige (erstens) die (folgende) Angelegenheit: Fordere die beiden Herzamulette (vgl. auf Tafel 15) aus Fayence ein, von denen ich dir sagte, daß ich den Kaufpreis ihrem jetzigen Besitzer bereits bezahlt habe, und zwar alles, was er zu ihrer Bezahlung gefordert hat.

Erledige weiter folgende Angelegenheit: Fordere jenen frischen Weihrauch, über den ich mit dir gesprochen habe, um den Sarg deiner Mutter mit Öl tränken zu können. Ich habe den Kaufpreis seinem Besitzer ebenfalls schon bezahlt.

Achte (schließlich) auf folgendes: Daß du die Lumpen des Kleides (ein abgelegtes, weil zerlumptes Kleid) zusammen mit den Lumpen des Übergewandes an dich nimmst, um das Kleid zu Bändern und das Obergewand zu einem Schurz zu verarbeiten.

Vernachlässige nichts von dem, was ich dir gesagt habe! Sieh dich vor!«

Lange Finger griffen nach allem, was nicht niet- und nagelfest war. Jeder Einwohner kannte den letzten Winkel der eng zusammengeschobenen Nekropolenstadt und was an Habseligkeiten in ihr war. Jeder konnte alles gebrauchen, denn alle hatten

76 Krüge an Trage und großer Krug aus dem Tempel des Amun

wenig. Was sie erübrigten, legten sie für ihre Gräber an. Als Arbeiter der Königsgräber waren sie Meister ihres Handwerks und schufen für sich selbst, der Stadt dicht benachbart, ihre eigenen Felsgräber, bescheiden, aber außerordentlich schön. In ihnen spricht sich ihre Demut innig aus. Das verhinderte jedoch nicht, daß man eine Kopfstütze von irgendwo mitgehen hieß, wenn man sie brauchte. Aber im »dritten Monat der Sommerjahreszeit, Tag 19« schwur »Ii-er-niutef den Eid beim Herrn:[16]

›So wahr Amun dauert, so wahr der Herrscher dauert, werde ich diese Kopfstütze an Nefer-sennut in spätestens zehn Tagen (zurück)geben.‹« (Vgl. Tafel 18).

Ähnlich schwört der Wäscher Bak-en-urel im Jahr 9, dritten Monat der Winterjahreszeit, Tag 7:[17]

»So wahr Amun dauert, so wahr der Herrscher dauert: Wenn ich diese 4 Rollen Garn dem Arbeiter Ptah-sched im dritten Monat der Winterjahreszeit am zehnten Tag (also in drei Tagen) nicht gegeben habe, soll ich 100 Hieben ausgesetzt sein, und das Garn soll doppelt gegen mich stehen«, d.h. er muß die doppelte Menge ersetzen.

Daß ein Sarg 5 Deben mehr als ein Rind kostete, läßt das folgende Protokoll erkennen, wonach ein Gläubiger 18 Jahre auf die Bezahlung eines Topfes voll Fett warten und drei Gerichtsklagen gegen seinen Schuldner anstrengen mußte.[18] Es ist nicht verwunderlich, daß er nach solch langer Zeit das Datum des Liefertages nicht mehr im Kopf hatte.

Es war im »Jahr 17 (Ramses' IV.), ersten Monat der Sommerjahreszeit, Tag...4 unter der Majestät des Königs von Ober- und Unterägypten, dem Herrn der beiden Länder User-Ma'at-Rê (Ramses III.), dem Tag der Übergabe eines Gefäßes (mit) frischem Fett an den Oberpolizisten Monthmose (durch) den Arbeiter Menena.

›Ich werde es dir in Form von Gerste erstatten durch diesen meinen Bruder... Möge Rê dein Wohlergehen gewähren!‹ So sprach er zu mir.

Ich habe dreimal bei Gericht Klage gegen ihn erhoben, vor dem Schreiber der königlichen Nekropole Amonnacht. Er hat mir (trotzdem) bis zum heutigen Tage nichts gegeben. Ich verklagte ihn noch einmal vor ihm (Amonnacht) im 3. Jahr, 2. Monat der Sommerjahreszeit, am Tag 5 (der Regierung) der Majestät des Königs von Ober- und Unterägypten, des Herrn der beiden Länder Heka-Ma'at-Rê Setep-en-Amun, Sohnes des Rê (Ramses IV.) macht 18 Jahre (seit der Übergabe des Gefäßes).

»Er leistete den Eid beim Herrn und sprach: ›Wenn ich ihm sein Gefäß bis zum Jahre 3, 3. Monat der Sommerjahreszeit, letzten Tag, nicht bezahle (also nach knapp 2 Monaten), soll ich 100 Hieben ausgesetzt sein, und die Forderung soll doppelt gegen mich stehen‹. So sprach er in Anwesenheit von drei Vorgesetzten von Innen, den Vertretern von Außen und der ganzen Belegschaft.«

Ein späterer Zusatz meldet:

»Jahr 4, 2. Monat der Winterjahreszeit, Tag 14 (also ein knappes Jahr danach): Der Oberpolizist Monthmose brachte dem Menena (als Bezahlung für das Gefäß mit Fett) ein junges Rind: macht 30 Deben.

Aus dem Besitz des Ruta hat er (Monthmose) (inzwischen) den Sarg von 35 Deben bekommen. Durch Menena (selbst) wurden ihm (erneut) 40 Hin frisches Fett gegeben: macht 30 Deben. Insgesamt also 65 (Deben). Sein Rückstand (beträgt insgesamt) 65 Deben, der ihm (Menena) durch den Oberpolizisten Monthmose gezahlt werden muß.«

Ein Streitfall ganz anderer Art führt sowohl in die Verschlagenheit der Leute von Dêr el-Medîna ein wie in die eigentümlichen Wohnverhältnisse der kleinen Stadt. Die meist zweigeschossigen Häuser waren aus Wüstensteinen und Nilschlamm primitiv gebaut und stürzten gelegentlich ein. Wie noch heute bastelte man sie immer wieder geschickt zusammen und wem dies gelang, der erwarb sich damit das Wohnrecht in dem hergerichteten Haus. Da erfahren wir nun[19] aus einem Protokoll vom »Jahre 4 (Ramses IV.), 4. Monat der Überschwemmungsjahreszeit, letzten Tag« folgendes:

»An diesem Tag beklagte sich der Arbeiter Kenena, Sohn des Sa-Wadjit, bei (dem verstorbenen) König Amenophis, dem Herrn des Ortes (dem Orakelgott):

›Komme zu mir, mein guter Herr! (Anrufungsformel). Ich bin derjenige, der das Haus des Arbeiters Pacharu (für sich wieder auf-)gebaut hat, als es verfallen war. Siehe, der Arbeiter Mer-Sechmet, Sohn des Menena, macht es mir aber unmöglich, darin zu wohnen, indem er behauptet: »Es ist der Gott, der zu mir sprach: Teile es mit ihm (Kenena)«.

›So sprach er. Er hat aber mitnichten zusammen mit mir daran gebaut‹. So sprach er (Kenena) zu dem Gott.«

Der angerufene Orakelgott hat offenbar nicht sofort geantwortet, denn

»der Schreiber der Nekropole Hor-scheri wiederholt es (die Anrufung) vor ihm (dem Gott). Er (der Gott) sprach: ›Gib das Haus dem Kenena, seinem Besitzer, zurück. Es gehört ihm durch Befehl Pharaos. Niemand soll seine Teilung vornehmen‹. So sprach er, nämlich der Gott in seiner (des Schreibers) Gegenwart und in Gegenwart (der anderen Zeugen:) des Vorarbeiters Nech-em-mut, des Vorarbeiters Onuris-cha, des Schreibers Hori, der Trägerschaft (Barkenträger) des Gottes und der ganzen Belegschaft, am Eingang des Grabes des Vorarbeiters Kaha.

Der Arbeiter Mer-Sechmet leistete (daraufhin) den Eid beim Herrn: ›So wahr Amun dauert, so wahr der Herrscher dauert, dessen Macht furchtbarer ist als der Tod, Pharao, mein Herr: Wende ich mich (je) davon ab, um wider (den Befehl des Pharao) zu reden, so soll ich 100 Hieben ausgesetzt werden und mein Hab und Gut verlieren‹«.

Für die altägyptischen Rechtsverhältnisse ist der Ausspruch des Gottes »durch Befehl Pharaos« wichtig. Ägyptisches Recht ist kodifiziert in der Form paradigmatischer Entscheidungen des Königs (case law), und der Orakelgott wird dem von Pharao gefällten Spruch nicht widersprechen. Gottesgericht steht in Einklang mit Königsgericht.

Daß die lückenlos ineinandergeschobenen Häuser von Dêr el-Medina selbst bei dem gemeinschaftsfreudigen Ägypter Streitfragen zum Durchgangsrecht aufwarfen, ergibt ein Ostrakon in Kairo[20].

»Der Vorarbeiter (Zeit Ramses' III.) Nech-em-Mut sagt: ›Siehe, dieser Weg gehörte früher dem Kener. Er gab ihn dem Arbeiter Hai, Sohn des Hui‹. Aber ein Jahr danach rief »der Arbeiter Pentawêret«, der das Durchgangsrecht für sich haben und es Hai absprechen wollte, den (schon bekannten) König (und Orakelgott) Amenophis an: ›Mein guter Herr! Ich werde Hai den Weg zum Hinein- und Hinausgehen auf diesem Grundstück (d. i. das Durchgangsrecht) nicht gestatten.‹ So sprach er. Da ging der Gott hinter sich und stand (d. h. er mißbilligte die Absicht). Er (Pentawêret) wiederholte vor ihm: ›Soll man ihm (Hai) den Weg zum Hinein- und Hinausgehen geben?‹ Der Gott bejahte sehr, sehr.«

Nach diesem weisen Spruch des Orakelgottes hören wir zum Schluß, wie das Gericht einer Verleumdung zwar einigermaßen drastisch, aber ebenfalls mit weisem Sinn für Recht und Ordnung begegnete.[21]

»Jahr 5, 3. Monat der Sommerjahreszeit, Tag 2. An diesem Tag kam der Vorarbeiter Hai zum Gericht zusammen mit Penamun, Ptah-sched, Wennofer und der Frau Tawosret vor das Richterkollegium.

Der (verleumdete) Vorarbeiter Hai sprach: ›Was mich betrifft, ich verbrachte die Nacht in meinem Schuppen. Da kam Penamun gemeinsam mit seinen (oben genannten) Leuten vorbei, und sie sagten: »In der großen Hand Pharaos liegt eine Anschuldigung gegen Hai, denn er hat gegen König Sethos lästerlich geredet.«‹

Das Gericht sprach zu ihnen: ›Sagt uns, was ihr gehört habt!‹ Sie verhedderten sich in ihrer Aussage (solange), bis sie (schließlich) miteinander in Streit gerieten. (Dann) sprach der Vorarbeiter Paneb (gleichermaßen) zu ihnen: ›Sagt uns, was ihr gehört habt!‹ (Darauf) antworteten sie: ›Wir haben gar nichts gehört.‹

Da sprach das Gericht zu ihnen ...: ›Sprecht: »So wahr Amun dauert, so wahr der Herrscher dauert: Es liegt keine Anschuldigung in der Hand Pharaos. Wenn wir heute still sind, aber morgen oder übermorgen damit noch einmal hausieren gehen sollten, dann sollen uns Nasen und Ohren abgeschnitten werden.«‹ Danach versetzte man ihnen 100 gehörige Stockhiebe«.

Am ärgsten aber trieb es Paneb, und seiner ist das Hohe Gericht lange nicht mächtig geworden, obwohl er mehrere Morde verübt und als wahrer Weiberschreck in der kleinen Stadt gewütet hat. Kam ihm einer zu nahe, so rieb er ihn mit dem hölzernen Lappen ab.[22] Als Vorarbeiter unter Sethos II. bis in die frühen Jahre Siptahs bewährte er sich bestens als Schnapphahn. Seine langen Finger griffen nach Beigaben selbst königlicher Gräber und stahlen Weihrauch und Wein, die für den Kult bestimmt waren. Aus Gräbern seiner Untergebenen hieß er mitgehen, was immer er zur Ausstattung seines eigenen Grabes brauchen konnte. Das Grab des Minnacht plünderte er gar vollends aus. »Er stieg hinunter in das Grab ...«, wie die Klageschrift des Amonnacht berichtet, »und stahl das Ruhebett, auf dem er (Minnacht) lag; und trug die Sachen, die man einem Toten beigibt, heraus und stahl sie.« Meineide belasteten ihn nicht, selbst dann nicht, wenn die corpora delicti nachher in seinem Hause gefunden wurden.

Zum Bau seines eigenen Grabes hat er ungehemmt die Spitzhacken und Pickel des Königs benutzt, einen großen Meißel zerbrochen und das Stemmeisen zum Steinebrechen gestohlen. »Als man sagte: ›Es ist nicht da‹, und man einen vollen Monat danach gesucht hatte, da hatte er es geholt und hinter einem großen Stein versteckt.« Was der Gauch als Dieb nicht fertigbrachte, erreichte er als Hehler. Die Arbeiter, die er angestellt hatte, um beim Grab König Sethos' II. Steine zu brechen, »schafften täglich (einige) für sein Grab beiseite, und er errichtete sich von diesen Steinen vier Pfeiler in seinem Grabe.« 16 Arbeiter ließ er für sich Steine brechen.

Der Mißbrauch der Arbeiter für private Zwecke ist nicht ganz unüblich; er wird auch von anderen Vorarbeitern gemeldet. Was dem Paneb aber besonders verübelt wurde, ist die Tatsache, daß er nicht nur Arbeiter seiner, »der rechten Gruppe«, für sich hat arbeiten lassen, sondern auch solche »der linken Gruppe«, die dem Vorarbeiter Hai unterstanden.

Von dem Grab des Paneb, auf solch fragwürdige Weise zustande gekommen und in Dêr el-Medina oberhalb des Tempels aufgefunden (Nr. 211), ist heute nur noch eine grob bemalte und durch eindringendes Wasser stark zerstörte unterirdische Kammer erhalten. Die genannten vier Pfeiler müssen in der nicht mehr vorhandenen oberirdischen Kapelle gestanden haben, wenn nicht Paneb diese Anlage aufgegeben hat und sich später ein reicheres Grab erbauen ließ, das bislang noch nicht entdeckt worden ist. Wahrscheinlich ist diese Vermutung aber nicht. Einerlei, für welches Grab er sich vergriffen haben mag – sein Herz wird vor Osiris gegen ihn gezeugt haben, und damit wurde alle Zurüstung im Auge des Totenrichters zu Plunder. Ob Paneb, falls Nr. 211 sein einziges Grab geblieben ist, darin je bestattet war? Das Ende seines Lebens liegt im Dunkeln, mag sein, daß er ertränkt oder gar verbrannt worden ist. Doch lesen wir zunächst aus der Feder des Amonnacht von seinen weiteren Schandtaten!

Paneb wußte sich seine Untergebenen nicht nur für sein Grab zunutze zu machen: Den Neb-nufer ließ er zwei volle Monate lang sein Rind füttern und die Frauen seiner Arbeiter für sich weben. Dafür zahlte er den Frauen und auch Töchtern seiner Leute mit Nachstellungen und Gewalttätigkeiten heim; ihnen half kein Beten und kein Singen. Sein eigener Sohn floh vor ihm »zur Stätte der Torwächter«, den amtlich bestellten Wachposten, weil er nicht mit ihm leben konnte; und er verklagte ihn, weil er die Tui verführt hatte, die Frau eines Arbeiters, und die Hunro, die mit einem anderen Mann lebte, und die Webchet und deren Tochter. »Und Aa-pehti, sein Sohn, verführte ebenfalls die Webchet.« Den Vorarbeiter Hai bedrohte er, ihn in der Wüste umzubringen.

Wo Paneb auftrat, stiftete er Unheil. Wenn der Rohling nachts nach einer Festlichkeit die Arbeiter durchgeprügelt hatte, schwang er sich auf die Mauern und bewarf sie aus der Höhe mit Ziegelsteinen.

Am schlimmsten von allen erging es Neferhotep, dem Sohne des Neb-nufer, »obwohl der ihn aufgezogen hatte.« Wie die Klageschrift besagt, verfolgte Paneb den Vorarbeiter Neferhotep, so daß »der seine Türen vor ihm zuschloß. Er aber (Paneb) nahm einen Stein und zerschmetterte dessen Türen. Man ließ Neferhotep durch Leute bewachen, weil er (Paneb) gesagt hatte: ›Ich werde ihn in der Nacht töten‹, und er hat neun Mann in dieser Nacht verprügelt. Der Vorarbeiter Neferhotep reichte Klage gegen ihn ein beim Wesir Amonmose, und der verhängte eine Strafe gegen ihn.« Aber Paneb hat den Wesir beim König angezeigt, daß er ihn geschlagen habe, und hat tatsächlich erreicht, daß der Wesir seines Amtes enthoben wurde. Diesen Übeltaten des Angeklagten fügt die Klageschrift die Drohung Panebs hinzu, daß es dem jetzt amtierenden Wesir nicht besser ergehen werde, wenn er gegen ihn etwas unternehmen sollte. Allerdings scheint diesmal Paneb selbst abgesetzt, wenn nicht schwerer bestraft worden zu sein.

Bedauerlicherweise wissen wir nichts Genaues

XIII Kopfmaske einer Toten.

über Panebs Ende. Die Klageschrift ist verfaßt, besser: diktiert von Amonnacht, dem Bruder des verfolgten Neferhotep. Nach der Regel, wonach in der Ramessidenzeit die Berufe in Dêr el-Medîna nahezu erblich waren, hätte Amonnacht seinem Bruder als Vorarbeiter folgen müssen, denn schon Neferhoteps (Besitzers von Grab Nr. 216) Vater Neb-nufer sowie dessen Vater Neferhotep, die beide Inhaber von Grab Nr. 6 sind, waren Vorarbeiter, so daß dies Amt seit den Zeiten des Königs Haremhab in Neferhoteps Familie gewesen ist. Durch Bestechung gelang es dem Arbeiter Paneb, Sohn des Arbeiters Nefer-sennut und Enkel des Arbeiters Kasa (Grab Nr. 10), wohl im 5. Regierungsjahr Sethos' II., die Tradition abzureißen und für sich selbst den Vorarbeiterposten zu erschleichen, den er mindestens bis zum 2. Regierungsjahr Siptahs, also wenigstens drei Jahre, innegehabt hat. Er war mit einer Wabet verheiratet, hatte den schon genannten Aa-pehti zum Sohn und vermutlich noch einige weitere Söhne von dieser Frau, dazu fünf Töchter, von denen nur eine verheiratet gewesen zu sein scheint. Ob seine laufenden Ehebrüche Folgen hatten, wissen wir nicht.

Das war die Geschichte des Wüterichs Paneb. Sie spielte in einer kleinen Stadt, in der Arbeiterstadt Dêr el-Medîna. Vor dreitausendundzweihundert Jahren.

XIV Götterstatuetten aus Silber und Weißgold.

Streik!

Der Streik war unter Ramses III. Dem frommen Herrscher, der den Festungstempel von Medinet Hâbu gebaut hat und Kapellen beim Ma'at-Tempel im Norden von Karnak; der den schönen Chonstempel ebendort beim 9./10. Pylon gegründet, den kanonischen Tempel für die thebanische Götterdreiheit im Vorhof des Großen Amontempels von Karnak quer zu seiner Achse errichtet hat und der schließlich laut Überlieferung durch den Papyrus Harris den Gott Sutech in der Ramsesstadt im Delta, wo zu seiner Zeit die Residenz lag, mit einem Tempel bedachte.

Der Streik war unter Ramses III. Dem tüchtigen Herrscher, der die »Seevölker« vertrieben hat. Diese vom Schwarzen Meer eingebrochenen indoeuropäischen Stämme, denen bereits das Hethiterreich zum Opfer gefallen war und die Kreta und Zypern sowie die Kleinstaaten Syrien-Palästinas erobert hatten, bedrängten, über Kleinasien einfallend, Ägypten von Osten und, über die Inseln des Ägäischen Meeres ziehend, von Norden, während sie, die Libyerstämme vor sich herschiebend, vom Westen aus gegen den Kanopischen Nilarm vorstießen. Diesen dreifachen gewaltigen Ansturm hat der König, kaum daß er die Regierungsmacht gefestigt hatte, in mehreren Schlachten siegreich zurückgeschlagen und hat damit das Land vor der Vernichtung gerettet. Die Abwehr der heranflutenden Feindvölker war eine Tat von weltgeschichtlichem Rang, hat allerdings die Kräfte Ägyptens völlig erschöpft.

Der Streik war unter Ramses III. Dem guten Herrscher, der nach dem Krieg im Jahre 11 seiner Regierung den Frieden seines Landes aufatmend wie folgt beschreibt:

Ich pflanzte im ganzen Land Bäume und Grünanlagen und ließ das Volk in ihrem Schatten ruhn.

Ich erreichte, daß die Frauen Ägyptens frei reisen konnten, wohin sie wollten, ohne daß ein Fremder noch irgend jemand sonst sie unterwegs belästigte.

Ich erlaubte der Infanterie und der Reiterei, (daheim) zu wohnen.

Die Scherdana, und die Kehek konnten sich in ihren Städten längelang auf ihren Rücken legen.[1]

Sie fürchteten sich nicht, denn es gab keine Banden mehr aus Nubien noch Feinde von Palästina.

Ihre Bogen und ihre Waffen waren in den Arsenalen abgestellt.[2]

Diesem seinem Charakter als ein frommer, tüchtiger und guter Herrscher hat Ramses III. das sprechendste Denkmal gesetzt mit dem Bau von Medinet Hâbu. In der Vereinigung von Tempel, Palast und Festung ist er ein Symbol seiner Zeit geworden, zwar nicht als Sinnbild konzipiert, sondern den realen Forderungen angepaßt, aber für die Nachwelt ein Wahrzeichen der Situation des damaligen Ägypten und seines königlichen Repräsentanten: »Der Tempel als kostbarstes Glied und der Palast als Wohnung des lebendigen Gottes auf Erden werden durch die Festung vor den Mächten der Zeit beschirmt«.[3] So gesammelt, kraftvoll und würdig, wie das groß angelegte Bauwerk mit seinen gedrungenen Säulen im südlichen Theben sich ausdehnt, so wirkt das Antlitz des um Ägypten einzigartig verdienten Herrschers, der nach einem kampferprobten und leidgeprüften Leben dem Ehrgeiz einer Nebenfrau zum Opfer fiel.[4]

Groß wie sein Leben war sein Abschied. In die Intrigen der Nebenkönigin Teje, die ihren Sohn Pentawêret auf den Königsthron bringen wollte, waren mehrere Frauen und einige Palastbeamte verwickelt. Trotz ihrer Verschwörung und dem verbrecherischen Mord trat nicht Pentawêret, sondern Ramses IV. die Thronfolge an. Er auch hat den Prozeß gegen die Beschuldigten durchgeführt, dessen hochinteressante Akten erhalten sind. Den Angeklagten wurden die segenstragenden Namen in Fluchnamen geändert. Einige verloren durch die Strafe Nase und Ohren (Abb. 53). Die höchsten Würdenträger unter den zum Tode Verurteilten gaben sich den Tod selber. Aber das bemerkenswerteste Stück der Akten sind die Worte, mit denen der ermordete König die Anklageschrift vorgelegt hat: »Möge die Verantwortung für alles, was sie getan haben, auf ihr eignes Haupt fallen, während ich geschützt und bewahrt bin für immer, da ich unter den seligen Königen weile, die bei Amun-Rê, dem Götterkönig, und bei Osiris, dem Herrn der Ewigkeit, sind«.[5]

Mit Ramses III. nahm die Geschichte Ägyptens Abschied von der letzten großen Gestalt einheimischer Pharaonen. So überragend des Königs Erfolge in der Abwehr äußerer Feinde waren, so unaufhaltsam und zwangsläufig wurden die Kassen des Landes leer, schmolzen die Getreidevorräte dahin, stiegen die Preise, verirrte sich die Wirtschaft und vergriffen sich schließlich auch die Beamten.[6] Ämtermißbrauch griff auch bei den Vorarbeitern in der Siedlung Dêr el-Medîna um sich. Die Lebensmittellieferungen für die dort auf Gedeih und Verderb auf die Versorgung von außen angewiesenen Nekropolenarbeiter verzögerten sich und blieben mehr und mehr aus. Aber »man jubelt bei der Arbeit nur, wenn der Leib voll ist«, schreibt schon Ramses II. auf einer Stele in einem Steinbruch.[7]

Schwere Krisen bereiten sich vor, in der von der Residenz 600 km südwärts gelegenen Nekropolenstadt wird es unruhig. Zum Schutz der Tempel und der Königsgräber und zur Aufrechterhaltung der Ordnung war in Theben-West ein eigener Bürgermeister und Polizeikommandant eingesetzt. Doch er vermochte weder dem Schlendrian, sofern er mit am Werke war, noch den Nöten zu wehren. Hunger und Durst wurden zu Peitschen des Widerstandes. Als die Löhne, d.s. die Naturallieferungen,[8] zu lange auf sich warten ließen, so daß die Arbeiter buchstäblich am Verhungern waren, da taten sie, was zuvor keiner getan hatte: Sie streikten.

Es war im 29. Regierungsjahr Ramses' III., i. J. 1155 v. Chr., daß die Ägypter dieses Kampfmittel der Sozialpolitik erstmals anwandten. Kampfmittel? Ja und nein. Sie kämpften nicht um höhere Löhne oder um Verringerung der Arbeitszeit, kämpften weder um Mitspracherecht noch um Gewinnbeteiligung, sie kämpften einzig ums tägliche Brot. Fast jede Lieferung der ihnen zustehenden Nahrungsmittel haben sie sich in der folgenden Zeit durch Streik erkaufen müssen. Mit Weib und Kind verließen sie dann ihre Siedlung, zogen nacheinander zu den verschiedenen Tempeln des westlichen Theben, wo sie in den Magazinen noch Vorräte vermuteten, ließen sich dort bald friedlich, bald tumultuarisch nieder und erhoben ihre Forderungen. Der Wesir selbst wurde angerufen, die teils durch die tatsächliche Verarmung des Landes, teils durch die Korruptheit der Vorgesetzten ausbleibende Versorgung beizuschaffen.[9]

Über mehr als ein volles Jahr dieser Streikgeschichte liegen beredte Akten vor. Außer dem Turiner Streikpapyrus, einem von dem Nekropolenschreiber Amonnacht geschriebenen Protokoll,[10] als der Hauptquelle der Vorgänge geben einige Ostraka in Berlin, Kairo und Chicago über die Unruhen Auskunft. Ordnet man die Dokumente bzw. die nicht immer chronologisch aufgereihten Einzelnotizen des Streikpapyrus nach ihren Daten, so läßt sich ein plastisches Bild vom Verlauf der vor mehr als 3000 Jahren erfolgten Ereignisse gewinnen.

Aus dem Vorjahr des Streiks hören wir über die allgemeine katastrophale Lage der Arbeiter aus einem Bittschreiben an den Vorgesetzten bereits folgendes: »Ich arbeite an den Gräbern der Kinder des Königs, die zu machen mein Herr in Auftrag gegeben hat. Ich arbeite sehr, sehr sorgfältig, sehr trefflich ... (Aber) wir leiden sehr Mangel. Alle Vorräte für uns aus dem Schatzhaus, aus der Scheune und aus dem Magazin sind erschöpft. Eine Last von Steinschutt (zu schleppen) ist aber nicht leicht (Tafel 77). Statt 6 Maß = 6 × $^1/_4$ Sack[11] (der monatlichen Kornration) erhielten wir die gleiche Menge Dreck. Mein Herr möge Mittel finden, um uns am Leben zu erhalten. Wir sterben ja (Hungers). Wir (können einfach) nicht (mehr) leben. Und keiner gibt uns auch nur irgend etwas!!!«[12]

Diese Sätze, die mit einem dreifachen Ausrufungszeichen beschlossen wurden, sind alles andere als Phraseologie oder pathetische Übertreibung, sie sind ein verzweifelter Notschrei. Nach einer Aufzeichnung vom 21. des 2. Monats im Jahre 29 der Regierungszeit Ramses' III. erhielten die Arbeiter ihre Löhnung, d. h. ihre Getreideration, die jeweils am 28. eines Monats fällig war, 23 Tage verspätet.[13] An solche Ausstände gewöhnt, haben sie noch mehrere Unregelmäßigkeiten ertragen, bis sie zur gewaltsamen Selbsthilfe schritten. Am 10. des 6. Monats scheinen sie erstmals eine gemeinsame Protestaktion unternommen zu haben.[14] Sie »überschritten wegen ihrer Getreideration die Mauern. Am 11. gleichermaßen.« Nach vielen vergeblichen Bittgesuchen haben sie demnach ihre Arbeitersiedlung verlassen und sind aus den die Nekropole umzingelnden fünf Mauern getreten, um die Behörden unmittelbar zu zwingen.

Der Turiner Text verdeutlicht die Lage des 10. und 11. im Telegrammstil folgendermaßen: »Überschreiten der fünf Mauern der Nekropole durch die gesamte Arbeiterschaft. Erreichen des Neferu-Teils des Hauses des Pharao.[15] Herbeikommen der drei Vorgesetzten, der zwei Boten und der zwei Offiziere. Man fand sie (die Arbeiter) an der Rückseite des Tempels Thuthmosis' III. sitzen, an der äußeren Straße.« Auf der anderen Seite des Protokollpapyrus[16] sind auch »die Worte« aufgezeichnet, mit denen damals die Mannschaft ihre Forderungen ausspricht: »Wir haben Hunger, während noch 18 Tage in dem (laufenden) Monat vor uns liegen, (bis die neue Entlohnung fällig wird). Kommen des Schreibers des Geheimen Grabes«, d. i. des Königsgrabes, an dem sie gerade arbeiteten, und der anderen schon genannten Beamten, und diese »riefen ihnen zu: ›Kommt herein!‹ (hinter die Mauern). Sie (die Arbeiter) schworen einen großen Eid: ›Kommt nur her! Wir haben Pharao etwas (zu melden).‹ Und die Arbeiter rührten sich den ganzen Tag nicht von der Stelle. Die Nacht brachten sie (wieder) in der Nekropole zu.«

Am 11. »passierten sie abermals« die fünf Mauern und »erreichten das Tor der südlichen Grenze des Tempels Ramses' II.«, d. i. des Ramesseums.[17] Am folgenden 12. zogen sie wiederum zum Ramesseum und »verbrachten (auch) die Nacht in Aufruhr an seinem Tor. Sie drangen (sogar) in das Innere (des Tempels) ein, während der Schreiber Pentawêret, die zwei Polizeiobersten und die zwei Torwächter der Befestigung der Nekropole« sie zu beschwichtigen suchten. Die Lage hatte offenbar bedrohlichen Charakter angenommen. Der Polizeioberste Monthmose brach auf »nach No«, d. i. die Stadt Theben auf dem Ostufer mit den vorgesetzten Dienststellen, »mit den Worten: ›Ich werde den Bürgermeister von No holen.‹«

Nach seiner Rückkehr erstattete Monthmose den Arbeitern folgenden Bericht: »Ich sagte zu ihm (dem Bürgermeister): ›Die von der Nekropole sind in den Ramses-Tempel eingedrungen.‹ Er sagte zu mir: ›Nichts ist im Schatzhaus, nichts ist vorhanden!‹«[18] Doch Monthmose hat, wie er weiter zu berichten scheint, den Auftrag mitbekommen, den Arbeitern aus dem Vorratshaus des Ramesseums etwas zuzuteilen. Die Polizeiobersten, die Schreiber und die Priester des Ramses-Tempels hörten sich alles an und hörten auch die Arbeiter an, die »zu ihnen sagten: ›Wir sind hierhergekommen aus Hunger und von Durst getrieben. Es gibt keine Kleidung, keine Salben, keine Fische, kein Gemüse. Meldet es dem Pharao, unserem guten Herren, und schickt zum Wesir, unserem Vorgesetzten, daß uns unser Lebensunterhalt gegeben werde!‹ Und an diesem Tag gab man ihnen die Getreideration des 1. Monatstages«, d. h., die seit einem Monat und 12 Tagen fällig war. Was der Schreiber Pentawêret ihnen an diesem Tage ausgegeben hat, »zusammen 55 Brote«, wird an anderer Stelle verzeichnet.[19]

Am folgenden Tag erfuhren die Arbeiter eine unerwartete Unterstützung durch die Obrigkeit.[20] »Bei der Befestigung der Nekropole verkündet der Polizeioberste Monthmose, was er sich über Nacht überlegt hat. Er wolle sich noch nicht an Pharao wenden, sondern die Sache selbst in die Hand nehmen und einen Protestmarsch anführen. »Geht hinauf« (an eure Arbeitsstätte), fordert er die Arbeiter auf, »und sammelt eure Geräte ein. Verschließt eure Türen (der Nekropolenschuppen oder der Häuser?) und bringt eure Frauen und Kinder mit! Ich werde an eurer Spitze zum Sethos-Tempel (in Kurna) marschieren. Den lasse ich euch morgen früh besetzen.« Das war am 13., und am 17.[21] bekamen die Arbeiter eine neue Getreideration, vermutlich aus den Beständen des Sethos-

77a Kästen schleppende Männer.

77b Ein Mann trägt ein Joch mit Ziegelsteinen.

Tempels, die Monthmose ausgekundschaftet hatte. Es erhielten:

»Der Vorarbeiter . . . . $7^{1}/_{2}$ Sack
der Schreiber . . . . . $3^{3}/_{4}$ Sack
jeder der acht Arbeiter . $5^{1}/_{2}$ Sack = 44 Sack«.[22]

Doch schon im folgenden Monat wiederholt sich das Schauspiel, diesmal mit einem ernsten Zwischenfall. Die Arbeiterschaft überschreitet die Mauern aufs neue, ihre Lage hat sich nicht gebessert. Jetzt streiken sie in der Nekropole oder, wie der ägyptische Text sagt, »setzen sie sich bei der Totenstadt.« »Die drei Vorgesetzten« versuchten, sie zurückzuholen, doch vergebens. Ein Arbeiter mit Namen Mesu schwört, daß er »liegenbleiben« werde,[23] und verflucht das Königsgrab. »Wegen dieses Schwurs im Namen des Pharao« wurde er mit Prügeln bestraft.[24] Daß sich Mesu hat hinreißen lassen, ist ein Zeichen der äußersten Bedrängnis der hungernden Nekropolenarbeiter.

Das nächste Mal »passierte die Mannschaft die Mauern«, und zwar an der Rückseite ihrer Siedlung vorbei gegen Medînet Hâbu zu, aus einem anderen Grund. Die drei Vorgesetzten versuchten, sie am Tor durch Schreien zurückzuhalten, und entsandten zwei Offiziere, zwei Boten und den Schreiber des Streikpapyrus Amonnacht, um sie zurückzubringen. Doch zwei namentlich aufgeführte Abgeordnete der Arbeiter, die »vor ihren Kameraden standen«, entgegneten ihnen: »Wir werden nicht kommen, sage es deinen Vorgesetzten nur. (Denn) wir haben (die Mauern diesmal) nicht überschritten, weil wir Hunger haben, (sondern) wir haben eine wichtige Aussage zu machen: An dieser Stätte des Pharao wurde etwas Arges begangen.«[25] Die Arbeiter bestätigten diese Aussage.

Leider erfahren wir nicht, worum es geht. Ein Ägypter scheute sich, etwas Böses durch Aufzeichnen zu festigen. Mag sein, daß die Notlage einen Mann zu einem Verbrechen verführt hatte, mag sein, daß die Leute einen Fall von Korruption aufgedeckt hatten, mag aber auch sein, daß wir in dieser scheuen Andeutung einen Fingerzeig auf die nachmaligen Grabplünderungen sehen dürfen, durch die viele ihrer Not später zu begegnen suchten (Kap. 16). Jedenfalls ist etwas Aufsehenerregend-Widerrechtliches vorgefallen.

Als am 28. des 8. Monats der vom Delta heraufgekommene Wesir von Theben wieder abfuhr, um die Götterstatuen für das königliche Hebsed-Fest in die Residenz im Delta zu bringen, erlebten die Arbeiter eine grausame Enttäuschung. Offensichtlich hatten sie gehofft, dieser höchste Beamte des Reiches, wenn er schon nicht eigens gekommen war, um ihnen Lebensmittel zu bringen, nütze doch seine Dienstreise dazu, ihnen eine Zuwendung zu machen. Statt dessen sahen sie seine Schiffe nordwärts ziehen, ohne daß sie sich seiner Gunst erfreut hatten. Ihr Ruf: »Nimm uns nicht unsere Ration weg!«, läßt vermuten, daß sie in den Schiffsleibern statt der Götter Brot vermuteten und daß sie fürchteten, der Wesir habe ihnen nicht nur nichts gebracht, sondern sogar Vorräte mitgenommen. Doch der hohe Herr weist diesen Verdacht mit der nichtssagend-entwaffnenden Antwort zurück: »Bin denn ich, der Wesir, eingesetzt, um wegzunehmen? Was ein Mann wie ich tut, ist Geben.« Für die Notlage der Arbeiter macht er die leeren Scheunen verantwortlich und beteuert, daß er geben wolle, was er vorgefunden habe. Tatsächlich verspricht der Schreiber Hori den Ausständigen an diesem Tage »eine halbe Getreideration«.

Der 2. des 9. Monats, also 4 Tage danach, war ein kritischer Tag. Die Arbeiter erhielten durch den Schreiber Amonchau die versprochene »halbe Ration«, faktisch aber nur 2 Sack, d. h. etwas über eine Drittelration. Auch wenn sie offenbar jetzt nur von der Hand in den Mund ernährt wurden, hat diese Ratenzahlung ihre Geduld überanstrengt. Ihr Vorarbeiter Chonsu fordert sie auf: »Nehmt die Ration und geht hinab zum Hafen zur Festung, und laßt dem Wesir durch seine Assistenten Meldung machen!« Aber schon als sie die erste Mauer überschritten hatten, trat ihnen der Schreiber Amonnacht entgegen und drohte ihnen: »Geht nicht zum Hafen! Ich habe euch doch gerade eben erst 2 Sack Emmer gegeben. Solltet ihr jetzt (zum Wesir) gehen, dann beschuldige ich euch vor jedem Gericht, zu dem ihr in dieser Angelegenheit gehen werdet. Außerdem werde ich (das Getreide) wieder rausholen lassen.«[27] Noch am selben Tage fand der Sohn des Amonnacht Pentawêret den Tod.

78a/b Bemalte Holzfigur eines abgezehrten Bettlers.

Eine gute Woche später, am 13., geht ein erneuter Protestmarsch gegen den Hunger in Szene. Diesmal setzten sich die Arbeiter an der Rückseite des Merenptah-Tempels nieder mit dem wohl litaneiartig wiederholten Ruf: »Wir haben Hunger« (Tafel 78). Die Streikenden riefen den Bürgermeister von No an, der gerade vorüberging, mit dem Erfolg, daß er endlich eine Monatsration Emmer vorschoß, »bis der Pharao euch die Getreideration gibt.«[29]

Wie es mit der Belieferung bzw. Hungersnot weitergeht, erfahren wir nicht. Sicher ist nur, daß die Wirtschaft total zusammengebrochen und die Moral weich geworden ist. Vielleicht hat sich auch eine gewisse Denunziationsfreude entwickelt. Jedenfalls ist am 16., also 3 Tage später, eine Anzeige wegen Verbrechen protokolliert, das »der einfache Arbeiter Pen-Anuket dem Schreiber Amonnacht und dem Oberarbeiter Chonsu« meldet. Der Inhalt ist interessant genug, daß er hier im Wortlaut folge.

»Ihr seid meine Vorgesetzten«, hebt Pen-Anuket an, »und ihr seid die Aufseher der Gräber. Der Pharao, mein guter Herr, ließ mich (bei meinem Dienstantritt) schwören: ›Wenn ich (böse) Worte hören oder wenn ich eine Untat an den großen, tiefen Stätten (den Gräbern) bemerken sollte, dann werde ich nichts verbergen.‹« Auf Grund dieses seines Diensteides sagt er folgendes aus: »Userhêt und Pentawêret haben Steine vom Grab des Osiris, des (verstorbenen) Königs Ramses II., des großen Gottes, weggenommen. Außerdem nahm er (so!) ein Rind, das mit dem Brandzeichen des Ramesseums gebrannt ist. Das steht (jetzt) in seinem (eigenen) Stall. Außerdem hat er drei verheiratete Frauen verführt: die Bürgerin Menat, die mit Kenena zusammen war, die Bürgerin Taiunas, die mit Amonnacht zusammen war, und die Bürgerin Tawêret-Hetepti, die mit Pentawêret zusammen war.«

Wegen des Diebstahl erinnert er an zwei Präzedenzfälle – darunter an den des berüchtigten Paneb[30] unter dem Wesir Hori und an dessen Urteil. »Laßt (mich) sehen, was ihr tun werdet gegen sie«, schließt er drohend, »oder ich werde Klage an Pharao einreichen, meinen Herrn, und gleichermaßen an den Wesir, meinen Vorgesetzten.«[31] Die Anzeige des Pen-Anuket wirft ein Streiflicht auf den zunehmenden moralischen Verfall und stützt die Vermutung, daß der uns verschwiegene Grund der Empörung wegen des »Argen« ein Grabraub gewesen ist.

Die letzte Notiz des Papyrus, die noch erhalten ist, 4 Monate später, am 10. Tag des 2. Monats im Jahre 30 der Regierungszeit Ramses' III. datiert, läßt erkennen, daß die Schwierigkeiten keineswegs behoben waren. Denn der Tempelschreiber mahnt den Nekropolenschreiber Amonnacht, der inzwischen offenbar die Stellung der Arbeiter bezogen hat oder sie doch nachhaltig vertritt, er möge nicht »Öl ins Feuer gießen.«[32] Aus der Folgezeit sind kürzere Streiks bekannt, der letzte aus dem Jahre 3 Ramses' X.[33]

Daß in anderen Landesteilen ähnliche Zustände geherrscht hätten, ist wenig wahrscheinlich, denn nur die Arbeiter der Totenstadt waren durch ihren einmaligen Status gegen Lohnausstände derart empfindlich. Wie sich zeigt, haben sie ihre Arbeit sofort wieder aufgenommen, sobald sie das Nötigste zu leben hatten. Die kleine Wüstenstadt und die Totentempel auf der thebanischen Westseite mögen der einzige Schauplatz von Arbeiterunruhen in Ägypten gewesen sein.

Spätestens seit 1070 v. Chr., dem Ende der Regierung Ramses' XI., lag Dêr el-Medina in Frieden, dem Frieden des Todes. Denn Ramses XI. war der letzte Herrscher, der im Königsgräbertal bestattet wurde. Die nachfolgenden Pharaonen fanden ihre Ruhestätte nahe ihrer Deltaresidenz in Tanis, nachdem rund 440 Jahre die thebanische Weststadt auserwählt war, die königlichen Mumien in sich zu bergen. Daß sie dort nicht in Ewigkeit bleiben durften, wie es ägyptischer Glaube ihnen zugedacht hatte, ist Gegenstand des nächsten Kapitels.

Die Akten über die Leiden der Nekropolenarbeiter von Dêr el-Medina gehören zu den traurigsten Abschnitten ägyptischer Geschichte. Das Grabglöckchen bimmelt auf dem Weg der stolzen Pharaonenkultur zum ersten Mal.

Sechzehntes Kapitel

Leichenfledderer

Ägyptens Großmachtstellung war vorüber. Die Zeit, in der es dem Ausland wie eine entrückte Märchenwelt erschien, da der Goldstrom von Nubien unaufhörlich flutete, da das Pharaonenland mit seiner imperialen Ausweitung nach Süden am Nil entlang ausgegriffen hatte und tief nach Asien vorgestoßen war und da ihm reiche Mittelmeerländer Tribut zollten, versank in der Auseinandersetzung mit der libyschen Einwanderung und in den Kämpfen gegen die vom Norden anstürmenden Seevölker. Nach einer wechselvollen Geschichte mit einigen Thronwirren gelang es Ramses III. als dem letzten großen Herrscher des Neuen Reiches noch einmal, die Grenzen Ägyptens freizukämpfen. Allerdings haben die überdimensionalen Anstrengungen die letzten Kraftreserven des Landes, die wirtschaftlichen wie die moralischen, ausgeschöpft. Was hier die permanenten Kriege, der Verlust der nördlichen Provinzen, die gigantischen Staatsbauten und die schrankenlosen Stiftungen der toten Hand anrichteten, das taten dort die marodierenden Söldner des stark überfremdeten Landes, die Korruption der Beamten und schließlich der sittliche Verfall der Arbeiter.

Gut 20 Jahre nach der Ermordung Ramses' III. befand sich der Staatshaushalt in hoffnungsloser Unordnung, die Preise stiegen bis auf das Zehnfache, die Scheunen waren leer. Hunger trieb die Leute auf die Straße, und die Arbeiter griffen erstmals in der Geschichte ihres Landes, erstmals in der Weltgeschichte zu dem Gewaltmittel des Streiks (Kap 15). Aber auch vom Streiken wurden sie nicht satt. Ihr Elend blieb groß, jedermann hatte Not, und doch war das Land voll von Schätzen. In den Tempeln funkelte es von Gold, Karnak war von einem Heer goldener Statuen bevölkert (Tafel XIV). Aber atemberaubender noch als die Schätze der Götter waren die der verstorbenen Könige. Tief in der Erde eingegraben schlummerten die Preziosen, die Masken und Särge aus Gold, die Juwelen und Amulette aus Malachit, Karneol und Lapislazuli, die Szepter und Kronen, die Stäbe und Prunkwaffen, die vergoldeten Schreine und Möbel, die kostbaren Gewänder (Tafel XV) und Spezereien und, und, und ... Wie hätte es verhütet werden können, daß die vor Hunger schwankenden Gestalten von dem stillebenden Hort in der Tiefe nicht ähnlich inspiriert worden wären wie nachmals »Alibaba und die vierzig Räuber«?

Keine Mauer war hoch genug, keine Sicherung reichte aus, um die von der allgemeinen Hungersnot besonders betroffenen Nekropolenarbeiter davon abzuhalten, dort zuzugreifen, wo sie ein- und ausgingen, wo sie Pläne und Bauten kannten, wo sie in lebenslänglicher Arbeit für ihren König-Gott die Fähigkeiten entwickelt hatten, mit diesen Schatzgruben fertigzuwerden.

Genau besehen, waren sie nicht die ersten, die sich an einem Nekropolengut vergriffen. Zumindest seit dem MR waren Gräber willkommene Beute. Wenn Familien ausstarben oder verarmten, konnten sie den Pflichten des Totendienstes nicht mehr nachkommen. Aber auch wenn sie durch Generationen hindurch wohlhabend blieben, erlahmte ihr Eifer für die Gräber der Urururururururur-großeltern, und sie übertrugen die Stiftung für die zur blassen Vokabel gewordenen Ahnen auf einen Jüngst-Verstorbenen. Sobald jedoch ein Grab nicht mehr versorgt ward, war sein Urteil gesprochen (Kap. 11).

Schon die Gaufürsten von Beni Hasan und el-Bersche aus der 12. Dynastie beispielsweise mußten die Grabstätten ihrer Vorfahren aus dem Ende des AR wiederherstellen lassen. In dem Grab des Fürsten Chnumhotep bei Beni Hasan aus der 12. Dynastie haben sich illegitime Besucher aus dem frühen NR verewigt. Die Häuser für die Äonen standen offen, sie waren leer. Trotz Polizei und staatlicher Aufsicht waren die zwischen den Hügeln der unbewohnten Wüste fernab gelegenen Grüfte nicht zu sichern.

Die thebanischen Königsgräber, deren Ausplünderung als die größte Rache eines religiösen Irrtums gesehen werden kann, lagen von der Nilebene durch den hohen Gebel Asis steilwandig getrennt (Tafel VII). Der einzige Weg, der in den fast kraterartigen Talkessel mündet, führt durch eine schmale Pforte, die durch ein paar Mann überwacht werden kann. Außerdem aber führen in das Königsgräbertal, die »Bibân el-Molûk«, d.h. die »Tore der Könige«, zwei Pfade über die schroff abfallenden Felsen des genannten Gebel Asis und ein weiterer dritter äußerst mühsamer Zugang von hinten heran. Diese drei Pfade waren auf der Höhe des Berges durch Posten gedeckt, deren Steinhütten noch heute dort in Trümmern liegen. So meinte man, das Königsgräbertal bestens gegen Zutritt von Unbefugten geschützt zu haben.

Aber die Arbeiter waren schlauer. Sie hatten es gelernt, unterirdische Gänge zu graben. Während sie das eine Grab ausstatteten, bohrten sie sich durch den Felsen zum benachbarten, um es auszuplündern. Allerdings taten sie das erst, als der Hunger sie quälte, und die Königsgräber kamen nicht gleich an die Reihe, wiewohl manche von ihnen bereits wenige Jahre nach ihrer Belegung geplündert wurden; so beispielsweise das Grab für Thuthmosis IV. und das für Tutanchamun. Zunächst aber brachen die Räuber vornehmlich in Privatgräber ein, wie das in Kap. 14 von dem Halunken Paneb berichtet ist. Die Ehrfurcht war geschwunden, die Furcht vor dem strafenden Gericht im Jenseits (Tafel 79a) zurückgetreten hinter die nackte Gier.

Unter Ramses IX. wurden die Übergriffe derart massiv, daß es zu einer Großuntersuchung kam.

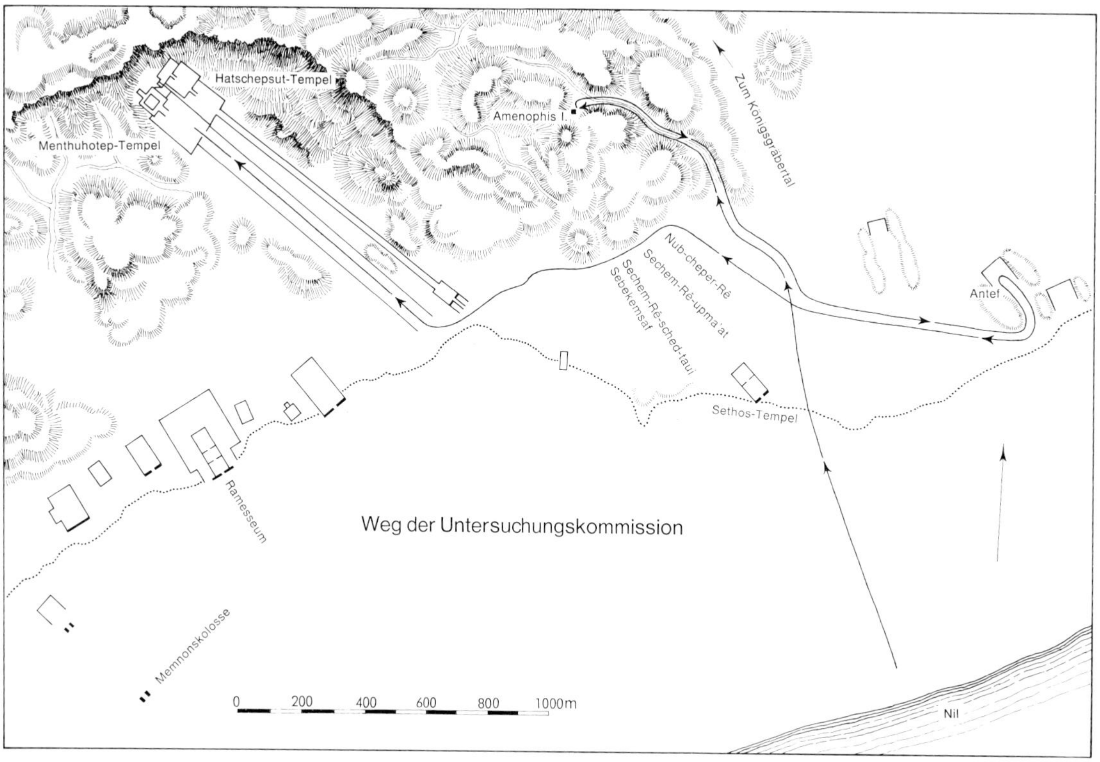

Plan 3 Begehungslinie der Inspektoren im Grabräuberprozeß.

79 a Schrecken der unterweltlichen Strafen im Grabe Thuthmosis' III.

79 b Verschieden ausgestattete Mumien.

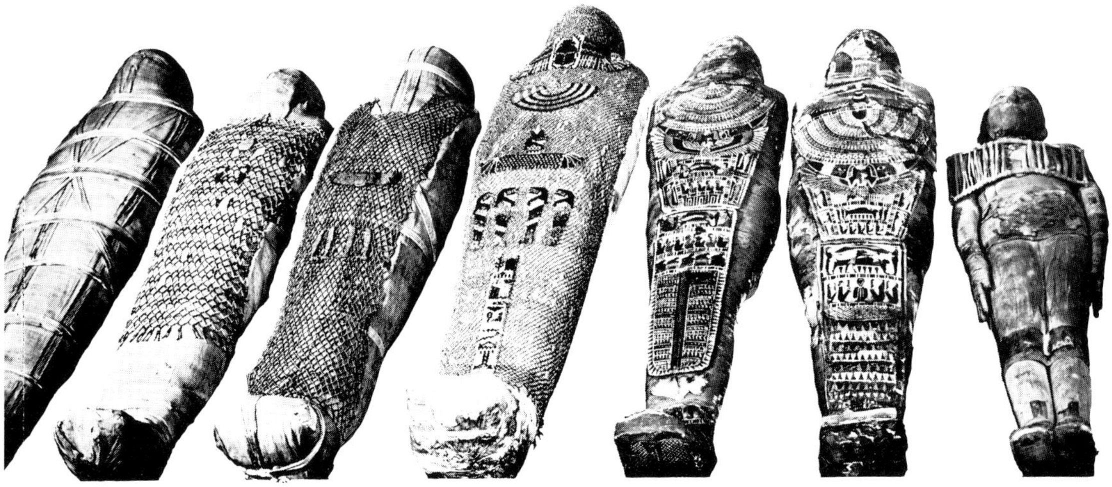

Den Stein ins Rollen brachte der Bürgermeister von Theben-Ost mit Namen Pesiur, der offensichtlich mit seinem Kollegen der westlichen Totenstadt, der zugleich der Oberste der Polizei des Westufers war, in Fehde lag. Der Stadtherr des Westens hieß Pawer'a. Auf Pesiurs Anzeige hin hat Ramses IX. eine Beamtenkommission eingesetzt, die die königlichen Gräber inspizieren sollte (Plan 3).
Die Beauftragten begannen mit der Untersuchung der Anlage Amenophis' I., des vielgeliebten und verehrten, heilig gesprochenen Orakelgottes. Der Gedanke, daß dessen Anlage versehrt sei, wie Pesiur gemeldet hatte, brachte die Gemüter in Wallung. Anschließend inspizierte die Kommission das Grab Antefs des Großen und, nach Süden fortschreitend, das des Nub-cheper-Rê-Antef und sieben weitere Gräber der 17. Dynastie und beschloß ihre Untersuchung beim Menthuhotep-Tempel in Dêr el-bahri (Abb. 61).[1] Diese Kontrolle war am 18. Tag des dritten Monats der Überschwemmungsjahreszeit im Jahre 16 Ramses' IX., d.i. im Jahre 1121 v. Chr.
Glücklicherweise ist das Protokoll dieser Untersuchung mit dem Papyrus Abbott des Britischen Museums auf die Nachwelt überkommen.[2] Da auch die Protokolle der Verhöre mit dem Papyrus Leopold II. und dazu eine Reihe von zugehörigen Briefen bzw. Berichten erhalten blieben, sind die aufregenden Ereignisse jener Tage in voller Frische gegenwärtig. Im folgenden sollen die fesselnden Dokumente möglichst selbst zu Wort kommen.

Nachdem im Abbott die hohen Mitglieder der Untersuchungskommission genannt sind, werden die am 16. geprüften Grabstätten aufgezählt.
1. »Der ›ewige Horizont‹ des Königs... Amenophis' I., der 20 Ellen tief ist... und über den der Fürst der Stadt (Bürgermeister von Theben) Pesiur eine Anzeige erstattet hat an: den Stadtvorsteher und Wesir Chaemwêse und an den königlichen Truchseß Nes-Amun, den Schreiber des Pharao, und an den Gütervorsteher der Gottesverehrerin des Amun-Rê, Königs der Götter, und an den königlichen Truchseß Neferkarê-em-per-Amun, den Herold des Pharao, und an die großen Beamten, des Inhalts, daß Diebe ihn (die Grabanlage ›der ewige Horizont‹) erbrochen hätten –
geprüft an diesem Tage –
Er wurde von den Inspektoren unversehrt gefunden.

2. Das Pyramidengrab des Königs Antef der Große, das nördlich vom Hof des Amenophis-Tempels liegt und dessen Pyramide zerstört ist, dessen Stele aber noch davorsteht – mit der stehenden Figur des Königs und seinem Hund namens Behka zwischen seinen Beinen –
geprüft an diesem Tage –
Es wurde unversehrt gefunden.[3]

3. Das Pyramidengrab des Königs Nub-cheper-Rê, Sohnes des Rê Antef: Es wurde von den Dieben angebohrt gefunden. Sie hatten einen Tunnel von $2^1/_2$ Ellen an seiner Nordseite gebohrt von der Außenhalle des Felsengrabes des verstorbenen Opfervorstehers des Amontempels Juri.
Es war unversehrt; den Dieben war es nicht gelungen einzudringen.

4. Das Pyramidengrab des Königs Sechem-Rê-up-Ma'at, Sohnes des Rê Antef'a: Es wurde von den Dieben angebohrt gefunden an der Stelle, wo seine Stele in seine Pyramide eingelassen ist –
geprüft an diesem Tage –
Es wurde unversehrt gefunden; den Dieben war es nicht gelungen einzudringen.

5. Das Pyramidengrab des Königs Sechem-Rê-sched-taui, Sohnes des Rê Sebekemsaf: Es wurde von den Dieben erbrochen gefunden, die einen Tunnel in den inneren Raum seines Pyramidengrabes gebrochen hatten, und zwar von der Außenhalle des Felsengrabes des Nebamun aus, des Speichervorstehers des Königs Men-cheper-Rê (Thuthmosis III.). Die Grabkammer des Königs wurde seines Herrn beraubt gefunden und ebenso die Grabkammer der großen königlichen Gemahlin Nubchas, seiner Königin.
Die Diebe hatten Hand an sie (beide) gelegt.
Der Wesir, die Beamten und die Truchsesse prüften den Tatbestand genau, und die Art des Vorgehens der Diebe gegen diesen König und seine Königin wurde aufgedeckt.«

Das Ergebnis der Inspektion war beruhigend. Denn

Abb. 61 Rekonstruktion der Tempel von Dêr el-bahri.

das letztgenannte Grab des Sebekemsaf war das einzige, das wirklich erbrochen gefunden wurde. So wenigstens besagen die Akten, die nach unserem heutigen Urteil Partei für den Bürgermeister der Weststadt ergreifen. Das Grab des Amenophis, das Pesiur als erbrochen gemeldet hatte, war intakt, ebenso wurden die weiteren der Inspektion unterworfenen Königsgräber als »unversehrt« bezeichnet.

So konnte der Schreiber mit Genugtuung das Protokoll beschließen mit der Feststellung:

»Summa summarum: Pyramidengräber der alten Könige, die an diesem Tage von den Inspektoren geprüft und intakt gefunden worden sind:

	9 Pyramidengräber
Erbrochen gefunden:	1
Zusammen:	10.«

Die Bestandsaufnahme bei den königlichen Gräbern schien Pesiur unrecht zu geben. Der Weststadt-Bürgermeister triumphierte. Allerdings fiel die Kontrolle der Privatgräber, deren die hohe Kommission am gleichen Tage noch eine große Anzahl untersuchte, viel betrüblicher aus. Von vier Gräbern der Sängerinnen vom Hause der Gottesverehrerin des Amun-Rê-Götterkönigs wurden zwei erbrochen gefunden, und von den »Gräbern und Kammern«, in denen die gewöhnlichen »Bürger und Bürgerinnen ruhten«, meldet der Bericht, daß »die Diebe sie alle erbrochen hatten, ihre Besitzer aus ihren inneren und äußeren Särgen gezerrt hatten, sie in der Wüste hatten herumliegen lassen und ihre Grabausrüstung, die ihnen mitgegeben war, samt dem Gold und Silber und den Schmucksachen, die in ihren inneren Särgen beigegeben waren, gestohlen hatten« (Tafel XVI).

Der Bürgermeister der Weststadt war nicht faul, er reichte sofort eine Liste mit den mutmaßlichen Dieben ein, die Leute wurden ergriffen, eingesperrt, verhört und – gestanden.

Über das Geständnis berichtet genauer der Papyrus Leopold II., dessen Geschichte ein Abenteuer für sich ist.[4] Es waren acht Diebe, die den Einbruch in das Grab des Königs Sebekemsaf verübt hatten. Steinhauer hatten den unterirdischen Gang zum Grabinnern gebrochen, die übrigen an dem lichtscheuen Werk Beteiligten waren Angestellte des Amontempels. Der Steinhauer Amon-panufer berichtet folgendermaßen:

»Wir sind in den Gräbern gewesen, um nach unserer Gewohnheit zu stehlen, und fanden das Pyramidengrab des Königs... Sebekemsaf. Dies war ganz und gar nicht wie die Pyramidengräber oder die Beamtengräber, die wir sonst geplündert haben. Wir nahmen unsere Kupferwerkzeuge und brachen einen Gang in das Pyramidengrab des Königs, quer durch seinen innersten Teil. Wir entdeckten seine unterirdische Kammer und stiegen, brennende Fackeln in der Hand, (zu ihr) hinunter (Abb. 62). Dann durchstießen wir den Sperrschutt am Eingang seines Vorraums und fanden hinten in seiner Sargkammer den Gott (König). Und wir fanden die Grabstätte der Königin Nubchas, seiner Gemahlin, nebenan, geschützt und gesichert durch (eine) Stuck(wand) und verdeckt mit Sperrschutt. Wir durchstießen auch ihn und fanden die Königin in gleicher Weise ruhend.

Wir öffneten die (äußeren) Sarkophage und die (inneren) Särge, in denen sie lagen, und fanden die ehrwürdige Mumie des Königs, mit einem Sichelschwert ausgerüstet. Zahlreiche Amulette und Schmuck aus Gold lagen um seinen Hals. Seine Goldmaske bedeckte ihn. Die ehrwürdige Mumie des Königs war ganz mit Gold überzogen. Seine Särge waren innen und außen mit Gold und Silber geschmückt und mit jeder Art von Edelsteinen eingelegt.

Wir rissen das Gold ab, das wir an der ehrwürdigen Mumie des Gottes fanden, gleichzeitig (das der) Amulette und des Schmuckes, die um seinen Hals lagen, und das der Särge, in denen er ruhte. – Die Königin fanden wir ganz in der gleichen Weise (ausgestattet), und wir rissen ebenso alles ab, was wir an ihr fanden, und legten (zuletzt) Feuer an ihre Särge. Wir nahmen auch die Beigaben, die wir bei ihnen fanden, d.h. die Dinge aus Gold, Silber und Bronze.

Dann teilten wir zwischen uns (acht Dieben), teilten das Gold, das wir bei den beiden Göttern gefunden hatten, (nämlich) an ihren Mumien, an ihren Amuletten, Schmucksachen und Särgen, in acht Teile. An jeden von uns wurden 20 Deben (= 20 × 91 Gramm) Gold verteilt, was zusammen 160 Deben Gold ausmacht, nicht eingerechnet das

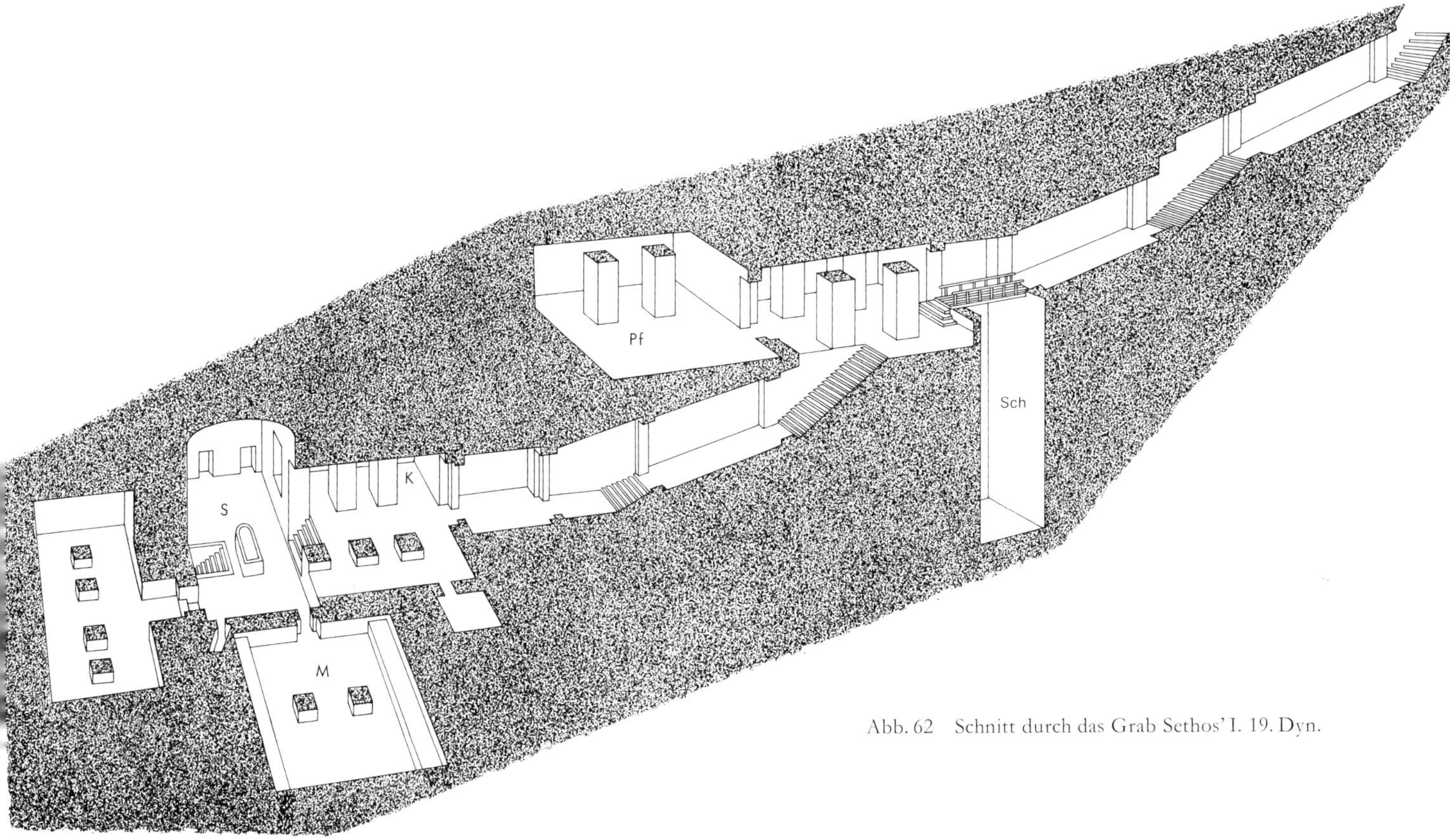

Abb. 62 Schnitt durch das Grab Sethos' I. 19. Dyn.

von den Beigaben Entfernte. Dann sind wir über den Nil gesetzt in die Stadt (Theben).
Nach vielen Tagen hörten die Distriktsvorsteher von Theben, daß wir im Westen gestohlen hatten, und sie nahmen mich fest und hielten mich im Amtsgebäude des Bürgermeisters von Theben gefangen. Da nahm ich die 20 Deben Gold, die mir als mein Anteil zugefallen waren, und gab sie Chaemwêse, dem Schreiber der Landestelle von Theben (dem Gefängnisschreiber). Daraufhin ließ mich dieser frei, und ich gesellte mich wieder zu meinen Kameraden, die mir zum Ersatz einen neuen Anteil (der Beute) aushändigten.
Ich geriet so wieder bis zum heutigen Tage ins Stehlen in den Gräbern der Beamten (Thebens) und der Leute der Umgebung, die in Theben-West ruhen, zusammen mit den anderen Dieben, meinen Kameraden. Und eine große Zahl von Leuten der Umgebung haben ebenso darin geplündert und bilden Banden!«
»Das Verhör«, so fährt der Text nach Registrierung der Personalien der acht Diebe fort, »wurde mithilfe der Bastonade durchgeführt, und man drehte ihnen Füße und Hände. Sie sagten (alle acht) die gleiche Geschichte. Der Stadtvorsteher und Wesir Chaemwêse und der königliche Truchseß Nes-Amun, Schreiber des Pharao, ließen die Diebe vor sich her nach dem westlichen Theben führen, im Jahre 16, 3. Monat der Überschwemmungsjahreszeit, Tag 19, und die Diebe bezeichneten das Grab des Gottes, das sie geschändet hatten.«
Verhör und Urteil wurden schriftlich aufgenommen, und man machte dem König Meldung. Am 22. desselben Monats wurden die Diebe durch den Großen Gerichtshof von Theben dem Hohenpriester des Amun überstellt, bis der Pharao ihre Strafe festgesetzt haben würde.
Die untersuchten Königsgräber liegen, abgesehen von dem des Amenophis und dem Menthuhotep-Tempel, am Wüstenrande, waren also vom Fruchtland aus nah und relativ leicht erreichbar. Auch die beiden genannten weiter westlich in die Felsen

eingehauenen Grabstätten sind noch diesseits der Bergmassivs gelegen, das die Bibân el-Molûk in seinem Kessel birgt. Von jenseits des Felsgebirges war noch keine böse Kunde laut geworden. Dagegen weckte ein Geständnis den schrillen Verdacht, daß auch das Tal der Königinnen, das altägyptisch »der Ort der Schönheit«, arabisch »Bibân el-Harîm« heißt, zum Tummelplatz räuberischen Gesindels geworden war.

Ein vorbestrafter Metallarbeiter mit Namen Pacharu, Leibeigener des Tempels Ramses' III., Sohnes des Chari und der »Kleinen Katze«, seiner Mutter, ein Mann übelsten Leumunds, hatte in einer Untersuchungshaft ausgesagt, daß er aus dem Grabe der Isis, der Gemahlin Ramses' II., einige Sachen gestohlen habe. Um diesem Verbrechen auf die Spur zu kommen, nahmen der Wesir Chaemwêse und der königliche Truchseß die Gelegenheit der Visitation, die sie in eigener Person in dem von der Beamtenkommission inspizierten Nekropolengebiet zur Kontrolluntersuchung vornahmen, dazu wahr, auch im Königinnengräbertal gleich nach dem Rechten zu sehen.

Am 19. Hathôr, also dem folgenden Tag, machten sie ihren Gang in diese fast noch einsamere Öde und ließen den Pacharu mit verbundenen Augen und gefesselt vor sich her schieben. Am Tatort nahmen sie ihm die Augenbinde weg. »Die Beamten sagten zu ihm: ›Geh uns voraus zu dem Grab, aus dem du, wie du sagst, die Sachen gestohlen hast‹. Der Metallarbeiter ging vor den Beamten her zu einem Grab eines der königlichen Kinder des Königs Ramses II., des Großen Gottes, in dem nie ein Begräbnis stattgefunden hatte und das offen gelassen war, und auch zu dem Haus des Nekropolenarbeiters Amenemône, Sohnes des Hui, welches an dieser Stelle liegt, und sagte: ›Das sind die Stellen, an denen ich gewesen bin‹.

Daraufhin ließen die Beamten den Metallarbeiter in einer sehr strengen Untersuchung (durch eine Bastonade) in dem Großen Tale untersuchen, aber man konnte nicht finden, daß er dort irgend eine andere Stelle kannte, abgesehen von den beiden Stellen, die er gezeigt hatte. Er schwur beim König, man solle ihn prügeln, ihm Nase und Ohren abschneiden und ihn pfählen, mit den Worten: ›Ich kenne hier unter diesen Gräbern keine andere Stelle außer dem Grab, das offen ist, und dem Haus, das ich euch gezeigt habe‹.

»Die Beamten«, so heißt es weiter im Text, nachdem offensichtlich aus Pacharu kein Geständnis zu erpressen war, »prüften die Siegel der Großen Gräber, die am »Ort der Schönheit« liegen und in welchen die Königskinder und die Königsgemahlinnen und die Königsmütter, die edlen Ahnherren und Ahnfrauen des Pharao ruhen. Sie wurden unversehrt gefunden. Die hohen Beamten veranlaßten die Inspektoren, die (Verwalter) und die Nekropolenarbeiter, die Vorsteher der Polizei und die Polizisten und alle Hörigen der Nekropole von Theben-West und der Stadt, in einer großen Demonstration bis nach Theben-Ost zu ziehen.«

Die Herren waren sehr erleichtert, bei ihrer Revision der Bibân el-Harim alles in guter Ordnung gefunden zu haben, so daß sie einen frohen Umzug durch die Stadt anordneten, um die aufgeregte Bevölkerung zu beruhigen und alle Gerüchte zum Schweigen zu bringen.

Das freute die einen, die anderen aber, voran das Haupt von Theben-Ost, Pesiur, mißtrauten der Untersuchung und sahen die Demonstration mit verächtlichem Mißbehagen. Als Pesiur am Abend dieses Tages in der Nähe des Ptahtempels mit einigen Mitgliedern der Untersuchungskommission zusammenstieß, schleuderte er ihnen ins Gesicht, daß ihm fünf neue Straftaten gemeldet worden seien, und drohte, dem König unmittelbar Meldung zu machen. Sein gegnerischer Kollege der Weststadt Pawer'a, dem Pesiurs Drohung brühwarm hinterbracht wurde, richtete nun seinerseits in der Hoffnung, dem Pesiur zuvorzukommen, tags darauf einen langen, aufgeregten Brief an den Wesir Chaemwêse. Er teilte darin alles mit, was er über Pesiurs Verhalten erfahren hatte, und schloß mit dem Antrag, die Sache unverzüglich zu untersuchen.

Tatsächlich hat der Wesir am nächsten Tage, also am 21. Hathôr, eine Gerichtssitzung dazu benützt, die Sache zu verhandeln. Die Anschuldigungen Pesiurs wurden als unhaltbar abgewiesen, alles in Ordnung befindlich erklärt, und die Belasteten freigelassen.

Gewiß waren die Händel der beiden streitenden Kollegen von Ost und West damit nicht beigelegt,

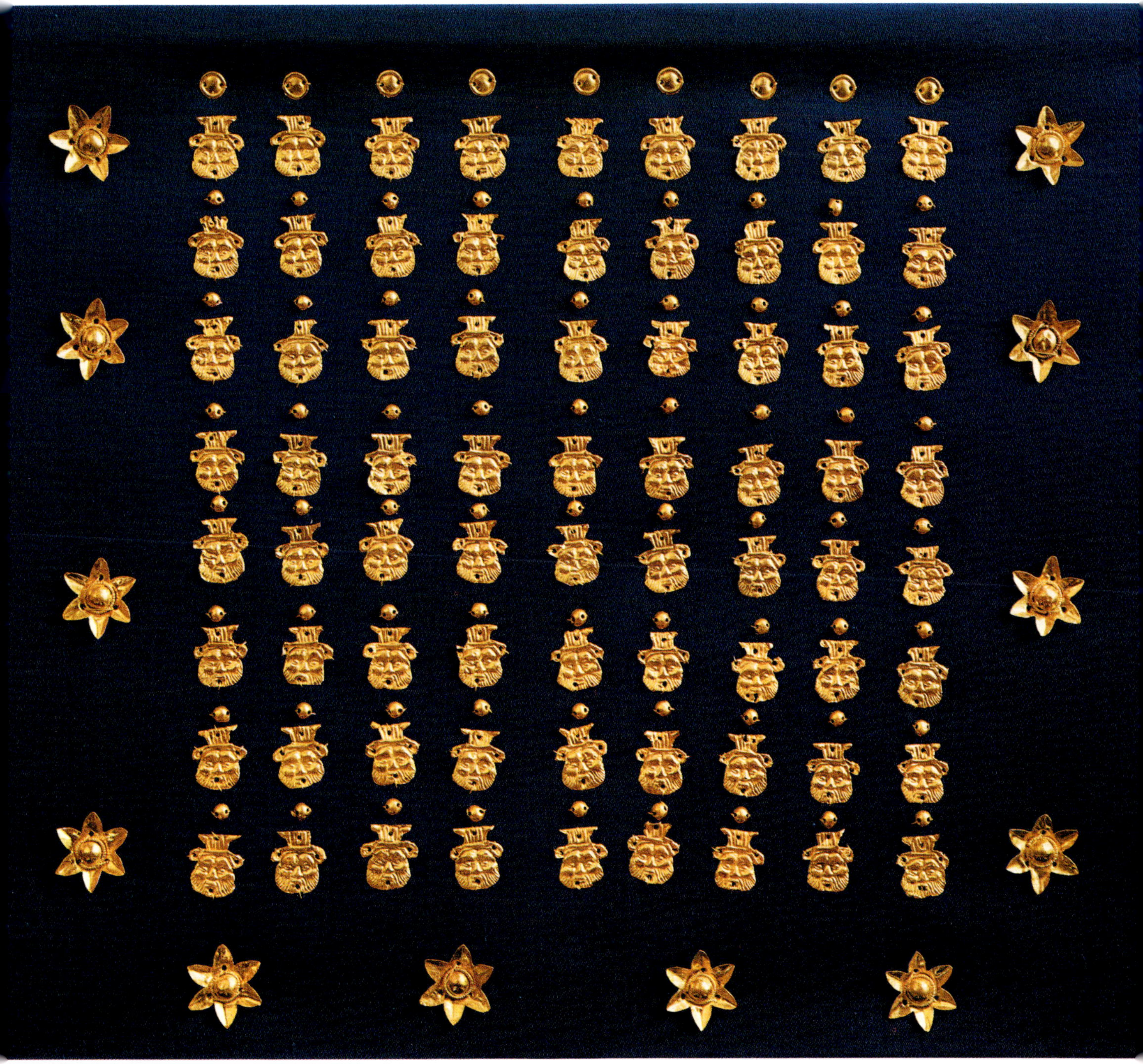

XV Goldne Schmuckglieder: Bês-Köpfe, Rosetten, Plättchen und Kügelchen zum Aufnähen auf Stoff.

noch gewisser aber gruben die Gold heischenden Maulwürfe ihre dunklen Gänge weiter. Drei Jahre später, im 1. Regierungsjahre Ramses' X., wurden bereits wieder 60 Verhaftungen mutmaßlicher Diebe vorgenommen. Die Raubsucht war inzwischen in die höheren Ränge aufgestiegen. Die meisten Plünderer gehörten dem niederen Beamtenstand an. Auch ein Schreiber des Schatzes des Amun sowie ein Priester des Amun und ein Priester des Gottes Chons waren darunter. Ja, die unterirdischen Schatzhöhlen hatten Schatzgräber über Thebens Grenzen hinaus angelockt; aus den umliegenden Orten nicht nur, sondern hinauf bis ins Faijûm, woher ein stellenloser, ehemaliger Priester des Gottes Sobek den Weg genommen hatte. Die Diebe beschränkten sich nicht mehr auf die Syringen, wie spätere griechische Reisende die königlichen Gräber genannt haben, sondern brachen sogar die Schatzkammern des Tempels Ramses' III. in Medinet Hâbu auf. Auch Frauen waren mitverhaftet. Vermutlich hatten sie als Hehlerinnen ihre Hand im Geschäft, wenn das Diebesgut verkauft wurde.

Die Banden blieben lange unentdeckt, bis einer von ihnen, der sich bei der Teilung der Beute benachteiligt fühlte, bei einem Polizeioffizier der Totenstadt seine Komplizen anzeigte.

Das Treiben, das in Gang gekommen war, nahm immer schnelleren Lauf. Die Staatsgewalt hatte keine Aussicht mehr, den Wettlauf zu gewinnen. Sie war zu ohnmächtig, um die Lage noch in den Griff zu bekommen. Die Plünderungen in der thebanischen Nekropole hatten im 10. Regierungsjahr des Königs Siamun der 21. Dynastie ein solches Ausmaß angenommen, daß man die gefährdeten Gräber aufgeben und sich auf die Bergung der Königsmumien beschränken mußte. Die teils zerfledderten Leichen wurden notdürftig wiederhergestellt und dann in abenteuerlicher Flucht vor den Banden von Grab zu Grab geschleppt. Schließlich versteckte man sie hehlings in dem rohen, schwer kenntlichen Schacht des Grabes der Königin Inhapi bei Dêr el-bahri, wo sie einen fast 3000-jährigen Schlaf geschlafen haben.[5] Ihres Schmuckes beraubt, ihren Hüllen entrissen, bar der bergenden Schreine, bestätigten sie des Harfners Lied: Ihre Stätten sind, als wären sie nie gewesen (Kap. 6). Sogar die Mumien des regierenden Königshauses wagte man nirgends anders als in demselben Schacht zu verstecken. Viele der bedeutenden gekrönten Häupter der 18.–20. Dynastie: die heilig verehrte Königin Ahmes-Nofretiri, Ahmosis I., Thuthmosis II. und III., Sethos I. und Ramses II. und III., jene, die Orakel erteilt, siegreiche Feldzüge stolz geführt hatten, mit brausenden Jubelrufen verehrt und den Göttern gleich erachtet worden waren, vor denen fremdländische Würdenträger sich siebenmal auf den Bauch und siebenmal auf den Rücken hatten werfen müssen (vgl. Tafel 3b), sie lagen hier beieinander, geschändet und verheimlicht.

Erst 1871 wurde das Versteck von modernen Grabräubern unter dem Haupt eines Abd er-Rasûl Ahmed von Theben-West aufgespürt und endlich dann zehn Jahre später, nachdem manches der restlichen Kleinodien der erneut beraubten Pharaonen seinen Weg in den Kunsthandel genommen hatte, von der ägyptischen Behörde gefunden. Die Sensation der Aufdeckung dieser »Cachette« war nicht geringer als die Auffindung des Tutanchamun-Grabes gut 40 Jahre später. Während die wieder ans Tageslicht gebrachten Pharaonen auf einem Dampfer nilabwärts nach Kairo überführt wurden, haben die Bewohner der anliegenden Ortschaften den Trauerzug mit lauter Totenklage und mit rituellen Klagegebärden begleitet, nicht anders als es den alten Grabbildern abzulesen ist.[6]

Wieder ein Jahrzehnt später gab der gleiche Abd er-Rasûl dem damaligen Generaldirektor der Altertümerverwaltung ein weiteres Versteck, etwas nördlich des Dêr el-bahri-Tempels bekannt, in dem sage und schreibe 163 Särge thebanischer Priesterfamilien der 21. Dynastie geborgen waren, und 1898 schließlich fand der seinerzeitige Generaldirektor der Altertümerverwaltung im Grabe Amenophis' II. außer der Mumie des Königs selber weitere neun Königsmumien, darunter die Amenophis' III. und Merenptahs.[7]

Seit 1959 sind die Mumien der »Großen Häuser« (Kap. 1) als Attraktion wiederum im Kairener Nationalmuseum zur Schau gestellt, nachdem sie aus Pietätsgründen vorher von dort in Magazinräume

XVI Amulette und Schmuck aus Gold.

und dann in das Mausoleum Saghluls gebettet waren.[8]

Die Geschichte der Bergung der königlichen Leichen entbehrt nicht der Komik. Als die Fuhren 1881 im Hafen von Kairo anlegten, war der Steuerbeamte in Verlegenheit, wie die »Ware« zu verzollen sei. Mumien, von einem deutschtümelnden Ägyptologen als »Dörrleichen« bezeichnet, waren nicht im Warenregister aufgeführt. Mangels einschlägiger Rubrizierung belegte der ratlose Mann »die ehrwürdigen Götter« mit der Taxe für Trockenfische.

Die Papyri, die von den Grabräubern, Leichenfledderern und deren Verhören Kunde geben, zählen zu den interessantesten Schriftstücken Altägyptens. Sie beleuchten die sozialen Zustände eines Zeitabschnittes eindrucksvoll und zeigen am konkreten Beispiel zugleich das Allgemein-Menschliche. Streit unter den Komplizen hat die Räuber in die Hände der Behörde gespielt, unter dem Wesir Chaemwêse wie zur Zeit Abd er-Rasûls. Während die Polizei scharfäugig ihre Knüppel bereithielt, wühlten die vom Rausch Befallenen unbemerkt unter ihren Füßen nach jenem Metall, das Symbolwert für alle Träume angenommen hat.

»Geschlechter vergehen / andere bestehen / an ihrer statt«, singt der Harfner im Grabe des Königs Antef (Kap. 6). »Die Edlen, Verklärten / auch sie sind begraben«, aber sie ruhen nicht einmal mehr »in den Pyramiden«. Und doch ist nicht »vergangen, was sie geschaffen haben«. Exegunt monumentum aere perennius.[9] Ihr Geist weht durch die Zeiten und trägt auch uns noch durch die Labyrinthe von Hoffnung und Qual. Ihr religiöser Irrtum, durch Mumifizierung eine Voraussetzung zu schaffen für die Auferstehung des Fleisches (Tafel 79 b) — ist er weit entfernt vom Abscheu vor einer Feuerbestattung? Oder von dem Brauch, die Grabkammer so hoch zu bauen, daß der Verstorbene von den Engeln Munkar und Nakir in der Nacht nach der Beisetzung auf seine Rechtgläubigkeit hin sitzend geprüft werden kann?[10]

Schauen die Träger altägyptischer Mumifizierungsideen nicht aus erhabener Höhe auf die Mister Bedfords herab, die sich Quecksilber in die Adern ihrer Leichen gießen lassen, damit der Kuß zukünftiger Biologie sie aus ihrem Dornröschenschlaf wiedererwecke wie der Prinz im Märchen? Bei allen ihren Schwächen haben die geistesmächtigen Alten Ägypter, solange sie ihren Kompaß nach oben orientierten, einen Höhenflug erreicht, wie er keinem anderen Volk beschieden war, wenn man bedenkt, daß sie nicht des Zaunkönigs Chance hatten, sich aus Adlers Höhe von dessen Fittichen aufzuschwingen, sondern gestartet sind aus einem vorgeschichtlichen Stand.

80 Amon-her-chopeschef, Sohn Ramses' III., im Königsgewand.

Chronologische Übersicht der ägyptischen Geschichte

Die Ägypter haben die Daten ihrer Geschichte nicht an einem Fixpunkt verankert, sondern rechneten nach den Regierungsjahren der einzelnen Herrscher, die nach Familien (Dynastien) zusammengefaßt waren. Die Ägyptologen bündeln diese Dynastien zu »Zeiten« und »Reichen« und unterscheiden: Vorgeschichte (Vg), Altes Reich (AR), 1. Zwischenzeit, Mittleres Reich (MR), 2. Zwischenzeit, Neues Reich (NR), 3. Zwischenzeit, Spätzeit (Sp) und griechisch-römische Zeit. Hier sind nur die wichtigsten Herrscher und Dynastien aufgeführt. Die kulturellen Blütezeiten sind AR, MR und NR. Die Daten bis zur römischen Eroberung liegen vor Christi Geburt (v. Chr.).

Vorgeschichte
(Bis 3000)

Die aufeinander folgenden Kulturen werden nach den Orten benannt, an denen sie zuerst entdeckt wurden. Die bedeutendste materielle Hinterlassenschaft ist die Keramik. Am Ende der Vg zwischen 5000 und 3000 (Neolithikum) wurde das Volk seßhaft, baute Getreide an und züchtete Vieh. Die Zeit war ohne Schrift und Kalender.

Altes Reich
(3000–2155)

1. und 2. Dyn. 3000–2665

König Narmer gilt als Reichsgründer. Schaffung des Staates, Erfindung der Schrift und Normierung der geistigen Errungenschaften auf allen Gebieten, Prägung des ägyptischen Stils.

3. Dyn. 2665–2600

König Djoser
Baumeister und Weiser Imhotep
Stufenpyramide bei Sakkâra; Schaffung des Kunstkanons, Einführung des Kalenders.

4. Dyn. 2600–2480

Könige: Snofru
Cheops
Chephren
Mykerinos
Schepseskaf
Monumentale Architekturformen; Pyramiden von Medûm, Dahschûr, Gîsa, Sakkâra; Mastabas (der Beamten und königlichen Angehörigen) von Gîsa und Sakkâra.

5. Dyn. 2480–2320

Könige: Sahurê
Neferirkarê
Ne-user-Rê
Asosi
Unas
Pyramiden und Sonnenheiligtümer bei Abusîr, Mastabas von Gîsa und Sakkâra.

6. Dyn. 2320–2155

Könige: Pepi I.
Merenrê
Pepi II.
Nitokris (Königin)
Pyramiden bei Sakkâra; Expeditionen nach Nubien-Punt. Zerfall des Reiches.

1. Zwischenzeit
(2155– etwa 2130)

7.–10. Dyn.

Könige: Achthoës
Merikarê u.a.
Politische Wirren, wenige Kunstdenkmäler, bedeutende Literatur, religiöse Vertiefung.

Mittleres Reich
(2130–1650)

11. Dyn. 2130–1991

Könige: Menthuhotep I.
Antef I. Sehertaui
Antef II. Wah-anch
Antef III. Nacht-nebtep-nufer
Menthuhotep II.–IV.
Konsolidierung des Reiches, Grabpyramide Menthuhoteps bei Dêr el-bahri.

12. Dyn. 1991–1785

Könige: Amenemhêt I.
Sesostris I.
Amenemhêt II.
Sesostris II. und III.
Amenemhêt III. und IV.

Ausdehnung des Reiches nach Nubien bis zum zweiten Katarakt. Urbarmachung des Faijûms. Die letzten großen Pyramiden bei Dahschûr, Lischt und am Faijûm. Felsgräber in Mittelägypten und in Assuân.

13. und 14. Dyn. 1785–1650

Über 100 Könige, darunter
Sebekhotep I. – V.
Neferhotep I. – III.
Gegen Ende der Epoche daneben Kleinkönige im Delta.

2. Zwischenzeit (1650– etwa 1551)

15. und 16. Dyn. 1650–1550

Herrschaft der asiatischen Hyksos in Ägypten.

17. Dyn. 1650–1551

Könige: Sekenenrê I. und II.
Kamose u. a.
Vertreibung der Hyksos, Neugründung des Reiches unter oberägyptischen Fürsten in Theben.

Neues Reich (1551–1080)

18. Dyn. 1551–1305

Könige: Ahmosis, Ahmes-Nofretiri (Gemahlin)
Amenophis I.
Thuthmosis I. und II.
Hatschepsut
Thuthmosis III.
Amenophis II.
Thuthmosis IV.
Amenophis III.
Amenophis IV. – Echnaton
Semenchkarê
Tutanchamun
Eje
Haremhab
Machtvoller Aufstieg Thebens, Ausdehnung der Reichsgrenzen in Asien bis zum Euphrat, in Nubien bis zum vierten Katarakt, Berührungen mit Kreta und Mykene. Tempelbauten in Dêr el-bahri, Luksor, Karnak; Felsgräber der Könige im Königs- und im Königinnengräbertal bei Theben. – Bedeutendster Herrscher der ersten Hälfte Thuthmosis III. (1490–1436). Amenophis IV. führt eine religiöse, künstlerische und kulturelle Reform durch, verehrt als einzige Gottheit die Strahlensonne (Aton) und nennt sich nach ihr Echnaton; verläßt Theben und erbaut bei Amarna eine neue Residenz. Unter Tutanchamun Rückkehr zum Alten. Festigung des Staatsgefüges unter Haremhab.

19. Dyn. 1305–1196

Könige: Ramses I.
Sethos I.
Ramses II.
Merenptah
Sethos II.
Siptah
Königin Tawosret
Gewaltige Bauten, besonders unter Ramses II., in Karnak, Theben (Ramesseum), Ramsesstadt (Delta) und in Nubien (Felsentempel von Abu Simbel). Hethiterkriege.

20. Dyn. 1196–1080

Könige: Sethnacht
Ramses III. – XI.
Unter Ramses III. Arbeiterunruhen in Dêr el-Medina, Bau von Medinet Hâbu in Theben. Abwehrkämpfe gegen die Libyer und die »Seevölker«. Unter Ramses IX. Grabräuberprozesse.

3. Zwischenzeit (1080–712)

21. Dyn. 1080–946

(Taniten)
In Theben herrschen Amonspriester, daneben in Tanis Könige.

22.–24. Dyn. 946–712

(Bubastiden)
Könige: mehrere mit Namen Scheschonk und mit
Osorkon
u. a. libysche Herrscher
Zerfall des Reiches. Nubien (Hauptstadt Napata) wird selbständig und greift nach Ägypten.

Spätzeit (745 bzw. 712–332)

25. Dyn. 745–655

(Äthiopen-Kuschiten)
Könige: Schabaka
Taharka
Tanutamun u. a.
Äthiopische Herrscher neben der Tempelherrschaft unter »Gottesgemahlinnen« mit Namen Schepenupet, Amenerdas und Nitokris. – Von 670–663 daneben Assyrerherrschaft.

26. Dyn. 664–525

(Saïten)
Könige: Psametich I.
Necho
Psametich II.
Apries
Amasis
Psametich III.
Daneben Herrschaft der Gottesgemahlinnen. Ordnung im Lande, Verwicklung mit Babylonien, Gründung der Griechenstadt Naukratis.

27. Dyn. 525–404

(1. Perserherrschaft)
Könige: Kambyses
Darius I.
Xerxes
Artaxerxes I.
Darius II.
Artaxerxes II.

28.–30. Dyn. 404–342

(Einheimische Herrscher)
mit Königen namens:
Nektanebôs
Teos u. a.

31. Dyn. 342–332

(2. Perserherrschaft)

Griechisch-römische Zeit (332 v. Chr.–395 n. Chr.)

332–323

Alexander der Große hat Ägypten in Besitz.

323–30 v. Chr.

Die Ptolemäer, seine Nachfolger:
Ptolemaios I.–XII.
Berenike IV.
Kleopatra VII. (51–30)

30 v. Chr.–395 n. Chr.

Ägypten römische Provinz

395–640

Byzantinische Herrschaft

640

Ägypten von den Arabern erobert

Die Daten folgen im allgemeinen dem Abriß der Geschichte des Alten Ägypten von J. von Beckerath, München–Wien 1971.

Literaturverzeichnis der stark abgekürzten häufig zitierten Werke

Allam, Ostraka = Allam, Schafik: Hieratische Ostraka und Papyri aus der Ramessidenzeit. Tübingen 1973.

Amenemope = Lange, Hans O.: Das Weisheitsbuch des Amenemope. Kopenhagen 1925. (= Det Kgl. Danske Videnskabernes Selskab. Hist.-fil. Meddelelser XI 2). Neuere Bearbeitung: Grumach, Irene: Untersuchungen zur Lebenslehre des Amenope. München 1972. (= Münchener Ägyptol. Studien. H. 23).

ANET = Ancient Near Eastern Texts relating to the Old Testament. Hrsg. von James B. Pritchard. 2. Aufl. Princeton 1955.

Anii = Die Lehre des Anii. Emile Suys: La sagesse d'Ani. Texte, traduction et commentaire. Rom 1935 (= Analecta orientalia 11).

AJA = American Journal of Archaeology. Baltimore, ab 1897 Norwood.

APAW = Abhandl. d. Preuß. Akad. d. Wissenschaften.

ASAE = Annales du Service des Antiquités de l'Egypte. Kairo.

Atlas = Wreszinski, Walter: Atlas zur altägypt. Kulturgeschichte. Bd. 1–3. Leipzig 1923–1938.

BIE = Bulletin de l'Institut d'Égypte.

BIFAO = Bulletin de l'Institut Français d'Archéologie Orientale. Kairo.

CAH = The Cambridge Ancient History. Bd. 2. Cambridge 1965.

CASAE = Cahiers. Suppléments aux ASAE. Kairo.

CdE = Chronique d'Egypte. Brüssel.

CG = Catalogue Général des Antiquités Egyptiennes du Musée du Caire. Kairo.

CT = de Buck, Adriaan: The Egyptian Coffin Texts. Bd. 1–7. Chicago 1935–1961.

Diodor I = Diodori Bibliotheca Historica I, ed. L. Dindorfii. Leipzig 1866.

EEMM = The Metropolitan Museum of Art, The Egyptian Expedition. Supplement to: Bulletin of the Metropolitan Museum of Art. New York.

Eutrop. = Eutropius, Breviarium ab urbe condita, ed. Droysen in Monumenta Germaniae historica, Auctores antiquissimi. Bd. 2, 1879.

Esna V = Sauneron, Serge: Les fêtes religieuses d'Esna aux derniers siècles du paganisme. Kairo 1962.

FIFAO = Fouilles de l'Institut Français d'Archéologie Orientale du Caire. Kairo.

FS = Festschrift.

FS Griffith = Studies presented to F. Ll. Griffith. London 1932.

Giza I–XII = Junker, Hermann: Bericht über die von der Akademie der Wissenschaften in Wien auf gemeinsame Kosten mit Dr. Wilhelm Pelizaeus unternommenen Grabungen auf dem Friedhof des Alten Reiches bei den Pyramiden von Giza. Bd. 1–12. Wien 1925–1955.

Grundriß der Medizin IV = von Deines, Hildegard, Hermann Grapow und Wolfhart Westendorf, Übersetzung der Medizinischen Texte. Berlin 1958 (= Grundriß der Medizin der alten Ägypter, Bd. IV).

Herodot II = Herodot: Historien, Buch II.

HO I = Gardiner, Sir Alan und Jaroslav Černý, Hieratic Ostraca I. Oxford 1957.

JARCE = Journal of the American Research Center in Egypt. Boston.

JEA = Journal of Egyptian Archaeology. London.

JNES = Journal of Near Eastern Studies. Chicago.

Karnak Nord IV = Karnak-Nord IV. Fouilles conduites par Cl. Robichon. Kairo 1954 (= Fouilles de l'Institut Français au Caire, Bd. 25).

Kêmi = Kêmi. Revue de Philologie et d'Archéologie Egyptiennes et Coptes. Paris.

LÄ = Lexikon der Ägyptologie. Wiesbaden 1972ff.

MDAIK = Mitteilungen des deutschen Archäologischen Instituts, Abt. Kairo. Kairo, Berlin, Wiesbaden, Mainz.

MIFAO = Mémoires publiés par les Membres de l'Institut Français d'Archéologie Orientale du Cairo. Kairo.

MIO = Mitteilungen des Instituts für Orientforschung. Berlin.

NAWG = Nachrichten von der Akademie der Wissenschaften zu Göttingen.

OMRO = Oudheidkundige Mededelingen uit het Rijksmuseum van Oudheden te Leiden. Leiden.

OR = Orientalia, Nova Series. Rom.

p = Papyrus.

pAnast. I = Gardiner, Alan H.: Egyptian Hieratic Texts. Series I, part 1: Literary Texts of the New Kingdom. Leipzig 1911.

pAnast. III und IV = Papyrus Anastasi III und IV, n. Select Papyri in the Hieratic Characters from the Collections of the British Museum. London 1942–44.

pBeatty IV = Papyrus Beatty IV = Hieratic Papyri in the British Museum. 3d Series: Chester Beatty Gift. Ed. Alan H. Gardiner. Bd. 1–2. London 1935.

pBologna 1094 = Papyrus Bologna 1094. In: Lincke, Arthur: Correspondenzen aus der Zeit der Ramessiden. Leipzig 1878.

pInsinger = Papyrus Insinger; Boeser, Pieter A. A.: Transcription und Übersetzung des Papyrus Insinger. In: OMRO III, 1922.

pLansing = Papyrus British Museum no. 9994; Budge, E. A. W.: Egyptian Hieratic Papyri in the Brit. Museum, 2d Series, Taf. 15–30.

pSallier I = Papyrus British Museum no. 10185; Budge, E. A. Wallis: Egyptian Hieratic Papyri in the Brit. Museum, 2d Series, Taf. 53–62.

pRam IV = Papyrus Ramesseum IV. Barns, Joh W. B.: Five Ramesseum Papyri. Oxford 1956. Taf. 16–20.

pSalt 124 = Papyrus British Museum 10055; Černý, Jaroslav: Papyrus Salt 124. In: JEA 15 (1929). S. 243–258.

pSalt 825 = Derchain, Philippe: Le papyrus Salt 825. Rituel pour la conservation de la vie en Egypte. Brüssel 1965 (= Acad. Royale de Belgique. Mémoires. Bd. 58).

pSmith = Papyrus Edwin Smith: Breasted, James H.: The Edwin Smith Surgical Papyrus, Bd. 1–2. Chicago 1930.

PM = Porter, Bertha und Rosalind L. B. Moss: Topographical Bibliography of Ancient Egyptian Hieroglyphic Texts, Reliefs and Paintings. Bd. 1–7. Oxford 1927–52. 2. Aufl. 1960.

Ptahhotep = Die Lehre des Ptahhotep; Dévaud, Eugène: Les Maximes de Ptahhotep d'après le Papyrus Prisse, les Pap. 1037/10435 et 10509 du British Museum et la Tablette Carnavon. Texte. Freiburg/Schweiz 1916.

Pyr. = Sethe, Kurt: Die altägyptischen Pyramidentexte. Bd. 1–4. Leipzig 1908–22.

RAD = Gardiner, Alan H.: Ramesside Administrative Documents. London 1948.

Ranke, PN = Ranke, Hermann: Die altägyptischen Personennamen. Bd. 1–2. Glückstadt 1935 und 1952.

RÄRG = Bonnet, Hans: Reallexikon der ägyptischen Religionsgeschichte. Berlin 1952.

RdE = Revue d'Egyptologie. Kairo. Ab Bd. 7 Paris.

recto = Vorderseite eines Papyrus, d. i. die Seite, auf der die Papyrusfasern waagerecht laufen.

SBAW = Sitzungsberichte der Bayer. Akad. d. Wissenschaften. München.

SPAW = Sitzungsberichte der Preußischen Akad. d. Wissenschaften. Berlin.

s. v. = sub voce, unter dem betr. Stichwort.

Thebanisches Grab Nr. x = Numerierung der thebanischen Gräber wie bei PM.

UGAÄ = Untersuchungen zur Geschichte und Altertumskunde Ägyptens. Leipzig und Berlin.

Urk. I = Urkunden des ägyptischen Altertums, hrsg. v. Georg Steindorff. Abt. I: Sethe, Kurt: Urkunden des Alten Reiches, 2. Aufl. Leipzig 1933.

Urk. IV = Urkunden des ägyptischen Altertums, hrsg. von Gg. Steindorff. Abt. 4: Sethe, Kurt (ab H. 17 Helck, Wolfgang): Urkunden der 18. Dynastie. Nachdr. der 2. Aufl. Graz 1961, Berlin 1955–1961.

Urk. VI = Abt. VI: Schott, Siegfried: Urkunden mytholog. Inhalts. Leipzig 1929–1939.

VA = Vandier d'Abbadie, Jeanne: Catalogue des Ostraca Figurées de Deir el Médineh. Bd. 1–4. Kairo 1935–1959 (= Documents de Fouilles de l'Institut Français d'Archéologie Orientale du Caire 2).

WdO = Die Welt des Orients. Wissenschaftliche Beiträge zur Kunde des Morgenlandes. Göttingen.

verso = Rückseite eines Papyrus, d. i. die Seite, auf der die Papyrusfasern senkrecht laufen.

ZÄS = Zeitschrift für ägyptische Sprache und Altertumskunde. Leipzig und Berlin.

ZDMG = Zeitschrift der Deutschen Morgenländischen Gesellschaft. Leipzig, Wiesbaden.

Häufig zitierte Bücher der Verfasserin:

Der Tanz im Alten Ägypten, Glückstadt 1938, 2. Aufl. 1958.

Die altägyptischen Scherbenbilder der deutschen Museen und Sammlungen, Wiesbaden 1956.

Ägypten, Studienreiseführer mit Landeskunde (mit Vera Hell), Stuttgart 1962, 3. Aufl. 1976.

Altägyptische Märchen, Düsseldorf/Köln 1963, 4. Aufl. 1976.

Altägyptische Tiergeschichte und Fabel, 1959, 4. Aufl. Darmstadt 1974.

Anmerkungen

Erstes Kapitel

Große Häuser von innen beleuchtet

1 Vgl. Brunner, Hellmut: Die Geburt des Gottkönigs. Wiesbaden 1964 (= Ägyptol. Abhandl. Bd. 10). – Brunner-Traut, Emma: Die Geburtsgeschichte der Evangelien im Lichte ägyptol. Forschungen. In: Zeitschr. f. Religions- und Geistesgeschichte 12 (1960). S. 97–111. – Dies.: Pharao und Jesus als Söhne Gottes. In: Antaios 2 (1960). S. 266–284. – Dies.: Altägypt. Märchen. 3. Aufl. Düsseldorf–Köln 1973. Nr. 11.

2 Urk. I. S. 232. Vgl. dazu Posener, Georges: A Propos de la »Pluie miraculeuse«. In: Revue de Philologie, de Littérature et d'Histoire anciennes, 3ᵉ série, année et tome 25 (1951). S. 162–168.

3 Posener, Georges: De la Divinité du Pharaon. Paris 1960 (= Cahiers de la Société asiatique 15). Kap. III und IV.

4 Erichsen, Wolja: Eine neue demotische Erzählung. Akad. d. Wiss. und d. Lit. Abhandlungen Jg. 1956. Nr. 2. S. 52 und 60.

5 Zu weiteren Aspekten des Königs und vorliegendem Thema vgl. Posener: De la Divinité.

6 Vgl. Brunner-Traut: Märchen. Nr. 34.

7 Vgl. Brunner-Traut: Märchen. Nr. 3.

8 Brunner-Traut: Märchen. Nr. 33.

9 pSalt 825, 5, 3–5.

10 Vgl. zu dem Thema Sethe, Kurt: Die Ächtung feindlicher Fürsten. Berlin 1926 (= APAW). – Posener: Princes et Pays d'Asie et de Nubie. Brüssel 1940. – Giza Bd. 8. S. 32–38. – Posener: Les empreintes magiques de Gizeh et les morts dangereux. In: MDAIK 16 (1958). S. 252–270. – Lauer, Jean-Ph. et J. Leclant: Découverte de statues de prisonniers au temple de la pyramide de Pépi I. In: RdE 21 (1969). S. 55–62.

11 Gardiner, Alan H.: The Admonitions of an Egyptian Sage. Leipzig 1909. Neue Übersetzung von Faulkner, Raymond O.: The Admonitions of an Egyptian Sage. In: JEA 51 (1965). S. 53–62.

12 Vgl. Brunner-Traut: Märchen. Nr. 3.

13 Kitchen, Kenneth A.: Ramesside Inscriptions VI. Oxford 1969. S. 19, 2–5.

14 Vgl. auch hier S. 49, Ende.

15 Urk. IV 1344. Vgl. dazu Helck, Wolfgang: Eine Stele des Vizekönigs Wśr-Śt.t. In: JNES 14 (1955). S. 22–31.

16 Urk. I 40–43. Vergleichbar Goedicke, Hans: A Fragment of a Biographical Inscription of the Old Kingdom. In: JEA 45 (1959). S. 8–11.

17 Urk. I 128–131.

18 pInsinger 17, 21–18, 4.

19 Vgl. CT III 293 a–b. Dazu Kees, Hermann: Göttinger Totenbuchstudien. Berlin 1954. (= UGAÄ Bd. 17). S. 37 f.

20 Brunner-Traut: Märchen. Nr. 24 mit S. 284 f.

21 Brunner-Traut: Märchen. Nr. 28.

22 Vgl. ihre Übersetzung bei Littmann, Enno: Die Erzählungen aus den Tausendundein Nächten. Bd. 4. Wiesbaden 1953. S. 262 ff. Eine Inhaltsangabe bei Brunner-Traut: Märchen. S. 291.

23 Herodot II 172.

24 Vermutlich war das Becken eine Urinierschüssel.

25 Herodot II 173.

26 Vgl. auch Diodor I, 70.

27 Herodot II 174.

28 Vgl. die Erzählung bei Brunner-Traut: Märchen. Nr. 3.

29 S. dazu Derchain, Philippe: Snéfrou et les Rameuses. In: RdE 21 (1969). S. 19–25.

30 Vgl. Brunner-Traut: Der Tanz im Alten Ägypten. 2. Aufl. Glückstadt 1958. S. 40–42.

31 S. Brunner-Traut: Märchen. S. 96.

32 Medinet Habu – Vol. VIII. The Eastern High Gate. Chicago 1970 (= Oriental Inst. Publications Bd. 94). Taf. 639.

33 Bille – De-Mot, Eléonore: Die Revolution des Pharao Echnaton. München 1965. Abb. 46 = hier Abb. 2. – Kinder auf dem Schoß der Mutter: Toutankhamon et son temps. Katalog der Ausstellung im Petit Palais. Paris 1967. S. 24.

34 Davies, Norman de Garis: The Rock Tombs of el-Amarna. Bd. 4. London 1906. Taf. 22 und 41 (Grab des Mahu).

35 Davies: el-Amarna Bd. 3. London 1905. Taf. 4 (Grab des Hui). S. auch Ostrakon Kairo bei Lange, Kurt: König Echnaton und die Amarna-Zeit. München 1951. Taf. 39.

36 Desroches-Noblecourt, Christiane: Tut-ench-Amun. Berlin 1963. S. 153.

37 Brunner: Eine neue Amarna-Prinzessin. In: ZÄS 74 (1938). S. 104–108.

38 Vgl. Černý, Jaroslav: Hier. Inscr. from the Tomb of Tutankhamûn. Oxford 1965. (= Tutankhamun's Tomb Series Bd. 2). Nrr. 50, 57, 59 und 63.

39 Urk. IV 2060, O.

40 Desroches-Noblecourt: Tut-ench-Amun. Abb. 86.

41 Atlas II. Taf. 100, rechts. Dazu Kitchen: Ram. Inscr. II. Oxford 1970. S. 138. Zur Schlacht s. hier S. 141–144.

42 Nrr. 123–124 des Planes von PM II 98. Auf S. 109 dort die vollständige Literatur zu dieser Szene.

43 pAnast. I 23, 6–7. Dazu Posener: La mésaventure d'un Syrien. In: Or 13 (1944). S. 193–204.

Zweites Kapitel

Mit den Tieren ins Himmelreich

1 Grab 15. S. EEMM 1931/32 (1933). S. 29. Abb. 10. Die Szene ist zwar singulär, findet sich jedoch in ihrer mythischen Überhöhung vielmals in der Gruppe des an der Hathorkuh trinkenden Pharao bzw. neugeborenen Prinzen. S. dazu auch hier S. 67.

2 Angaben auf der Narmerkeule zu Beginn der ägypt. Geschichte.

3 Stele Berlin 20377. Veröff. von Erman, Adolf: Denksteine aus der thebanischen Gräberstadt. Berlin 1911. (= SPAW 49). S. auch hier S. 136–138 und Taf. 45.

4 Giza II. Abb. 31 (AR). – Berlin 15257 (Sp). – Fechheimer, Hedwig: Kleinplastik der Ägypter. Berlin 1921. (= Die Kunst des Ostens Bd. 3). Taf. 73 (= Berlin 4570; Lamm. NR ?).

5 Man muß einräumen, daß das Lockkälbchen zu klein war, um die Flut selbständig durchwaten zu können. Im übrigen teile ich die Auslegung Alfred Hermanns (Altäg. Liebesdichtung. Wiesbaden 1959. S. 28–33 = Abschnitt III, Zärtlichkeit zu Kleinkind und Jungtier) nur stückweise. Wie hätte beispielsweise eine Gazelle ebenso locker getragen werden können wie ein Kälbchen? Sie wäre zweifellos davongerast.

6 Ranke, Hermann: Eine spätsaïtische Statue in Philadelphia. In: MDAIK 12 (1943). S. 114, Z. 17f.

7 2. Buch Mose. Kap. 32.

8 Zuletzt dargestellt in dem Aufsatz von Erik Hornung (Die Bedeutung des Tieres im Alten Ägypten. In: Studium generale 20 (1967). S. 69–84). Dort weitere Literatur. Vorliegendes Kapitel stützt sich streckenweise auf Hornungs Arbeit, im übrigen auf umfangreiche Untersuchungen zu Fauna wie Zoologie des Alten Ägypten von der Verfasserin selbst. Vgl. hier Anm. 24 und 25.

9 Vgl. Edel, Elmar: Zu den Inschriften auf den Jahreszeitenreliefs der »Weltkammer« aus dem Sonnenheiligtum des Niuserre. 2. Teil. Göttingen 1964. (= NAWG Jg. 1963. Nr. 5).

10 Vgl. dazu Gamer-Wallert, Ingrid: Fische und Fischkulte im Alten Ägypten. Wiesbaden 1970. (= Ägyptol. Abhandlungen Bd. 21).

11 So das periodische Anwachsen bestimmter Tierarten. Vgl. dazu Brunner-Traut: Spitzmaus und Ichneumon als Tiere des Sonnengottes. Göttingen 1965. (= NAWG Jg. 1965. Nr. 7). S. 154.

12 Vgl. den Kairener Amonshymnus pBulak 17 aus dem Ende des 15. Jhdts. v. Chr. in der Übersetzung von Alexander Scharff (Ägypt. Sonnenlieder. Berlin 1922. S. 47–54) oder von Hermann Kees: Aegypten. Tübingen 1928. (= Religionsgeschichtl. Lesebuch, hrsg. von Alfred Bertholet. H. 10). S. 4–6.

13 Ähnliche Hymnen und Texte früherer und späterer Zeit zusammengestellt und übersetzt in den in der vorigen Anm. genannten Arbeiten.

14 pAnast. IV 10,5.

15 Vgl. Brunner-Traut: Tanz. S. 77f.

16 Anfang des Pfortenbuches = Maystre, Charles und A. Piankoff: Le Livre des Portes. Bd. 1. Kairo 1939–46. (= MIFAO Bd. 74). S. 16f.

17 Janssen, Jozef M. A.: Opmerkingen over de Dierenverering in het oude Egypte. In: Annalen van het Thijmgenootschap 37 (1949). S. 295.

18 II 65–76. Vgl. auch Diodor I 83–90.

19 Vgl. zum Beispiel der Spitzmaus Brunner-Traut: Spitzmaus. Oder Dies.: Altägyptische Mythen im Physiologus. In: Antaios X (1968). S. 184–198. Dies.: Ägypt. Mythen im Physiologus. In: FS Siegfried Schott. Wiesbaden 1968. S. 13–44.

20 Vgl. zum Tierkult RÄRG, s. v. – Hopfner, Theodor: Der Tierkult der Alten Ägypter. Wien 1913. (= Denkschr. der Akad. d. Wiss. in Wien. Bd. 57. 2. Abhandlung). – Kees: Der Götterglaube im Alten Ägypten. Leipzig 1941. S. 4–82.

21 Brunner-Traut: Die altägypt. Scherbenbilder. Wiesbaden 1956. Nr. 94.

22 S. dazu auch Kap. 12.

23 Vgl. das jüngst von Walter B. Emery entdeckte Ibitaphion mit einer Unzahl von Ibismumien in Sakkâra. Dazu JEA 51 (1965). S. 4 und S. 6–8 und in den folgenden Bänden.

24 Zur Fauna vgl. die Arbeiten von Victor Loret und Ludwig Keimer. Außerdem Brunner-Traut: Animals of Ancient Egypt. In: Animals 11 (1968). S. 559–563. Weitere Arbeiten in Vorb.

25 Eine kurze zusammenfassende Darstellung des Themas durch Hartwig Altenmüller: Jagd im Alten Ägypten. Hamburg und Berlin 1967. Außerdem Brunner-Traut: Jagd im Alten Ägypten auf das Wild der Wüste und die Großtiere im Nil. In: Naturwiss. Monatszeitschr., Aus der Heimat. 67 (1959). S. 210ff. – Dies.: Tierbilder im Alten Orient. In: Aus der Heimat. 59 (1951). S. 181ff. – Dies.: Gab es eine Naturwiss. bei den Alten Ägyptern? In: Aus der Heimat. 60 (1952). S. 46ff.

26 Schenkel, Wolfgang: Memphis. Herakleopolis. Theben. Wiesbaden 1965. (= Ägyptol. Abhandlungen Bd. 12). S. 269f.

27 Zum Nashorn vgl. die noch ungedruckte Monographie von Lothar Störk.

28 Caminos, Ricardo: Literary Fragments in the Hieratic Script. Oxford 1956. S. 1–21.

29 Im übrigen sei hervorgehoben, daß Fisch nicht Fisch ist und Schlange nicht Schlange. Der Ägypter hat die Arten sehr wohl unterschieden und ihnen in der Regel verschiedene Rollen zuerkannt, wodurch sich mancher vermeintliche Widerspruch oder Vieldeutigkeiten lösen. Zum Opfertier s. Derchain, Philippe: Rites Egyptiens I. Brüssel 1962. Otto, Eberhard: An Ancient Egyptian Hunting Ritual. In: JNES 9 (1950). S. 164–177 mit angegebener Literatur.

30 Vgl. dazu Brunner: Albert Schweitzers universelle Ethik und die älteste Hochkultur der Menschheit. In: Albert Schweitzer, Sein Denken und sein Weg. Tübingen 1962. S. 58–65.

31 Pyr. 386 a/b.

32 Janssen, Jozef M. A.: Über Hundenamen im pharaonischen Ägypten. In: MDAIK 16 (1958). S. 176–182. – Fischer, Henry G.: A Supplement to Janssen's List of Dog's Names. In: JEA 47 (1961). S. 152 f.

33 Ranke: Tiernamen als Personennamen bei den Ägyptern. In: ZÄS 60 (1925). S. 76–83.

34 Thebanisches Grab Nr. 52.

35 Thebanisches Grab Nr. 120 (Anen). Vgl. EEMM 1928/29. S. 43, Abb. 6. Oder Vandier, Jaques: Manuel d'Archéologie égypt. Bd. 4. Paris 1964. S. 565. Oder Smith, William St.: The Art and Architecture of Ancient Egypt. Harmonsworth 1958. Taf. 107 B.

36 Vgl. VA 2202 und Brunner-Traut: Bildscherben. Nr. 95. Dort auch S. 89.

37 Brunner-Traut: Märchen. Nr. 33.

38 Brunner-Traut: Märchen. Nr. 5.

39 Schenkel: Memphis. S. 263 f.

40 Vgl. dazu hier Kap. 7.

41 Vgl. Anm. 19. Zum Physiologus als ganzem Seel, Otto: Der Physiologus. Zürich 1960. Dort Literaturangaben.

42 Helck, Wolfgang: Jagd und Wild im alten Vorderasien. Hamburg und Berlin 1968. Taf. 6–8.

43 Ein Leitgedanke in Böll, Heinrich: Billard um Halbzehn.

44 Brunner-Traut: Märchen. Nr. 4.

45 Thebanisches Grab Nr. 85.

46 Davies, Nina M: Amenemhab Encountering a Hyena. In: JEA 26 (1940). S. 82.

47 Jammes, Francis (1883–1915), übertragen von Stadler, Ernst.

48 pSallier I. 19. Dyn. Der Text ist wie die folgenden zu finden im Quellenteil am Ende des Buches von Brunner, Hellmut: Altägypt. Erziehung. Wiesbaden 1957.

49 pLansing. Späte 20. Dyn.

50 Anii X, 1–2.

51 pAnast. III.

52 19. Dyn.

53 pBologna 1094.

54 pLansing, c.

55 Brunner-Traut: Märchen. Nr. 23.

56 Vgl. genauer bei Hornung: Die Bedeutung des Tieres. S. 79.

57 Vgl. Posener, Georges: Les Asiatiques en Egypte. In: Syria 34 (1957). S. 160 zu Newberry, Percy E.: The Rock Tombs of el Bersheh I. London o. D. Taf. 18.

58 Hassan, Selim. In: ASAE 37 (1937). S. 129–134. Urk. IV 1276–1283. – Wilson, John, in: ANET. S. 244 f. – Brunner: Erziehung. S. 165.

Drittes Kapitel

Familienzuwachs

1 Aus der Geschichte »Si-Osire führt seinen Vater Setom Chaemwêse in die Unterwelt und besiegt die äthiopischen Zauberer«. In: Brunner-Traut: Märchen. Nr. 34.

2 Grundriß der Medizin IV 1. S. 274 (Bln 193, Rs. 1, 3–4).

3 Grundriß der Medizin IV 1. S. 275 (Bln 198, Rs. 2, 1–2 und Carlsberg VI 2, 1–3).

4 Grundriß der Medizin IV 1. S. 275 (Bln 199, Rs. 2, 2–5). Vgl. dazu auch Iversen, Erik: Pap. Carlsberg Nr. VIII; with some Remarks on the Egyptian Origin of some popular Birth Prognosis. Kopenhagen 1959.

5 Grundriß der Medizin IV 1. S. 277–287.

6 Edwards, I. E. S.: Hieratic Papyri in the British Museum, 4th Series: Oracular Amuletic Decrees of the Late New Kingdom. London 1960. T. 2 recto 112–116. Übers. in Bd. 1. S. 66.

7 Grundriß der Medizin IV 1. S. 279. Eb 828 (96, 13–14).

8 Brunner-Traut, Emma: Gravidenflasche. In: Archäologie und Altes Testament. FS Galling. Tübingen 1970. S. 35–48.

9 Grundriß der Medizin IV 1. S. 280 L 41 (13, 14–14,1) und L 42 (14,1–2). Dazu Brunner-Traut: Gravidenflasche.

10 Dieses mein auf Grund bildlicher Darstellungen gewonnenes Ergebnis konnte neuerdings durch einen Text bestätigt werden: pLeiden I 348 verso 11,1 bei Borghouts, J. F.: The Magical Texts of Papyrus Leiden I 348 = OMRO 51 (1970). S. 30 und S. 164, Anm. 393. S. hier Anm. 17.

11 Brunner-Traut, Emma: Die Wochenlaube. In: MIO Bd. 3 (1955). S. 11–30.

12 Altenmüller, Hartwig: Die Apotropaia und die Götter Mittelägyptens. Diss. München 1965.

13 Altenmüller: Apotropaia. S. 136 u. a.

14 Altenmüller: Apotropaia. S. 180.

15 Erman, Adolf: Zaubersprüche für Mutter und Kind. Berlin 1901. (= APAW 1901). S. 26.

16 pWestcar, nach Brunner-Traut: Märchen. S. 20 f.

17 Gynaecia II 70. ed. Rose (1882). S. 240 = Corpus med. Graec. IV 70 b, II 3, 6. Vgl. Brunner-Traut: Die Wochenlaube. S. 26 f.

18 Vgl. hier Anm. 8 und Staehelin, Elisabeth: Bindung und Entbindung. In: ZÄS 96 (1970). S. 125–139.

19 Vgl. dazu auch Staehelin, Bindung. In Anm. 51 dort hat sie meine Übersetzung des Westcar versehentlich für das abwegige »Ziegelbett« in Anspruch genommen.

20 Die Nachgeburt könnte, aus analogem Brauch in Afrika zu schließen, in der Erde vergraben worden sein.

21 Grundriß der Medizin IV 1. S. 291 Eb 838 (97, 13–14), Eb 839 (97, 14–15) und pRam IV C 17–24.

22 Ranke, Hermann: Die ägyptischen Personennamen Bd. 2. Glückstadt 1953. Besonders S. 2–12.

23 Vgl. Ranke: Personennamen Bd. 2. S. 10–12.

24 Antiquary 50 (1940). S. 480.

25 Erman: Zaubersprüche. S. 48f.

26 pWestcar, nach Brunner-Traut: Märchen. S. 22.

27 Brunner-Traut: Die Wochenlaube.

28 VA 2337, 2860, 2864 und Brunner-Traut, Emma: Die altägyptischen Scherbenbilder. Wiesbaden 1956. S. 69.

29 Vgl. das Liebeslied »Ach, wäre ich doch das Negermädchen«, hier S. 83 und Abb. 14.

30 VA 2858 und 2859.

31 Erman: Zaubersprüche. S. 40f.

32 Grundriß der Medizin IV 1. S. 292–295.

33 Grundriß der Medizin IV 1. S. 285.

34 Erman: Zaubersprüche. S. 35–38.

35 Grundriß der Medizin IV 1. S. 284.

36 VA 2344.

37 Anthes, Rudolf: Die deutschen Grabungen auf der Westseite von Theben in den Jahren 1911 und 1913. In: MDAIK 12 (1943). Taf. 16c und d. S. 58 mit Diskussion. Vgl. dazu Brunner-Traut: Wochenlaube. S. 16. Anm. 23.

38 Brunner-Traut: Wochenlaube. S. 14 mit Anm. 18 und S. 15 mit Anm. 5.

39 Katz-Maus im Märchenpapyrus Kairo bei Brunner-Traut: Altägypt. Tiergeschichte und Fabel. 3. Aufl. Darmstadt 1973. Abb. 2.

40 pWestcar nach Brunner-Traut: Märchen. S. 22.

41 Zum Kuchen backenden Mädchen (hier Taf. 20c) vgl. Brunner-Traut: Scherbenbilder. Nr. 62.

42 Erman: Zaubersprüche. S. 38–40.

43 Mekhitarian, Arpag: Ägyptische Malerei. Genf 1954. S. 79. Theben Grab Nr. 69 (Menena) und Atlas I 210 A. Theben Grab Nr. 56 (Chaemhêt) = Abb. 17.

44 Vgl. Horneman, Birgit: Types of Ancient Egyptian Statuary. Kopenhagen 1966. Nr. 1144, 1143, 1259 und – andererseits – 1246, 1252, 1247 und 1249.

45 Schott, Siegfried: Die Bitte um ein Kind auf einer Grabfigur. In: JEA 16 (1930). S. 23, Taf. X 4. = Berlin 14517. Vgl. hier Kap. 11.

46 Horneman: Types. 1248.

47 Vgl. Horneman: Types. 1245, 1271, 1430 oder 1291.

48 Wenig, Steffen: Die Frau im Alten Ägypten. Leipzig 1967. Taf. 26.

49 Horneman: Types. 1296, 1292; 1262f. und 1265f.; 1295.

50 Anii VII 19.

51 Brunner-Traut: Das Muttermilchkrüglein. In: WdO 5 (1970). S. 145–164 und 6 (1972) S. 4–6. – S. auch Desroches Noblecourt, Chr.: Pots anthropomorphes. In: Revue d'Egyptologie 9 (1952). S. 49–67.

52 Davies, Norman de G.: The Tomb of Ken-Amun. New York 1930. Bd. 2. Taf. IX A.

53 Grundriß der Medizin IV 1. S. 285.

Viertes Kapitel

Unter der Fuchtel autoritärer Pauker

1 Brunner, Hellmut: Altägypt. Erziehung. Wiesbaden 1957. S. 156 h (aus Quelle VI). Im folgenden werden die Zitate nach diesem grundlegenden Werk über die altäg. Erziehung gebracht, und zwar nach Qu(elle). Quellenverzeichnis bei H. Brunner im Anhang S. 153–188. Alle einschlägigen Texte sind dort zusammengetragen und ausgewertet. Über Literatur zu den einzelnen Texten und deren Publikationen wolle man sich bei H. Brunner informieren. Die Übersetzungen des vorliegenden Buches legen zum größten Teil die von H. Brunner zugrunde, sind lediglich stilistisch überarbeitet oder auf Grund neuerer Erkenntnisse verbessert.

2 Vgl. dazu auch Qu. X.

3 Ähnliche Betonung des self-made in Qu. XIX b.

4 Qu. XXXIX d und o.

5 Qu. XLVI. Vgl. auch Qu. XXXVII a und XXXVIII c.

6 Das änderte sich erst unter Psametich I. (663–609 v. Chr.), der einen Ständestaat begründete. Vgl. Qu. LIII.

7 So die Lehre des Cheti.

8 Brunner-Traut, Emma: Altägyptische Märchen. 3. Aufl. Düsseldorf-Köln 1973. Nr. 6, S. 40–44 und S. 261–263.

9 Anders waren die Verhältnisse nur bei Hof. Prinzen und Prinzessinnen erhielten eine »allgemeine Bildung« und wurden von Berufslehrern erzogen, seit dem Alten Reich im Gruppenunterricht zusammen mit den Söhnen hoher Beamter. Der Fächerkanon umfaßte alles, was zu einem wohlerzogenen Menschen dieser Zeit gehört: nicht nur Weisheits- und Sittenlehre, Priesterdienst, Fachwissen und musische Künste, auch Sport, Spiel, Jagd und höfisches Zeremoniell. Vgl. Qu. XX, XXIII, XXVII und LXII (Diodor).

10 Qu. LIV, Übersetzung nach Appelt, Otto: Platons Gesetze. Leipzig 1916.

11 Vgl. Qu. XIV a, XIX d 2 und e, XXII a.

12 Zu den Lebenslehren der Alten Ägypter, die die philosophische Literatur der Welt anspruchsvoll eröffnen, s. von Bissing, Friedrich W.: Altägypt. Lebensweisheit. Zürich 1955, der die Texte allerdings oft recht willkürlich übersetzt hat.

Fünftes Kapitel

Auf Freiers Füßen

1 Literaturgeschichtlich behandelt sind die Lieder bestens von Hermann, Alfred: Beiträge zur Erklärung der ägyptischen Liebesdichtung. In: Ägyptol. Studien (FS Grapow). Berlin 1955. S. 118–139 und von Dems.: Altägyptische Liebesdichtung. Wiesbaden 1959. Nach seiner Zählung (S. 4–8) sind im folgenden die Lieder aufgeführt. Die weitere Literatur ist dort nachzusehen.

2 Alle gesammelt und übersetzt von Schott, Siegfried: Altägypt. Liebeslieder. Zürich 1950, außerdem die meisten von Hermann: Liebesdichtung. Die hier wiedergegebenen sind von der Verfasserin neu übersetzt. Die Hinweise auf Schott finden sich bei Hermann (s. vorige Anm.).

3 Schott: Liebeslieder. S. 79, Nr. 18.

4 Urk. I 115–117. Montet, Pierre: Les Tombeaux dits de Kasr-el-Sayad. In: Kêmi 6 (1936). S. 121.

5 Schott: Liebeslieder. S. 100.

6 Brunner-Traut, Emma: Die Aspektive (= Nachwort zu Schäfer, Heinrich: Von ägyptischer Kunst. 4. Aufl.) Wiesbaden 1963. S. 395–423. – Dies. In: Lexikon d. Ägyptol. Wiesbaden 1972ff. s. v. Aspektive.

7 Brunner-Traut: Ägypt. Mythen im Physiologus. In: FS Siegfried Schott. Wiesbaden 1968. S. 29 mit Anm. 65.

8 Der Ägypter küßt sich heute noch vier(-bis mehr)mal(s) sehr rasch hintereinander die Hand (Rücken und Teller) zum Ausdruck von Freude und Dankbarkeit, indem er gleichzeitig »el-hamdu lillâh« ausruft.

9 Hermann: Liebesdichtung. S. 152, legt der Höhle einen prägnanteren erotischen Sinn unter.

10 Morenz, Siegfried: Die Zauberflöte. Münster-Köln 1952.

11 Hermann: Beiträge. S. 134ff.

12 Hermann: Liebesdichtung. S. 113, Anm. 67.

13 Schott: Liebeslieder. S. 85 und Hermann: Liebesdichtung. S. 35.

14 Vgl. Hermann: Liebesdichtung. S. 35 mit Anm. 127–129.

15 Griffith, F. Ll, and Herbert Thompson. The demotic mag. Pap. London 1921. S. 15, XII, XIII. S. 16, XV, XXI. S. 17, XXV bieten die Hinweise auf die Textstellen.

16 Schott: Liebeslieder. S. 104.

17 Vgl. Hermann: Liebesdichtung. S. 24f.

18 Vgl. Kap. 6 mit Anm. 26.

19 Das Material ist am besten zusammengestellt von Wallert, Ingrid: Der verzierte Löffel. Wiesbaden 1967. (= Ägyptol. Abhandlungen Bd. 16) IV, 1b; 2c und d; V2; dazu S. 67.

20 Vgl. Dambach, Martin – Ingrid Wallert: Das Tilapia-Motiv in der altägypt. Kunst. In: CdE 41 (1966). S. 273–294.

21 Vgl. Hermann: Liebesdichtung. S. 163, Anm. 108.

22 Urk. VI 130, 1–9.

23 Berlin 23002. Vgl. Hermann: Liebesdichtung. S. 163, Anm. 106.

24 Bruyère, Bernard: Rapport sur les Fouilles de Deir el-Médineh (1934/35). 3e partie. Kairo 1939. (= FIFAO Bd. 16). S. 286, Abb. 157.

25 Vgl. auch Robichon, Clément, Paul Barguet und Jean Leclant: Karnak-Nord IV. Kairo 1954. (= FIFAO Bd. 25). Taf. 114, Text S. 131.

26 Steinschale Kairo CG 18682 = v. Bissing, Friedrich W.: Steingefäße. Kairo 1904–07. (= CG). S. 144.

27 Ptahhotep 330.

28 249 2f. = Sauneron, Serge: Les Fêtes religieuses d'Esna. Kairo 1962. (= Esna V). S. 89, § 19.

29 Dieterich, Albert: Mutter Erde. Leipzig und Berlin 1913.

30 pAnast. I 25, 2f. Vgl. Gardiner, Alan H.: Egyptian Hier. Texts I. Leipzig 1911. S. 27*, Taf. 36.

31 Crusius, Otto: Elephantis. In: Pauly-Wissowa: Realencyclopädie 5, 2, 2324f., Nr. 3.

32 Omlin, Joseph A.: Der Papyrus 55001. Turin [1974].

33 Brunner-Traut: Die altägypt. Scherbenbilder der deutschen Museen und Sammlungen. Wiesbaden 1956. S. 60, Abb. 17 und S. 61 mit Anm. 2.

Sechstes Kapitel

Genieße den Tag, dessen werde nicht müde

1 Vgl. Sethe, Kurt: Ein altägypt. Fingerzählreim. In: ZÄS 54 (1918). S. 16–39 und Gunn, Battiscombe: »Finger-Numbering« in the Pyramid Texts. In: ZÄS 57 (1922). S. 71f.

2 EEMM 1933/34, Nov. 1934. S. 36f. und Forman, W. und B.: Ägyptische Kunst. Aus den Sammlungen des Museums in Kairo. Hanau 1962. Abb. 40.

3 Vgl. Touny, A. D. und Steffen Wenig: Der Sport im Alten Ägypten. Leipzig 1969.

4 Brüdermärchen 3, 4 = Brunner-Traut, Emma: Altägypt. Märchen. 3. Aufl. Düsseldorf-Köln 1973. S. 30.

5 Newberry, Percy E.: Beni Hasan Bd. 2. London 1894. Taf. 4. Die Kinderspiele sind nur im AR und im MR dargestellt, am besten zusammengestellt von Touny und Wenig: Der Sport im Alten Ägypten. Taf. 30 bis 46. Zur Rekonstruktion des »Ziegenspiels« vgl. Eaton, E. S.: An Egyptian High Jump. In: Bull. Mus. of Fine Arts. Boston 35 (1937). S. 54f. und Fernea, R. A. und G. Gerster, Nubiens in Egypt. Austin 1973. Abb. 46. (»Warjay«).

6 S. dazu Gamer-Wallert, Ingrid: Fische und Fischkulte im Alten Ägypten. Wiesbaden 1970. (= Ägyptol. Abhandlungen Bd. 21). S. 51 mit Literatur.

7 Vgl. Wilson, John A.: Ceremonial Games of the New Kingdom. In: JEA 17 (1931). S. 211–220.

8 Siut V 22. Dazu Brunner, Hellmut: Altägypt. Erziehung. Wiesbaden 1957. S. 16.

9 Dazu Drioton, Etienne: Le théâtre dans l'ancienne Egypte. In: Revue d'Histoire du Théâtre 6 (1954). S. 42–45.

10 Totenbuch Spruch 17 und entsprechende Grabdarstellungen.

11 Brunner-Traut: Märchen. Nr. 33.

12 S. dazu Ranke, Hermann: Das altägyptische Schlangenspiel. Heidelberg 1920. (= SHAW 1920, 4). Dazu Giza IV. S. 36–38.

13 Giza IV. S. 36.

14 Needler, Winifred: A Thirthy-Square Draught-Board in the Royal Ontario Museum. In: JEA 39 (1953). S. 60–75.

15 Pieper, Max: Ein Text über das ägypt. Brettspiel. In: ZÄS 66 (1931). S. 16–33.

16 Pieper, Max: Das Brettspiel der Alten Ägypter und seine Bedeutung für den ägyptischen Totenkult. Berlin 1909. (= Wiss. Beil. zum Jahresber. des Königstädtischen Realgymnasiums zu Berlin).

17 Tanz und Musik waren Vorführungen von Berufsständen, Hausmusik pflegte man allenfalls im Harîm.

18 Lichtheim, Miriam: The Songs of the Harpers. In: JNES IV (1945). Taf. VII und S. 195.

19 Übersetzung Renate Jacobi. Andere Harfnerlieder übersetzt von Schott, Siegfried: Altägypt. Liebeslieder. Zürich 1950. S. 131–136.

20 Tylor, Joseph J. und Francis Ll. Griffith: The Tomb of Paheri at El Kab. London 1894. Taf. 7.

21 Tylor: Paheri. Taf. 7.

22 Legrain, Georges: Statues et Statuettes de Rois et de Particuliers. Bd. 3. Kairo 1914. (= CG). S. 76. Dazu Otto, Eberhard: Die biographischen Inschriften der ägypt. Spätzeit. Leiden 1954. (= Probleme der Ägyptologie Bd. 2). S. 131 (Inschrift I d), dazu S. 71.

23 Schott: Liebeslieder. S. 74, 5.

24 Edgar, C. C.: Engraved Designs on a Silver Vase from Tell Basta. In: ASAE 25 (1925). Pl. I. Neuerdings behandelt von Simpson, William K.: The Vessels with Engraved Designs and the Repoussé Bowl from the Tell Basta Treasure. In: AJA 63 (1959). S. 29–45 mit pl. 11–14.

25 Die Mädchen sangen, musizierten und tanzten zugleich. Zu dem Thema vgl. Genaueres bei Brunner-Traut, Emma: Der Tanz im Alten Ägypten. 2. Aufl. Glückstadt 1958. (= Ägyptol. Forschungen. H. 6).

26 Otto, Eberhard: Biogr. Inschr. S. 194 (= Inschrift 61) und S. 72f.

27 Vgl. dazu Derchain, Philippe: Snéfrou et les Rameuses. In: RdE 21 (1969). S. 24f. und Daumas, François: Les Propylées du Temple d'Hathor à Philae. In: ZÄS 95 (1968). S. 16. S. auch hier S. 25 und 87.

28 Sethe, Kurt: Die beiden alten Lieder von der Trinkstätte in den Darstellungen des Luksorfestzuges. In: ZÄS 64 (1929). S. 1–5.

29 Herodot II 59f.

30 Berlin, Staatliche Museen Nr. 14117.

31 Strichzeichnung bei Montet, Pierre: Les Reliques de l'Art syrien dans l'Egypte du Nouvel Empire. Paris 1937. (= Publications du faculté des Lettres de l'Univ. de Strasbourg. Fasc. 76). S. 151ff. Schäfer, Heinrich: Ägypt. Goldschmiedearbeiten. Berlin 1910. (= Mitt. aus der ägypt. Sammlung I). S. 65–67, Taf. 15.

32 Herodot II 62.

33 Mit Salz, um das Rußen zu vermeiden.

34 Vgl. Herodot II 63.

35 Vgl. Altenmüller, Hartwig: Letopolis und der Bericht des Herodot über Papremis. In: Jaarbericht van het vooraziatisch-egyptisch Genootschap Ex Oriente Lux. Nr. 18 (1964). S. 271–279.

36 Sethe, Kurt: Dramatische Texte zu altägypt. Mysterienspielen. Leipzig 1928. (= UGAÄ Bd. 10). Taf. 21. Bild 24.

37 So interpretiert nach Scherbenbildern.

38 Zur Osirissage vgl. als eine wichtige Quelle Plutarch, De Iside et Osiride.

39 Schott: Liebeslieder. S. 136, Nr. 99.

40 Schott: Liebeslieder. S. 162f., Nr. 137.

41 Schott: Liebeslieder. S. 163, Nr. 139.

42 Schott: Liebeslieder. S. 163f., Nr. 141.

43 Schott: Liebeslieder. S. 164f., Nr. 144.

44 Dasselbe Zeichen der Auferstehung Christi wird an Ostersonntag in Süditalien gezeigt. Unter dem Altar mit dem gekreuzigten oder im Grabe liegenden Christus ist aus einem Erdbeet am Boden das an Karfreitag gesäte Grün aufgegangen.

45 S. dazu die Artikel der Verf.: Blume, Blüte und Blumenstrauß in LÄ.

Siebtes Kapitel

Geschichten mit und ohne Text

1 Grundriß der Medizin IV 1, S. 67.

2 Brunner-Traut, Emma: Altägypt. Märchen. 3. Aufl. Düsseldorf-Köln 1973. Nr. 20 und Dies.: Altägypt. Tiergeschichte und Fabel. Gestalt und Strahlkraft. 3. Aufl. Darmstadt 1968. S. 35.

3 Brunner-Traut: Märchen. Nr. 22 und Dies.: Tiergeschichte. S. 37–39.

4 Vgl. Brunner-Traut: Märchen. Nr. 18 und Dies.: Tiergeschichte. S. 40f. und S. 56f.

5 Brunner-Traut: Tiergeschichte. S. 41–43 und S. 56f.

6 Richter 9, 8–15. Vgl. Greßmann, Hugo: Israels Spruchweisheit im Zusammenhang der Weltliteratur. In: Kunst und Altertum 6 (1925). S. 26 und Brunner-Traut: Tiergeschichte. S. 57.

7 Brunner-Traut: Tiergeschichte mit Motivtabelle S. 7–17 und Dies.: Märchen. S. 44–58 und S. 263f.

8 Brunner-Traut: Märchen. Nr. 8 und Dies.: Tiergeschichte. S. 29–33.

9 Hickmann, Hans: Ägypten. Leipzig 1961. (= Musikgeschichte in Bildern. Hrsg. von Heinrich Besseler und Max Schneider. Bd. 2. Musik des Altertums. Lfg. 1). S. 156.

10 Brunner-Traut: Märchen. Nr. 26.

11 Brunner-Traut: Märchen. Nr. 27.

12 Der Zauberer Djedi hat an den Hof des Königs Cheops eine ganze Schiffsladung voll Bücher mitgenommen, wie pWestcar erzählt. Dazu Brunner-Traut: Märchen. Nr. 3.

13 Vgl. dazu Brunner-Traut: Der Tanz im Alten Ägypten. 2. Aufl. Glückstadt 1958. (= Ägyptol. Forschungen. H. 6). S. 17. Zu den Funden Quibell, James E.: The Ramesseum. London 1898. S. 3 und Taf. III.

14 Gardiner, Alan H.: The Ramesseum Papyri. Oxford 1955.

15 Eine entsprechende Sammlung von Texten, die, aus dem Handel stammend und also nicht gefunden, vergleichbar zusammengestellt sind, bieten die Papyri Chester Beatty aus der 20. Dynastie.

Achtes Kapitel

Herr, erbarme dich meiner!

1 Vgl. dazu Erman, Adolf: Denksteine aus der thebanischen Gräberstadt. Berlin 1911. (= SPAW 1911, 49). S. 1087f.

2 Vgl. zur Namensgebung vor allem Junker, Hermann: Pyramidenzeit. Einsiedeln 1949. S. 26–40.

3 Die Göttin, die in der Beischrift »Herrscherin der beiden Länder« genannt wird, ist dargestellt als Schlange mit Menschenkopf und zusätzlich mit Geier- und mit Schlangenkopf, so daß sie wirkt wie eine Schlange mit drei Köpfen.

4 Die Kreißenden saßen im Alten Ägypten auf einem Ziegel, dem Geburtsziegel, der einfachsten Form eines Gebärstuhls (vgl. Kap. 3). Neferabu aber saß nicht etwa auf einem Ziegel, wie der Text interpretiert werden könnte, sondern saß so, wie eine Kreißende auf einem Ziegel sitzt, d. h. nach Atem ringend. »Auf dem Ziegel« ist demnach eine adverbielle Bestimmung lediglich zum Sitzen der Kreißenden.

5 Turin Cat. gén. Nr. 50058. Tosi, Mario und Alessandro Roccati: Stele e altre epigrafi di Deir el Medina. Turin 1972. (= Catal. del Museo egizio di Torino. Serie II Bd. 1). S. 94–96 und S. 286.

6 Nr. 589. Vgl. dazu Erman: Denksteine. S. 1100–1102. Jetzt bei James, T.G. Harry: Hieroglyphic Texts from Egyptian Stelae. Part 9. London 1970. Taf. 31.

7 Vgl. dazu die Fayence-Plakette, veröff. von Drioton, Etienne: Un témoignage de conversion. In: ASAE 40 (1941). S. 631–634, nach deren Text sich der Beter gegen Amun vergangen hat. Aber er weiß: »Der Herr der Erneuerung erhört den, der zu Amun betet/Er vernichtet den, der wider ihn streitet.«

8 Nicht immer ist Blindheit physisch zu verstehen, Nacht und Finsternis sind übertragen gebraucht auch für Gottesferne, Sündhaftigkeit, Verlorenheit. Es gibt eindeutige Belege sowohl für die eine wie für die andere Bedeutung. Hier scheint nur physische Blindheit einen befriedigenden Sinn zu geben. Zur Diskussion vgl. u.a. Rowe, Alan: Newly identified Monuments in the Egyptian Museum. In: ASAE 40 (1940). S. 49. Hornung, Erik: Nacht und Finsternis im Weltbild der Alten Ägypter. Diss. Tübingen (1956). S. 76f. Otto, Eberhard: Altägypt. Polytheismus. In: Saeculum 14 (1963). S. 283. Černý, Jaroslav: Egyptian Stelae in the Bankes Collection. Oxford 1958. Text zu Nr. 6, je mit Belegen.
Ganz sicher nicht blind ist der Schreiber des pPhillipps (Wente, Edward F.: Late Ramesside Letters. Chicago 1967. (= Studies in Ancient Oriental Civilization Nr. 33). Nr. 15. S. 48), da er von seinem blinden Auge spricht und gleichzeitig seine Frau um einen handschriftlichen Brief bittet, damit er sich von ihrer Existenz überzeugen könne. Die unbezweifelbare physische Blindheit des Hermippus darf andererseits kaum als Beweis herangezogen werden, da der Text in griechischer Tradition steht und die Blendung, ein Wunder Gottes, die Ermordung Pauli verhindern soll (Acta Pauli 32, 1–15). Zu den sicher Blinden s. u. mit Anm. 9 und 34.

9 Černý: Egyptian Stelae. Nr. 6. Leider ist das Photo nicht scharf genug, um das Auge mit Sicherheit als blind erkennen zu können, aber »it certainly looks as though the lady was repřesented as blind«, wie J. Malek freundlicherweise an Hand des Originalabzugs im Griffith Institute festgestellt hat. Eine Prüfung an der Stele in Dorset würde erst volle Sicherheit gewähren, ist aber z. Zt. nicht möglich. Vgl. auch Anm. 11 und zum metaphorischen Gebrauch von Finsternis Anm. 8.

10 Stele Turin Cat. gén. 50052 bei Tosi und Roccati: Stele S. 87f. und S. 283.

11 Stele Brit. Museum 374. Dazu Erman: Denksteine. S. 1104, Nr. G und Moss, Rosalind: Some Robbings of Egyptian Monuments made a hundred Years ago. In: JEA 27 (1941). S. 9 mit Taf. III 1. Vgl. PM I 2. 2. Aufl. S. 716. Daß Amonnacht physisch blind war, wird auf der Stele dadurch zum Ausdruck gebracht, daß der Betende augenlos dargestellt ist. »314 has no eye shown at all«, bestätigt mir liebenswürdigerweise H. James, dem ich für seine Mühe vielmals danke. »The face retains its original paint and no carved or painted eye is visible. The drawing in Hieroglyphic Texts 7, pl. 29, is therefore incorrect.«

12 Stele Brit. Museum 276 (In der Publikation Budge, E.A. Wallis: Hieroglyphic Texts from Egyptian Stelae, Part 5. London 1914. Taf. 43a, Nr. 467, irrtümlich mit Nr. 275 – statt 276 – bezeichnet). S. dazu Erman: Denksteine. S. 1097 und PM I 2. 2. Aufl. S. 727.

13 Stele Berlin 20377. S. dazu Erman: Denksteine. S. 1087 bis 1097 mit Taf. XVI und ANET. S. 380f. Außerdem Gunn, Battiscombe: The Religion of the Poor in Ancient Egypt. In: JEA 3 (1916). S. 83–85. Van de Walle: La Piété égyptienne. In: Ephemerides Theol. Lovan. 30 (1954). S. 453.

14 Zur religiösen Wertung der Armut im Alten Ägypten s. Brunner, Hellmut, in: Saeculum 12 (1961). S. 319–344.

15 Vgl. dazu Hornung, Erik: Licht und Finsternis in der Vorstellungswelt Altägyptens. In: Studium generale 18 (1965). S. 82 und Seibert, Peter: Die Charakteristik I. Wiesbaden 1967. (= Ägyptol. Abhandlungen Bd. 17). S. 42f.

16 Vgl. zur Übersetzung »Kuh« ANET. S. 380 mit Anm. 7. Die Kuh ist tatsächlich am Original zu erkennen, wie Shafik Allam freundlichst festgestellt hat. Ob er sie gestohlen, gemolken oder gar geschlachtet hat, kann dem Text nicht mehr entnommen werden, daher ziehe ich das neutrale »vergriffen« vor. Soweit darf wohl sicher interpretiert werden.

17 Die Luft ist gewiß hier ganz konkret gemeint als Lebensodem, nicht als angenehmer Dufthauch oder als der von den Ägyptern immer ersehnte kühle Nordwind.

18 Das »Er spricht« vor diesem Abschnitt im Ägyptischen entspricht unseren Anführungsstrichen.

19 Statt »eine« steht hier »diese«. Der Schreiber gibt die Rückprojektion auf, um den Leser auf die Erfüllung seines Gelübdes hinzuweisen.

20 Fehlerhaft heißt es »ihn anruft«.

21 Vgl. dazu Brunner, Hellmut: Eine Dankstele an Upuaut. In: MDAIK 16 (1958). S. 5–19. Vgl. Taf. 52.

22 pAnast. II 9, 2.

23 Chassinat, Emile: Le Mammisi d'Edfou. Kairo 1910–39. (= MIFAO 16). 47, 6.

24 Wente, Letters. Nr. 6. S. 32.

25 Weitere ähnliche Briefe sind in den Late Ramesside Letters zu finden.

26 Wente: Letters. Nr. 16. S. 49f.

27 Wente: Letters. Nr. 1. S. 18.

28 Černý: Stelae. Nr. 4.

29 Vgl. Hornung, Erik: Der Eine und die Vielen. Darmstadt 1971.

30 Vgl. Erman: Denksteine. S. 1105f. mit Gunn: The Religion. S. 90f.

31 Besitzer des thebanischen Grabes Nr. 409.

32 Text in: ASAE 59 (1966). Taf. 48–50 nach S. 184. Übersetzung von Wilson, John A., in: JNES 29 (1970). S. 190f.

33 Černý: Stelae. Nr. 7.

34 Wie im Mittelalter Ausgestoßensein das eigentliche Elend ist – el-lende = außer Landes – so auch ist in Ägypten das Fernsein, etwa hoch auf einer Leiter, draußen in der Wüste ... das wirkliche Elend, für das auch der Ausdruck »Blindheit« steht. Daß aber »Finsternis« auch physische Blindheit bezeichnet, geht aus den obigen Texten hervor. Vgl. Anm. 8f. und 11.

35 Ich habe das Gebet präsentisch übersetzt, während es in den Tempelberichten in der Vergangenheitsform abgefaßt ist.

36 Vgl. Luthers Lied im Evangel. Kirchengesangbuch Nr. 195.

37 In Wirklichkeit mag es so gewesen sein, daß entweder die glorienreiche Erscheinung der Majestät auf funkelndem Wagen den Gegnern den Arm gelähmt hat, oder daß das im Text erst später genannte Ersatzheer eingetroffen ist.

38 Das Herz ist das Organ, das den Menschen mit Gott verbindet.

39 Vgl. dazu Brunner, Hellmut: »Eure Rede sei Ja Ja, Nein Nein« im Ägyptischen. In: FS für S. Schott. Wiesbaden 1968. S. 10f.

40 Amenemope XIX 13–XX 4 = Lange, H. O.: Das Weisheitsbuch des Amenemope. Kopenhagen 1925. (= Det Kgl. Danske Videnskabernes Selskab. Historisk-filologiske Meddelelser XI, 2). S. 97f. = Grumach, Irene: Untersuchungen zur Lebenslehre des Amenope. Berlin 1972. (= Münchner Ägyptol. Studien H. 23). S. 124.

41 Amenemope XXIV 9–19 = Lange: Amenemope. S. 119–122 = Grumach: Amenope. S. 157–160. Es wird darauf verzichtet, die zu diesen Textstellen massenhaft erschienene Sekundärliteratur, die Parallelen aus anderen ägyptischen Texten und aus der Bibel anzugeben.

Neuntes Kapitel

Der Tod steht heute vor mir

1 Otto, Eberhard: Der Vorwurf an Gott. Hildesheim 1951.

2 Zu den übrigen Leiden vgl. hier Kap. 8, 14 und 15.

3 Leser, die sich über die Erfolge der ägyptischen Medizin und der ärztlichen Praxis unterrichten möchten, wollen das an Hand der Standardwerke tun: Jonckheere, Frans: La médecine égyptienne. Brüssel 1944–1958. Bd. 1–3. – Grapow, Hermann, Hildegard von Deines und Wolfhart Westendorf: Grundriß der Medizin der Alten Ägypter. Berlin 1954–1973. Bd. 1–9. – Lefebvre, Gustave: Essai sur la médecine égyptienne. Paris 1956. – Populärer sind: Waterman, Rembert: Bilder aus dem Lande des Ptah und Imhotep. Köln 1958. – Ghalioungui, Paul: Magic and Medical Science in Ancient Egypt. London 1963. – Leca, A. P.: La médecine égyptienne. Paris 1971.

4 Imhotep, griechisch Imuthes, aus der Zeit des Pyramidenerbauers Djoser, wurde später als Heilgott verehrt und von den Griechen mit Asklepios gleichgesetzt.

5 Grab des Nebamun, Theben Nr. 17, abgebildet bei Leca: Médecine. Taf. IV.

6 pSmith, verso 19, 2–14, 5 (5. Beschwörung); recto 4, 16 (Fall 8). Die beste Übersetzung des pSmith bei W. Westendorf (hier Anm. 44). S. auch hier Kap. 8.

7 pSmith, verso 19, 5ff. (5. Beschwörung).

8 Stele Berlin 20377 = Erman, Adolf: Denksteine aus der thebanischen Gräberstadt. Berlin 1911. (= SPAW 1911, 49). S. 1087. Vgl. dazu hier Kap. 8 mit Anm. 13 und Taf. 45.

9 Aldred, Cyril: Akhenaten. London 1968. Abb. 80. S. auch hier S. 33.

10 Knudtzon, J. A.: Die Al-Amarnah-Tafeln. Leipzig 1915. Bd. 1. Brief 23. S. 179.

11 Eine andere Heilstatue ging den umgekehrten Weg vom Nil nach Baktrien, um die dortige Königstochter Bentresch zu heilen. S. Brunner-Traut, Emma: Altägypt. Märchen. 3. Aufl. Düsseldorf-Köln 1973. Nr. 31.

12 Ranke, Hermann: Istar als Heilgöttin in Ägypten. In: FS Griffith. S. 412–418 mit Taf. 66.

13 Zuletzt besprochen von Brunner-Traut: Noch einmal die Fürstin von Punt. Ihre Rasse und ihre Krankheit. In: FS zur 100-Jahrfeier des Berliner Museums. Berlin 1974.

14 Ghalioungui: Magic. S. 84ff. und Taf. 8. – Leca: Médecine. Abb. 50f. und 76.

15 Giza V. Titelbild und Taf. IX.

16 Waterman: Bilder. S. 52ff.

17 Schott, Siegfried: Der Gott des Harfenspiels. In: MIFAO 66 (1935–1938). S. 457–464.

18 Fuchs, Johannes: Blinde Sänger und Harfner. In: Abbottempo Bd. 1 (1966). S. 26–31.

19 Leca: Médecine. Abb. 62. Ohne Fettleibigkeit ebda Abb. 79.

20 Leca: Médecine. Abb. 42.

21 Leca: Médecine. Abb. 102 bzw. 75.

22 pSmith verso. Spruch 6.

23 pSmith verso. Spruch 7.

24 pSmith recto 6, 2–3 (Fall 12, Ende).

25 Ostrakon Berlin 11 247 = Erman, Adolf: Der Brief eines Kranken an seinen Sohn. In: Amtl. Berichte aus den Preuß. Staatssammlungen. XL 3. Berlin 1918.

26 pAnast. IV 12, 5–13, 6.

27 Vgl. Leek, F. Filce: Teeth and Bread in Ancient Egypt. In: JEA 58 (1972). S. 126–132.

28 Emery, Walter B.: A Funerary Repast in an Egyptian Tomb of the Archaic Period. Leiden 1962.

29 pEbers (s. Anm. 32) 90, 16f. = Grundriß der Medizin IV 1, 763.

30 Zu dem bisher dafür beanspruchten aaa vgl. Grundriß der Medizin VII 1. S. 129–133.

31 Erst im März 1972 hat ein deutsch-ägyptisches Gemeinschaftsunternehmen zur Bekämpfung der Bilharziose in dem Modellgebiet Faijûm zu durchschlagendem Erfolg geführt. Indem durch Methanolsalzlösung der Zwischenwirt Schnecke im Wasser vernichtet wurde, ist der Entwicklungszyklus des Bilharziose-Erregers unterbrochen worden und die Geschichte der Tropenmedizin um eine Errungenschaft bereichert, die in ihrer Verallgemeinerung bedeutungsvoller sein wird als alle Direkt-Entwicklungshilfen. Vgl. auch Brunner-Traut, Emma und Vera Hell: Ägypten. Studienreiseführer mit Landeskunde. 2. Aufl. Stuttgart 1966. S. 43.

32 Ebers, Georg: Papyros Ebers. Bd. 1–2. Leipzig 1875.

33 Urk. I 40–43. S. auch hier Kap. 1.

34 Brunner-Traut: Märchen. Nr. 3.

35 Ghalioungui, Paul: Medizin zur Pharaonenzeit. In: Ciba-Symposium 9 (1961). S. 206–220.

36 pSmith verso 21, 1. Dazu Vikentiev, Vladimir: Le Silphium et le rite du renouvellement de la vigueur. In: BIE 37 (1956). S. 130.

37 Vgl. Brunner-Traut: Märchen. Nr. 16.

38 Tod, Markus N.: The Scorpion in graeco-roman Egypt. In: JEA 25 (1938). S. 56.

39 Da die Skorpione, schwarze wie grüne, sich meist in Mauerritzen und dunkle kleine Löcher zurückziehen, sind sie vor allem in Wohnhäusern zu fürchten oder auch auf Schutthalden und im Gebüsch. Die Schlangen verkriechen sich im Winter unter Steine oder buddeln sich in Sand ein, in der warmen Jahreszeit sonnen sie sich auf dem heißen Gestein. Die Kobras, Speischlange und Uräus, Avicenna und Hornviper sowie die Sandrasselotter sind die wichtigsten der in Ägypten hausenden Giftschlangen, als deren einziger namhafter Feind das Ichneumon genannt werden darf.

40 Černý, Jaroslav: Quelques ostraca hiératiques inédits de Thèbes au Musée du Caire. In: ASAE 27 (1927). S. 183. – Ostrakon des Brit. Museums 5634, Z. 7 = HO I (1957). Taf. 83f.

41 Brit. Museum 1632 = Brunner, Hellmut: Eine Dankstele an Upuaut. In: MDAIK 16 (1959). S. 5–19.

42 Smith, G. Elliot: The Royal Mummies. Kairo 1912. (= CG). Taf. 2 und Leca: Médecine. Abb. 94.

43 pAnast. III 5,5–6,2 mit Varr.

44 Westendorf, Wolfhart: Papyrus Edwin Smith. Ein medizinisches Lehrbuch aus dem Alten Ägypten. Bern und Stuttgart 1966.

45 Westendorf: Pap. E. Smith. S. 28. Eine Anzahl von Erkenntnissen, die man landläufig Hippokrates zuschreibt, sind bereits in diesem ein- bis zweitausend Jahre älteren ägyptischen Papyrus ausgesprochen. Nachdem sich Hippokrates und Galen stolz darauf berufen, im Tempel des Imuthes (Imhotep) in Memphis die Werke ihrer medizinischen Ahnen vom Nil kennengelernt zu haben, müssen wir nicht zweifeln, daß die Parallelen des »Peri Arthron« Übertragungen ägyptischer Texte darstellen.

46 Ghalioungui: Magic. Taf. IX.

47 Dioskurides: De mat. med. V. 158.

48 Vgl. dazu Leca: Médecine. S. 435f.

49 pSmith 2,7 (Fall 4); 2,15f. (Fall 5); 3,15 (Fall 7); 11,6f. (Fall 32).

50 pSmith 3,14f. (Fall 7).

51 pSmith, Fall 25.

52 pSmith, Fall 35.

53 pSmith, Fall 7, Ende.

54 pSmith, Fall 45.

55 Capart, Jean: Esquisse d'une histoire du droit pénal égyptien. In: Revue de l'Université de Bruxelles. 5 (1900).

56 Urk. IV 2149.

57 Capart, Jean: Un Roman vécu il y a vingt-cinq siècles. 2. Aufl. Brüssel 1941. S. 93.

58 Capart: Roman. S. 92.

59 Zwei klassische literarische Figuren sind Sinuhe und Wenamun. Vgl. auch Kap. 8 mit Anm. 24.

60 Keimer, Ludwig: Das Bildhauer-Modell eines Mannes mit abgeschnittener Nase. In: ZÄS 79 (1954). S. 140–143 mit Taf. XIV.

61 A. Abd El-Hamid Youssaf: Merenptahs fourth Year. In: ASAE 58 (1964). S. 274. Z. 5.

62 Sophokles: Ödipus auf Kolonos 1225–1229.

63 S. Anm. 66.

64 Kees, Hermann: Die Lebensgrundsätze eines Amonspriesters der 22. Dynastie. In: ZÄS 74 (1938). S. 73–87.

Statue Kairo 42.225 = Legrain, Georges: Statues et Statuettes de Rois et de Particuliers. Bd. 3. Kairo 1914. (= CG). Taf. 32. Vgl. auch hier Kap. 6 mit Anm. 26.

65 Ptahhotep 8–23. Vgl. zum Alter auch hier S. 22f.

66 Lebensmüder 130–148 = Erman, Adolf: Gespräch eines Lebensmüden mit seiner Seele. Berlin 1896. (= APAW 1896). Dazu Brunner-Traut, Emma: Der Lebensmüde und sein Ba. In: ZÄS 94 (1967). S. 6–15.

Zehntes Kapitel

Tagewählerei und Traumdeutung

1 Vgl. auch 3. Buch Mose 19, 26.

2 2. Chronik 33.

3 Vgl. zum Nachleben altägyptischer Kalender in koptischen Daressy, Georges, in: BIE 5. série VI. S. 153ff. und die bei Wiedemann, Alfred: Das Alte Ägypten. Heidelberg 1920. S. 410, Anm. 6 genannte Literatur.

4 Vgl. Michel, R. L. N.: Egyptian Calendar for 1195 A.H. Alexandria 1877, und Ders.: Egyptian Calendar for the Coptic Year 1617. London 1900.

5 Vgl. zu dem ganzen Thema Brunner-Traut, Emma: Mythos im Alltag. In: Antaios 12 (1970). S. 332–347. Dort findet sich eine ausführlichere Bibliographie. – pSallier IV veröffentlicht von Budge, E. A. Wallis: Facsimiles of Egyptian Hieratic Papyri of the Brit. Museum. 2d series. London 1923. Taf. 88–111. Bearbeitet von Chabas, François J.: Le Calendrier des jours fastes et néfastes de l'année égyptienne. Paris 1905. (= Bibliothèque égyptol. Bd. 12). S. 127–235. Papyrus Kairo 86 637 von Bakir, Abd el-Mohsen: The Cairo Calender. Kairo 1966.

6 Das Speiseverbot ging verbalhornt in den koptischen Kalender ein, der am 3. Januar 1879 (= 26. Kyhak 1595 = 11. Moharrem 1296) empfiehlt, Tauben zu essen, aber nicht Fische.

7 Zu dem Mythos vgl. die Übersetzung bei Brunner-Traut, Emma: Altägypt. Märchen. 3. Aufl. Düsseldorf-Köln 1973. Nr. 9.

8 Den Mythos nach pChester Beatty I s. bei Brunner-Traut: Märchen. Nr. 13.

9 Zu den verschiedenen Aspekten des Krokodils, seine entsprechenden mythischen Rollen, insbesondere als Widersacher des Lichtgottes, s. Brunner-Traut: Ägypt. Mythen im Physiologus. In: FS Siegfried Schott. Wiesbaden 1968. S. 28–44. Durch sein typhonisches Wesen war das Krokodil in anderer Mythenkonstellation zugleich Feind des Osiris. Vgl. zu unserem Text Posener, Georges: Aménémopé 22, 9–10 et l'infirmité du crocodile. In: FS Siegfried Schott. S. 110f.

10 Vgl. dazu Brunner-Traut: Märchen. Nr. 32.

11 Vgl. Plutarch: De Iside 12 und Brunner-Traut: Märchen. Nr. 12.

12 Im Anfang der Geschichte standen sie vor dem Jahresbeginn, später rückten sie an das Jahresende.

13 Der Kenner ägyptischer Literatur erinnert sich bei dieser Aussage an den »Lebensmüden«.

14 Das Windorakel von Dodona ist, wie ägyptische Tradition und auch Herodot (II 54–57) noch wissen, durch eine Priesterin des Amun von Theben eingerichtet worden. Zum Windorakel s. Brunner, Hellmut: Zeichendeutung aus Sternen und Winden. In: FS Karl Elliger. (= Alter Orient und Altes Testament 18). S. 25–30.

15 pBeatty IV verso 5,1.

16 Vgl. Brunner-Traut: Märchen. Nr. 33.

17 Auf einer Statue, heute im Museum in Kairo, veröff. von Daressy, Georges: La statue d'un astronome. In: ASAE 16 (1916). S. 1–5. Neue Übersetzung mit Kommentar von Parker, Richard A. bei Neugebauer, Otto und Richard A. Parker: Egyptian Astronom. Texts. Bd. 3. London 1969. S. 214f.

18 Urk. IV 1238.

19 Eutrop. I 312.

20 1. Buch Mose 41, 14–36.

21 Vgl. dazu Gardiner, Alan H.: Hieratic Papyri in the Brit. Museum. 3d series. London 1935. S. 9–27. Spiegelberg, Wilhelm: Demotische Papyrus aus den Königl. Museen zu Berlin. Leipzig 1902. S. 28ff. Ders.: Die Demotischen Denkmäler. 3. Teil. Inschriften und Papyri. Kairo 1908. (= CG). S. 98ff. Volten, Aksel: Demotische Traumdeutung. Kopenhagen 1942. – Les songes et leur interprétation. Paris 1960. (= Sources orientales 2). – RÄRG s. v. Traum.

22 Gardiner: Hier. Pap. 5, 13; 3,4; 5,5. pCarlsberg XIV 1 und 3 = Volten: Traumdeutung. S. 99. Gardiner: Hier. Pap. 2,24; 3,5; 5,22; 8,11; 9,18 und 9,22.

23 De Iside 30,3.

24 Griffiths, John Gwyn: Plutarch's de Iside et Osiride. Cambridge 1970. S. 551–553.

25 Ebenso regelmäßig wie die »Horoskope« der Loskalender, die mehr als das faktische Verhalten die Motivation der Ereignisse und das Lebensgefühl der Menschen beeinflußt haben werden. Die Bedürfnisse des Alltags mögen vielfach religiöse und abergläubische Skrupel niedergezwungen haben, zumal der Zauber Abhilfe versprach. Daß man ein »mehr oder weniger gutes Gefühl dabei« hatte, nimmt auch Rosemarie Drenkhahn an in ihrem Aufsatz: Zur Anwendung der »Tagewählkalender«. In: MDAIK 28 (1972). S. 85–92. So sehr die Methode ihrer Untersuchung zu begrüßen ist, so wenig kann sie erfassen, wie oft sich einer seiner Angst oder seines schlechten Gewissens durch »Bekreuzigen« entledigte. Es wäre überraschend, wenn Herodot hier falsches Zeugnis gäbe, wo seine Aussagen sich stimmig in die geistigen Zusammenhänge einflechten lassen.

Elftes Kapitel

Es spukt

1 Volten, Aksel: Studien zum Weisheitsbuch des Anii. Kopenhagen 1937. (= Det Kgl. Danske Videnskabernes Selskab. Hist.-fil. Meddelelser. XXIII 3). S. 55. Meine Übersetzung ist ein wenig freier, um den Sinn klarzustellen. Der Sinn der letzten Zeile scheint mir eindeutig, nachdem der Text in der nächsten Zeile von der Hausfrau spricht, die (im Gegensatz zum Gespenst) alles in Ordnung hält.

2 Vgl. Urk. IV 115,17–117,16. Dazu zuletzt Fecht, Gerhard: Die Form der altäg. Literatur: Metrische und stilistische Analyse. In: ZÄS 92 (1965). S. 22–29. – Die gleiche Vorstellung wird ausgebreitet in Amarna. Vgl. dazu Drioton, Etienne: Trois Documents d'époque Amarnienne. In: ASAE 43 (1943). S. 15–25.

3 Berlin 14 517. 12 cm hoch. Vgl. Schott, Siegfried: Die Bitte um ein Kind auf einer Grabfigur des frühen Mittleren Reiches. In: JEA 16 (1930). S. 23.

4 Haskell Oriental Museum in Chicago 13 945. Vgl. Gardiner, Alan H.: A new Letter to the Dead. In: JEA 16 (1930). S. 19–22.

5 Vgl. Gardiner, Alan H. und Kurt Sethe: Egyptian Letters to the Dead. London 1928. Dazu Gardiner: The Attitude of the Ancient Egyptians to Death and the Dead. Cambridge 1935. Außerdem Piankoff, Alexandre and Jean J. Clère: A Letter to the Dead on a Bowl in the Louvre. In: JEA 20 (1934). S. 157–169. Simpson, William K.: The Letter to the Dead from the Tomb of Meru. In: JEA 52 (1966). S. 39–52. Roccati, Alessandro: Due lettere ai morti. In: Rivista degli Studi orientali 42 (1967). S. 323–328. Fecht, Gerhard: Der Totenbrief von Nag ed-Deir. In: MDAIK 24 (1969). S. 105 bis 128. Simpson, William K.: A Late Old Kingdom Letter to the Dead from Nag ed-Deir. In: JEA 56 (1970). S. 62–64.

6 Gardiner-Sethe: Eg. Letters. Nr. 6 (= pLeiden I. 371). Eine (teilweise abweichende) deutsche Übersetzung bei Schott, Siegfried: Altägypt. Liebeslieder. Zürich 1950. S. 150f.

7 Die letzte Beteurung sollte sinnvollerweise vor dem Resumé stehen. Sie ist dem Schreiber erst eingefallen, als er beim Korrekturlesen noch einmal alle Möglichkeiten des Verfehlens bzw. seine Wohlanständigkeit überdacht hat.

8 Vgl. Edel, Elmar: Untersuchungen zur Phraseologie der ägypt. Inschriften des AR. In: MDAIK 13 (1944). S. 1–90.

9 Außer den in dem Sammelaufsatz von E. Edel genannten Beispielen vgl. Giza VIII. S. 135 und Černý, Jaroslav: A Stone with an Appeal to the Finder. In: Oriens antiquus 6 (1967). S. 47–50.

10 Zu denen, die sich nicht gereinigt haben, (Edel: Phraseologie § 11) s. auch Giza VIII. S. 135.

11 Stele Tübingen 458 = Brunner, Hellmut: Hieroglyphische Chrestomathie. Wiesbaden 1965. Taf. 11, Z. 15. – Vgl. zum Thema »Anrede durch den Toten« auch Černý: A Stone. Außerdem Möller, Georg: Das Dekret des Amenophis, des Sohnes des Hapu. Berlin 1910. (= SBAW 47). Anhang S. 941–948.

12 Erman, Adolf: Zaubersprüche für Mutter und Kind. Berlin 1901. (= APAW 1901). C, S und T. Vgl. auch Kap. 3.

13 Erman: Zaubersprüche M, P. Q und R. – S. auch hier S. 62.

14 Z. B. CT Spruch 38 und 39.

15 Anii 4,2–4.

16 Vgl. Grapow, Hermann: Der Tod als Räuber. In: ZÄS 72 (1936). S. 76f. Außerdem Derchain, Philippe: La mort ravisseuse. In: CdE 33 (1958). S. 29–32 sowie Zandee, Jan: Death as an Enemy. Leiden 1960. S. 85–91 (A.9).

17 pLeiden I 346, 3,5 = Stricker, B. H.: Spreuken tot Beveiling gedurende de Schrikkendagen naar Pap. I 346. In: OMRO 29 (1948). S. 65. Vgl. auch pSmith XVIII 11 und hier Kap. 3 und 10.

18 Grundriß der Medizin IV 1, S. 309.

19 Brunner-Traut: Märchen Nr. 32.

20 Vgl. Brunner-Traut: Märchen S. 294–296.

21 Brunner-Traut: Märchen. Nr. 33. Zur Identifizierung der auf Taf. 60 abgebildeten Person mit Chaemwêse s. Wenig, Steffen: Das Grab des Prinzen Cha-em-weset. In: Staatl. Museen zu Berlin, Forschungen und Berichte. Bd. 14. Berlin 1972. S. 39–44.

22 Vgl. Brunner-Traut: Märchen S. 297–299.

23 Brunner-Traut: Märchen. Nr. 34.

24 Zu diesem ebenfalls fruchtbaren Märchen vgl. Brunner-Traut: Märchen. S. 300f.

25 Gunn, Battiscombe: The Decree of Amonrasonther for Neskhons. In: JEA 41 (1955). S. 83–105. – Vgl. auch Gardiner, Alan H.: Theban Ostraca. London 1913. S. 14.

26 Edwards, I. E. Stephen: Hieratic Papyri in the Brit. Museum. 4th series. Oracular Amuletic Decrees of the Late New Kingdom. Bd. 1–2. London 1960. L. 2 recto 11; 50; 76–77; L. 6 recto 99; T. 2 verso 102; P. 4, 23.

27 Vgl. 5. Buch Mose 18, 10.

Zwölftes Kapitel

Schuttabladen erlaubt

1 Brunner-Traut, Emma: Die altägypt. Scherbenbilder der deutschen Museen und Sammlungen. Wiesbaden 1956. S. 125–131.

2 Brunner-Traut: Scherbenbilder. Nr. 169–172.

3 Vgl. Nr. 169.

4 VA 2336.

5 VA 2001–2012.

6 VA 2201.

7 VA 2159.

8 VA 2202. Brunner-Traut: Scherbenbilder. Nr. 94.

9 VA 2724.

10 VA 2232f. und VA 2235.

11 VA Taf. XXXIII.

12 Brunner-Traut: Scherbenbilder. Nr. 59.

13 VA 3019.

14 VA 2392.

15 Brunner-Traut: Scherbenbilder. Nr. 77–81.

16 Vgl. Helck, Wolfgang: Feiertage und Arbeitstage in der Ramessidenzeit. In: Journal of economic and social history of the Orient 7 (1964). S. 136–166.

17 Černý, Jaroslav: Nouvelle série de questions adressées aux oracles. In: BIFAO 41 (1942). S. 13–24. (Nr. 25, 26–28, 30, 32–34).

18 Černý; Questions adressées aux oracles. In: BIFAO 35 (1935). S. 41–58. Nr. 2 und 21.

19 Vgl. HO I. Taf. 83/84.

20 S. Anm. 16.

21 Schott, Siegfried: Das schöne Fest von Wüstentale. Wiesbaden 1953. (= Akad. der Wiss. und der Literatur. Abhandlungen der Geistes- und sozialwiss. Klasse. Jg. 1952. Nr. 11).

Dreizehntes Kapitel

Arbeiter halten sich Sklaven

1 Von dem besten Kenner der Materie Jaroslav Černý ist während der Drucklegung des Buches ein postumes unvollendetes Werk erschienen: A Community of Workmen at Thebes in the Ramesside Period. Kairo 1973, außerdem: Allam, Ostraka.

2 Die wissenschaftlichen Verdienste hat vor allen anderen J. Černý, von dem hier nur der kurze Überblick genannt sei, den er in seinem Artikel »From the Death of Ramesses III to the End of the Twenty-first Dynasty«, in: CAH. Kap. 35. S. 17–23, mit Literaturangaben S. 57, III gegeben hat.

3 Veröff. von Bruyère, Bernard: Rapport sur les fouilles de Deir el Médineh. Bd. 1–16. Kairo 1924–1953. (= FIFAO).

4 Zur juristischen Auswertung vgl. Seidl, Erwin: Zum Erbrecht der Alten Ägypter. In: ZDMG 107 (1957). S. 274 bis 277.

5 Černý: The will of Naunakhte and the related Documents. In: JEA 31 (1945). S. 29–53. Allam, Ostraka 262 und 270.

6 HO I. Taf. 51,2. Dazu Helck, Wolfgang: Materialien zur Wirtschaftsgeschichte des Neuen Reiches. Bd. 1. Wiesbaden 1961. S. 525 ff.

7 Vgl. dazu die interessante Urkunde, die Gardiner veröffentlicht hat. A Lawsuit arising from the purchase of two slaves. In: JEA 21 (1935). S. 140–146.

8 Es sei hier nur summarisch darauf verwiesen, daß die ägyptischen Sklaven keineswegs gleichgesetzt werden dürfen mit den römischen. Ägyptische Sklaven hatten Recht auf Leben und Gesundheit, hatten Privatbesitz, auch an Land, hatten Zeugenrecht, sogar gegen ihren Herrn. Sie konnten freigelassen werden, adoptiert werden (s. Gardiner: Adoption extraordinary. In: JEA 26 (1940). S. 23–29) und dann erben und einen Freien heiraten.
Grundsätzlich ist zu scheiden zwischen Staats-, Tempel- und Privatsklaven. Staatssklaven sind zum Teil den heute zur Arbeit eingesetzten Strafgefangenen mancher Länder zu vergleichen, zum anderen Teil sind sie Schuldsklaven oder Kriegsgefangene. Syrische Sklavenjungen wurden mit Vorliebe als Mundschenk eingesetzt oder wie die Negersklaven als Fächerträger. Daß die Pyramiden ebensowenig wie die Königsgräber von Sklaven gebaut wurden, sei am Rande vermerkt. Im AR gab es überhaupt nur eine übersehbare Zahl von Sklaven, erst mit den Kriegsgefangenen späterer Zeit mehrten sie sich. Vgl. zur Frage Bakir, Abd el-Mohsen: Slavery in Pharaonic Egypt. Kairo 1952. (= CASAE 18) und Helck: Materialien. S. 527–535.

9 Vgl. dazu Helck: Materialien. S. 347–349.

10 Vgl. dazu Brunner-Traut, Emma und Vera Hell: Ägypten. Studienreiseführer mit Landeskunde. 2. Aufl. Stuttgart 1966. S. 572 und S. 577 f.

11 Zu dieser Bedeutung »Hafen« im Sinne von Gefängnis, die seltsamerweise auch guten Kennern des Stoffes nicht bekannt ist, vgl. den Turiner Streikpapyrus: RAD 56, 10/11.

Vierzehntes Kapitel

Habenichtse, Spitzbuben, Denunzianten und Mörder in einer kleinen Stadt

1 Ostrakon Dêr el-Medîna 580, veröff. von Sauneron, Serge: Catalogue des Ostraca hiérat. non litt. Kairo 1959. (= Doc. des Fouilles Bd. 13). Taf. 15 = Allam, Ostraka 129.

2 Ostrakon Gardiner 53 = HO I. Taf. 49,1 = Allam, Ostraka 155.

3 Ostrakon Petrie 9 = HO I. Taf. 42,3 = Allam, Ostraka 229.

4 Die Zahl blieb offen.

5 Ostrakon Michaelides 3 = Goedicke, Hans und Edward F. Wente: Ostraka Michaelides. Wiesbaden 1962. Taf. 25 = Allam, Ostraka 209.

6 Ostraka Petrie 14 = HO I. Taf. 45,1 = Allam, Ostraka 230.

7 Ostrakon Nash 1 = HO I. Taf. 46,2 = Allam, Ostraka 217.

8 Ostrakon Florenz 2625 = Erman, Adolf: Hieratische Ostraka. In: ZÄS 18 (1880). S. 97 f. = Allam, Ostraka 145.

9 Ostrakon Berlin 11239 = Hieratische Papyrus aus den Königl. Museen zu Berlin. Bd. 3. Leipzig 1911. Taf. 38 = Allam, Ostraka 12.

10 Ostrakon Ashmolean Museum 1945. 37 und 1945. 33 = HO I, Taf. 74, ergänzt durch Ostrakon Michaelides 90 = Goedicke und Wente: Ostraka. Taf. 12 = Allam, Ostraka 3.

11 Helck, Wolfgang: Eine Briefsammlung aus der Verwaltung des Amuntempels. In: JARCE 6 (1967). S. 137.

12 Ostrakon Gardiner 67 = HO I. Taf. 47,2 = Allam, Ostraka 162.

13 Ostrakon Brit. Museum 5637 = JEA 12 (1926). Taf. 37 = Allam, Ostraka 23.

14 Ostrakon Gardiner 4 = HO I. Taf. 27,3 = Allam, Ostraka 147. Dazu Černý, Jaroslav: Le culte d'Amenophis I[r] chez les ouvriers de la nécropole thébaine. In: BIFAO 27 (1927). S. 178f.

15 Ostrakon Černý 19 = HO I. Taf. 54,4 = Allam, Ostraka 39.

16 Ostrakon Dêr el-Medina 58 = Černý: Catalogue des Ostraca non litt. de Deir el-Mêdinéh. Bd. 1. Kairo 1935. (= Docum. de Fouilles Bd. 3). Taf. 46 = Allam, Ostraka 49.

17 Ostrakon Dêr el-Medina 564 = Sauneron: Catalogue. Taf. 9 = Allam, Ostraka 124.

18 Ostrakon Chicago 12073 = HO I. Taf. 77 = Allam, Ostraka 40.

19 Ostrakon Brit. Museum 5625 = JEA 12. Taf. 35–36 = Allam, Ostraka 21.

20 25555 = ASAE 27 (1927). S. 161 f. = Allam, Ostraka 27.

21 Ostrakon Kairo 25556 = Černý: Ostraca. Taf. 44 = Allam, Ostraka 30.

22 pSalt 124. In meiner Übersetzung bzw. Nacherzählung sind die Anschuldigungen zugunsten der Systematik gelegentlich anders angeordnet; vgl. auch Spiegelberg, Wilhelm: Arbeiter und Arbeiterbewegung im Pharaonenreich unter den Ramessiden. Straßburg 1895. S. 12ff. und Erman, Adolf und H. Ranke: Ägypten und ägyptisches Leben im Altertum. 2. Aufl. Tübingen 1923. S. 142 f. Ähnliche Klage gegen einen anderen pTurin 47f.

Fünfzehntes Kapitel

Streik!

1 Beide Völker waren ägyptische Söldner.

2 pHarris I 78, 8–11 = Breasted, James H.: Ancient Records of Egypt. Chicago 1906. Bd. 4. § 410.

3 Otto, Eberhard: Ägypten. Der Weg des Pharaonenreiches. 4. Aufl. Stuttgart 1966. S. 195.

4 Smith, G. Elliot: The Royal Mummies. Kairo 1912. (= CG). Taf. 50–52.

5 pJud. Turin III 1–5. Übers. von Adriaan de Buck: The Judicial Papyrus of Turin. In: JEA 23 (1937). S. 154.

6 pSalt 124. Vgl. Černý, Jaroslav: Papyrus Salt 124. In: JEA 15 (1925). S. 243–258.

7 Hermann, Alfred: Die ägyptische Königsnovelle. Glückstadt 1938. (= Leipziger ägyptolog. Studien. H. 10). S. 55.

8 Vgl. zu den Verhältnissen in Dêr el-Medina Kap. 13.

9 Vgl. zur Geschichte Otto: Ägypten. S. 144f. Helck, Wolfgang: Geschichte des Alten Ägypten. Leiden 1968. S. 193–199. (= Hdb. d. Orientalistik I 1,3) Faulkner, Raymond O.: Egypt from the inception of the nineteenth Dynasty to the death of Ramesses III. S. 27–33. (= CAH Kap. 23) Černý: Egypt from the death of Ramesses III to the end of the twenty-first Dynasty. (= CAH Kap. 35).

10 RAD S. XIV–XVII.

11 S. hier Anm. 22.

12 Ostrakon Or. Inst. Chicago 16991 = Wente. Edward F.: A Letter of Complaint to the Vizier To. In: JNES 20 (1961). S. 252–257 (dort auch zur Datierung) = Allam, Ostraka 41.

13 Ostrakon Berlin 10633 = Hieratische Papyrus. Bd. 3. Leipzig 1911. Taf. 36 = Allam, Ostraka 8. Die folgenden Angaben sind, wo nicht ausdrücklich andere Quellen genannt sind, dem Turiner Streikpapyrus recto entnommen.

14 Ostrakon Kairo 25530 und Turin verso D 3.

15 Nicht sicher geklärte Lokalangabe.

16 Recto 1,1–1,6.

17 Bestätigung des Turiner Papyrus recto 2 durch Ostrakon Kairo 25530.

18 Hier ist der Text stark zerstört.

19 Verso D 1, obwohl hier »Tag 11« notiert ist.

20 Recto 4, 23–16 (so!). Auch Kairo 25530, Ende, scheint diese Reihenfolge zu bestätigen, indem der Polizeioberste für die ordnungsgemäße Auslieferung sorgt.

21 Verso D 4.

22 1 Sack Getreide faßt etwa 20 kg.

23 So ist wohl das »er wird daliegen« zu verstehen, indem die direkte Aussage durch den Schreiber in die indirekte gesetzt ist.

24 Recto 2,6–2,10.

25 Recto 2,11–2,17.

26 Recto 2,18–3,5.

27 Recto 3,6–3,13.

28 Leider ist das Datum nicht ganz sicher zu lesen, recto 2,1.

29 Recto 3,14–3,18.

30 S. Ende Kap. 14.

31 Recto 4,1–4,16 a. Hiernach datiert verso D 7 vom 25. Tag, wonach eine Beschwerde an den Bürgermeister von No wegen vorenthaltenen Brotes beabsichtigt ist.

32 Recto 3,20–3,22.

33 Vgl. dazu Černý: Egypt. S. 21 mit Anm. 2 und 3. Außerdem Erman, Adolf und Hermann Ranke: Ägypten und ägyptisches Leben. 2. Aufl. Tübingen 1923. S. 140f. (veraltet). Zum Thema außerdem noch Spiegelberg, Wilhelm: Arbeiter und Arbeiterbewegung im Pharaonenreich. Straßburg 1895.

Sechzehntes Kapitel

Leichenfledderer

1 Vgl. dazu Winlock, Herbert E.: The Tombs of the Kings of the 17th Dyn. at Thebes. In: JEA 10 (1924). S. 217–277 mit Taf. 13.

2 Peet, T. Eric: Great Tomb-Robberies of the 20th Egyptian Dyn. Bd. 1–2. Oxford 1920 (pAbbott).

3 Die genannte Stele mit dem Hund Behka und mit vier weiteren Hunden wurde noch an Ort und Stelle gefunden und befindet sich heute im Museum von Kairo (CG 20512).

4 Capart, Jean, Alan H. Gardiner and Bauduin van de Walle: New Light on the Ramesside Tomb-Robberies. In: JEA 22 (1936). S. 169–193 (pLeopold II.).

5 Winlock: The Tomb of Queen Inhapi. In: JEA 17 (1931). S. 107–110.

6 Daressy, Georges: Cercueils anthropoides des cachettes royales. Kairo 1909. (= CG).

7 Zu den Mumien s. Smith, G. Elliot: The Royal Mummies. Kairo 1912 (= CG).

8 Vgl. zu den Mumien des Kairener Museums und zur Mumifizierungspraxis Brunner-Traut, Emma und Vera Hell: Ägypten. Studienreiseführer mit Landeskunde. 2. Aufl. Stuttgart 1966. S. 590 und S. 369. Zur weiteren Raubgeschichte im Königsgräbertal s. Wolf, Walther: Funde in Ägypten. Göttingen 1966. S. 245 f.

9 Diese Ode des Horaz (III 30) geht auf ein altägyptisches Wort zurück: pBeatty IV verso 2,7.

10 Vgl. Brunner-Traut und Hell: Ägypten. S. 244.

Verzeichnis und Beschreibung der Abbildungen

Farbtafeln

I a und b Scherbenbilder aus dem NR. New York, Metropolitan Museum.

II Die Verdoppelung der Figur ist nur durch nachträgliche Staffelung an Kopf und rechtem Arm erreicht, ursprünglich saß nur eine Dame auf dem Stuhl. Bruchstücke einer thebanischen Grabmalerei, 18. Dyn. Jerusalem, Israel Museum.

III a Höhe 8,2 cm. Washington D.C., Freer Gallery of Art, Smithsonian Institution Inv. 09.416.

III b Fayence-Kette, Karneolreif und -Perückenklipse, Goldring mit Fayence-Siegel. Tübingen, Ägypt. Sammlung Inv. 1400, 219, 386 und 1308.

IV Wandmalerei im Grabe des Sennodjem, Nr. 1, in Dêr el-Medina (Theben). 19. Dyn.

V Wandmalerei im Grabe Nr. 1 in Dêr el-Medina (Theben). 19. Dyn.

VI Wandmalerei im Grabe des Menena, Theben Nr. 69.

VII Blick von Westen, im Hintergrund der Nil.

VIII Der Ba-Seelenvogel hockt vor der schwarzen, nächtlichen Sonne einmal vor dem Grab, zum andern fliegt er auf den Schatten zu, um ihn zu beleben. Wandmalerei im Grabe des Irinefer, Theben Nr. 290. 19./20. Dyn.

IX a und b Ostraka aus Dêr el-Medina, 18./19. Dyn., a links oben von der Verfasserin nach Parallelen ergänzt. a Kairo, Ägypt. Museum. b Berlin, Ägypt. Museum.

X Wandmalerei über Stuckrelief im Grabe des Haremhab, 18. Dyn. Königsgräbertal, Theben.

XI a Wandmalerei (Pfortenbuch, 3. Stunde) über Stuckrelief im Grabe Sethos' I., 19. Dyn., Königsgräbertal, Theben.

b Wandmalerei (Höhlenbuch, 5. Abschnitt) im Grabe Ramses' VI., 20. Dyn., Königsgräbertal, Theben.

XII Wandmalerei im Grab Nr. 1 in Dêr el-Medina (Theben). 19. Dyn.

XIII Die aus Kartonage und Stoff gefertigte Maske ist bemalt und am Gesicht mit Goldfolie überzogen. Die ursprünglich eingelegten Augen sind herausgefallen. Die Maske deckte den Kopf einer Mumie. 19. Dyn. Tübingen, Ägypt. Sammlung Inv. 341.

XIV Solch wertvolle Figuren, deren das Alte Ägypten voll war, sind fast alle beim Niedergang der Geschichte und von späteren Grabräubern eingeschmolzen worden. Silber war zeitweise kostbarer als Gold. Die Statuetten der löwenköpfigen Sechmet, 8,3 cm hoch, des widderköpfigen Harsaphes, 10,1 cm hoch, beide aus Silber, und der ganz menschengestaltigen Göttin Neith, Weißgold plattiert, 6,8 cm hoch, sind im Besitz von E. Oppenländer, Waiblingen.

XV Der aus dünnem Goldblech gedrückte Schmuck zierte vermutlich einen Schleier. Sp. Tübingen, Ägypt. Sammlung Inv. 300.

XVI Links oben: eine der ganz seltenen goldnen Hülsen, 3,6 cm hoch, hier mit bekröntem Horuskopf, zur Aufnahme eines Papyrusröllchens mit magischem Text; es wurde als Schutzamulett am Hals getragen. Rechts oben: Horusfalke auf Papyrus-Pfeiler, einem Glückssymbol, 3,4 cm hoch, als Anhänger. Darunter Kette, 21 cm lang, und Zierkapsel, vielleicht der Beschlag eines Stabendes, Durchmesser 1,9 cm, mit farbigen Einlagen. Sammlung E. Oppenländer, Waiblingen.

Schwarzweiß-Tafeln

1 Holzstatue des Meteti aus Sakkâra. 5. Dyn.; Brooklyn N. Y., Brooklyn Museum.

2 Stirnseite des Sarkophages Teti's aus der Mastaba des Rawer in Gisa, Kalkstein, 5. Dyn.; Kairo, Ägypt. Museum.

3 Fürsten huldigen Pharao. Sie erheben gnadeflehend die Arme. Relief aus dem Grab des Haremhab in Sakkâra. 18. Dyn.; Leiden. Reichsmuseum.

4/5 Amenophis IV.-Echnaton mit seiner Familie, Bild eines Hausaltars mit der Sonne des Aton im Zenit. Die Strahlen endigen in Hände, die dem königlichen Paar Lebenszeichen an die Nase halten. Auch an der Uräusschlange der Sonnenscheibe hängt ein Lebenszeichen (anch). Kalkstein, 18. Dyn., Amarnazeit; Berlin, Ägypt. Museum Inv. 14145.

6 Da die Kartuschen (Namensringe) leer gelassen sind, können die Personen nicht mit Sicherheit zugewiesen werden.

Nach den Kronen zu schließen, sitzt aber in der zärtlichen Vereinigung neben Echnaton nicht Nofretete, sondern sein Schwiegersohn und Thronfolger Semenchkarê. Kalksteinstele, 18. Dyn., Amarnazeit; Berlin, Staatl. Museen Inv. 17813.

7 Die bemalte Kalksteinstele ist in einem Haus in Tell el-Amarna gefunden (Höhe 12 cm) und zeigt den realistischen Stil der Zeit. Die Königin ist stark zerstört, aber vom Kopf sind noch das Profil und der untere Perückenteil zu erkennen. 18. Dyn.; London, Brit. Museum Inv. 57399.

8a Reliefbruchstück, bemalt, aus der Weltkammer des Sonnenheiligtums von Abu Gurôb. Kalkstein, 5. Dyn.; Berlin, Staatl. Museen.

8b Relief aus dem Grabe des Ptahhotep in Sakkâra. Kalkstein, 5. Dyn.

9a/b Das überaus sorgfältig ausgeführte Relief des Falken mit ausgebreiteten Schwingen und einem Symbol der Weltherrschaft in seinen Fängen ist ein Bild des Sanktuars Amenophis' I., das im Tempel des Amun in Karnak verbaut aufgefunden und wiedererrichtet wurde. Sehr feiner Kalkstein, 18. Dyn.; Karnak, Amontempel.

10a/b Die 23 cm lange Bronzefigur war ursprünglich in einen Sockel eingezapft. Das Ichneumon galt als das heilige Tier des Sonnengottes Atum von Heliopolis, außerdem als die sonnenhafte Komplementärfigur zur Blind- (Spitz-)Maus des Augengottes Horus. Das ungewöhnlich große und prächtige Stück war eine Votivgabe für einen Tempel. Sp; Paris, Privatbesitz.

11a Relief aus dem Grabe des Mereruka in Sakkâra. Die Männer harpunieren vom Nachen aus. In dem Laichkraut (Mitte) sitzen Heuschrecken und Frösche. Kalkstein, 6. Dyn.

11b Esel werden beim Dreschen getrieben. Reliefbruchstück aus einem Grabe. Kalkstein, 5. Dyn.; Leiden, Reichsmuseum.

12 Das am Boden hockende Tier führt mit beiden Pfoten Nüsse zum Maul. Höhe 5,3 cm, 18. Dyn.; Tübingen, Ägypt. Sammlung Inv. 12.

13 Auf einem Geflügelhof werden Kraniche, Gänse und Enten genudelt. Relief aus einem Grabe der 5. Dyn., Kalkstein; Berlin, Ägypt. Museum Inv. 14642.

14 Bemaltes Relief im Kultraum des Terrassentempels der Königin Hatschepsut in Dêr el-bahri. Kalkstein, 18. Dyn.

15 Die Amulette sind: Djed-Pfeiler, Isisknoten aus Karneol und aus Fayence, Nefer-Symbol, Herz, Papyrus-Säulchen; Lilienblüte, Treppe, Setzlot, Winkelmaß, Mundöffnungsgerät; Schlange, Patäke, Isis mit Horuskind, Horusfalke; gefesselte Kuh, Löwe, Skarabäus, Katze; drei Udjat-Augen, das mittlere Amulett aus vier Augen komponiert. Zwei Herzskarabäen.
Herzskarabäen sind große Käfersteine, wie diese beiden zumeist aus Stein, und tragen auf der Unterseite Spruch 30 aus dem Totenbuch, in dem das Herz aufgefordert wird, im Jenseitsgericht zu dem Toten zu halten. Sie werden der Mumie auf die Brust gelegt., Sp; Tübingen, Ägypt. Sammlung.

16a Kuhhorn, am breiten Ende durch Deckel verschließbar, am spitzen Ende zu einem Löffelchen geschnitzt, so daß man Öl daraus tropfen konnte. An einer Schnur, die durch zwei Ösen gezogen wurde, ließ sich das Ölhorn aufhängen. NR; Paris, Louvre Inv. A F 6611.

16b Das »Messer« ist beiderseits durch eingeritzte Bilder von Dämonen magisch wirksam gestaltet. MR; Baltimore, Walters Art Gallery Inv. 71. 510.

17 Das Henkelgefäß in Form einer schwangeren Frau, die der Gestalt der Göttin Toëris, Schützerin werdender Mütter, angeglichen ist, hat vermutlich Salben bewahrt, mit denen gravide Frauen behandelt wurden. NR; Tübingen, Ägypt. Sammlung Inv. 967.

18a Wandmalerei aus dem »Schatzhaus« des Grabes Ramses' III. im Königsgräbertal, Theben. 20. Dyn.

18b Die Kopfstütze ist in drei Teilen gearbeitet. Kopfstützen dienten dem Schlafenden als »Kopfkissen«. Das Prunkstück stammt aus dem Grabe des Antef in Dêr el-bahri. 11. Dyn.; Tübingen, Ägypt. Sammlung Inv. 1689.

19 Im NR waren Negerinnen als Haushaltshilfen sehr beliebt. Der Kopf ist bis auf einige Haarbüschel kahlgeschoren, das Mädchen nackt. Die am Rand, im Teller und am Fuß schön verzierte Schale ist leicht verzogen und auf der einen Seite etwas eingerissen. Das Äffchen, der kosmetischen Welt der NR-Dame zugehörig, begleitet als spaßiger Helfer die kleine Dienerin als ihr Landsgenosse. Die Gruppe ist in einen rechteckigen Sockel eingelassen. Holz, 18. Dyn.; London, University College Inv. 14210.

20a/b Das Henkelgefäß (Höhe 14,5 cm) mit zylindrischem Ausguß ist durch Form und Bemalung der Gestalt einer Frau angeglichen und enthielt ein für sie bestimmtes Mittel. Auf der Brust trägt sie einen Lotosschmuck. NR; Berlin, Ägypt. Museum Inv. 13156.

20c Bemaltes Ostrakon, Bruchstück eines Kruges. NR; Leipzig, Ägypt. Museum der Karl-Marx-Universität Inv. 1894.

21 Der kleine Krug hat die Gestalt einer Frau, die sich Milch abpreßt. Auf dem Schoß liegt ihr zappelndes Kind. NR; Moskau, Puschkin-Museum Inv. 3632.

22 Oben der ibisköpfige Gott Thoth, von zwei Sterngöttinnen flankiert, unten Maninachtef betend. Kalkstein, 18. Dyn.; Hannover, Kestner-Museum Inv. 2937.

23 Ausschnitt aus einem Holzrelief des Grabes Hesirê's in Sakkâra. 3. Dyn.; Kairo, Ägypt. Museum.

24a Die 21,7 cm lange Palette ist aus Kalkstein und hat in den Näpfchen die Farbpasten: helles Graublau, Schwarz, Ziegelrot, Ockergelb, Graublau, Hellblau, Schwarz und Rot bewahrt. Der mittlere querliegende Napf ist wegen des Bruches ausgelaufen und heute leer. NR- Sp; Hannover, Kestner-Museum Inv. 1951/54.

24b Hieratischer Papyrus. Beispiel eines Schriftstückes, kein Schultext, sondern Beigabe ins Grab. Ptolemäisch; Tübingen Inv. P 2012.

24c Die Palette aus Holz ist mit zwei Tintennäpfchen in Form von runden Kartuschen, dem Griffelbehälter und Opfergebeten an die Schreibgötter Thoth und Seschât sowie an den Totenrichter Osiris versehen. NR; London, Brit. Museum Inv. 12779.

25 und 26 Reliefs aus der Mastaba des Hetep-her-achti aus Sakkâra. 5. Dyn.; Leiden, Reichsmuseum.

27a Kalksteinfigürchen. Berlin, Ägyptisches Museum Inv. 22852.

27b Die »Brettchenpuppe« aus Holz mit Innenzeichnung und einem Kopf aus Lehm, in dem die Augen aus Perlen eingedrückt waren und von dem Perlschnüre als üppiges, langes Haupthaar ausgingen, ohne Gliedmaßen, aber mit betonten Merkmalen erotischen Reizes, gehört zu einem Typus, der meist als Kinderspielzeug erklärt wird, m. M. nach aber eine Beischläferin darstellt. MR; Tübingen, Ägypt. Sammlung Inv. 1733.

27c An dem Spielzeug ist nur noch eins der vier Räder aus Fayence erhalten, die anderen sind ergänzt. Die Köpfe der Tiere sind abgebrochen. NR; Cambridge, Fitzwilliam Museum Inv. EGA 5695/1943.

27d Cambridge, Fitzwilliam Museum Inv. EGA 4180/1943.

27e Der Unterkiefer des Tieres kann durch Fadenzug bewegt werden. London, Brit. Museum.

27f Die roh aus Holz geschnitzte Figur steht auf einem Holzbrett als Sockel und ist durch Scharniere an Schulter- und Hüftgelenk mittels Faden in Tätigkeit zu bringen. Leiden, Reichsmuseum Inv. I 492.

28 Unfertiges Relief auf der Nordwand des Tempelhofes der oberen Terrasse des Tempels der Königin Hatschepsut in Dêr el-bahri, Theben. 18. Dyn.

29 Ausschnitt aus dem Londoner Märchenpapyrus. Ramessidisch; London, Brit. Museum.

30 Das wunderbar erhaltene Spielbrett mit dem Kopf einer züngelnden Schlange im Mittelfeld und dem zu einem Entenkopf gestalteten Griff zeigt abweichend von der Regel einen glatt durchlaufenden – nicht durch Querrillen unterteilten – Schlangenkörper. Kalkstein, AR; Leiden, Reichsmuseum Inv. F 1968/3,1.

31a Aus der Scheintür des Ni-kau-Rê. Kalkstein, 5. Dyn.; Kairo, Ägypt. Museum Inv. CG 1414.

31b Der Musikant bläst die Doppeloboe, der Cheironom ihm gegenüber winkt mit der Hand die Melodie, die er selber mitsingt. Aus diesem »Winken« sind die griechischen »Neumen« entstanden. Relief aus dem Grabe des En-cheft-ka in Sakkâra. Kalkstein, 5. Dyn.; Kairo, Ägypt. Museum Inv. CG 1533.

32 Holz, mit Stuck überzogen und bemalt, Augen und Brauen (heute verloren) eingelegt. Höhe 25,5 cm, NR; Tübingen, Ägypt. Sammlung Inv. 1154.

33 Die Pyramiden waren in der Regel durch farblich unterschiedene Verkleidungssteine in drei Zonen unterteilt. Diese Pyramidenspitze von 1,35 cm Höhe saß tiefschwarz auf dem Pyramidenstumpf. Auf der Ostseite sind eine Flügelsonne eingearbeitet, ein Augenpaar und Nefer-Zeichen als gute Symbole, darunter die Namen des Königs und in zwei waagerechten Zeilen – ebenso wie auf der Nordwand – Gebete für den König. 12. Dyn.; Kairo, Ägypt. Museum.

34 In dem flachen Kahn steht der Herr, begleitet von seiner Frau und seinem Töchterchen. Während auf dem Bug des Fahrzeugs eine Lockgans die Vögel ruft, hat eine Jagdkatze einen Vogel geschnappt und zwei weitere mit den Krallen gefangen. In der Zone unter dem Boot das Wasser mit Lotos und Fischen. Wandmalerei aus dem thebanischen Grabe des Nebamun. 18. Dyn.; London, Brit. Museum Inv. 37977.

35 13 Ruderer, zwei Heckruderer, Lotse am Bug und Steuermann am Heck sind grob aus Holz geschnitzt, bemalt und teilweise mit noch erhaltenen Leinenschurzen bekleidet. MR; Tübingen, Ägypt. Sammlung Inv. 369.

36 Die Schale aus Zypern zeigt in der äußeren Zone eines stilisierten Papyrusdickichts außer den vier Booten: Pferdewagen, Pferde und Kühe; im Innern um die Rosette: Pferd, Schwimmer und Fische. 19. Dyn.; Berlin, Staatl. Museen Inv. 14117.

37 Wedel- und Standartenträger, Lautenspieler und als Libyer verkleidete Klapperer im Zug von Karnak nach Luksor. 18. Dyn.; Luksor, Luksor-Tempel.

38 Von rechts nach links: Das auf einem Sockel stehende Wohnhaus mit Tür, hoch sitzenden Gitterfenstern und zwei Windfängen auf dem Dach; davor Dattelpalme und Obstbaum beiderseits der Treppe. Die Frau, eine Amonspriesterin, mit Sistrum; der Mann, königlicher Schreiber, mit Namen Nacht, beide fein gekleidet. Der von Dattelpalmen und Obstbäumen umstandene heilige See im Garten des Osiris. Der Gott der Toten, Osiris, mit Krone und den Insignen der königlichen Herrschaft auf dem Thron, hinter ihm die Göttin der Wahrheit, Ma'at. Als lokale Bezeichnung schließlich die Göttin des Westens, die, aus dem thebanischen Gebirge herausgreifend, die untergehende Sonne empfängt. Totenpapyrus des Nacht. 19. Dyn.; London, Brit. Museum Inv. 10471.

39 Wandmalerei aus der Anubiskapelle des Terrassentempels der Königin Hatschepsut in Dêr el-bahri, Theben. 18. Dyn.

40 Wandmalerei in dem thebanischen Grab des Nacht (Nr. 52). 18. Dyn.

41 Relief aus dem Kleinen Tempel von Abu Simbel. 19. Dyn.

42 Relief im Tempel des Amun, südliches Sanktuar, Karnak. 18. Dyn.

43 Unten der Beter – mit einem Joch voll Wild und Geflügel als Opfer – vor ihm sein Gebet. Oben Thuthmosis III. als Mittler zu Amun (links). In der Lünette eine Flügelsonne. 18. Dyn.; Budapest, Szépmüvészeti Múzeum (Museum der Schönen Künste) Inv. 51. 2143.

44 19. Dyn.; London, Brit. Museum, Inv. 589.

45 19. Dyn.; Berlin, Staatl. Museen.

46 Versenktes Relief aus dem Großen Tempel von Abu Simbel. 19. Dyn.

47 Der als heilig verehrte Weise und Ratgeber des Königs Djoser (3. Dyn.) war Philosoph, Baumeister und Arzt in gleicher Person. Von den Griechen wurde er wegen seiner Heilkünste dem Asklepios gleichgesetzt. Die Figur sitzt auf einem Hocker und hat eine Papyrusrolle über den Knien entrollt. Die Augen sind mit Silber eingelegt, der Halskragen ist eingepunzt. Auf dem Sockel ein Gebet an Imhotep. Die Figur diente als Weihgabe. Ptolemäisch; Tübingen, Ägypt. Sammlung Inv. 367.

48 Der Kranke bringt mit seiner Frau und seinem Sohn

ein Opfer an die syrische Göttin Ischtar dar. 18. Dyn.; Kopenhagen, Ny Carlsberg Glyptothek Inv. AEIN 134.

49 Ausschnitt eines Wandreliefs (Kalkstein) aus dem Grabe des Pa-Aton-em-heb. 18. Dyn., Amarnazeit; Leiden, Reichsmuseum Inv. K 4–7.

50 Der Grabstein ist von einem Freund des Dargestellten gestiftet. Der Harfner, auch sonst bekannt, besonders durch ein berühmtes Lied, ist wohl kaum brachymel, wie er auf dieser Stele erscheinen könnte, sondern nur fettleibig. 18. Dyn.; Leiden, Reichsmuseum Inv. V 95.

51 Meret-seger, meist schlangenartig, hat hier die Figur einer Frau. Kalkstein, 19. Dyn.; London, Brit. Museum Inv. 374.

52 In drei Zonen Verehrungsszenen für den Gaugott von Siut, unten Szene der Bedrohung durch das Krokodil. 19. Dyn.; London, Brit. Museum Inv. 1632.

53 Auf der Vorderseite dieser »Metternich-Stele« ist der Dämonen würgende Rettergott Horus dargestellt. Granit, 30. Dyn.; New York, Metropolitan Museum of Art Inv. 50. 85.

54 Solch verhungerte Gestalten – beachte die abgemagerten Gesichter, die Schlüsselbeine, die Rippen, den eingefallenen Bauch und die dürren Arme – werden von den Ägyptern selbst so gut wie nicht gezeigt. Diese Beduinen waren am Aufweg zur Unaspyramide in Sakkâra dargestellt. 5. Dyn.; Paris, Louvre Inv. E. 17381.

55 Wandmalerei aus dem thebanischen Grabe Nr. 290, dem des Irinefer, mit der dezent durch das weiße Haar als alt gekennzeichneten Ehefrau des Grabinhabers; mehr Realität gestattet ägyptisches Stilempfinden nicht. Ramessidenzeit.

56 Reliefbruchstück, Kalkstein, aus einem Grabe. Späte 18. Dyn.; Frankfurt a/Main, Liebighaus.

57a Bemalte, mit Stuck überzogene Holztafel aus Theben. 22. Dyn.; Kairo, Ägypt. Museum.

57b Heiliges Tier des »Wegeöffners« und Mumifizierungsgottes Anubis. Holzfigur, NR; Berlin, Ägypt. Museum Inv. 1082. Heute verloren.

58 Ausschnitte aus einem Trauerrelief. Ende 18. Dyn.; Berlin, Staatl. Museum Inv. 12411.

59a und b Der Tote wird a) auf seiner Bahre und b) als Statue von seiner Ehefrau beklagt. Die Relieffragmente stammen von einem heute verschwundenen Sarkophag, ehemals Straßburg. 18. Dyn., Amarnazeit.

60 Ausschnitt aus dem memphitischen Kalksteinrelief mit dem Hohenpriester von Memphis Chaemwêse der Zeit Ramses' II. 19. Dyn.; Berlin, Staatl. Museen 12410.

61a Kalkstein, 11. Dyn.; Kairo, Ägypt. Museum.

61b Kalkstein-Sanktuar Amenophis' I. im Amontempel von Karnak verbaut gefunden und wiedererrichtet. 18. Dyn.

62 und 63 Aus dem Kalkstein-Sanktuar Amenophis' I. wie Taf. 61b.

64a, b und c Der Pharao mit dem Falkengewand, der Blauen Krone, mit Szepter und Geißel lässig auf dem von einem Löwen flankierten Sphingenthron sitzend, ist vermutlich Sethos I. Lösung a (von der Verf. ergänzt) stammt von geübter Hand, b von einem noch unsicheren Schüler, c von einem langsamen Anfänger. Alle drei Bildscherben sind in Dêr el-Medina gefunden. Kalkstein, 19. Dyn.; Berlin, Ägypt. Museum Inv. 21435, 21434 und 20722.

65 Die 39 cm × 23 cm große Kalksteinscherbe trägt, mit Rötel aufgetragen, den sicher gezeichneten Kopf eines Königs der 19./20. Dyn. Die Krone setzt sich zusammen aus einem Mittelstück aus Binsen, zwischen zwei hohen Federn und einem Paar mit Sonnenscheibe und Kuhgehörn bekrönten Uräusschlangen, die sich auf Widderhörnern erheben. Auf dem Mittelteil ein von einer Sonne mit Uräus bekrönter Widderkopf, an der Basis nochmals eine Sonnenscheibe. Alle Teile sind Symbole des Sonnengottes. Wien, Kunsthistorisches Museum Inv. 5979.

66a Kalksteinscherbe aus Dêr el-Medina. 19. Dyn.; Berlin, Ägypt. Museum Inv. 21826.

66b Bemaltes Ostrakon aus Dêr el-Medina. Kalkstein, Ramessidenzeit; vermutlich in Ägypten.

67 Kopfschmuck und linker Arm fehlen heute. Die Figur war mit Gold überzogen und trug vermutlich darüber ein Stoffgewand. Trotz dieser Schäden ist die 28 cm hohe Statuette ein Meisterwerk der Plastik. 19. Dyn.; Tübingen, Ägypt. Sammlung Inv. 1480.

68 Siedlung der Nekropolenarbeiter im Vordergrund, jenseits des Weges im Mittelgrund die zugehörige Nekropole der Arbeiter, deren Gräber hinter den Eingängen im Felsen liegen, darüber in der Mitte das französische Grabungshaus und im Hintergrund das Westgebirge el-Asis, das die kleine Stadt von den Königsgräbern trennt. Etwa parallel zur Horizontlinie einer der Pfade ins Königsgräbertal.

69 Chaui kauert vor einer Stele mit Bild und Gebet für den Sonnengott. Die Plastik hat vermutlich in der Nische des Pyramidions seines Grabes in Dêr el-Medina (Nr. 214) gestanden. 19. Dyn.; Tübingen, Ägypt. Sammlung Inv. 303.

70a–c Tübingen, Ägypt. Sammlung Inv. 1723, 1725 und 377. Der Korb (377) stammt aus Karâra.

71 Der struppige grobe Mann hantiert vorgeneigt mit Holzhammer und Kupfermeißel. Kalkstein, 19./20. Dyn.; Cambridge, Fitzwilliam Museum Inv. EGA 4324 A/1943.

72 Das Grab Ramses' VI. (Nr. 9), auch als »Grab des Memnon« oder als »Grab der Seelenwanderung« bekannt, liegt unmittelbar über dem Grabe Tutanchamuns im Königsgräbertal Thebens. Die Pfeilerhalle war der letzte Raum des ursprünglich für Ramses V. angelegten Grabes. Decke, Wände und Pfeiler sind dekoriert. 20. Dyn.

73 Malerei auf Stuckrelief im »Schatzhaus« des Grabes Ramses' III. im Königsgräbertal, Theben. 20. Dyn.

74 Stuckrelief. Königinnengräbertal, Theben. 20. Dyn.

75a Die beiden Beinpaare des Ständers haben einwärts gesetzte Füße, der Kelch ist hauchzart gearbeitet. 19. Dyn.; Tübingen, Ägypt. Sammlung Inv. 841.

75b 19. Dyn.; Tübingen, Ägypt. Sammlung Inv. 1012.

75c Der Blattkranz ist aus blaugrüner Fayence, NR; Tübingen, Ägypt. Sammlung Inv. 860.

75d Schwarzer Stein, 18. Dyn.; Tübingen, Ägypt. Sammlung Inv. 842.

76 Relief mit Weihgabe im Amontempel von Karnak, südlich des Sanktuars. 18 Dyn.

77a Relief im Amarnastil, Kalkstein, 18. Dyn.; Berlin, Ägypt. Museum.

77b Amarnazeit; Tübingen, Ägypt. Sammlung Inv. 400.

78a/b Höhe 6,8 cm, NR; Berlin, Staatl. Museen Inv. 22754.

79a Kursiv geschriebener Text und Zeichnung schildern die Vorgänge nach dem Buche Amduat.

79b Von links nach rechts: Mumie in schöner Wicklung, drei Mumien in Perlennetzgewändern, Mumie mit bemalten Kartonageauflagen, die nächste zusätzlich mit Maske, die letzte mit getrennt gewickelten Gliedern und breitem Halskragen. Leiden, Reichsmuseum.

80 Wandmalerei auf Stuckrelief aus dem Grabe des Prinzen im Königinnengräbertal, Theben. 20. Dyn.

Textabbildungen

Abb. 1 Die Zärtlichkeit findet statt im königlichen Harim von Medinat Hâbu. 20. Dyn.

Abb. 2 Das Kalksteinbruchstück stammt offenbar von einer Stele ähnlich Taf. 3a. 18. Dyn. Paris, Louvre.

Abb. 3 Relief im Grabe des Hofbeamten Ahmose in Amarna. 18. Dyn.

Abb. 4 Relief im Grabe der königlichen Familie in Amarna. 18. Dyn.

Abb. 5 Relief Ramses' II. im Ramesseum. Theben. 19. Dyn.

Abb. 6 Relief Ramses' II. im Tempel von Luksor. 19. Dyn.

Abb. 7 Grabmalerei in Beni Hasan. 12. Dyn.

Abb. 8 Wandmalerei in dem thebanischen Grab Nr. 120 (Anen). 18. Dyn.

Abb. 9 Ostrakon der 19./20. Dyn. Stockholm, Medelhavs-Museet.

Abb. 10 und 11 Zeichnung nach häufig vorkommenden Amuletten.

Abb. 12 Die Mutter mit der Wöchnerinnenfrisur sitzt auf einem Schemel, die Dienerin mit Pferdeschwanzfrisur und Kreuzband bringt ihr Spiegel und Schminkstift. Die Szene spielt in der von Papyrussäulen getragenen und von Winden umwachsenen Laube. Bemaltes Ostrakon aus Dêr-el-Medina der 19./20. Dyn.

Abb. 13 und 14 Ostraka aus Dêr el-Medina der 19./20. Dyn.

Abb. 15 Wandmalerei in einem Haus von Dêr el-Medina. NR.

Abb. 16 Märchenpapyrus des NR. Kairo, Ägypt. Museum.

Abb. 17 Wandrelief des thebanischen Grabes Nr. 56 (Chaemhêt). 18. Dyn.

Abb. 18 Kalksteinfigürchen der 12. Dyn. New York, Metropolitan Museum.

Abb. 19 Wandrelief in einem thebanischen Tempel. NR.

Abb. 20 Relief des thebanischen Grabes Nr. 226. 18. Dyn.

Abb. 21 Ostrakon aus Dêr el-Medina der 20. Dyn. Berlin, Ägypt. Museum.

Abb. 22 Wohl aus Dêr el-Medina. 19./20. Dyn. Ehemals München, Ägypt. Sammlung, im Krieg zerstört.

Abb. 23 Wandrelief in einem Tempel. 19./20. Dyn.

Abb. 24 Ostrakon aus Dêr el-Medina. 19. Dyn. Berlin, Ägypt. Museum.

Abb. 25 Wandrelief in einem thebanischen Grab. NR.

Abb. 26 Ostrakon des NR. Brüssel, Musées Royaux.

Abb. 27 Ostrakon aus Dêr el-Medina der 19. Dyn. Privatsammlung.

Abb. 28 Im Grab des Wesirs Ptahhotep in Sakkâra. 5. Dyn.

Abb. 29 Das alte Spiel nach heutiger Ausführung rekonstruiert.

Abb. 30 Die Sportspiele finden vor Pharao und seinen Großen statt. Die beiden Kämpfer links und rechts außen präsentieren sich mit erhobenen Armen als Sieger. Der Unterlegene rechts außen schleicht sich mit der Hand vorm Gesicht aus dem Kampffeld. Relief im Tempel von Medinet Hâbu. 20. Dyn.

Abb. 31 Wandbild in dem thebanischen Grab Nr. 92 (Suem-Nut). 18. Dyn.

Abb. 32 Relief im Tempel von Luksor. 18. Dyn.

Abb. 33 und 34 Nach einem spätzeitlichen Tempelrelief.

Abb. 35 Aus dem griechisch-römischen Tempel der Isis auf Philae.

Abb. 36 Aus dem griechisch-römischen Tempel von Dendara.

Abb. 37 Wandrelief in dem thebanischen Grab Nr. 161 (Nacht). 18. Dyn.

Abb. 38 Bildscherbe aus Dêr el-Medina der 20. Dyn. Berlin, Ägypt. Museum.

Abb. 39, 40 und 41 Szenen aus dem Märchenpapyrus der 19./20. Dyn. London, Brit. Museum.

Abb. 42 Ostrakon aus Dêr el-Medina der 19./20. Dyn. Paris, Louvre E 14368.

Abb. 43 Ostrakon der 19./20. Dyn. Ehemals München, Ägypt. Sammlung, im Krieg zerstört.

Abb. 44 Ostrakon der 19./20. Dyn. Turin, Ägypt. Museum.

Abb. 45 und 46 Szenen aus dem Märchenpapyrus der 19./20. Dyn. Turin, Ägypt. Museum. Meine neue Rekonstruktion und Deutung von Abb. 45 stützt sich auf Bull. de la Société Franç. d'Egyptologie Nr. 64 (1972). S. 25.

Abb. 47 Koptische Wandmalerei aus dem Kloster von Bauit. Kairo, Kopt. Museum.

Abb. 48 Der Pylon-Tempel ist angelehnt an den Chons-Tempel in Karnak. 20. Dyn.

Abb. 49 Nach einem spätzeitlichen Original.

Abb. 50 Paris, Nationalbibl.

Abb. 51 Zeichnung nach einem Tempelrelief des NR.

Abb. 52 Relief aus dem Terrassentempel in Dêr-el-bahri. 18. Dyn. Kairo. Ägypt. Museum.

Abb. 53 Ostrakon des NR. Privatsammlung.

Abb. 54 Nach einer Inschrift der 19. Dyn.

Abb. 55 Malerei aus dem Totenbuch-Papyrus des Hunefer. 19. Dyn. London, Brit. Museum. Inv. 9901.

Abb. 56 Die für ein Grab bestimmte Statuette einer Mutter (ohne Füße, damit sie am Entrinnen gehindert sei) mit einem Kind stammt aus dem frühen MR. Berlin, Ägypt. Museum.

Abb. 57 Ostrakon aus Dêr el-Medina der 19./20. Dyn. Kairo, Inst. Franç. d'Arch. Or.

Abb. 58 Ostrakon der 19. Dyn. Brüssel, Musées Royaux.

Abb. 59 Ostrakon der 20. Dyn. Leipzig, Ägyptol. Institut, durch Kriegsfolgen aus dem Besitz der Sammlung gelangt.

Abb. 60 Kleines Modell aus dem AR. Berlin, Ägypt. Museum.

Abb. 61 Links Tempel des Menthuhotep, 11. Dyn., rechts Terrassentempel der Königin Hatschepsut, 18. Dyn. Neue Rekonstruktion von D. Arnold in Vorb.

Abb. 62 Sch = Schacht, wohl zum Einstieg für den Toten in die Unterwelt, Pf = unvollendete Pfeilerhalle am Ende der ersten Achse, K = Kammer mit dem sogen. Kuhbuch, einem bedeutenden mythologischen Schöpfungstext, S = Sargraum mit gewölbter Decke, M = Magazin für die Schätze.

Pläne

1 Zur Orientierung sind in dem Plan moderne Städte, Straßen und Bahnlinien aufgenommen. Bei Doppelnamen steht der heutige Name in Klammern. Der Plan ist entnommen aus: Brunner-Traut, E. u. V. Hell: Ägypten. 2. Aufl. Stuttgart 1966. (Hier S. 105).

2 Im Westen das Felsengebirge mit den Totentempeln am Rande der Wüste und den Gräbern. Die Bibân el-Molûk nordwestlich von Dêr el-bahri, die Bibân el-Harim nordwestlich von Medinet Hâbu. Im äußersten Westen die alles überragende Bergspitze el-Korn. Als einzige Siedlung inmitten der Totenstadt Dêr el-Medina. Am Ostufer des Nils Luksor und der Tempelbezirk von Karnak. Der Plan ist entnommen aus: Brunner-Traut, E. u. V. Hell: Ägypten. 2. Aufl. Stuttgart 1966. (Hier S. 189).

3 Der Weg nimmt seinen Anfang am Nil und endet in Dêr el-bahri. Zeichnung nach H. E. Winlock: JEA X (1924), pl. 13. (Hier S. 234).

Bildnachweis

Baltimore, Walters Art Gallery: 16b · Berlin, Staatliche Museen zu Berlin: 36, 45, 58, 60, 78a/b · Brooklyn, The Brooklyn Museum: 1 · Brunner-Traut, Prof. Dr. E., Tübingen: 27a, 57b, 64a (Aquarell), 64b, 64c (Photos), 66a, IXa und b (Aquarelle) · Budapest, Nationalmuseum der Schönen Künste (A Magyar Nemzeti Szépmüvészeti Múzeum) 43 · Cambridge, The Fitzwilliam Museum: 27c, 27d, 71 · Frankfurt a/Main, Liebighaus: 56 · Hannover, Kestner-Museum: 22, 24a · Jerusalem, Israel-Museum: II. Johannes, D., Kairo: 68 · Kairo, Ägypt. Museum: 33 · Kopenhagen, Ny Carlsberg Glyptothek: 48 · Lange, Dr. K. †: 23 · Leichter, Luksor: 37, 46, 72 · Leiden, Reichsmuseum der Altertümer (Rijksmuseum van Oudheden): 3, 11b, 25, 26, 27f, 30, 49, 50, 79b · Leipzig, Ägyptisches Museum der Universität: 20c · London, British Museum: 7, 24c, 27e, 29, 34, 38, 44, 51, 52 · London, University College: 19 · Marburg, Bildarchiv Foto Marburg: 2, 4/5, 6, 8a, 8b, 9a/b, 11a, 13, 20a/b, 31a, 31b, 57a, 60, 61a, 61b, 62, 63, 77a · Maspero, M., Paris: 10a/b · Moskau, Puschkin-Museum: 21 · New York, Metropolitan Museum of Art: 53, Ia und b · Oppenländer, E., Privatsammlung, Waiblingen (Photo Dr. Hell): XIV, XVI · Paris, Musée du Louvre: 16a, 54 · Schott, Prof. Dr. S. †: 14, 18a, 28, 39, 40, 41, 42, 55, 73, 74, 76, 80 · Straßburg, Institut d'Egyptologie: 59a und b · Teichmann, F., Stuttgart: 79a, II, IV, V, VI, VII, VIII, Xa/b, XIa und b, XII · Tübingen, Ägyptologisches Institut (Photo Dr. Hell): 12, 15, 17, 18b, 24b, 27b, 32, 35, 47, 67, 69, 70a–c, 75a–d, 77b, IIIb, XIII, XV · Vandier d'Abbadie, J., Paris: 66b (Aquarell) · Washington, D.C., Freer Gallery of Art: IIIa · Wien, Kunsthistorisches Museum: 65.

Die Aquarelle und Zeichnungen als Vorlagen für die Autotypien bzw. Textabbildungen sind nach den Originalen oder nach den in den Textanmerkungen genannten Literaturwerken angefertigt von: Prof. Dr. Emma Brunner-Traut, Tübingen; Johanna Dittmar, Stuttgart; Helmut Pitsch, Tübingen, und Mme Jeanne Vandier d'Abbadie, Paris.

Die Vorlagen zu den Karten und Plänen sind sämtlich gezeichnet von der Graphikerin und Ägyptologin Johanna Dittmar, Stuttgart.

Übersichtskarte von Ägypten, entnommen aus: Brunner-Traut, E. u. V. Hell: Ägypten. 2. Aufl. Stuttgart 1966.

Verzeichnis antiker Personen- und Ortsnamen

Altägyptische Namen werden einheitlich geschrieben, auch wenn ihre Aussprache im Laufe der langen Geschichte abgewandelt worden ist. Bindestriche zwischen den Bestandteilen dienen als Lesehilfe der Satznamen. Diakritische Zeichen sind auf ein Minimum beschränkt. Amun wird in verschiedenen Konstruktionen zu Amon oder Amen. Die systematische Umschreibung der Namen ist gelegentlich zugunsten des allgemeinen Gebrauchs gelockert. Bei Königsnamen ist die griechische Transkription berücksichtigt.

OASE
EL-FARAFRA
Kasr el-Farâfra
Mêr
Manfalût
HE
WÜSTE
el-Kasr
OASE
ED-DACHLA
el-Charga
OASE
EL-CHARGA
Bulâk
Berîs
Hauptstraßen
Nebenstraßen und Pisten
Bahnlinien
100
200 km
Wendekreis des Krebses